U0487405

## 出版支持

国家社科基金一般项目“连片特困区城乡贫困关联与联动治理机制优化研究”（17BJL103）

江西省宣传思想文化青年英才项目（2019）

江西省现代农业产业技术体系建设专项（JXARS-03）

“江西现代农业及其优势产业可持续发展决策支持”协同创新中心建设项目（2020~2021）

江西省乡村振兴战略研究院智库建设专项（2020~2021）

“十三五”国家重点图书出版规划项目

# 城乡贫困关联与联动治理机制优化

URBAN-RURAL POVERTY LINKAGE AND OPTIMIZATION OF LINKAGE GOVERNANCE MECHANISM

郑瑞强　翁贞林　赖运生／著

# 《中国减贫研究书系》出版说明

消除贫困是人类自古以来的理想，是人类的共同使命，也是当今世界面临的最大全球性挑战。中国的消除贫困行动取得了举世瞩目的成就，为全球减贫事业作出了重大贡献。党的十八大以来，新一届中央领导集体高度重视扶贫开发工作，明确了“到 2020 年现行标准下农村贫困人口全部脱贫，贫困县全部摘帽，解决区域性整体贫困”的目标，召开中央扶贫开发工作会议，对打赢脱贫攻坚战进行了全面部署。目前，全国上下全面实施精准扶贫、精准脱贫方略，中国迎来了与贫困作战的新一轮浪潮。

在这种大背景下，社会科学文献出版社希望通过减贫与发展主题作品的出版，搭建减贫研究的资源共享和传播平台，向社会和政策界传递学界的思考和分析，探索和完善中国减贫和发展的模式，并通过学术成果“走出去”，丰富国际减贫经验，为人类消除贫困贡献中国模式。

《中国减贫研究书系》和“中国减贫数据库”是社会科学文献出版社自主策划的出版项目，项目策划之初就获得了时任中国社会科学院副院长李培林、蔡昉的肯定和支持。图书项目目前已被列入“十三五”国家重点图书出版规划。依托于该书系以及社会科学文献出版社历史上已出版图书的“中国减贫数据库”业已入选“十三五”重点电子出版物出版规划。

中文版书系将全面梳理新中国成立以来，特别是改革开放 40 多年来我国减贫政策演变进程及历史经验；系统分析现阶段我国减贫工作所面临的突出问题并探索相应的解决方式与途径，为减贫工作提供理论资源和智识支持；总结政府、社会、市场协同推进的大扶贫格局，跨地区、跨部门、跨单位、全社会共同参与的多元主体社会扶贫体系的优势；探索区域合作、国际合作在减贫问题上的实践路径，为全球减贫视野贡献中国智慧。

“中国减贫数据库”旨在全面整合社会科学文献出版社 30 年来出版的减贫研究学术成果，数据库设有减贫理论、政府减贫、市场减贫、国际减贫、区域减贫、金融减贫、社会救助、城市减贫、减贫政策（战略）、社会减贫、减贫案例等栏目。我们希望以此为基点，全面整合国内外相关学术资源，为中国减贫事业的开展、学术研究、国际合作提供数据平台支持。

基于中文版书系及数据库资源而成的“走出去”项目，将以多语种展现中国学术界在贫困研究领域的最新成果，展现减贫领域的中国模式并为其他国家的减贫事业提供中国镜鉴，增强中国发展模式的国际话语权。

作为人文社会科学专业学术出版机构，社会科学文献出版社长期关注国内外贫困研究，致力于推动中外减贫研究领域的学术交流与对话，出版了大批以减贫与发展为主题的学术著作。在新时期中央有关减贫战略思想的指导下，我们希望通过《中国减贫研究书系》这个平台，多维度、多层次展现中国减贫研究的优秀学术成果和成功的中国经验，为中国减贫事业、为全面实现小康贡献出版界的力量。

# 《中国减贫研究书系》编辑委员会

（以姓氏笔画为序）

# 前　言

摆在您面前的这份文稿，是国家社科基金一般项目“连片特困区城乡贫困关联与联动治理机制优化研究”的最终研究成果。为便于大家了解有关项目研究情况，这里简要向读者交待一下有关研究的背景和问题、研究过程和方法，以及研究的内容与结论。

扶贫开发旨在提高贫困群众生计水平，降低发展风险，增进人民福祉。得益于中国经济持续健康增长尤其是党的十八大以来精准扶贫、精准脱贫政策的实施，中国扶贫开发取得了举世瞩目的成就，为全球减贫提供了中国方案和中国经验。至2019年末，全国农村贫困人口从2012年末的9899万人减少至551万人，比2018年末减少1109万人，贫困发生率由2012年的10.2%下降至0.6%，比2018年下降1.1个百分点；2020年我国将实现现行标准下的农村贫困人口脱贫，贫困县全部摘帽，解决区域性整体贫困。秉承“区域发展带动扶贫开发、扶贫开发促进区域发展”思路的连片特困区扶贫开发工作与全国一道取得了较好成绩但仍需持续发力：至2018年末，全部连片特困区贫困人口935万人，较2011年的6035万人累计减少5100万人；2019年集中连片特困地区农村居民人均可支配收入11443元，增长11.5%，集中连片特困地区农村居民人均可支配收入增速高于全国农村平均增速。

深入推进新型城镇化、乡村振兴和区域协调发展等战略实施是片区脱贫攻坚和贫困区域“发展空间重构”的重要抓手，一体化的扶贫治理机制建设是城乡融合发展的现实需要。实现城乡扶贫开发联动治理，旨在“将城乡分治的扶贫开发体系梯次并轨，益贫性社会支持政策与扶贫开发有序并行”，这既是一个理论问题，又是一个重大现实问题。本研究聚焦连片特困区城乡贫困关联和城乡扶贫开发联动治理问题，以精准扶贫方略为指导，选取我国乌蒙山区（西南部）、罗霄山区（中部）、大兴安岭南麓山区（东北部）3个国定连片特困区为样本区域，围绕贫困区域发展“新型城乡关系向哪里变，统筹城乡扶贫治理路怎么走，关键资源要素往哪里流”的现实问题，重点立足“扶贫开发战略演变与连片特困区扶贫开发阶段性特征、城乡发展战略与连片特困区扶贫开发的协同耦合、新型城乡关系与连片特困区城乡贫困关联机制探讨、城乡融合发展驱动的连片特困区空间重构减贫实践、连片特困区城乡扶贫资源配置效率评价与城乡扶贫联动治理、精准扶贫政策指导下连片特困区城乡减贫策略创新”等主题内容展开。本研究借鉴发展空间重构、社会关联重建、价值共创等分析范式，运用要素增益、资源空间配置理论分析片区贫困发生机制与城乡贫困关联，逻辑推理新型城镇化、乡村振兴等空间发展战略与城乡扶贫开发耦合作用机理，计量分析城乡扶贫开发分治对于片区扶贫资源配置效率影响及作用机理，借此进行城乡扶贫开发联动治理机制优化，有助于丰富区域发展和减贫理论认知，消除制度屏障、促进片区区域脱贫和区域间协调发展，提升贫困区域发展水平与民众福利水平。

从扶贫开发战略演进逻辑上看，1949年以来的扶贫开发战略基本遵循空间重构、多维减贫、扶贫治理三重行为逻辑：一是空间重构减贫逻辑，基于“社会救济（社会保障）—普惠扶贫（个人瞄准）—区域聚焦（连片特困区与整村推进）—精准扶贫（立体多维精准）”的转变思路，多措并举，不断改变和重构贫困人口发展的区域空间和生计空间，转变贫困人口发展意识，提高贫困人口的可行能力，实现生计水平提升和可持续发展。二是减贫思维多维拓展逻辑，积极探索多维贫困视角下的减贫措施以及各项减贫措施之间的协同联动效应，并将扶贫开发视为推动区域发展的一项“综合性发展手段”，而不仅仅只针对贫困群众的脱贫和福利增进。三是“减贫管控”向“减贫治理”转变的工作流程再造逻辑，重视市场机制在扶贫资源配置过程中基础性地位的作用发挥，扶贫开发实践中也愈加关注贫困群众等多元主体参与、内生动力激发和全流程绩效管理。

从连片特困区扶贫开发阶段性特征上看，在认知层面注重多维减贫与全域扶贫发展理念突破，实践层面强化脱贫攻坚模式与精准扶贫机制创新。逐步健全了以“区际结合，跨域发展”为基础、以“大资源、大平台和大创新”为特征、以“精确识别、强化目标管理、创新资源整合、完善信息交流、优化监督评估与拓展社会参与”为主体的片区宏观精准扶贫机制，并且关注贫困人口长远生计与返贫风险防范。新时期片区扶贫开发工作取得显著成绩的同时，复合型贫困与相对贫困突出、城乡贫困并生等特征凸显，未来一段时期的贫困或将呈现“关系型（或关联性）贫困突出，空间分布向城镇聚集，老年、儿童和残疾人等弱势群体贫困成为焦点”的特征，“关注贫困人口绝对数量（而不是减少贫困发生率）持续减少、性别和年龄等视角下的贫困人口结构调整优化等”逐步成为减贫工作的重要内容。片区面临着进一步发挥制度优势和政策优势将扶贫开发工作推向深入、支持深度贫困地区发展、激发贫困群众内生动力等理论突破和实践创新的工作挑战。

从片区新型城乡关系益贫机理上看，片区城乡关系发展经过了自由发展（1949～1953年）、二元初成（1953～1958年）、城乡对立（1958～1978年）、二元突破（1978～2002年）、以工促农和以城带乡（2002～2008年）、城乡互利（2008～2017年）、城乡融合（2017年至今）等阶段。片区新型城乡关系建构的本质在于通过推进新型城镇化、乡村振兴与区域协调发展等战略实施，实现片区城乡发展空间重构，汇聚发展资源，摆脱制度约束，释放区域发展动能，促进区域城乡协调发展。在符合城乡发展规律的基础上，有效协调和充分发挥政府规控与市场机制在资源配置中的作用，提升发展资源配置效率和区域社会经济发展质量，进而有益于片区扶贫开发。

从连片特困区城乡贫困发生机制和贫困关联上看，城乡一体化发展目标引领下的区域协同与区际融合成为发展常态。政府宏观调控和市场经济资源配置机制的双重作用使得区域城乡资源要素组合方式和组织形式“无差别或差别较小”基础上的贫困类型、贫困标准、贫困群体构成和贫困成因等呈现“趋同”趋势。基于连片特困区区域系统发展层面思考城乡贫困关联问题，实质是将城镇发展系统和农村发展系统这对现实世界中相对独立又深度共生的发展系统进行空间关联，亦即在跨越城乡边界的整合空间里系统思考“既是发展要素又是资源短缺发展状态”的城乡贫困“从清晰区分到相互融合直至趋于一体”的发展演进，而非贫困人口之间微观利益联系。基于片区资源要素下城乡区际流动的空间关联视角，深入考察城乡贫困空间关联机制体现为产业关联（身份趋同—就业—收入）、公共服务关联（公共服务差距—收入差距—可行能力差距）、社会治理关联（秩序重建—社区治理—权益保障）、要素市场关联（人—业—地—钱）等方面。

从片区城乡扶贫开发分治体系上看，1986 年国家设立了扶贫开发办公室这一机构专门协调农村扶贫开发工作，城市尚未成立专门的扶贫开发管理机构；农村扶贫开发已经形成了精准扶贫战略指导下的“行业扶贫 + 社会扶贫 + 专项扶贫”的大扶贫格局以及完善的扶贫开发政策法规体系，城镇扶贫救助政策主要体现为城市居民最低生活保障等社会保障制度建设，且城乡贫困救助标准也因区域居民平均收入水平差别存有不同；农村贫困监测体系相对完善，成为精准扶贫战略实施的坚实基础，城镇贫困监测体系建设则相对滞后，很难准确把握城镇贫困人口规模、结构、贫困程度和变化趋势。

从城乡融合发展驱动的连片特困区“空间重构减贫”实践来看，片区“以政府为主导，全社会积极参与”的扶贫开发工作正是通过政策、技术、社会支持等多种方式不断调整或重构片区发展空间，影响居民尤其是贫困人口生计资产及其生计策略，最大化消减其发展约束性因素特别是贫困风险。一是基于西南部的乌蒙山区毕节市、中部罗霄山区赣州市和东北部大兴安岭南麓山区兴安盟 3 个片区中具有国家扶贫开发工作重点县、少数民族分布区域、革命老区、连片特困区和脱贫摘帽县等特征的多个样本区域的新型城镇化之于片区农村贫困、城镇贫困的减缓效应和作用机制分析。新型城镇化战略通过在更高层次、更广领域、更深层面为农村和城镇贫困人口拓展发展空间，挖掘发展资源，改善城乡社会管理和公共服务，使其收入增加、社会保障体系更加健全，有助于片区扶贫开发跳出贫困恶性循环发展怪圈，促进区域和贫困人口减贫脱贫。二是基于电商扶贫对于贫困人口发展网络空间重构的分析。可知其作为互联网时代扶贫模式的创新，通过“网络经济平台”“关联产业粘连”与“区域发展分工深化”等效应发挥，拉动网络创业和网络消费，塑造良好的发展生态，重构贫困人口生计发展空间，降低贫困人口发展过程中的市场风险，增加其发展机会，提升其脱贫致富能力，在欠发达地区发挥“弯道超车”的作用。三是基于扶贫志愿服务对于贫困人口发展关系空间重构的分析。“网络多维协同发展共同体”建设，将扶贫志愿者、政府、企业、贫困人口等多元利益相关者进行网络聚合，以志愿服务为关联纽带，通过区域和贫困人口社会关联网络重建，改变发展空间，实现扶贫志愿服务价值的社会化共创，促进城乡减贫。

从连片特困区贫困人口脱贫动力激发上看，脱贫内生动力激发源于贫困群众自我认知提升，但受其所在生计发展空间制约，依赖贫困群众发展行为惯习的逐步养成。依循贫困群众内生动力激发由“资源单向传递—贫困群众被动接受—内生动力源于个体自觉”向“扶贫开发双向互动—贫困群众适度参与—内生动力激发注重外力干预”再到“关注个性化服务提供—贫困群众平等关联—内生动力全面激活”的发展路径与建构逻辑，多维拓展贫困群众内生动力激发的行动框架，结合大兴安岭南麓山区兴安盟贫困群众脱贫内生动力激发的扶贫开发政策“多层互动，全员学习”的决策过程创新、“市场导向+村级集体经济”协同发展模式和积分制探索等扶贫开发工作实践开展实证研究，本研究认为立体化、多维度、宽领域的贫困群众脱贫内生动力激发工作的开展需要关注“整体协作，强调扶贫开发主体扶贫内生动力和贫困群众脱贫内生动力双重持续提升；自主管理和发展能力培育，积极引导贫困群众参与；提升科技支撑，促进贫困群众社会关联重建”等领域。

从连片特困区城乡扶贫资源配置效率评价来看，综合考虑扶贫开发中“公共财政支付变动影响区域民众发展的社会管理和公共服务环境，进而作用于贫困人口生计资本和生计策略”的逻辑思路，本研究运用三阶段 DEA 模型分析 3 个片区 7 个典型样本区域扶贫资源配置效率，结果显示城镇扶贫开发效率低主要是因为扶贫开发规模效率低，农村扶贫开发效率低主要是由于技术效率不高。城镇扶贫开发虽然分属多个部门，但由于制度比较健全、操作程序规范和服务对象信息较为齐全，扶贫开发经办管理水平相对较高，短期内效率显著提升更多地取决于投入的持续增加。而农村扶贫开发工作自精准扶贫政策实施以来，国家持续加大财政转移支持力度，短期内效率显著提升则更多地取决于包括资金在内的扶贫资源配置水平提高。连片特困区城乡扶贫开发效率与区域城乡统筹存在明显的正向相关关系，反映出城乡扶贫开发统筹将是未来片区扶贫开发量质双升的重要抓手。

系统审视我国现行城乡扶贫开发体制，本研究尝试提出连片特困区开展统筹城乡扶贫开发治理机制创新与优化的方向：一是在国家扶贫开发战略层面，优化顶层设计，突破传统扶贫开发的城乡分治理念，兼顾区域自然空间、社会空间与经济空间特征，尽快建立城乡统一的扶贫开发管理体制和监测体系，整合扶贫开发资源，形成区域扶贫开发合力和提升扶贫资源配置效果。二是在扶贫开发政策体系层面，健全农村贫困人口社会保障，强化城镇贫困人口的扶贫开发，关注城乡“救助型+预防型+发展型”扶贫开发政策的“全过程、全方位”设计与优化，全局着眼，分类施策。三是在统筹城乡扶贫开发环境保障方面，要有系统思维，关注社会主义市场经济条件下的行政规约、资源筹措与合理配置、社会参与、冲突协调和风险防范等作用于统筹城乡扶贫开发工作的配套改革，为统筹城乡扶贫开发治理提供坚实保障。本研究对于未来城乡扶贫联动治理阶段性工作也进行了初步划分：发展阶段（当前至2025年），健全城镇贫困人口扶贫开发体制与机制，推进城镇居民困难群体的社会保障、扶贫开发保障两大体系的“并行”发展；并轨阶段（2025~2035年），有效衔接城乡扶贫开发体系，实现城乡扶贫开发协同并轨；融合阶段（2035年之后），统筹协调，推进城乡扶贫开发治理现代化的实现。

本研究认为：区域性贫困的本质在于区域发展空间中的不公正结构和不均衡资源配置诱致区域发展正义和空间生产效率缺失。要实现片区扶贫开发提质增效，需要着力打破传统发展空间束缚，强化区域自然、社会与经济空间协同，以及区域整体空间和贫困人口个性化生计空间同步发展，并逐步向空间平等与自由结构的空间公正方向发展。持续推进理念协同、力量协同、空间协同、利益协同和创新协同等“五大协同”：提高贫困认知水平，增强扶贫开发行为自觉；强化政府与市场协同，重视社会力量参与；兼顾空间生产效率和正义，推进发展空间重构减贫；重建贫困人口社会关联，构建稳定脱贫利益联结机制；坚持模式创新和问题导向相结合，统筹衔接益贫政策和发展战略，助力扶贫开发提质增效。坚持从新型战略定位、新型扶贫模式、新型驱动机制、新型投入方式、新型管理系统等方面开展扶贫开发业务流程再造和治理机制优化：注重城乡贫困关联，强化城乡扶贫开发联动治理；聚焦片区扶贫开发新资源，完善区域减贫社会支持体系；有机融入现代经济体系，挖掘片区发展新动能；关注精准扶贫流程再造，提高扶贫开发治理水平。

展望“两个一百年”奋斗目标历史交汇期的“十四五”时期扶贫开发新趋势，城乡融合发展背景下的“城乡扶贫开发分治”走向“城乡扶贫开发联动治理”将是未来扶贫开发工作的趋势。高质量推进连片特困区脱贫攻坚与区域发展工作，应有机衔接乡村振兴与脱贫攻坚，深入推进城乡融合发展，创新实施“空间重构与价值共创双向协同式”减贫策略，协同整合区域城乡经济地理空间、信息网络空间与社会关联空间，健全社会治理机制，推进扶贫开发“网络多维协同发展共同体”建设，实现区域空间结构优化基础上的价值共创，进而将城乡贫困问题融于社会发展系统并将之“在系统发展过程中解决”。

在书稿出版之际，要特别感谢全国哲学社会科学规划办公室的资助，还要衷心感谢为这项课题研究活动的顺利开展提供了大力支持和帮助的中共江西省委宣传部、江西省社会科学界联合会、江西省扶贫办公室、江西省农业农村厅、江西省赣州市扶贫办公室、贵州省毕节市扶贫开发办公室、内蒙古自治区兴安盟扶贫办公室、江西省社会科学院、南昌大学经济管理学院、江西师范大学财政金融学院、江西财经大学经济管理学院、华东交大人文社会科学学院、中共江西省委党校、中国社会科学院农村发展研究所、中国农业大学经济管理学院、浙江大学中国新农村发展研究院、华南农业大学经济管理学院、江西农业大学经济管理学院、贵州大学哲学社会科学研究院、中国人民大学农业与农村发展学院、南京农业大学经济管理学院、四川大学经济学院、西北农林科技大学经济管理学院、吉林农业大学经济管理学院、华中农业大学经济管理学院、河海大学公共管理学院、三峡大学经济管理学院等单位及工作人员以及配合我们调研的城乡居民朋友们，尤其是相关领域各位专家给予的理念启示、思路引导、调研机会等对于研究开展、结果论证与成果转化弥足珍贵。没有你们的支持、指导和帮助，本项课题的研究工作是难以顺利完成的。

由于我们自身知识结构和学术水平的限制，本书的分析研究肯定存在不妥之处，衷心希望能得到大家的批评和指教，以期推动这一领域的研究不断走向深入。

# 目录

# 第1章 绪论

## 1.1 研究背景与意义

### 1.1.1 研究背景

受益于习近平总书记关于扶贫开发工作重要论述的科学指导和精准扶贫政策强力推动，按现行国家农村贫困标准测算，至2019年末，全国农村贫困人口从2012年末的9899万人减少至551万人，比2018年末减少1109万人，贫困发生率由2012年的10.2%下降至0.6%，比2018年下降1.1个百分点①，贫困地区精准扶贫、精准脱贫成绩显著。面对贫困地区“自然条件差，经济基础弱，贫困程度深”等发展障碍、脱贫区域“产业网链尚未健全，贫困人口长远生计保障水平不高和返贫风险依然存在”等现实困境以及贫困区域全要素生产率阶段性转型升级困难等诸多减贫挑战，未来脱贫攻坚工作仍需持续发力，超前识变，预判未来扶贫开发政策走向，完善脱贫攻坚支撑体系，实施发展空间重构减贫与价值共创减贫策略，增进区域发展要素交流和促进要素增益，提高发展机会平等和公平竞争水平，推进扶贫开发事业不断走向深入。

伴随着旨在“矫正要素配置扭曲”的新型城镇化、乡村振兴及区域协调等发展战略快速推进，基于要素增益的片区新型城乡关系逐渐形成，社会风险视域下城镇人口贫困问题受到关注：2015年底我国城镇

① 《国家统计局：2019年末全国农村贫困人口降至551万》，http://www.chinanews.com/gn/2020/01-23/9068316.shtml。

贫困人口已达5800万人（一般统计城镇低保人口、低保边缘人口和进城贫困农民工等），并且这个比例将随着区域城镇化比例的上升而不断提高，城镇减贫即将进入关键阶段①。另据民政部统计信息，至2018年末，全国共有城市低保对象1008万人，城市特困人员27.7万人，全国共实施临时救助1074.7万人次。“要素合理流动及优化组合”构建贫困区域发展的内源发展机制，提高环境适配能力是贫困区域扶贫开发政策应对贫困区域发展塌陷和“梅佐乔诺陷阱”的关键，在治理理念指导下协同考虑扶贫开发问题是脱贫攻坚政策的核心：关注贫困地区扶贫开发的阶段性特征与未来尤其是后2020时代减贫形势，基于城乡关联视角剖析贫困地区城乡贫困关联机制，适度超前探寻“城乡扶贫开发分治”政策突破与统筹城乡扶贫治理机制优化，对于提高片区扶贫开发工作效率和质量、引领当前脱贫攻坚工作、加速推进未来中国社会经济发展、接续推进后2020时代扶贫开发、乡村振兴战略实施以及推进国家治理能力提升具有促进作用。

### 1.1.2 研究意义

深入推进新型城镇化、乡村振兴和区域协调发展等战略实施是片区脱贫攻坚和贫困区域“发展空间重构”的重要抓手；一体化的扶贫治理机制是城乡融合发展的现实需要。实现城乡扶贫开发联动治理，旨在“将城乡分治的扶贫开发体系梯次并轨，益贫性社会支持政策与扶贫开发有序并行”，这既是一个理论问题，又是一个重大现实问题。它涉及城乡贫困关联、扶贫资源空间配置、城乡扶贫开发行为对接、区域多重空间重构和民众社会关联网络重建、跨域治理等多个领域，并受到政府职能、财政税收制度、经济发展水平和市场化程度等多个方面的影响与制约。围绕该问题进行探索，不仅可以丰富区域经济学内容体系，还可为构建新型城乡关系、推进连片特困区扶贫开发以及统筹城乡扶贫治理的政策完善提供决策参考。

---

① 单德朋、郑长德：《民族地区城镇贫困动态演化与经济增长益贫性研究》，《西北人口》2014年第1期，第79~85、91页。

在学术价值方面，连片特困区扶贫开发战略实施使得片区农村贫困人口数量大为减少，城乡扶贫开发协同乏力与城镇贫困问题凸显。着眼于片区贫困“发生机制”分析，解析城乡贫困关联机制，明确新型城镇化、乡村振兴等发展战略与扶贫开发的互馈机制及其对城乡扶贫开发分治模式的反作用力，能够揭示城乡扶贫开发联动治理的模式选择、约束条件、制度发展路径及内在规律，为从根源上理解转型升级关键期的社会、市场及政府在扶贫开发中的发展诉求与资源配置行为奠定基础。这将有助于丰富区域发展和减贫理论认知，较好实现扶贫政策干预与市场经济发展要求之间的协调，增进贫困区域发展竞争优势，保障区域发展质量。

在应用价值方面，本书选取我国乌蒙山区（西南部）、罗霄山区（中部）、大兴安岭南麓山区（东北部）3 个国定连片特困区为研究对象，针对贫困区域发展“新型城乡关系向哪里变、统筹城乡扶贫治理路怎么走、关键资源要素往哪里流”的现实问题，基于片区扶贫政策演化、城乡贫困阶段性特征与调研数据分析，解读贫困区域新型城乡关系构建、发展空间重构及城乡反贫困实践困境，科学评价城乡扶贫开发资源配置效率与减贫效应，建议实施“空间反贫困策略”。针对城乡贫困发生机制和城乡扶贫开发分治劣势，本研究着力城乡统筹与制度整合，强化益贫性社会支持政策与扶贫开发有效衔接，并依据新型城镇化、乡村振兴等发展战略与区域扶贫开发的互馈机制，提出城乡扶贫开发联动治理制度框架、运行机制与政策调整方面的建议。这将有助于消除制度屏障、促进贫困区域脱贫和区域间协调发展，助力贫困区域发展与提升民众福利水平。

## 1.2　前期研究文献简述

复合状态概念的贫困，正是要素短缺和要素组合功能疲软的长期延续。扶贫开发既是资源配置过程，也是扶贫对象“资源基础上的可行能力形成与提升”过程。资源空间配置效率将通过集聚效应影响区域发展与民众福利，扶贫资源的政府依赖、公共服务城市偏向政策、区域非均衡发展战略影响的扶贫开发城乡“分治”模式，在“扶贫开发边际效应式微、脱贫攻坚协同治理要求凸显”状态下亟须调整。旨在破解城乡发展资源与社会福利非均衡分配的新型城镇化、乡村振兴等战略有助于城乡发展系统融合，空间分异弥合，促进生产要素的合理流动和优化组配。

秉承“区域发展带动扶贫开发、扶贫开发促进区域发展”思路的连片特困区减贫政策自 2011 年提出以来，绩效明显且研究脉络清晰：转变“注重区域特征的扶贫开发”为“关注扶贫对象发展特征”的多维精准对接，强调政府与市场在扶贫开发工作中的协同作用发挥，重构扶贫工作良性秩序；强化产业带动，促进内源式扶贫；关注教育扶贫，阻断贫困代际传承；实施环境承载分析基础上的移民扶贫，重视贫困人口长远生计；健全社会保障体系，维护贫困人口发展权益；鼓励电商扶贫、众筹扶贫、金融扶贫等新型扶贫模式，推进“多元化组合模式”创新；强调物质扶贫与精神扶贫并重，切实防范脱贫人口返贫。2012 年至 2019 年的七年来，累计减少农村贫困人口 8239 万人。区域贫困成因多种多样，因地因时而异，根本原因则是生产要素缺乏或不能实现有效组合，资源未能得到合理利用和有效配置。萨克斯（Jeffrey D. Sachs）的“市场的政府替代负效应”、缪尔达尔（Karl Gunnar Myrdal）的“熨平回波效应”、舒尔茨（Theodore W. Schultz）的“加大人力资本投入”、萨缪尔森（Paul A. Samuelson）的“由政府对于贫困的低收入者提供安全网”、纳克斯（Ragnar Nurkse）的“强调资本积累”、雅兰（Jyotsna Jalan）的“空间贫困陷阱”、托达罗（Todaro M. P.）的“地理环境改变”、联合国开发计划署（UDP）“扶贫目标从传统的技术援助向以人的可持续发展转变”、中国扶贫开发过程中凝练的“开发式扶贫、连片开发扶贫”理念等阐述为此提供理论解析。针对连片特困区扶贫开发工作面临的“新型内源减贫机制尚需健全、资源配置重技术效率轻组织效率、贫困人口内生动力不足、城乡扶贫开发协同乏力及资源传递内耗增加、特殊贫困群体边缘性特征显著、发展不平衡下贫困群体社会剥夺感增强、脱贫人口生计脆弱与返贫”等诸多约束，连片特困区扶贫开发需要优化顶层设计，拓宽资源集聚范围，畅通城乡发展要素流动渠道，优化扶贫资源空间配置行为。

城乡关系是生产力和分工社会化的产物，统筹城乡理念的提出根源于长期以来的城乡“二元分治”。自 1979 年吴友仁先生首次提出并对中国社会主义城镇化问题进行研究以来，当我们纵观中西城乡关系理论研究的“乡村孕育城市—城市快速发展—城市偏向—乡村偏向—城乡逐步融合”发展进程，考察城市规模扩张视野下城市资本（发展）对于农民（农村）权益的侵占和发展空间的挤压，系统审视影响城乡“规模—层次”结构形成的环境资源与基础设施、城乡二元经济结构、收入分配不公与城镇化主体的利益格局等约束因素，会发现旨在城乡融合发展、统筹城乡并逐步走向城乡一体化发展的新型城镇化与乡村振兴战略推进日益成为破解区域发展过程中出现的质量与效率之间、部门之间、城乡之间、经济发展与资源环境承载力之间等结构性难题和发达地区与欠发达地区发展协调的有效手段。城镇化、乡村振兴与区域反贫困具有密切的联系性，贫困发生率和城镇化率呈现负相关关系，新型城镇化与乡村振兴通过推进城乡融合发展可促进城乡反贫困的实现。强调以人为本、要素等值交流的新型城镇化战略、乡村振兴战略和以人的素质性脱贫为目标的扶贫开发具有价值目标的一致性。新型城镇化战略和乡村振兴战略是以效率和公平相统一为目标的资源空间配置过程，目标为解决城乡二元结构和城镇内部二元结构的“双二元结构”问题，实现基础是市场经济条件下的城乡发展要素充分流动和资源优化配置。

快速城镇化进程中由于基础设施建设和社会经济的“碎片化”，尤其是工业化与城镇化二者发展水平的失衡导致城镇低文化、低技能者与进城农村剩余劳动力陷入贫困，产生严重的社会排斥和贫困文化，关注风险社会时代的城镇贫困问题，是经济和社会发展的必然要求。2016 年底我国城镇贫困人口约达 5500 万人，14 个连片特困区覆盖了全国城镇贫困人口的 15%（且将随片区城镇化加速而骤增），主要由进城农民工、企业下岗职工和无业大学毕业生组成。相对于农村贫困和以“三无”人员为主的传统城镇贫困，结构性、区域性和过渡性反映出当前城镇贫困问题背景，再生性、离散型或相对性显示出其整体特质。本研究依托“结构和文化两个导向”，刘易斯（Oscar Lewis）的贫困文化理论、森（Amartya Sen）的制度贫困理论、甘斯（Herbert J. Gans）的贫困功能论、安德森（Anderson）的利益均沾论、勒努瓦（Rene Lenoir）的社会排斥论等，因循经济体制改革、贫困群体潜能激发等减贫多维角度，借鉴欧美福利保障与福利救济/救助相结合的福利保障实践，反思城镇反贫困行为与价值目标的低位错配、主体性的反主体悖论实践、户籍瞄准与人口结构倒挂、减贫模式僵化、社会保障制度性框架滞缓、福利政策设计与执行弱化等扶贫之困，要实现弥合代际传承、人口老龄化及机会剥夺等贫困特征，完善“五险、一保、就业创业”的城镇预防性、救助性和开发性扶贫体系，切实转变城镇化进程中“强调经济，忽略人的权利”的发展理念，增加扶贫资源有效供给，提高扶贫体系质量和效率等目标，关键在于秉持公平正义价值观构建多元主体合作共治的城镇贫困治理体系，核心是准确把握和维持城镇发展的经济逻辑和社会逻辑的均衡，打破城乡二元分割，优化城镇区域发展格局，促进城乡生产要素流动和产业转型升级，并注重社会经济空间拓展。

基于要素合理流动及优化组合构建贫困区域发展的内源发展机制与提高环境适配能力是片区扶贫开发政策应对区域发展塌陷和“梅佐乔诺陷阱”的关键，而城乡扶贫开发分治使得资源要素在各自系统边界内发挥正向效应的同时却在城乡一体化发展背景下表现出“效率损失的反功能”现象，受制于社会保障的福利刚性和扶贫开发制度路径依赖，整个社会都将为之付出巨大代价。针对片区城乡关联日益紧密背景下表现出来的产业转型升级加速、空间格局趋向明确、社会分工联系日益紧密、市民化能力增强、“逆城市化”现象显现、社会保障体系逐步健全、包容性发展环境初步形成等趋势，为提高社会生产系统整体效率从而促进区域扶贫开发，以“发展空间重构建设推进连片特困区统筹城乡扶贫治理”逐步成为业界与学界共识。

国内外优秀成果为本课题研究提供了重要理论基础与研究借鉴。未来的连片特困区扶贫开发需要将城镇贫困与农村贫困并重，在精准扶贫、项目瞄准基础上强化系统思维、柔性意识和工作协同效应的发挥，关注扶贫资源的空间配置效率，并且将通过新型城镇化促进连片特困区统筹城乡扶贫治理机制建设作为一重要工作抓手。但对于“新型城乡关系与片区城乡扶贫开发的互馈机制以及城乡扶贫开发联动治理机制建设的实现路径”这一“现状与策略的中间环节”的研究尚未形成系统认识，使得连片特困区统筹城乡扶贫治理机制建设缺乏协整性思考，从而影响了扶贫资源的效用发挥及扶贫工作整体水平。结合新形势下我国脱贫攻坚工作目标，针对当前连片特困区“城乡扶贫开发分治与扶贫资源配置低效率”的双重约束，相关主体要进一步深化扶贫工作机制创新，提升扶贫开发工作效率。为此需要深入研究求证的关键问题即是：“着力于剖析贫困发生模式的结构性特征，聚焦市场化背景下新型城乡关系与扶贫开发的互馈机制，注重益贫性社会支持政策与扶贫开发协同并行，推进城乡扶贫开发联动治理业务流程再造，通过要素交流与增益效应优化发展资源的空间配置，释放发展新动能以促进贫困对象有效减贫”，本研究拟借此做些力所能及的探讨。

## 1.3　研究目标与基本概念界定

### 1.3.1　研究目标

本研究的核心目标是构建连片特困区“城乡分治的扶贫开发体系梯次并轨，益贫性社会支持政策与扶贫开发有序并行”的“分层多维组合式”城乡扶贫开发联动治理新机制。具体目标包括：

一是清晰连片特困区扶贫开发阶段性特征与新型城乡关系，明确新型城乡关系建设进程中的城乡贫困现状与多维致贫因素。

二是基于要素流动视角梳理城乡贫困关联，探讨新型城镇化、乡村振兴战略与片区扶贫开发的互馈机制，明晰片区经济地理空间、网络空间、社会空间等“发展空间重构”与扶贫开发的协同耦合。

三是开展区域整体、城乡分区扶贫资源空间配置效率评价，厘清片区城乡扶贫开发分治实践困境，建构片区“分层多维组合式”城乡扶贫开发联动治理的制度框架与运行机制。

四是明确城乡扶贫开发联动的关键问题与城乡扶贫开发联动治理行为能力提升逻辑，并提出片区未来“发展空间重构 + 价值共创”的减贫策略创新。

### 1.3.2 基本概念界定

1. 贫困区域与贫困标准

(1) 贫困区域

本书将涉及连片特困区、贫困地区等区域进行划分，现做简要区分。

连片特困区，全称为集中连片特困地区，书中简称为“片区”。全国共有六盘山区、秦巴山区、武陵山区、乌蒙山区、滇桂黔石漠化区、滇西边境山区、大兴安岭南麓山区、燕山－太行山区、吕梁山区、大别山区、罗霄山区、西藏区、四省藏区、新疆南疆四地州等14个连片特困区。全国连片特困区行政区域面积390万平方公里，覆盖全国21个省（自治区、直辖市）中的680个县（市、区）之下的9687个乡（镇），其中含440个国家扶贫开发工作重点县。

贫困地区指14个连片特困区及片区外的国家扶贫开发工作重点县，共包括832个县，其中连片特困区内含680个县，国家扶贫开发工作重点县共计592个（含片区内部的440个国家扶贫开发工作重点县）；并且为了贫困地区统计数据的一致性，引用的《中国农村贫困监测报告》中的“贫困地区基本情况”数据不含其中的20个县改区数据。

(2) 贫困标准

现行中国农村贫困标准依据2010年不变价进行测算，2014～2020年的贫困标准分别为：2014年为2800元/人，2015年为2968元/人，2016年为3146元/人，2017年为3335元/人，2018年为3535元/人，2019年为3747元/人，2020年为4000元/人。

较之比较明确的农村贫困标准，城镇贫困标准设定尚未形成定论，但多数研究认为城镇贫困应被理解为是一种发展状态疲软致使贫困主体利益诉求实现的机会与可行手段缺失；借鉴相关文献成果，考虑分析数据的可获性和历史分析的可行性，选取所属区域城镇最低生活保障线作为城镇贫困标准；在数据分析时从医疗、教育、老龄化、产业结构转型等多维致贫领域进行拓展式探讨，以弥补单一经济指标解释城镇贫困现象的不足。

2. 城乡贫困关联

作为行为主体的人的社会关系网络源于参与，因受益而不断拓宽，在与其他网络主体的互益交往中形成信任，并因网络密度加深使得行为主体行为彼此束缚，社会网络规范由此逐步完善和强化[①]。

基于连片特困区区域系统发展层面思考城乡贫困关联问题，我们可以发现实质是将城镇发展系统和农村发展系统这对现实世界中相对对立又相互关联的发展系统进行空间关联，亦即在跨越城乡边界的整合空间里系统思考"既是发展要素又是资源短缺发展状态"的城乡贫困"从清晰区分到相互融合直至趋于一体"的发展演进，而非贫困人口之间微观利益联系。本研究从片区资源要素城乡区际流动的空间关联视角，深入考察城乡贫困空间关联的内在形成机制与具体形式，进而为片区脱贫攻坚统筹城乡扶贫治理政策提出提供理论基础。本研究论及的片区产业关联、公共服务关联、社会管理关联和要素市场关联等关联机制分类源于前述城乡关联以及贫困发生机制影响因素分析，既是城乡贫困关联的纽带，也是城乡贫困发生机制的影响因素。

3. 新型工农城乡关系

新型工农城乡关系发展，本研究中借鉴其他研究文献讨论，简称"新型城乡关系"，概而论之，即不丢城、不误乡，而是利城富乡。本质是对传统城乡"二元结构"背景下的劳动力、土地、科技、资本等要素配置扭曲纠偏与配置效率提升，发展趋势是城乡区域功能分区的合理化，短板在于乡村发展失序，城乡融合发展是破解新时代社会主要矛盾的关键抓手。

4. 发展空间重构减贫

基于区域层面解构片区社会经济发展空间，主要包括以自然环境为基础的地理空间、信息基础为支撑的网络空间和利益关系为纽带的社会关系空间，三者相互交融，不可分割，且这些空间组成又通过不同的途径与居民生计空间密切关联。片区扶贫开发过程中逐步形成了"拓展

---

① 〔美〕罗伯特·D. 帕特南：《使民主运转起来》，王列、赖海荣译，江西人民出版社，2001，第 195～196 页。

发展新空间培育发展新动力，利用发展新动力开拓更广发展新空间”的新时代扶贫开发的全域空间发展思想，致力于运用生态扶贫、教育扶贫、产业扶贫等“组合式扶贫”方式不断作用并改善贫困人口生计空间和区域发展空间，辅之以公共服务均等化等社会空间治理机制优化，同时紧扣新型城镇化、乡村振兴等发展战略影响下的新型城乡关系构建契机，推进贫困人口个性化生计空间与区域发展空间的关联重建和增强，注重区际联合和资源整合，且又始终立足于空间发展的资源环境禀赋协调，直面市场经济背景下区域空间“中心—边缘”发展的歧视结构，在实践中逐步探索出“积极福利”基础上的区域环境、社会与经济多维空间的理想组合。

5. 价值共创减贫

连片特困区扶贫开发工作要始终坚持党和政府主导，统筹城乡，注重新型城镇化、乡村振兴战略等城乡协调发展过程中环境改善、产业振兴、文化发展以及权益保障等工作推进，逐步消弭传统行政区划的空间区隔、以户籍制度为代表的管理分割和以财政投入为标志的公共服务建设分化等影响，以解决城乡发展质量对称、结构均衡和协调且整合的问题，建立利益联络机制将区域中的政府、企业、专业经济组织、个体及贫困人口等行为主体紧密关联，运用协同治理机制有效协调贫困人口、企业及其他力量参与扶贫开发，推动涵盖贫困人口在内的各利益相关者分享资源、强化协同，进而形成内部交互、合作边界模糊、系统多样的网络协作的价值创造系统，并随着多主体参与的社会化共创源源不断创造出更多的共创价值。随之，扶贫开发也被赋予了作为“区域综合型发展方式”的特有内涵，需逐步推动资源整合和各利益相关者有序互动基础上的扶贫开发价值共创局面实现，促进片区扶贫开发和确保脱贫人口生计可持续发展。

## 1.4 研究思路、方法与可能的创新之处

### 1.4.1 研究思路

本研究借鉴发展空间重构、社会关联重建、价值共创等领域分析范

式，运用要素增益、资源空间配置理论分析片区贫困发生机制与城乡贫困关联，逻辑推理新型城镇化、乡村振兴等空间发展战略与城乡扶贫开发耦合作用机理，基于生计空间关联和扶贫资源传递阐释发展空间重构与城乡扶贫开发互馈机制，计量分析城乡扶贫开发分治对于片区扶贫资源配置效率影响及作用机制，借此进行城乡扶贫开发联动治理机制优化。

本研究的技术路线如下图 1－1 所示：

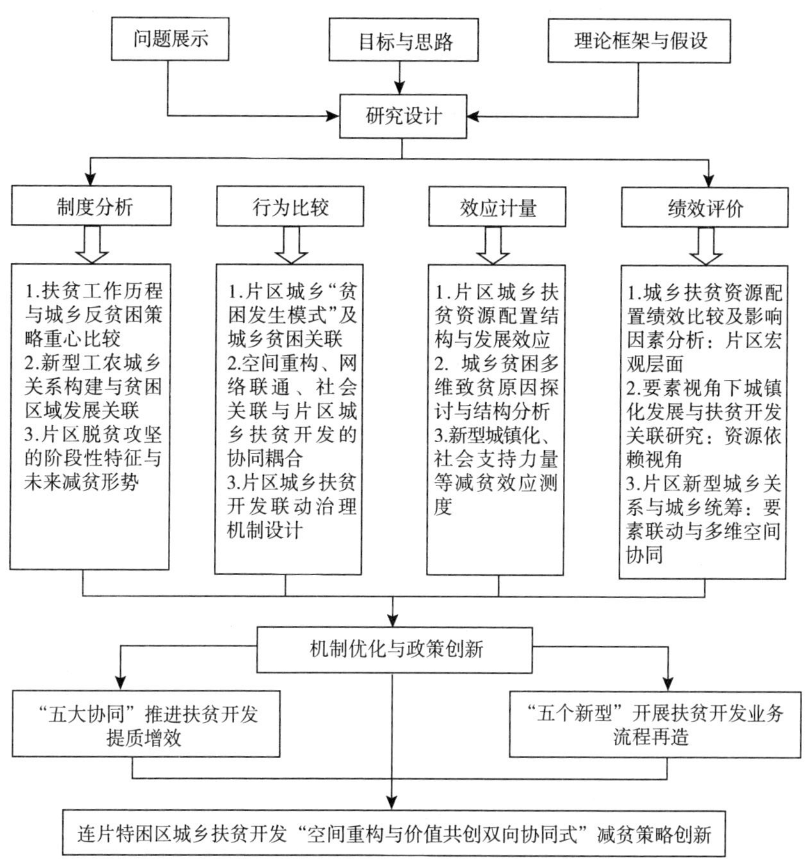


**图 1－1　研究技术路线**

### 1.4.2　研究方法

1. 实地问卷调查与统计资料收集相结合的方法

研究对我国乌蒙山区（西南部）、罗霄山区（中部）、大兴安岭南麓山区（东北部）3个国定连片特困区中不同发展水平的样本家庭随机实地问卷调查，并在每个调查区域选取一定数量的单位和家庭进行深度访谈；同时收集与研究相关的国内外文献资料与统计资料以弥补调查问卷数量与区域局限性的不足。

2. 实证计量模型分析方法

本研究利用多维贫困指数（MPI）分析样本区域贫困程度及多维致贫因素；运用多元回归分析模型验证新型城镇化建设对于区域居民家庭收入水平提高和贫困区域发展的促进效应；采用空间层次延展方法分析研究城镇贫困时空格局及其影响因素；基于三阶段DEA和SBM超效率模型要求，构建连片特困区扶贫资源配置效率评价模型，针对区域整体、城乡扶贫资源配置效率进行评价，利用格兰杰因果关系检验城乡统筹对于城乡扶贫开发的关系等。

3. 定量分析与定性分析相结合的方法

本研究在定量分析连片特困区城乡多维贫困程度、城乡扶贫资源配置效率、益贫性社会支持政策减贫效应及新型城镇化减贫贡献等内容的同时，考虑效率与公平原则，利用定性分析方法考察了城乡贫困关联机制、发展空间重构与片区减贫互馈机制、城乡扶贫开发联动治理行为风险等，使得片区城乡扶贫开发联动治理机制设计与政策优化更加富有针对性。

### 1.4.3 可能的创新内容

1. 学术思想建构

本研究依据连片特困区新型城乡关系构建与城乡扶贫开发协同治理的现实需求，着力于“贫困发生模式”分析基础上的脱贫攻坚战略调整，围绕贫困区域发展“新型城乡关系向哪里变、统筹城乡扶贫治理路怎么走、关键资源要素往哪里流”的关键问题，立足典型连片特困区发展空间重构、城乡扶贫开发分治政策与实践，分别从城乡资源要素自由平等交换机制优化、城乡贫困关联与区域协整扶贫开发、城乡扶贫资源配置效率提升等角度揭示连片特困区扶贫开发由“城乡分治”走向“联动治理”的内在轨迹、发展规律及可行路径，并以新型城乡关系与片区城乡扶贫开发互馈机制剖析为主线，提出构建统筹城乡的连片特困区“分层多维组合式”扶贫开发联动治理新机制及政策预设。

2. 学术观点凝练

理念层面：“强调以人为本、遵循经济规律与民众发展权益兼顾”的片区新型城乡关系建构实质是矫正发展要素价值扭曲与追求资源空间配置效率优化，为片区扶贫开发提供了全新发展空间和要素组织平台，可为片区发展动力转换与扶贫开发新动能培育的重要载体，有助于片区“空间重构与价值共创双向协同式减贫策略”实施。

管理层面：优化片区“全域扶贫”顶层设计，应在更高层面统筹发展资源，加快城乡要素自由流动改革和强化扶贫资源供需主体行为协调对接，推进“空间重构减贫”“价值共创减贫”和“社会关联增进式减贫”，开展城乡扶贫开发联动治理业务流程再造，提高全要素生产率，实现城乡扶贫开发互促互益，突破“城乡分治碎片化”走向统筹城乡扶贫治理现代化。

经济层面：片区发展方式的转变能够通过对减贫动力机制的重新构建以及改变减贫的路径和方式从根本上解决贫困问题，快速跟进的后续产业以及尽力避免贫困人口失业是城乡扶贫开发的关键。另外，市场的本质决定了它的“生产”和“再生产”的受益不可能自动送到在社会系统运行中处于弱势地位的群体手中，这就需要政府积极的干预市场或者通过社会政策平衡社会结构，前者作为市场资源配置决定性地位的市场经济体制要抑制，后者需要政府在未来营造相对公平的竞争环境的过程中付出大量的运行成本，而能够有效协调国家、市场和公民社会关系的扶贫志愿服务将日益被社会各种利益主体所关注和重视。

保障层面：破解片区贫困人口生计困境问题，应注重通过结构调整促成“贫困发生模式”转变，加大制度创新供给，健全“发展停滞型、结构失调型和灾害诱致型”贫困疏导机制，着力于区域整体发展空间和个性化生计空间协同耦合，进一步完善贫困人口长远生计保障。

## 1.5 研究过程说明

### 1.5.1 内业开展

研究过程中课题组严格内业文献整理、资料收集与内容论证，一方面，研究前期基于研究主题研究制定调研大纲，并根据工作内容要求设计调查表格，做好外业调查准备；另一方面，研究过程中积极与业内专家、从业人员沟通交流，并紧扣新型城镇化、乡村振兴、区域协调发展等战略要求，结合片区扶贫开发工作实践，深入论证研究逻辑与重心内容，确保研究理论创新和实践价值得以彰显。

### 1.5.2 外业调查

课题组在调查之前与地方进行了有效沟通，经与地方干部协商，决定每个区域开展县级、村级座谈会进行面上情况了解，然后进行样本户问卷调查和典型户深度访谈。

典型社会调研：课题组在各地扶贫管理机构和人员的配合下，先后共分九个批次针对不同区域进行实地调研：2017 年 8 ~9 月，课题组围绕“产业扶贫”主题在罗霄山区江西省吉安市井冈山市、抚州市乐安县等区域开展调研；2017 年 11 ~12 月，课题组针对罗霄山区江西省发展空间相对独立的典型民族地区开展“巩固提升阶段扶贫开发重心工作与新时期扶贫开发政策创新”调研；2018 年 1 月，课题组奔赴江西省赣州市寻乌县开展乡村振兴与脱贫攻坚专题调研；2018 年 4 月，课题组奔赴吉安市井冈山市开展“革命老区脱贫攻坚时代价值”专题调研，探索新型城乡关系构建与区域扶贫开发关系问题；2018 年 5 月，课题组奔赴乌蒙山区贵州省毕节市、四川省乐山市等地开展“城乡统筹与扶贫开发”专题调研，且向当地统计局、扶贫办公室等部门收集城乡扶贫开发相关资料；2018 年 7 ~8 月，课题组对大兴安岭南麓山区内蒙古自治区兴安盟乌兰浩特市、扎赉特旗、科尔沁右翼中旗以及吉林省白城市等地开展片区城乡扶贫开发实地调研。2019 年 3 月，课题组对罗霄山区江西省赣州市深度贫困地区开展“深度贫困地区脱贫攻坚”专题调研。在每个样本点，调研组按照实地查看、与当地干部及居民代表座谈、区域社会经济情况和样本户情况问卷调查三个步骤开展工作，调研内容涉及区域基本情况、扶贫政策推进状况、城乡融合情况、典型扶贫模式及效果、城乡贫困人口发展意愿及其对于扶贫开发工作的评价、项目管理程序、社会参与等与研究相关的诸多领域。2019 年 11 月，课题组奔赴九江市、宜春市开展产业扶贫专题调研。2020 年 5 月课题组奔赴赣州、抚州等地开展“促进脱贫攻坚与乡村振兴有机衔接推进农业农村现代化策略研究”专题调研。

数据调查：共发放各类数据表格 710 份，收回数据表格 693 份，其中乡镇社会经济信息表 17 份，样本村（社区）社会经济调查表 37 份，样本户社会经济调查表 585 份（农户调查问卷 470 份），各级干部访谈记录 33 份，农村专业合作组织负责人访谈记录 21 份；并收集省市县各级层面相关统计资料 47 份。需要说明的是，由于不同地区、不同年份在统计数据的统计口径、资料留存完备性等方面存有差异，为了尽可能确保分析结论的准确性，本研究分析过程中运用数据开展论证时，均有时间、区域与分析对象的分项说明，以提高研究的科学性和合理性。

### 1.5.3　成果推出

研究开展期间，我们共在《现代经济探讨》《贵州社会科学》《宁夏社会科学》《内蒙古社会科学》《华中农业大学学报（社会科学版）》《云南民族大学学报（哲学社会科学版）》等 CSSCI 源刊发表学术论文 10 篇（其中 CSSCI 核心版期刊论文 7 篇，CSSCI 扩展版论文 3 篇），在《农业经济》《中国国情国力》等一般学术期刊发表学术论文 3 篇；完成调研报告 5 篇；参加中国社会学会学术年会（上海）、中国农村改革 40 周年学术研讨会（沈阳）、新时代实施乡村振兴战略与深入推进农业供给侧结构性改革高峰论坛（南昌）等全国性学术会议 5 次并进行了论坛发言，基于课题内容赴澳大利亚墨尔本大学（The University of Melbourne）讲座交流 1 次。同时，课题组围绕研究主题，积极向当地政府

建言献策、服务区域发展，共提交脱贫攻坚政策建议 11 份，7 份政策获得省级领导肯定性批示，部分政策建议被政府职能部门采纳。公开发表的论文得到较多关注，政策建议切合实际，成果转化取得较好成效。2019 年 9 月，研究最终成果初稿完成，并请学界专家与业界人士评审指正，同年 12 月，形成了文稿；此后根据时新发展理念、研究观点与统计数据进行内容更新，于 2020 年 7 月形成了现在的最终文稿，呈送各位专家与读者批评指正。

# 第2章　扶贫开发战略演变与连片特困区扶贫开发阶段性特征

中国扶贫开发取得了举世瞩目的成就，为社会主义新时代背景下解决“人民日益增长的美好生活需要和不平衡不充分的发展之间的矛盾”和实现全面建成小康社会目标做出了卓越贡献，也在世界减贫事业领域写下了光彩篇章。尤其是党的十八大以来精准扶贫政策的实施，为全球减贫提供了中国方案和中国经验。世界银行 2018 年发布的《中国系统性国别诊断报告》称“中国在快速经济增长和减少贫困方面取得了‘史无前例的成就’”。

## 2.1　扶贫开发工作成效

扶贫开发旨在提高贫困群众生计水平，降低发展风险，增进人民福祉。贫困内涵解读各异，从资源依赖视角分析，有物质贫困、文化贫困、可行能力贫困、健康贫困等；从市场交易视角分析，有收入贫困、支出贫困、代际支持等[①]；从发展环境分析，有资源（空间）贫困、制度贫困、机会贫困等。但有关“贫困是行为主体（个人、组织或区域）由于发展中的要素缺乏或要素组合疲软，致使要素增益效应受到阻滞而影响发展目标实现程度与预期产生差距的现象”；贫困不仅意味着资金短缺，还意味着其他发展资源缺乏和发展能力缺失，并致使贫穷进一步延续[②]，

① 易迎霞：《我国城市老年人口的贫困发生机制研究》，《云南民族大学学报》（哲学社会科学版）2018 年第 6 期，第 99 ~ 105 页。

② Mani，A. “Poverty Impedes Cognitive Function.” *Science*，2013，341（6149）：976 -980.

成为学界共识，扶贫开发就是要在明确贫困发生机制的基础上[①]，通过环境外在干预、行为主体内在动力激发双重协同作用下减少贫困人口数量和陷入贫困的可能性，贫困人口规模与贫困人口发生率也就成为世界各地衡量扶贫开发成效的关键指标，但这两个关键指标测算时需要依据符合时代社会经济发展水平设定的贫困标准。

依据《中国农村贫困监测报告》，1949～1978 年的中国农村强调集体保障，关注社会优抚、社会救助、互助合作，也没有明确的农村贫困标准，虽然遭遇了很多自然灾害、社会运动等，但较之于战争年代，这种“传统低福利”保障体系还是有助于贫困人口的大量减少[②]。据不完全估计，至 1978 年农村贫困人口约有 2.5 亿人，占农村总人口的 30%左右。但按照当年价格现行标准（2010 年价格水平每人每年 2300 元）测算，农村贫困人口约有 7.7 亿人，贫困发生率高达 97.5%（见表 2－1）[③]；改革开放极大地调动了城乡民众发展的积极性，城乡经济高速发展，加上农村扶贫开发战略助推，1995 年农村贫困人口降至 5.5 亿人，贫困发生率降至 60.5%；经过 10 年针对性的“整村推进和两轮驱动”脱贫攻坚，2010 年农村贫困人口规模为 1.7 亿人，贫困发生率 17.2%。凭借厚实的发展资源积累、党和国家的高度重视、共享发展理念下的脱贫攻坚成为社会共识等战略机遇，2011 年后的中国农村扶贫开发步入快车道，尤其是 2013 年精准扶贫政策的提出更是使得扶贫开发工作如虎添翼，2017 年中国农村贫困人口降至 3076 万人，贫困发生率降至 3.1%，而同期全球贫困人口（依照每天 1.25 美元标准）由 2011 年的 10 亿人降至 7 亿人，贫困发生率由 13.7% 降至 9.1%，减贫速度领先且贫困发生率也大大低于全球平均水平。至 2018 年末，全国农村贫困人口从 2012 年末的 9899 万人减少至 1660 万人，贫困发生率由 2012 年的

① 李晓嘉、蒋承：《农村减贫：应该更关注人力资本还是社会资本？》，《经济科学》2018 年第 5 期，第 68～80 页。

② 宋士云：《1949～1978 年中国农村社会保障制度透视》，《中国经济史研究》2003 年第 3 期，第 25～34 页。

③ 王萍萍：《关于中国农村贫困标准的几个问题》，载编写组《中国农村贫困监测报告 2015》，中国统计出版社，2016，第 387～401 页。

10.2%下降至1.7%，农村贫困发生率降至3%及以下的省份有23个，430余个县脱贫摘帽，14个集中连片特困地区农村居民人均可支配收入增速均快于全国农村平均增速①，脱贫攻坚成效显著。

**表 2-1　全国现行贫困标准下（2010 年）节点年份农村贫困人口信息**

| 年份 | 当年价贫困标准（元/年·人） | 贫困发生率（%） | 贫困人口规模（亿人） |
|---|---|---|---|
| 1978 | 366 | 97.5 | 7.7 |
| 1985 | 482 | 78.3 | 6.6 |
| 1995 | 1511 | 60.5 | 5.5 |
| 2000 | 1528 | 49.8 | 4.6 |
| 2010 | 2300 | 17.2 | 1.7 |
| 2015 | 2855 | 5.7 | 0.6 |
| 2017 | 3335 | 3.1 | 0.3 |
| 2018 | 3535 | 1.7 | 0.17 |

注：数据为公开信息整理所得；按照2010年不变价进行测算，2014~2020年的贫困标准分别为：2014年2800元/人，2015年2968元/人，2016年3146元/人，2017年3335元/人，2018年3535元/人，2019年3747元/人，2020年4000元/人。

2018年末，贫困地区农村贫困人口占到农村贫困人口的比重为67.2%，比2012年上升6.2个百分点；从全国2012~2017年贫困地区农村贫困状况信息表可以看出，绝大多数贫困地区贫困人口规模和贫困发生率呈现明显下降趋势，且从2017年贫困地区居民农村居民人均可支配收入来看，工资性收入和经营性收入占到人均可支配收入的73.9%，贫困地区农村居民收入水平与全国平均水平的差距正在逐渐缩小；分析贫困地区2017年人均消费五等份分组数据，最低组仍高出全国平均水平2.3个百分点，说明生活相对困难的群体也从发展中得到较多收益，居民交通通信、教育、医疗、其他用品和服务等发展改善型消费支出快速增长，消费结构不断优化。

由图2-1可见，2018年贫困地区农村居民人均消费支出8956元，与2012年相比，年均增长11.4%，扣除价格因素，年均实际增长

① 《国家统计局：2018年全国农村贫困人口减少1386万人》，《人民日报》2019年3月8日第7版。

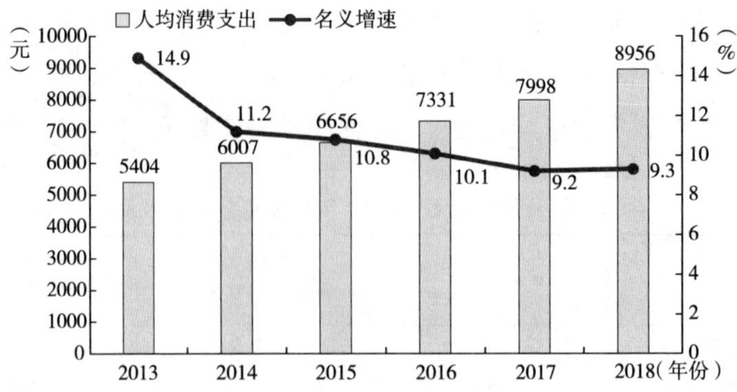


**图 2－1　贫困地区人均消费支出增长情况**

数据来源：《中国农村贫困监测报告 2018》。

9.3%。其中，集中连片特困地区农村居民人均消费支出 8854 元，年均增长 11.3%，扣除价格因素，年均实际增长 9.3%；扶贫开发工作重点县农村居民人均消费支出 8935 元，年均增长 11.6%，扣除价格因素，年均实际增长 9.5%。2018 年贫困地区农村居民人均消费支出是全国农村平均水平的 73.9%，比 2012 年提高了 3.4 个百分点。

另据《中国农村贫困监测报告 2018》，至 2018 年末东部地区率先脱贫，中西部地区贫困人口数量全面下降（见表 2－2）：东部地区贫困人口由 2012 年末的 1367 万人降至 2018 年末的 147 万人，贫困发生率下降 3.5 个百分点；中部地区贫困人口由 2012 年末的 3446 万人降至 2018 年末的 597 万人，贫困发生率下降 8.7 个百分点；西部地区贫困人口由 2012 年末的 5086 万人降至 2017 年末的 1634 万人，贫困发生率下降 14.4 个百分点。

从不同区域农村贫困状况对比来看（见表 2－3），贫困地区贫困人口由 2012 年末的 6039 万人降至 2018 年末的 1115 万人，贫困发生率下降 19 个百分点；连片特困区贫困人口由 2012 年末的 5067 万人降至

**表 2－2　全国东中西部地区农村贫困状况比较信息**

| 地区 | 东部地区 | | 中部地区 | | 西部地区 | |
|---|---|---|---|---|---|---|
| 时间 | 2012 年 | 2018 年 | 2012 年 | 2018 年 | 2012 年 | 2018 年 |
| 贫困人口（万人） | 1367 | 147 | 3446 | 597 | 5086 | 916 |
| 贫困发生率（%） | 3.9 | 0.4 | 10.5 | 1.8 | 17.6 | 3.2 |

数据来源：根据《中国农村贫困监测报告 2018》及国家统计局公开数据整理。

**表 2－3　全国 2012～2017 年贫困地区农村贫困状况信息**

| 地区 | 2012 年 | | 2013 年 | | 2014 年 | | 2015 年 | | 2016 年 | | 2017 年 | | 2018 年 | |
|---|---|---|---|---|---|---|---|---|---|---|---|---|---|---|
| | 贫困人口（万人） | 贫困发生率（%） | 贫困人口（万人） | 贫困发生率（%） | 贫困人口（万人） | 贫困发生率（%） | 贫困人口（万人） | 贫困发生率（%） | 贫困人口（万人） | 贫困发生率（%） | 贫困人口（万人） | 贫困发生率（%） | 贫困人口（万人） | 贫困发生率（%） |
| 河北 | 354 | 23.8 | 304 | 20.4 | 265 | 19 | 197 | 14.2 | 147 | 10.6 | 97 | 7 | 56 | 4 |
| 山西 | 157 | 27.3 | 126 | 21.7 | 107 | 18.9 | 83 | 14.6 | 67 | 11.9 | 49 | 8.6 | 28 | 5 |
| 内蒙古 | 134 | 19.7 | 110 | 16.1 | 95 | 13.3 | 66 | 9.3 | 46 | 6.6 | 34 | 4.8 | 13 | 1.9 |
| 吉林 | 16 | 14.6 | 15 | 13.6 | 14 | 12.9 | 12 | 10.8 | 10 | 9 | 8 | 6.8 | 4 | 4.1 |
| 黑龙江 | 104 | 20.4 | 89 | 17.3 | 82 | 15.5 | 68 | 12.7 | 53 | 10 | 38 | 7 | 22 | 4.1 |
| 安徽 | 333 | 18.7 | 301 | 15.6 | 252 | 12.9 | 209 | 10.7 | 155 | 7.9 | 108 | 5.5 | 57 | 2.9 |
| 江西 | 255 | 22 | 215 | 18.1 | 176 | 14.9 | 141 | 11.6 | 103 | 8.5 | 71 | 5.9 | 38 | 3.1 |
| 河南 | 444 | 15.9 | 370 | 13.3 | 328 | 11.3 | 287 | 9.5 | 221 | 7.3 | 158 | 5.2 | 96 | 3.2 |
| 湖北 | 286 | 23.5 | 216 | 17.7 | 180 | 14.9 | 148 | 12.2 | 117 | 9.6 | 79 | 6.5 | 48 | 4 |
| 湖南 | 501 | 24.8 | 423 | 20.8 | 343 | 18.3 | 279 | 14 | 205 | 10.3 | 139 | 7 | 82 | 4.1 |
| 广西 | 249 | 24.4 | 196 | 19.1 | 164 | 15.7 | 135 | 13.1 | 100 | 9.7 | 77 | 7.5 | 46 | 4.4 |
| 海南 | 10 | 12.2 | 9 | 12.5 | 12 | 15.9 | 11 | 14.4 | 9 | 11.2 | 6 | 8.1 | 3 | 3.7 |
| 重庆 | 103 | 12.3 | 97 | 10.3 | 83 | 9.7 | 68 | 7.9 | 35 | 4 | 17 | 2 | 11 | 1.3 |
| 四川 | 399 | 22.5 | 331 | 19.7 | 273 | 16.3 | 203 | 12.1 | 150 | 9 | 103 | 6.1 | 56 | 3.3 |
| 贵州 | 756 | 27.2 | 654 | 23.6 | 545 | 19 | 444 | 15.3 | 346 | 11.9 | 252 | 8.7 | 155 | 5.4 |
| 云南 | 744 | 26.7 | 607 | 21.9 | 536 | 20.3 | 448 | 17.4 | 352 | 13.7 | 264 | 10.2 | 166 | 6.4 |

续表

| 地区 | 2012 年 | | 2013 年 | | 2014 年 | | 2015 年 | | 2016 年 | | 2017 年 | | 2018 年 | |
|---|---|---|---|---|---|---|---|---|---|---|---|---|---|---|
| | 贫困人口（万人） | 贫困发生率（%） | 贫困人口（万人） | 贫困发生率（%） | 贫困人口（万人） | 贫困发生率（%） | 贫困人口（万人） | 贫困发生率（%） | 贫困人口（万人） | 贫困发生率（%） | 贫困人口（万人） | 贫困发生率（%） | 贫困人口（万人） | 贫困发生率（%） |
| 西藏 | 85 | 35.2 | 72 | 28.8 | 61 | 23.7 | 48 | 18.6 | 34 | 13.2 | 20 | 7.9 | 13 | 5.1 |
| 陕西 | 312 | 22.1 | 271 | 19.4 | 227 | 17.2 | 180 | 13.6 | 140 | 10.6 | 102 | 7.7 | 56 | 4.2 |
| 甘肃 | 540 | 32.8 | 451 | 27.5 | 381 | 23.4 | 296 | 18.3 | 235 | 14.5 | 175 | 10.8 | 106 | 6.5 |
| 青海 | 82 | 21.6 | 63 | 16.4 | 52 | 13.4 | 42 | 10.9 | 31 | 8.1 | 23 | 6 | 10 | 2.6 |
| 宁夏 | 36 | 17.4 | 33 | 16.1 | 30 | 14.4 | 23 | 11.1 | 18 | 8.7 | 13 | 6.5 | 7 | 3.4 |
| 新疆 | 138 | 24.5 | 117 | 20 | 111 | 18.7 | 101 | 15.8 | 80 | 12.8 | 67 | 8.7 | 43 | 5.8 |
| 合计 | 6039 | 23.2 | 5070 | 19.3 | 4317 | 16.6 | 3490 | 13.3 | 2654 | 10.1 | 1900 | 7.2 | 1115 | 4.2 |

数据来源：《中国农村贫困监测报告 2018》。

2018 年末的 935 万人，贫困发生率下降 19.9 个百分点；民族八省区贫困人口由 2012 年末的 3121 万人降至 2018 年末的 602 万人，贫困发生率下降 17.1 个百分点，减贫规模占全国农村减贫规模的三分之一①（见表 2－4）。

**表 2－4　全国不同区域农村贫困状况比较信息**

| 地区 | 贫困地区 | | 连片特困区 | | 民族八省区 | |
|---|---|---|---|---|---|---|
| 时间 | 2012 年 | 2018 年 | 2012 年 | 2018 年 | 2012 年 | 2018 年 |
| 贫困人口（万人） | 6039 | 1115 | 5067 | 935 | 3121 | 602 |
| 贫困发生率（%） | 23.2 | 4.2 | 24.4 | 4.5 | 21.1 | 4.0 |

数据来源：根据《中国农村贫困监测报告 2018》及国家统计局公开数据整理。

从贫困区域农村居民消费支出水平来看（见表 2－5），2018 年末贫困区域农村居民收入支出水平较之于 2012 年均有大幅提高：2018 年贫困地区人均可支配收入 10371 元，与 2012 年水平比较，年均增长 12.1%；2018 年连片特困区人均可支配收入 10260 元，与 2012 年水平比较，年均实际增长 10%，2018 年扶贫开发重点县人均可支配收入 10284 元，与 2012 年水平比较，年均实际增长 10.4%。2018 年贫困地区人均消费支出 8596 元，与 2012 年水平比较，年均实际增长 9.3%；2018 年连片特困区人均消费支出 8854 元，与 2012 年水平比较，年均实际增长 9.3%，2018 年扶贫开发重点县人均消费支出 8935 元，与 2012 年水平比较，年均实际增长 9.6%。

**表 2－5　全国贫困区域农村居民收入支出水平比较信息**

| 地区 | 贫困地区 | | | 连片特困区 | | 扶贫开发重点县 | |
|---|---|---|---|---|---|---|---|
| 时间 | 2018 年水平（元） | 与 2012 年水平比较，年均实际增长（%） | 占全国平均水平（%） | 2018 年水平（元） | 与 2012 年水平比较，年均实际增长（%） | 2018 年水平（元） | 与 2012 年水平比较，年均实际增长（%） |
| 可支配收入 | 10371 | 12.1 | 71.0 | 10260 | 10.0 | 10284 | 10.4 |
| 人均消费支出 | 8596 | 9.3 | 73.9 | 8854 | 9.3 | 8935 | 9.6 |

数据来源：根据《中国农村贫困监测报告 2018》及国家统计局公开数据整理。

① 《统计局：2018 年末农村贫困发生率已降至 1.7%》，http：//www.sohu.com/a/333193484_114988。

为推进扶贫开发，补齐全面建成小康社会的贫困短板，国家不断加大扶贫开发资金投入，2018 年中央财政补助地方专项扶贫资金 1060.95 亿，超出 2017 年 1400 亿元的扶贫资金规模 200 亿元，并明确将新增的 200 亿元用于深度贫困地区脱贫攻坚。同时充分利用金融资金、社会资金用于扶贫开发。2018 年，新增扶贫小额贷款 1000 多亿元，全国贫困县省域内流转土地增减挂钩结余指标 15 万亩实现收益约 500 亿元，99 家证券公司结对帮扶 263 个贫困县，扶贫专属农业保险产品达 74 个；全国范围内有效整合财政资金 2064 亿元，并及时清理闲置扶贫资金①，用于对水、电、路、网等基础设施和公共服务建设投资力度，“四通”覆盖面不断扩大，教育文化卫生设施配置逐渐齐全，居民生产生活条件大为改善。同时，各地在扶贫开发过程中也非常关注老少边穷地区的发展，如江西省对于处于罗霄山区的 18 个县（市、区）中的 2 个民族乡（分别位于赣州市南康区和抚州市乐安县）和 31 个民族村（有 17 个村为“十三五”少数民族贫困村）加大资金投入，强化支援指导。2018 年江西省共在全省 64 个县（市、区）安排少数民族发展基金约 0.45 亿元，其中罗霄山片区的 18 个县（市、区）安排资金 1840 万元，占总资金量的 41.6%，较 2017 年增长 10.13%②。

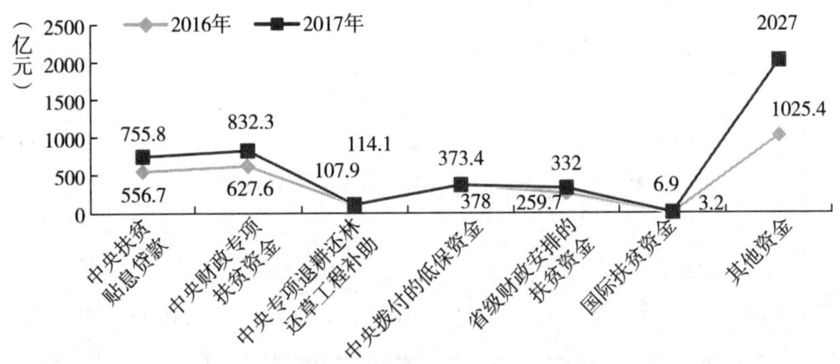


**图 2－2　国家贫困县样本年份扶贫资金结构**

数据来源：《中国农村贫困监测报告 2018》。

① 全国人民代表大会常务委员会专题调研组：《报告：2018 年末全国农村贫困人口减少至 1660 万人》，http://finance.sina.com.cn/china/2019－02－27/doc－ihrfqzka9649111.shtml。

② 民族经济发展处：《省民宗局三举措大力支持罗霄山片区区域发展与脱贫攻坚工作》，http://www.jiangxi.gov.cn/art/2019/5/24/art_5533_694300.html。

久困于穷，冀以小康。中国在脱贫攻坚、奋力发展的过程中，世界发展形势瞬息万变，贫困标准也在不断调整。世界银行于 2015 年 10 月对世界贫困标准进行了调整，将原来的极端贫困人口的贫困标准由 2005 年的每天 1.25 美元上调为每天 1.90 美元，此后的 2017 年世界银行提出了国际极度贫困赤贫线 1.9 美元（购买力）/天、中低收入国家贫困线 3.2 美元（购买力）/天和中高收入国家贫困线 5.5 美元（购买力）/天三个贫困标准。因为中国在 2010 年前后成功成为中上等收入国家，这样中国对应的世行贫困线标准相应上升到 5.5 美元（购买力）/天，则 2017 年中国贫困人口是 3.08 亿，贫困率是 22.16%。这里还不包括在新型城镇化进程中日益增加的城镇贫困人口：对于 8000 万城镇贫困人口是否纳入扶贫开发范围，国家扶贫开发办公室认为城镇贫困人口脱贫应主要依靠城乡居民最低生活保障制度和就业制度，2020 年之前主要考虑农村贫困人口脱贫问题；而如果要进一步实现联合国《变革我们的世界：2030 年可持续发展议程》（2016 年 1 月 1 日正式启动）中“在全世界消除一切形式的贫困”的目标，意味着未来的减贫工作不仅要关注贫困发生率持续下降，同时还应考虑贫困人数数量下降和性别、年龄等结构性贫困问题，尤其要重视脱贫攻坚过程中的相对贫困问题。

## 2.2 扶贫开发战略发展及演进逻辑

### 2.2.1 扶贫开发战略演变

中国减贫研究领域就扶贫开发阶段划分存有共识，亦即将 1949 年以来的扶贫开发分为 1949～1977 年的广义扶贫阶段、1978～1985 年的经济体制改革减贫阶段、1986～1994 年的区域开发式扶贫阶段、1994～2000年的综合式扶贫开发阶段、2001～2012 年的“整村推进和两轮驱动”等战略联动扶贫开发阶段以及 2013 年至今的精准扶贫、精准脱贫阶段。

管理学大师彼得·德鲁克认为：战略不是研究我们未来做什么，而是研究我们今天做什么才有未来[①]。各个阶段的扶贫开发战略虽然核心指向都是“满足人们对于美好生活的追求和向往”，但由于不同时代背景下扶贫开发资源丰裕程度、国民经济结构布局、工作重心与突出问题等差异，各个阶段的扶贫开发战略也有各自不同的特征表达。在1949～1977年的广义扶贫阶段，又可以根据该阶段农村扶贫开发工作的主要基础是个体经济还是集体经济将其划分为1949～1955年以家庭保障为基础的保障扶贫和1956～1977年以“农村集体发展为主、家庭保障为辅”为传统的福利保障扶贫。该阶段的扶贫开发重点依托社会救助、社会优抚等手段，致力于集体经济的收入分配调节、不成熟的农业信贷系统支持，在生产效率低下、生产生活资料匮乏的年代很大程度上保障了农村贫困群众特别是特困群体、五保群体的生计安全。但由于国家发展规划中的“重工轻农”思想和逐步形成的“二元分治且不对等”的城乡关系影响，农村的经济发展与社会保障系统之间并未形成互促互益的良性循环，集体经济基础上的减贫效率和扶贫帮困能力逐步消减。

1978年改革开放之后，尤其农村产权制度改革、城乡劳动力流动放开、农产品价格市场化等激发了农村居民的生产积极性，城乡系统交融基础上的农村生产效率增进，农民收入和生活水平显著提高。根据“贫穷不是社会主义，更不是共产主义……要不断解放和发展生产力，实现共同富裕”的重要论断[②]，党和政府开始有计划地从道义扶贫向制度扶贫转变，设立支援经济不发达地区发展基金（1980年）、出台了《关于帮助贫困地区尽快改变面貌的通知》（1984年）等文件，将中国贫困地区初次分成18个“老、少、边、穷”地区（秦巴中高山区、陕北白于山区、黄河沿岸土石山区、中西部山区和丘陵地区，沂蒙山区，闽西南、闽东北地区，努鲁儿虎山区、太行山区、吕梁山区、秦岭大巴山区、武陵山区、大别山区、井冈山区和赣南地区、定西干旱山区、西海固地区）以便于集中攻坚，大力开展“以工代赈”扶贫，改变了传统“撒胡椒面式”扶贫，以提高扶贫资源利用效率。

---

① Peter F. Drucker. *The Effective Executive in Action*. Harper Collins US, 2006: 79－91.

② 中共中央文献编辑委员会：《邓小平文选》（第三卷），人民出版社，1993，第3页。

1986～1994 年的区域开发式扶贫阶段在中国农村扶贫开发史上具有里程碑式意义。我国首次提出了国家“扶贫开发”战略，设立了国家扶贫开发机构——国务院扶贫开发领导小组，并在此基础上形成了国家扶贫开发的管理体系。该体系设立国家级贫困县制度，按照“631 指数法”（主要考虑贫困人口数量、农民人均纯收入、人均 GDP 和人均财政收入等指标，按照 60%、30%、10% 的权重综合考虑）首次选定了 331 个国家级贫困县，提出了 20 世纪末期的国家扶贫开发行动纲领《国家八七扶贫攻坚计划》（1994 年），明确“力争用 7 年左右的时间，基本解决目前农村 8000 万贫困人口的温饱问题”，该时期农村扶贫开发战略由“人口瞄准”转向“区域瞄准”的同时，也进一步思考了扶贫开发战略的可操作性。

为补齐农村贫困这一发展短板，2000 年之后的全面建成小康社会目标引领下的脱贫攻坚工作量质双升，在《中国农村扶贫开发纲要（2001—2010 年）》、《中国农村扶贫开发纲要（2011—2020 年）》、《中共中央国务院关于打赢脱贫攻坚战的决定》（2015 年）、《中共中央国务院关于打赢脱贫攻坚战三年行动的指导意见》（2018 年）等文件精神指导下，通过有计划的实施“整村推进”、扶贫开发与社会保障“两轮驱动”、连片特困区脱贫攻坚和精准扶贫、精准脱贫工作，中国农村扶贫开发进入农村扶贫开发的巩固提升阶段，减贫成效显著，提高了贫困人口的生计水平，缩小了收入差距，维护了社会稳定，有效缓解了国民经济发展过程中的区域发展不平衡、不充分的问题。

### 2.2.2　扶贫开发战略演进逻辑

系统分析各阶段扶贫开发战略工作重心与关键政策，我们可以发现 1949 年以来的扶贫开发战略基本遵循了以下三重行为逻辑。

1. 空间重构减贫逻辑

基于“社会救济（社会保障）—普惠扶贫（个人瞄准）—区域聚焦（连片特困区与整村推进）—精准扶贫、精准脱贫（立体多维精准）”的转变思路，可以将不同阶段的扶贫开发战略演进逻辑理解为“多措并举，在不断改变和重构贫困人口发展的区域空间、生计空间的过程中，转变贫困人口发展意识，提高贫困人口的可行能力，实现生计水平的提升和可持续发展”的空间重构减贫。“任何社会行动都是空间性的行动，都有其具体的场所，并以不同的方式参与了空间的构造”①。

贫困群众的发展空间既是其生存区域、地理区域，也是其行动场域②。如果其发展空间游离于主流社会空间之外，发展要素流动、要素组合受到阻碍，要素增益效应下降，贫困自此成为现实。故而通过连片特困区、国家级重点贫困县、整村推进、精准扶贫等政策设计，能够跨越传统行政区划区隔，将贫困群众生计空间里面的地理空间、制度空间、文化空间、经济空间、社会关系空间等进行关联，环境空间的改变推进贫困群众在多维复合系统运行中的生计能力和生计策略改进，进而实现脱贫致富。

2. 减贫思维多维拓展逻辑

首先随着贫困内涵理解的深化，诸多利益相关者普遍认为贫困不仅仅是物质贫困，更是涵盖文化贫困、能力贫困等内容的多维贫困，扶贫开发战略的着力点应由“经济贫困消减”转向“多维减贫”，扶贫开发战略应该由“传统救济式”向“开发式”转变，精准识别、分类施策，强调物质帮扶的同时，创新教育扶贫、健康扶贫、生态补偿扶贫、社会保障扶贫、产业扶贫、“互联网＋”扶贫等多样化、组合式的扶贫模式创新，积极探索多维贫困视角下的减贫措施以及各项减贫措施之间的协同联动效应。其次是将扶贫开发视为推动区域发展的一项“综合性发展手段”，而不仅仅只针对贫困群众的脱贫和福利增进。这是中国扶贫开发战略认识“质”的飞跃，也是区别于其他国家“将减贫视为福利实现手段而非发展举措”的重要表现。将多维减贫的各项工作有机“嵌入”区域社会经济发展系统之中，有助于整合资源，形成合力，促进贫困群众脱贫致富；同时利用具有公共财政属性的扶贫开发资源时拓宽受益群众的覆盖面，确保“公共资源服务于社会公众”的目标实现，

---

① 郑震：《空间：一个社会学的概念》，《社会学研究》2010 年第 5 期，第 188 页。

② 付少平、赵晓峰：《精准扶贫视角下的移民生计空间再塑造研究》，《南京农业大学学报》（社会科学版）2015 年第 6 期，第 8 ~ 16 页。

也将减少不同利益相关者之间的心理攀比、行为协调过程中的资源内耗，更好维护公共财政资源使用过程中的效率和公平。

3. “减贫管控”向“减贫治理”转变的工作流程再造逻辑

“政府主导”下的扶贫开发是中国扶贫开发战略的重要特色，也是中国扶贫开发取得重要成效的关键保障。服务于扶贫开发资源整合、扶贫开发政策一致性和行为协同开展、党和政府“为人民服务”宗旨意识体现基础上的公信力获取、扶贫资源配置效率提升等多重目标实现，传统官僚制运行思维影响的初期扶贫开发战略呈现“管控思维”特征明显：扶贫理念上强调政府主导，社会力量、贫困群众参与空间受限；扶贫手段上注重行政强制，重点利用政府规划和计划推进扶贫开发工作，贫困群众个性化服务需求遭遇抑制；扶贫资源来源主要依靠公共财政，绩效考核主要面向群众生活水平，忽略资源配置效率评价等。扶贫开发的“管控思维”在高效“批量减贫”的同时，也带来了扶贫主客体之间的“道德风险”难题、供需脱节、多元主体“碎片化扶贫”等影响扶贫开发资源利用效率和效益下降的问题①。鉴于新公共管理的“客户导向”思维和扶贫治理能力现代化要求，尤其是随着信息技术发展的带来的“大数据思维”转向和工作便利化程度提升，精准扶贫、精准脱贫的扶贫开发战略以及工作实施也逐步开展流程再造，将原来固定的职能部门划分逐步按照扶贫开发的任务要求和贫困群众的服务需求灵活设置高效回应的功能模块，重视市场机制在扶贫资源配置过程中基础性地位的作用发挥，并且扶贫开发实践中也愈加关注贫困群众等多元主体参与、内生动力激发和全流程绩效管理，脱贫攻坚进入减贫治理新阶段。

## 2.3　连片特困区扶贫开发阶段性特征

### 2.3.1　连片特困区扶贫开发工作进展

依照《中国农村扶贫开发纲要（2011—2020 年）》与《中国农村

① 冷志明、茹楠、丁建军：《中国精准扶贫治理体系研究》，《吉首大学学报》（社会科学版）2017 年第 3 期，第 72～77 页。

贫困监测报告2018》数据，我国连片特困区行政区域面积390万平方公里，覆盖全国21个省（自治区、直辖市）680个县（市、区）9687个乡（镇），其中含440个国家扶贫开发工作重点县。区域户籍人口总计24357万人，占全国总人口比重为17.6%。2011年11个连片特困地区的人均地区生产总值、人均地方财政一般预算收入、农民人均纯收入三项指标分别只相当于西部平均水平的49%、44%和73%，覆盖了全国70%以上的贫困人口①。2016年，14个连片特困地区生产总值45469亿元，占全国GDP的6.1%；农业总产值5989亿元，占全国农业总产值的10.1%；公共财政收入3048亿元，占全国公共财政收入的1.9%；公共财政支出16741亿元，占全国公共财政支出的8.9%。

基于精准扶贫、精准脱贫政策指导，秉承“区域发展带动扶贫开发、扶贫开发促进区域发展”思路的连片特困区减贫政策自2011年提出以来效果显著：有效协调政府与市场在扶贫开发工作中的协同作用发挥，重构扶贫工作良性秩序；强化产业带动，促进内源式扶贫；关注教育扶贫，阻断贫困代际传承；实施环境承载分析基础上的移民扶贫，重视贫困人口生计结构重塑；健全社会保障体系，保障贫困人口基本发展权益；鼓励电商扶贫、众筹扶贫、金融扶贫等新型扶贫模式创新，推进“多元化组合模式”创新；强调物质扶贫与精神扶贫并重，切实防范脱贫人口返贫，“十二五”期间（较之2011年）累计减少农村贫困人口3750万人，约占同期全国农村贫困人口累计减少规模的55%。2011～2018年，全国农村贫困人口累计减少10578万人，年均减少1322万人，贫困发生率从2018年的12.7%降至1.7%，累计下降11个百分点。2017年末，全部连片特困区贫困人口1540万人，较2011年的6035万人累计较少4495万人，贫困发生率也由2011年的29.0%降至2017年的7.4%，累计减少21.6个百分点。片区脱贫攻坚取得显著成效的同时，片区贫困人口总数仍然占到全国农村贫困人口总数的50.1%，占全国贫困地区（连片特困区和片区外的国家扶贫开发工作重点县，共

① 林晖：《中国11个连片特困地区覆盖全国七成贫困人口》，https://news.qq.com/a/20111206/001428.htm。

涉及 832 个县）农村贫困人口 1900 万人的 81.1%。2018 年末，全部连片特困区贫困人口 935 万人，较之 2011 年的 6035 万人累计较减少 5100 万人，贫困发生率也由 2011 年的 29.0% 降至 2018 年的 4.5%，累计减少 24.5 个百分点；但片区贫困人口总数仍然占到全国农村贫困人口 1660 万人的 56.3%，占全国贫困地区农村贫困人口 1115 万人的 83.6%，片区脱贫工作任重道远。

分类分析片区减贫情况，2017 年农村贫困人口规模在 200 万人以上的连片特困地区有 1 个，为滇黔桂石漠化区；规模在 100 万 ~ 200 万人的连片特困地区有 6 个，包括乌蒙山区、武陵山区、大别山区、秦巴山区、六盘山区、滇西边境山区；100 万人以下的连片特困地区有 7 个，包括燕山—太行山区、南疆四地州、四省藏区、罗霄山区、大兴安岭南麓山区、吕梁山区、西藏区。14 个连片特困地区农村贫困发生率均下降至 10% 以下。农村贫困发生率最低的为罗霄山区 5.0%，其次为大别山区 5.3%。

党的十八大以来，连片特困区农村居民收入增长较快，与全国农村平均水平的差距持续缩小。据全国农村贫困监测调查（见表 2 - 6），按现行国家农村贫困标准（每人每年 2300 元，2010 年不变价）测算，2018 年末连片特困地区农村贫困人口 935 万人，贫困发生率 4.5%。从分片区贫困人口规模看，农村贫困人口规模在 100 万人以上的连片特困地区有 4 个，分别为滇黔桂石漠化区 140 万人、乌蒙山区 124 万人、武陵山区 111 万人、秦巴山区 101 万人；在 50 万 ~ 100 万人的连片特困地区有 3 个，包括大别山区 99 万人、六盘山区 96 万人、滇西边境山区 72 万人；50 万人以下的连片特困地区有 7 个，包括南疆四地州 42 万人、燕山—太行山区 40 万人、罗霄山区 31 万人、四省藏区 30 万人、大兴安岭南麓山区 19 万人、吕梁山区 16 万人、西藏区 13 万人。

2018 年集中连片特困地区农村居民人均可支配收入 10260 元，比上年增加 996 元，名义增长 10.7%，比全国农村平均增速快 1.9 个百分点，14 个集中连片特困地区农村居民人均可支配收入增速均快于全国农村增速。8 个片区增速快于上年，分别是：四省藏区、燕山—太行山区、大兴安岭南麓山区、六盘山区、大别山区、吕梁山区、武陵山区、

**表 2－6　连片特困区贫困人口规模及贫困发生率信息**

单位：万人、%

| 片区名称 | 2011 年 | | 2012 年 | | 2013 年 | | 2014 年 | | 2015 年 | | 2016 年 | | 2017 年 | | 2018 年 | |
|---|---|---|---|---|---|---|---|---|---|---|---|---|---|---|---|---|
| | 规模 | 发生率 | 规模 | 发生率 | 规模 | 发生率 | 规模 | 发生率 | 规模 | 发生率 | 规模 | 发生率 | 规模 | 发生率 | 规模 | 发生率 |
| 全部片区 | 6035 | 29.0 | 5607 | 24.4 | 4141 | 20.0 | 3518 | 17.1 | 2875 | 13.9 | 2182 | 10.5 | 1540 | 7.4 | 935 | 4.5 |
| 六盘山区 | 642 | 35.0 | 532 | 28.9 | 439 | 24.1 | 349 | 19.2 | 280 | 16.2 | 215 | 12.4 | 152 | 8.8 | 96 | 5.6 |
| 秦巴山区 | 815 | 27.6 | 684 | 23.1 | 559 | 19.5 | 444 | 16.4 | 346 | 12.3 | 256 | 9.1 | 172 | 6.1 | 101 | 3.0 |
| 武陵山区 | 793 | 26.3 | 671 | 22.3 | 543 | 18.0 | 475 | 16.9 | 379 | 12.9 | 285 | 9.7 | 188 | 6.4 | 111 | 3.8 |
| 乌蒙山区 | 765 | 38.2 | 664 | 33.0 | 507 | 25.2 | 442 | 21.5 | 373 | 18.5 | 272 | 13.5 | 199 | 9.9 | 124 | 6.2 |
| 滇黔桂石漠化区 | 816 | 31.5 | 685 | 26.3 | 574 | 21.9 | 488 | 18.5 | 398 | 15.1 | 312 | 11.9 | 221 | 8.4 | 140 | 5.3 |
| 滇西边境山区 | 424 | 31.6 | 335 | 24.8 | 274 | 20.5 | 240 | 19.1 | 192 | 15.5 | 152 | 12.2 | 115 | 9.3 | 72 | 5.8 |
| 大兴安岭南麓山区 | 129 | 24.1 | 108 | 21.1 | 85 | 16.6 | 74 | 14.0 | 59 | 11.1 | 46 | 8.7 | 35 | 6.6 | 19 | 3.5 |
| 燕山—太行山区 | 223 | 24.3 | 192 | 20.9 | 165 | 17.9 | 150 | 16.8 | 122 | 13.5 | 99 | 11.0 | 71 | 7.9 | 40 | 5.9 |
| 吕梁山区 | 104 | 30.5 | 87 | 24.9 | 76 | 21.7 | 67 | 19.5 | 57 | 16.4 | 47 | 13.4 | 29 | 8.4 | 16 | 4.6 |
| 大别山区 | 647 | 20.7 | 566 | 18.2 | 477 | 15.2 | 392 | 12.0 | 341 | 10.4 | 252 | 7.6 | 173 | 5.3 | 99 | 3.6 |
| 罗霄山区 | 206 | 22.0 | 175 | 18.8 | 149 | 15.6 | 134 | 14.3 | 102 | 10.4 | 73 | 7.5 | 49 | 5.0 | 31 | 5.6 |
| 西藏区 | 106 | 43.9 | 85 | 35.2 | 72 | 28.8 | 61 | 23.7 | 48 | 18.6 | 34 | 13.2 | 20 | 7.9 | 13 | 5.1 |
| 四省藏区 | 206 | 42.8 | 161 | 38.6 | 117 | 27.6 | 103 | 24.2 | 88 | 16.5 | 68 | 12.7 | 51 | 9.5 | 30 | 3.2 |
| 南疆四地州 | 159 | 38.7 | 122 | 33.6 | 104 | 20.0 | 99 | 18.8 | 90 | 15.7 | 73 | 12.7 | 64 | 9.1 | 42 | 4.5 |
| 贫困地区 | — | — | 6039 | 23.2 | 5070 | 19.3 | 4317 | 16.6 | 3490 | 13.3 | 2654 | 10.1 | 1900 | 7.2 | 1115 | 4.2 |
| 全国水平 | 12238 | 12.7 | 9899 | 10.2 | 8249 | 8.5 | 7017 | 7.2 | 5575 | 5.7 | 4335 | 4.5 | 3046 | 3.1 | 1660 | 1.7 |

数据来源：《中国农村贫困监测报告（2012—2019）》。

乌蒙山区；片区农村居民生产生活条件、居住设施、基础设施、教育文化和医疗卫生状况等明显改善。以教育为例，2018 年连片特困地区农村居民受教育情况较 2017 年有所改善。2018 年连片特困地区 7～15 岁非在校儿童比重为 1.8%，比上年下降 0.3 个百分点；16 岁以上家庭成员均未完成初中教育农户比重为 16.4%；劳动力平均受教育年限为 7.6 年，与上年基本持平；所在自然村上幼儿园便利和所在自然村上小学便利的农户比重比 2013 年分别提高 16.1 个和 10.6 个百分点。再以医疗为例，2018 年连片特困地区所在自然村有卫生站的农户比重为 92.7%，比上年提高 1.4 个百分点；未参加医疗保险的人口比重为 0.4%，比上年下降 0.3 个百分点；有病不能及时就医的人口比重为 1.3%，比上年下降 1.9 个百分点。

1. 注重多维减贫与全域扶贫发展理念突破

纵观片区扶贫开发政策与实践，其理念指导经历了“质”的提升和跨越：一是贫困本质认同由“单维物质贫乏”转向“多维可行能力缺失”，反映在贫困的识别、衡量和扶贫开发方面，则是由传统简单的“经济收入指标”导向转变为人的“生活、健康、就业等发展权益保障和发展能力提升”；认为贫困既是“实现人全面发展目标”过程中的羁绊，也是促进人与社会不断进步的动力；贫困的消除是人类发展中“获得自身发展可用性手段的完善”[①] 和“社会分化中人性友善和行为协作水平提升”[②] 的过程。二是拓展扶贫开发时空界限，增强扶贫开发资源“行政吸纳与市场配置”的有效衔接[③]，以有效应对区域发展中“缺乏完善的顶层设计、区域协同、城乡统筹、跨界合作”的瓶颈约束[④]，严格落实责任，强化扶贫投入和监管，推进“全域”扶贫，注重精准扶贫、精准脱贫基础上的区域协同减贫。改变传统扶贫开发“单

① 虞崇胜、余扬：《提升可行能力：精准扶贫的政治哲学基础分析》，《行政论坛》2016 年第 1 期，第 22～25 页。

② 〔美〕阿马蒂亚·森：《正义的理念》，王磊等译，中国人民大学出版社，2012，第 214 页。

③ Nathan, Andrew. “Authoritarian Resilience.” *Journal of Democracy*, 2003, 14 (1): 36－47.

④ 梁本凡：《基于“精准”的脱贫攻坚宏观策略研究》，《河北学刊》2016 年第 5 期，第 114～119 页。

打独斗”的孤立状态，将扶贫开发视为系统工程，以扶贫开发中的“供需精准对接”原则为引领，强化贫困人口多维致贫原因基础上的脱贫举措对接。

2. 强化脱贫攻坚模式与精准扶贫机制创新

面对经济新常态形势影响和片区扶贫梯次推进要求，片区扶贫开发部门依据“更新理念，供需对接，健全保障，整合资源，提升能力”原则，按照“六个精准”和“五个一批”的要求，找准“穷根”，分类施策，靶向扶贫，改革扶贫思路与方式，实现了脱贫攻坚工作模式的“变传统大水漫灌为精准滴灌、变重 GDP 为重脱贫成效、变扶贫对象被动参与为主动脱贫、变贫困约束为发展机遇、变政府主导为平台推动、变单项行动为组合式推进”六大转变，逐步在产业扶贫、教育扶贫等传统扶贫开发模式的基础上结合“网络经济时代新业态”凝练出生态补偿扶贫、金融扶贫、电商扶贫、旅游扶贫、光伏扶贫等新型脱贫攻坚模式①，优化扶贫路径，并在多主体协同、贫困有序退出、扶贫资源使用与绩效评估、脱贫攻坚工作第三方考核等领域开展机制创新与优化，健全以“区际结合，跨域发展”② 为基础、以“大资源、大平台和大创新”为特征、以“精确识别机制、强化目标管理机制、创新资源整合机制、完善信息交流机制、优化监督评估机制与拓展社会参与机制”③为主体的片区宏观精准扶贫机制体系，深入探索扶贫开发、区域发展和生态保护多赢路径，全面推进片区脱贫致富。

3. 关注贫困人口长远生计与返贫风险防范

片区扶贫开发的目标是扶贫对象可行能力提升基础上的长远生计可持续发展，脱贫人口返贫是困扰扶贫开发目标如期实现的顽疾。政府行政力量主导扶贫资源配置的片区扶贫开发政策体系固然有现实国情、区

---

① 李志萌、张宜红：《革命老区产业扶贫模式、存在问题及破解路径》，《江西社会科学》2016 年第 7 期，第 61 ~ 67 页。

② 蒋辉：《连片特困地区跨界治理多维机制研究》，《福建论坛》（人文社会科学版）2016 年第 4 期，第 181 ~ 186 页。

③ 赵曦、赵朋飞：《我国农村精准扶贫机制构建研究》，《经济纵横》2016 年第 7 期，第 58 ~ 63 页。

情的思考，日益完善的市场经济体制要求社会主体独立、自由参与资源竞争和发展的趋势将在未来成为必然。鉴于脱贫人口生计资源结构与规模考虑的“生计资源转换效率低水平均衡”脆弱性特征①，如当前很多脱贫群众属于政策性脱贫，加之市场经济条件下产业返贫项目单一、产业链短以及同质化严重等问题，群众收入来源单一，部分贫困人口转移性收入占比高达50%以上，增收渠道狭窄，政策性返贫风险突出。为此政府需加强公共产品供给，培育要素市场，提高区域市场化发展水平，关注贫困人口脱贫过程中的生计资本依赖，明确生计发展资源依赖基础上的生计策略选择与生计风险，探寻扶贫对象“贫困—脱贫—返贫—（持续贫困）—脱贫”的贫困动态变化机制及影响因素，并在此基础上将“旨在消除贫困风险的扶贫开发和其他发展风险的社会支持政策体系协同并行”以分散系统风险，形成贫困人口脱贫返贫风险防御网就成为必需之道，以保障脱贫人口长远生计，防范脱贫返贫风险。

### 2.3.2　片区推进扶贫开发工作困境

经过多年的扶贫开发，我国贫困人口大幅减少、贫困发生率大为降低、区域性减贫迈出坚实步伐。新时期片区扶贫开发工作取得显著成绩的同时，也面临着如何进一步发挥制度优势和政策优势将扶贫开发工作推向深入、支持深度贫困地区发展、激发贫困群众内生动力等理论突破和实践创新的工作挑战。

1. 科学认知扶贫开发资源利用价值，强化社会认同

贫困虽然是个体的生活状态，但放在经济社会发展的整体视角却是公共性问题，公共财政投入在反贫困投入中占主导地位②。一方面，社会主义制度下政府主导的扶贫开发工作具有先天的资源权威配置优势，可以“集中力量办大事”，以有效保障阶段性扶贫开发目标的顺利实现：通过规模性的公共财政转移支付或者通过财政资源撬动其他社会资

① 李雪萍、王蒙：《多维贫困“行动—结构”分析框架下的生计脆弱》，《华中师范大学学报》（人文社会科学版）2014年第5期，第1~9页。

② 武靖州：《公共财政支持精准扶贫的机制优化研究》，《理论月刊》2018年第1期，第135~140页。

源等手段，汇聚大量的公众资源并有计划地投资到产业发展、生态补偿、异地搬迁、教育和社会兜底保障等领域，转变贫困群众发展意识，提高贫困群众可行能力，促进贫困群众收入增加并有序退出贫困。公共财政的公众资源属性也要求从公共服务受益权利平等的视角探讨扶贫资源利用时考虑非贫困群众的权益保障：贫困作为社会发展和民众福利实现的短板，虽然合理的贫困差距对于社会发展具有正面影响，但贫困现象加剧将滋生社会运行失序、民众心理失衡、诱发犯罪等影响社会和谐稳定的诸多问题。如据国家统计局数据，我国 2016～2018 年基尼系数均在 0.45 以上（警戒范围），此时利用公共财政解决贫困问题便具有民众普遍认可的合法和合理性，因为此时资源投入与社会产出成正比。福利制度、社会救助等是现代经济社会转型的必然选择，如若贫困消减到一定程度（虽然该假设的“投入—产出”模型的拐点很难精确测算），仍要考虑结合变化的扶贫开发工作的现实情境和阶段性特征创新公共财政用于扶贫开发的理念和模式，妥善处理贫困群众与非贫困群众在利用公共资源进行扶贫开发时发展权益平等的享受和资源获取问题，在工作中要采取措施提前防范扶贫开发过程中贫困群体形成类似西方福利国家的“福利依赖”或“福利病”现象，避免扶贫资源利用过程中可能出现的政府行为选择“不能很好履行受托责任”的“公信力”危机①。

另一方面，扶贫资源配置效率也是价值判断中的重要内容，考虑贫困区域、贫困群众的资源禀赋差异，扶贫资源分配也应该逐步从“普惠制”向“普惠制 + 适度竞争制 + 特惠制”转变，在精准识别、绩效考核的基础上，分类施策，尤其要避免资金分配“一刀切”的低效率现象发生，造成扶贫资源浪费。甚或是在合适语境下将“扶贫开发”视为一种综合性的发展手段，而非传统意义上的扶贫济困。

2. 明晰扶贫开发的主体责任，推进扶贫开发多元治理

较早提出贫困研究的是英国经济学家马尔萨斯，其在“人口法则”

---

① 唐大鹏、常语萱：《政府内部控制、政府财务信息与政府公信力》，《财政研究》2018 年第 1 期，第 112～123 页。

经典分析中提到“贫困是实现人口增长与生产资料均衡的抑制性手段，贫困自身是贫困的原因”①，说明贫困问题将在人类发展过程中长期存在。政府的公共服务和社会管理职能要求其承担起扶贫济困的社会工作，但作为公共政策的扶贫开发是一种市场经济体制下“反对利己主义的利他行为”，其合理依据是社会多元治理主体将各自利益诉求输入公共政策过程之后的产物②，只有这样的政策产出结构才能确保扶贫开发行为的长期开展与社会多元主体的协同参与。就此问题进行拓展思考，扶贫开发应该是政府、市场、社会、贫困群众等多个利益主体的共同诉求，旨在“自尊与高品质生活的人类终极追求”的实现，并让多元利益主体从中受益。基于多中心治理理论思考，多元利益相关者皆应承担扶贫开发的主体责任。历史分析中国的扶贫开发政策，“政府主导”与“尊重贫困群众的主体地位并发挥其脱贫致富的主观能动性和积极性，实现自我管理和自我发展”始终是我国扶贫开发政策基本原则的重要组成③。扶贫开发任务的艰巨性和提高民众福利的紧迫性要求政府在前期工作中承担的较多主体责任是可以理解也是合理的，但是随着社会经济结构调整与发展环境变革，贫困类型也将发生质的改变，主要表现为以下三个方面：第一，由“经济贫困”为主转变为“经济贫困、社会贫困、资产贫困和生态贫困”并存。第二，由“非自愿型和常态型”贫困转变为“自愿型和偶发型”贫困。第三，由“农村贫困”为主转变为“农村贫困和城镇贫困”并存。新形势下多维致贫和返贫风险将更加多元化，这就要求针对未来新的贫困发生机制，寻找更加丰裕的扶贫开发资源，寻求更加有效的反贫困策略。论及政府、市场、社会组织等在扶贫开发工作中责任，首先需要明确的就是居于扶贫开发行为主导地位的政府的主体责任以及对应的权利边界在何处。这也许是模糊的、动态变化的概念，尤其随着后官僚体制的到来，为了实现美好社

---

① Thomas Malthus. An Essay on the Principle of Population. St. Paul's Church - Yard, 1978：1 - 134.

② Cochran C. “Political Science and ‘The Public Interest’.” *The Journal of Politics*, 1974, 36 (2)：327 - 355.

③ 孔繁金：《改革开放以来扶贫政策的历史演进及其创新——以中央一号文件为中心的考察》，《当代中国史研究》2018 年第 2 期，第 111 ~ 120 页。

会建设，政府和公众理应形成一种命运共同体的关系，美好社会的建构不仅需要政府，而且更需要富有活力和创新的民众，社会力量参与社会建设将成为民主治理中的重要角色①。但官僚体制运行过程中的自我强化机制、非人格化的效率管理等将会逐步挤占本来就有限的其他社会力量的参与空间②。尤其如对贫困群众脱贫致富的发展行为的行政干预过于强烈的话，长远来看，不仅会影响社会力量参与扶贫、贫困群众的自我发展能力尤其是发展的内生动力激发，也会阻碍贫困群众脱贫致富长效机制建设，最终影响扶贫开发工作质量。

3. 扶贫资源传递需要更加精准高效，凸显贫困群众的个性化需要

随着国家管理中的民生关注、社会主义市场经济体制建设过程中的群众经济自由获得、社会扶贫大格局的初步形成，改革开放以来的脱贫攻坚成效显著③。回顾精准扶贫政策的政策预设，要求扶贫工作实现“扶贫对象、措施到户、项目安排、资金使用、因村派人（第一书记）、脱贫成效”六个精准；脱贫方略的制定尤其是“生产脱贫一批、易地搬迁脱贫一批、生态补偿脱贫一批、发展教育脱贫一批、社会保障兜底一批”五个一批工程的提出（此依据是职能部门通过调查统计并科学分析贫困群众的多维致贫因素而得出），精准扶贫、精准脱贫政策准确把握扶贫开发过程中的“谁来扶、扶持谁、怎么扶、如何脱贫”的关键问题，以确保扶贫开发分类施策。

**表 2－7　中央财政专项扶贫资金投入和贫困人口规模信息**

| 年份 | 资金投入（亿元） | 贫困人口（万人） | 边际效果（万人/亿元） |
|---|---|---|---|
| 2010 | 222.7 | 16567 | — |
| 2011 | 272.0 | 12238 | 87.8 |
| 2012 | 332.1 | 9889 | 39.1 |

① 颜昌武：《公共行政学的大问题：回顾与展望》，《中国行政管理》2018 年第 11 期，第 102～107 页。

② 〔美〕巴泽雷：《突破官僚制：政府管理的新愿景》，孔宪遂等译，中国人民大学出版社，2002，第 7～11 页。

③ 朱玲、何伟：《工业化城市化进程中的乡村减贫 40 年》，《劳动经济研究》2018 年第 4 期，第 3～31 页。

续表

| 年份 | 资金投入（亿元） | 贫困人口（万人） | 边际效果（万人/亿元） |
|---|---|---|---|
| 2013 | 394.0 | 8249 | 26.5 |
| 2014 | 432.9 | 7017 | 31.7 |
| 2015 | 467.5 | 5575 | 41.7 |
| 2016 | 670.0 | 4335 | 6.12 |
| 2017 | 861.0 | 3046 | 6.75 |
| 2018 | 1061.0 | 1660 | 6.93 |

注：(1) 数据源于国家统计局公布数据；(2) 减贫资金边际效果 =（上年贫困人口 - 本年贫困人口）/（本年扶贫资金 - 上年扶贫资金），且此处只是统计分析，并未完全考虑影响因素，如地方配套资金、社会资源等，只做指标分析测算考查。

随着脱贫攻坚工作的深入开展，区域性整体贫困形势、贫困群众的贫困发生机制、贫困群众的贫困深度都发生了较大改变，深度贫困区域和深度贫困人口成为脱贫攻坚难啃的“硬骨头”。据全国人民代表大会常务委员会专题调研组关于脱贫攻坚工作情况的调研报告信息显示，截至 2018 年末，青海省 15 个深度贫困县贫困发生率仍在 20% 以上，藏区深度贫困乡镇贫困发生率高达 25%，四川凉山州尚有 1118 个贫困村未退出，彝区 10 县贫困发生率达 19.4%，云南怒江州贫困发生率高达 38.14%。与此同时，处于贫困的群众个性化发展需求骤增，精准扶贫情势变化、扶贫对象需求多样化、社会经济环境多变等都为扶贫行为的“精准实现”增加了难度：精准扶贫机制设计中的政府规模控制和扶贫动员等无法满足基层精准扶贫工作需求[①]，如精准识别“脱靶”、扶贫行为“异化”或扶贫对象对于帮扶行为的“排斥”、扶贫资源的“精英俘获”等[②]，扶贫资源减贫边际效果日益递减。

精准扶贫最大困境是行政干预下的扶贫资源输入，如何对接贫困群众多维贫困状况和发展诉求。改变固有的发展秩序，需要在发挥市场作用的基础上，引进社会力量参与，建立长效扶贫开发工作机制。行政推

① 汪三贵、殷浩栋、王瑜：《中国扶贫开发的实践、挑战与政策展望》，《华南师范大学学报》（社会科学版）2017 年第 4 期，第 18～25 页。

② 万江红、苏运勋：《精准扶贫基层实践困境及其解释》，《贵州社会科学》2016 年第 8 期，第 149～154 页。

动的规模性、区域性扶贫开发有助于贫困群众的批量脱贫，但原本可以降低扶贫工作成本的方式在变化了的形势面前不仅会增加成本，而且还造成资源浪费和配置无效。自上而下、层级清晰的精准扶贫工作流程需要回应现实问题需求开展优化和再设计，如何应对瞬息万变的贫困形势，识别贫困群众多样化、个性化的发展需求，汇聚大量的社会资源并及时采取合理的减贫措施促进贫困群众脱贫致富，是未来扶贫开发工作需要考虑的“流程再造”问题。

4. 全面激活贫困群众内生动力，确保脱贫群众生计可持续发展

扶贫治理现代化的实现需要包括政府、企业、贫困群众及社会组织等多元利益相关主体的共建与共治。政府主导下的较为精细、高效、全面的精准扶贫、精准脱贫工作取得了较为显著的减贫成就的同时也带来了贫困群众参与程度不高、自觉融于扶贫开发行动的动力不足和被动接受政府的制度（或项目）安排等对扶贫对象主动性重视程度不够的问题，这使得部分贫困群众出现不思进取、游手好闲、得过且过或者急功近利、无序发展等脱贫内生动力不足或缺失的不良现象。究其成因，制度视域下的思考主要体现为以下三个方面：一是贫困群众参与互动空间受到挤压。旨在提高贫困群众福祉和促进社会发展的扶贫开发既是“为人民服务”宗旨意识的体现，也是服务型政府建设的职能要求，关乎政府合法性和公信力的获得与维持①；加之公共财政资源配置效率要求，脱贫攻坚目标引领下的扶贫开发行为倾向传统权威资源配置体系以追求政策机制的高效性和执行力，关注行政推进与秩序维持，贫困群众处于被动接受行为安排的地位，他们参与互动的时间和空间在政府主导扶贫进程中受到挤压，阻碍了贫困群众脱贫内生动力的自我发育。二是扶贫资源单向传递，贫困群众个性化需求遭遇抑制。科层制结构中的公共资源配置强调目标责任和指标量化，分类施策，有助于扶贫资源配置精准。但其弥合精准扶贫战略要求的同时，也容易因为贫困群众致贫原因和减贫措施的“政策预设的普遍性”而忽略贫困群众个性化的扶贫

① 朱志伟、范斌：《精准扶贫的正义性价值与现实进路——基于罗尔斯正义性的审视》，《西南民族大学学报》（人文社科版）2018 年第 3 期，第 181～186 页。

服务需求，致使贫困问题有可能只在表面上被“批量解决”，而遭遇抑制的个性化需求则又往往反作用于贫困主体。这轻则会引发“等、靠、要”的惰性心理和行为，重则泯灭其追求自我发展、实现成为“理想自我”的动力①，甚至产生逆反心理。三是多元主体互动缺乏，贫困群众社会关联易受割裂。扶贫开发的良性治理取决于多元主体开放互动参与和发展资源的纵横组合②，行政强势干预下的扶贫开发有助于政府与贫困群众的单一关联，但却可能在一定程度上对农村社区组织自我发展过程中原有社会关联网络形成损害，尤其是贫困群众之间、贫困群众与非贫困群众之间，以及贫困群众与其他社会组织之间的社会关联。亦即贫困群众越受到行政影响和规则约束，其可拓展的外界交往和发展空间就会更加狭窄③，社会网络结构便会缺乏弹性，致使区域系统脆弱性增强，脱贫难度或返贫风险加剧。

扶贫济困是社会发展的长期工作，扶贫开发是永恒的主题。扶贫开发战略则是国家意志和国家责任的体现，规模性的扶贫开发则是阶段性重心工作。作为国家发展战略体系中的重要组成，其地位和资源配置将受到国家总体战略和其他发展战略的影响。扶贫不是简单的救济、发福利，更重要的是提高贫困群众发展的可行能力，实现帮扶基础上的自我发展和自我管理。贫困群众作为扶贫开发的受益者，但不是被抚养者，正如井冈山市茅坪乡大山深处的神山村村民彭夏英所说“政府只能扶持我们，不能抚养我们”。根源性的扶贫开发，在于改变贫困群众的主体素质及其生计环境空间④，通过政策宣传（如，2018 年 10 月，国务院扶贫办等 13 个部门联合发布《关于开展扶贫扶志行动的意见》等）、教育培训改变贫困群众的知识结构并提升其认知水平，开展村级组织创

---

① 张春玲：《资本逻辑与现代性批判》，《南昌大学学报》（人文社会科学版）2018 年第 3 期，第 66～71 页。

② 伍玉振：《城市社区网格化治理的逻辑生成与多维路径推进》，《山东行政学院学报》2017 年第 6 期，第 64～69 页。

③ 〔英〕克里斯托弗·胡德：《国家的艺术：文化、修辞与公共管理》，彭勃、邵春霞译，上海人民出版社，2009，第 7 页。

④ 何仁伟：《中国农村贫困形成机理研究进展及贫困问题研究框架构建》，《广西社会科学》2018 年第 7 期，第 166～176 页。

新和发展模式转型升级促进集体经济发展以改善农村发展条件，协调政府、市场和社会的关系全面激发贫困群众内生动力，营造良好社会氛围建设社会大扶贫格局等问题。只有逐步消解影响贫困群众发展的各种不利条件，才能最大化确保贫困群众的生计可持续发展，实现“可脱贫、能致富、不返贫”的发展目标。诸多领域的公共服务、社会管理事项分散在不同的领域，并且不同区域、不同贫困个体对于资源和服务的需求规模和程度也不同，急需社会力量对于碎片化的资源、多样化的需求进行有效衔接和高效转化基础上的供给[①]。通过这些举措形成包容贫困群众的社会关联网络并切实提升网络资源整合效应发挥，这成为保障贫困群众生计可持续发展风险消减的题中应有之义。

### 2.3.3 连片特困区未来减贫形势与新动能减贫探索

依据《连片特困区区域发展与扶贫攻坚规划》中“到2020年国内生产总值和城乡居民人均收入比2010年翻一番”的发展目标[②]和“十三五”脱贫攻坚规划确定的“贫困地区农民人均可支配收入增速11.7%”的预期目标，多维审视连片特困区贫困问题的话，贫困将由简单的经济现象转变为经济、社会与自然等因素交织的复合性问题：贫困特征方面，相对贫困将成为主要贫困问题，相对贫困人口将成为未来贫困人口的主体；贫困类型方面，将由经济贫困为主转变为经济贫困、权利贫困、生态贫困、资产贫困并存；贫困空间变迁方面，将由农村贫困为主转变为农村贫困和城镇贫困共生，且随着连片特困区城镇化水平提高，城镇贫困人口所占比例将逐步提升，贫困问题的复杂性使得未来减贫形势依然严峻。

结合当期扶贫开发“贫困发生率下降和相对贫困上升”的现实，未来一段时期的贫困或将呈现“关系型（或关联性）贫困突出，空间分布向城镇聚集，老年、儿童和残疾人等弱势群体贫困成为焦点”的

① 陈成文、王祖霖：《“碎片化”困境与社会力量扶贫的机制创新》，《中州学刊》2017年第4期，第81～86页。

② 谷树忠：《贫困形势研判与减贫策略调整》，《改革》2016年第8期，第65～67页。

特征，“关注贫困人口绝对数量（而不是减少贫困发生率）持续减少①、性别和年龄等视角下的贫困人口结构调整优化等”成为未来减贫工作的重要目标组成，依照区域发展水平合理确定贫困标准（尤其是多维重叠贫困标准）、建立鼓励主要利益相关者对话机制、加速公共服务均等化较少贫困人口社会隔离、改变不公正的社会建构尤其是收入分配与生计资产获得机制、增进弱势群体赋权增能、强化贫困水平监测、推进城乡扶贫开发一体化建设、支持和帮助广大发展中国家特别是最不发达国家消除贫困将成为未来减贫工作重要内容。

连片特困区的经济起飞和社会发展是片区贫困问题解决的重要基础，经济新常态下的片区社会经济发展需要新动能，片区区域发展的新动能来源于“改革开放、结构调整、改善民生和城乡居民的活力和创造力”：跨越片区行政规划区隔的制约，协调政府宏观调控与市场机制作用发挥，放管结合，营造公平竞争环境，有效整合城乡发展资源，协同发挥减贫作用；重视网络经济时代的冲击与驱动，以服务业为引领，拉动区域产业结构优化升级，切实推进新型城镇化，大力发展新经济；优化片区社会管理和公共服务，关注民生改善，在连片特困区发展中不断“从区际层面研究经济的调整与转型、技术创新层面研究经济的动力和机遇、体制机制层面研究释放新需求和创造新供给”。

研判连片特困区未来贫困情势，对照片区脱贫攻坚规划要求，需要结合片区“空间发展增长动能”调整，实施“新动能减贫”：一是转变发展理念，重视乡村价值发现，关注片区发展资源要素的比较优势发挥，如提倡生态绿色减贫理念转变，其实质是通过动摇区域社会经济发展质量评价指标理论根源，引导利益相关者发展观，从而彻底转变贫困地区“富裕资源基础上的贫困”这一发展悖论；二是重视结构性贫困问题解决，强调贫困区域发展要素的“流动增益效应”，通过加大人力资本投资、提高公共服务水平和强化制度创新供给不断增进发展要素流动的能力和水平，使得片区贫困问题在要素交互中不断“社会化”，进

① Peter Saunders. “Monitoring and Addressing Global Poverty: A New Approach and Implications for Australia.” *The Economic and Labor Relations Review*, 2018, 29 (1): 9－23.

而在健全制度建构和构筑环境保障基础上形成“社会合力消除贫困”的社会发展循环；三是注重“城镇与农村”在发展融通过程中形成的“发展梯次驱动”以及在此基础上的“螺旋式上升”，拉平区域发展差距；四是改善社会发展环境，关注贫困人口发展意愿引领，减少贫困人口的“自愿性贫困”，尽可能消减社会排斥和降低贫困人口的相对剥夺感，通过社会整合弥合、增进片区减贫脱贫的正向激励。结合片区城乡扶贫开发工作实际，亦即要进一步提高精准对接水平，扶贫开发体系建构需要从当前注重区域减贫转而注重“扶贫对象个体和人的生存发展特征影响”；进一步提高扶贫开发政策精准水平，有效关联区域发展空间和贫困人口个性生计空间，实施发展空间重构减贫；进一步提升扶贫资源配置效率，扶贫开发管理机制需要从当前的城乡扶贫开发分治转向统筹城乡扶贫开发并轨，开展城乡一体化减贫；进一步提高脱贫人口长远生计保障水平，充分整合社会资源扶贫开发政策完善，需要从当前扶贫开发条块分割转向扶贫开发与其他益贫性社会治理政策并行，推进价值共创减贫则需要片区基于“发展空间重构”思考连片特困区减贫的新动能。

# 第3章　城乡发展战略与连片特困区扶贫开发的协同耦合

党的十九大报告提出要建立健全城乡融合发展体制机制和政策体系，这是在借鉴中外城乡发展经验、立足当前城乡发展实际和着眼未来新型城乡关系走向做出的科学部署，要求“以促进城乡之间生产要素的科学合理配置为抓手、将新型城镇化、乡村振兴和区域协调发展等空间发展战略有机协调”，势必要触及传统城乡关系调整，重构城乡发展空间，也为贫困地区脱贫致富和贫困人口生计可持续发展带来契机。

## 3.1　城乡发展与连片特困区扶贫开发的研究切入

“城”“乡”划分或许是一个伪命题，甚或是改变土地等资源要素以及在此基础上的社会经济结构关系的借口而已[①]。作为空间概念的“城”“乡”，但无论怎么定义城乡，都与经济、政治、社会、物质空间有着必然的联系，涉及就业、教育、住房、交通、旅游和资源利用等要素[②]。随着1949年新中国成立后党和政府对于阶段性社会主要矛盾判断和非均衡发展战略设计，加之户籍制度管制性功能强化，“二元”结构特征突出的传统城乡关系逐步形成，在促进要素向工业、城镇聚集的同时也因为资源要素的单向和非等值交流在一定程度上阻碍了农村的发展步伐。城乡关系是生产力和分工社会化的产物，是“一种利益分配关

① J. Zscheischler, T. Weith, N. Uaasch. Analyzing and Governing Urban - rural Relation: Sustaining Regional Futures: Regional Studies Association Global Conference, 2012: 1 - 23.

② 王志章：《连片特困地区空间生产与城乡一体化的理论逻辑》，《吉首大学学报》（社会科学版）2017年第3期，第26~36页。

系和社会规范体系，是收益和成本、权利和义务在市民和农民之间的配置关系”①。城乡关系问题探讨具有明显的时代性特征，按照时间脉络可将城乡关系文献成果分为三大领域：一是基于城乡均衡发展与非均衡发展的理论解读与实践探究。亚当·斯密的“乡村—城市”自然顺序论是城乡关系分析的起点，清楚说明了“农业到工业、乡村到城市”的发展顺序，揭示了城乡关系的本质和初始状态，并指出城乡之间是一种基于产业分工而形成的互为市场的互利关系，且城镇增设应该与农村和农业发展成比例。分析城乡非均衡发展关系的理论主要表现在利用要素流动过程中产生的“扩散效应”和“回流效应”解释“中心—外围”地理二元结构、增长极、空间极化和城乡“二元结构”等现象，代表性人物有缪尔达尔（K. G. Myrdal）、佩鲁（Francois Perroux）、赫希曼（Albert Otto Hirschman）、刘易斯（W. Arthur Lewis）等；倡导城乡均衡发展的理论聚焦城乡融合、城乡一体化和城乡发展资源均衡配置，代表性人物有马克思（Karl Heinrich Marx）和恩格斯（Friedrich Engels）、纳克斯（Nurkse）、芒福德（Lewis Mumford）等，西奥多·舒尔茨（Theodore W. Schultz）等则认为农业和工业同等重要，有必要发展就业和居住一体的城乡区域统一体，实现城乡之间更大的平衡。实践探究则需更多结合城乡发展过程中的“二元结构”与治理进行城乡关系的协调分析。诸多成果普遍认为城乡“二元结构”是一个涵盖经济、社会、文化等领域的复合概念，城乡“二元结构”的形成原因是长期“城市偏向”政策的结果，一定时期内有助于工业化、城市化快速发展，但也会引致城乡发展要素交流阻隔和不等值交换等问题，诱发区域发展失衡。比较分析日本、韩国、美国、德国等国家的城乡发展治理经验，可以发现推进城乡要素双向流动、提升乡村的多样化发展能力等举措将成为关键。二是统筹城乡以及城乡一体化发展的战略思考。历史分析城乡互助互惠（1949～1952年）、城乡分割（1953～1978年）、城乡关系失衡（1979～2002年）、城乡统筹与城乡一体化（2013年至今）等城乡关

---

① 蔡玉胜：《构建新型城乡关系的问题和途径及改革要点》，《农业现代化研究》2014年第2期，第129～133页。

系发展阶段以及政府、农村、城镇等不同利益主体相互博弈的阶段性特征，可以将理顺城乡关系视为中国经济体制改革的主轴的同时，提高农村要素的市场化程度、建立健全城乡融合发展体制机制、户籍制度改革和土地制度改革将是现阶段改革的重点并逐步成为社会共识。三是连片特困区新型城镇化分析。新型城镇化有助于加快片区产业结构转型升级、解决农业农村农民问题、推动区域协调发展，以新型城镇化发展促进片区扶贫开发具有重要意义，且诸多研究认为产业城镇化是片区区域发展的关键，但围绕片区新型城乡关系与扶贫开发的关联研究尚不多见。

连片特困区精准扶贫开发主题则主要聚焦五个方面：一是连片特困区扶贫开发的历史渊源。历史分析可知我国扶贫开发社会救济、体制改革驱动、项目开发减贫、八七攻坚、连片扶贫开发及全面小康目标指引下的脱贫攻坚等不同扶贫开发阶段及其阶段性特征，明确旨在区域瞄准的片区扶贫开发是走向精准扶贫的中间环节，也是市场经济日益完善的背景下国家对于开发式扶贫政策的“去行政化、强市场性”的调整，这有助于提高扶贫资源利用效率、消减片区多维贫困、提升片区扶贫开发工作质量和保障脱贫人口生计可持续发展。二是连片特困区扶贫开发的主要约束性因素。强调连片特困区的资源禀赋差异，关注区域优势产业及其市场竞争力培育，可以从产业链利益增值视角分析片区贫困区域产业比例失衡与结构失调；或从区域劳动力、土地、信息、资本、专业合作组织化水平等资源要素管理规制角度分析要素组合生产率低下；或从产业融合、区际合作层面分析区域发展行政阻隔；或从社会系统发展风险、公共政策效能受限等领域分析片区社会管理与公共服务供给不足等，这些分析一般表现为从不同视角、不同层面剖析的片区经济社会发展疲软的限制性因素。三是连片特困区扶贫开发的主要模式。依据连片特困区市场接入、空间重构、组织管理再造等片区扶贫开发的行为逻辑，针对市场经济条件下片区脱贫攻坚的优势和机会，不断探索出了促进贫困人口增收的产业扶贫、阻止贫困代际传承的教育扶贫、根本上改变发展环境的易地搬迁扶贫、结合互联网技术跨越空间和资源依赖的“互联网 +”扶贫以及新时期的光伏扶贫、构树扶贫、金融扶贫、PPP 模式、众筹创业扶贫等模式以及各模式间不同“组合式模式”扶贫。

同时对于不同扶贫模式的可能风险进行深刻剖析，这将有助于提升片区扶贫开发模式的可复制、可推广及可操作性。四是连片特困区扶贫开发的绩效评价。自新时期片区扶贫开发战略在国家扶贫开发战略纲要中明确以来，各片区按照片区扶贫开发规划紧张有序展开脱贫攻坚工作，脱贫攻坚成效也随着规划目标实现时间的临近而受到关注。相关文献围绕片区扶贫政策适应、价值感知、资金减贫成效评价、片区专项扶贫减贫成效评价、片区扶贫开发管理绩效评价及片区扶贫开发中的贫困人口满意度测评等领域，对于片区扶贫开发工作"回头看，客观评"，并从资金投向、扶贫开发经办能力、贫困人口发展意愿与需求对接等领域进行影响因素分析，为政策调整和发展策略优化做好铺垫。五是连片特困区精准扶贫政策调整与机制优化策略。基于连片特困区区域资源禀赋、扶贫开发工作实践困境，结合精准扶贫、精准脱贫政策要求与提升贫困人口获得感和幸福感的工作目标，对于片区贫困人口精准识别、政策推进、监测评估与风险防范等工作机制进行优化。

## 3.2 片区新型城镇化发展与区域扶贫开发

《国家新型城镇化规划（2014—2020年）》确立了"以人为本"的发展原则，为我国新时期城镇化发展提供了蓝图。据《2018年国民经济和社会发展统计公报》，截至2018年末我国常住人口城镇化率达到59.6%，比2013年53.7%的城镇化率提高了5.9个百分点，户籍人口城镇化率43.4%，基本实现了规划中的2020年45%的目标值。"区域发展带动扶贫开发，扶贫开发促进区域发展"是连片特困区发展的总体原则，推动脱贫攻坚与新型城镇化发展相融合是片区扶贫开发的基本思路。但"十二五"期间连片特困区特殊的区情使得连片特困区城镇化推进缓慢，片区城镇化发展仍然游离于国家"两横三纵"的城镇化战略布局，呈现出城镇数量少，城镇化进程缓慢（2015年11个片区城镇化均值与全国城镇化率差距为28%）；城镇规模普遍较小，中心城市带动能力弱（片区中心城市GDP总体规模和相对经济规模偏小）；城镇化集聚能力不强，缺乏内生动力（2015年片区27个中心城市的人均信贷均值仅为全国平均水平的20%）；中心城市发展缓慢，且不同片区差异加大（2015 年片区 23 个中心城市产业结构呈现“未工业化就进入后工业化”的不合理发展状态）的多样化特征[①]。

**表 3-1　片区典型区域城乡发展环境信息**

| 区域 | 年份 | 年末总人口（万人） | 一般公共财政预算支出（亿元） | 农村常住居民人均消费支出（元） | 城镇常住居民人均消费支出（元） | 农林牧渔业总产值（亿元） | 一般公共财政预算收入（亿元） | 地区生产总值（亿元） | 固定资产投资（亿元） |
|---|---|---|---|---|---|---|---|---|---|
| 赣州 | 2013 | 928.52 | 480.4 | 5267 | 13754 | 430.61 | 184.37 | 1673.31 | 1330.87 |
| | 2014 | 954.21 | 535.29 | 5868 | 14661 | 460.78 | 225.31 | 1843.59 | 1608.71 |
| | 2015 | 960.63 | 614.97 | 6725 | 16080 | 480.59 | 245.51 | 1973.87 | 1892.21 |
| | 2016 | 970.78 | 676.83 | 7412 | 16915 | 521.73 | 243.18 | 2194.34 | 2205.51 |
| | 2017 | 974.25 | 776.44 | 8214 | 18547 | 547.47 | 245.36 | 2524.01 | 2510.48 |
| | 2018 | 981.4 | 85758 | 9127 | 20247 | 568.8 | 265.21 | 2807.24 | 2836.84 |
| 毕节 | 2013 | 653.82 | 353.75 | 4158 | 11040.59 | 284.35 | 125.62 | 1041.93 | 1701.19 |
| | 2014 | 654.12 | 360.77 | 6255 | 11206 | 389.3 | 116.15 | 1266.7 | 1128.8 |
| | 2015 | 660.61 | 406.2 | 6573.9 | 12386.64 | 507.34 | 107.62 | 1461.35 | 1344.9 |
| | 2016 | 664.18 | 452.2 | 7253.11 | 14151.23 | 564.3 | 112.63 | 1625.8 | 1601.8 |
| | 2017 | 665.97 | 527.75 | 8072 | 15736 | 401.48 | 123.84 | 1841.61 | 1730 |
| | 2018 | 668.61 | 574.83 | 8920 | 17168 | 439.6 | 130.11 | 1921.43 | 1937.6 |
| 兴安盟 | 2013 | 168.37 | 14.61 | 5298 | 12962 | 209.46 | 18.73 | 415.34 | 518.25 |
| | 2014 | 167.44 | 14.92 | 6200 | 14255 | 205.85 | 21.88 | 459.85 | 627.36 |
| | 2015 | 164.56 | 15.65 | 6653 | 14481 | 210.82 | 26.66 | 502.31 | 425.33 |
| | 2016 | 165.04 | 15.13 | 7378 | 15408 | 213.72 | 30.15 | 522.46 | 510.84 |
| | 2017 | 163.93 | 16.53 | 7880 | 15978 | 218.32 | 28.9 | 417.92 | 539.55 |
| | 2018 | 163.91 | 16.54 | 8575 | 17141 | 181.90 | 35.96 | 472.48 | 449.45 |

数据来源：根据《中国统计年鉴》《赣州市社会经济统计年鉴》《毕节市社会经济统计年鉴》《兴安盟社会经济统计年鉴》及统计局公开数据整理。

但从样本区域典型城市的人口城镇化、土地城镇化、经济城镇化和

① 游俊、冷志明、丁建军：《中国连片特困区发展报告（2014～2015）》，社会科学文献出版社，2015，第 1～41 页。

社会城镇化水平来看，片区城镇化发展环境良好，区域一般公共财政预算收入、一般公共财政预算支出发展趋势向好，城乡居民人均消费支出持续提高。

**表 3－2 片区典型区域城镇化发展水平信息**

| 区域 | 年份 | 人口城镇化 | 经济城镇化 | | 社会城镇化 | | 土地城镇化 |
|---|---|---|---|---|---|---|---|
| | | 城镇化率（常住人口）（%） | 人均 GDP（元） | 乡城人均收入对比系数（%） | 人均社会消费品零售额（元） | 高中阶段教育毛入学率（%） | 人均公路通车里程（KM） |
| 赣州 | 2013 | 41.16 | 18021.26 | 29.24 | 6030.99 | 83.24 | 30.02 |
| | 2014 | 42.56 | 19320.59 | 30.29 | 6598.02 | 82.40 | 30.81 |
| | 2015 | 43.92 | 20547.66 | 31.14 | 7341.12 | 94.43 | 30.85 |
| | 2016 | 45.51 | 22603.89 | 32.22 | 8140.26 | 89.90 | 31.56 |
| | 2017 | 48.27 | 25907.21 | 32.86 | 9104.95 | 90.67 | 32.22 |
| | 2018 | 50.00 | 28604.44 | 33.52 | 9187.99 | 91.33 | 31.64 |
| 毕节 | 2013 | 31.67 | 15936.04 | 28.44 | 3035.85 | 70.00 | 43.33 |
| | 2014 | 34.87 | 19364.95 | 29.31 | 4118.20 | 77.53 | 44.99 |
| | 2015 | 38.62 | 22121.22 | 30.04 | 4570.76 | 85.69 | 46.21 |
| | 2016 | 41.27 | 24478.30 | 30.62 | 5121.35 | 86.73 | 47.71 |
| | 2017 | 41.22 | 27653.05 | 31.01 | 5735.69 | 87.70 | 47.90 |
| | 2018 | 42.50 | 28737.68 | 31.89 | 5751.93 | 88.70 | 48.05 |
| 兴安盟 | 2013 | 44.37 | 24668.29 | 34.32 | 10039.19 | 93.50 | 59.58 |
| | 2014 | 45.28 | 27463.57 | 35.31 | 11304.35 | 94.40 | 63.92 |
| | 2015 | 46.24 | 30524.43 | 35.25 | 12741.86 | 96.40 | 69.68 |
| | 2016 | 47.38 | 31656.57 | 35.15 | 13970.55 | 97.30 | 79.47 |
| | 2017 | 48.36 | 25493.81 | 35.05 | 15067.41 | 98.70 | 80.22 |
| | 2018 | 49.06 | 28825.58 | 36.76 | 15963.64 | 98.10 | 80.96 |

数据来源：根据《中国统计年鉴》《赣州市社会经济统计年鉴》《毕节市社会经济统计年鉴》《兴安盟社会经济统计年鉴》及统计局公开数据整理。

依照当前研究中有关区域城镇化分析的常选指标[①]，片区样本区域

① 余江、叶林：《中国新型城镇化发展水平的综合评价：构建、测度与比较》，《武汉大学学报》（哲学社会科学版）2018 年第 2 期，第 145～156 页。

常住人口城镇化率不断提高。如人口城镇化方面，罗霄山区赣州部分城镇化率由 2013 年的 41.16% 升至 2018 年的 50%，乌蒙山区毕节部分城镇化率由 2013 年 31.67% 升至 2018 年的 42.5%，大兴安岭南麓山区兴安盟部分城镇化率由 2013 年 44.37% 升至 2018 年的 49.06%，反映出城乡人口交流频繁的情况下城镇人口规模不断扩大；再如从反映经济城镇化的乡城人均收入对比系数来看，虽然各个区域的乡城人均收入对比系数不断增加，亦即城乡人均收入差距不断缩小，但仍然差距很大，说明打破城乡二元经济结构以实现城乡融合发展的难度依然较大；又如反映社会城镇化水平的高中阶段教育毛入学率指标反映出伴随着以教育为代表的新型城镇化背景下公共服务均等化水平的不断提高；通过人均公路通车里程的指标分析，则可以说明虽然城乡土地权属和管理制度存有区别，城乡空间关联不断加强。

从典型区域自身来看，常住人口城镇化水平不断提高，但较之于其所属区域的城镇化发展水平，仍然存在着很大差距，如 2018 年罗霄山区赣州部分城镇化率为 50%，但其所属省份江西省的城镇化率为 56%，落后 6 个百分点；2018 年乌蒙山区毕节部分城镇化率为 42.5%，但其所属省份贵州省的城镇化率为 47.5%，落后 5 个百分点；2018 年大兴安岭南麓山区兴安盟部分城镇化率为 49.06%，但其所属省份内蒙古自治区的城镇化率为62%，落后 12.94 个百分点，在一定程度反映了贫困片区城镇化发展水平与其他一般区域相比仍存有一定差距。

### 3.2.1　要素配置与城乡关联

纵观中西城乡发展理论研究的“乡村孕育城市—城市快速发展—城市偏向—乡村偏向—城乡逐步融合”发展进程①，考察城市规模扩张视野下城市资本（发展）对于农民（农村）权益的侵占和发展空间的挤压，系统审视影响城乡规模—层次结构形成的环境资源与基础设施、城乡二元经济结构、收入分配不公与城镇化主体的利益格局等约束因

① 杨充霖：《资源空间配置与中国新型城镇化的基础理论构架》，《经济学动态》2014 年第 9 期，第 98 ~ 105 页。

素，统筹城乡并逐步走向城乡一体化发展的新型城镇化成为破解城镇化发展过程中出现的质量与效率之间、部门之间、城乡之间、环境恶化与资源环境承载力之间等结构性难题和发达地区与欠发达地区等区域不协调问题的有效手段。新型城乡关系的提出实质是矫正长期以来城乡分割环境下的城乡要素配置扭曲，重视城乡发展关联协同，用统筹城乡发展的理念引领区域发展。重视城乡关联并走向“城乡一体化”的片区新型关系不是简单消灭农村，而是“讨论如何由抽取型、隔离性的二元结构，变为良性的互助型、开放性的二元结构，将二元对立，变为和谐共存”①，实现区域相对稀缺的资源在不同的聚落形态下最有效地配置和利用。

对于空间关联而言，经济要素的流动是解释空间关系的重要来源②。由城乡分离走向城乡关联是城乡关系发展的趋势，城乡关联与城镇化发展并不矛盾，城乡关联是实现城镇化发展的过程与状态，区域城镇化水平提高又为区域发展提供了发展动力。围绕影响城乡关联的区位条件、公共服务、产业结构、市场资源配置、政府调控等影响因素，片区城乡关联体现为空间关联、经济关联和社会关联三个方面：一是空间关联，主要是基于区位分布发生，体现为农村对于中心城镇发展提供外围空间和发展缓冲、城镇发展“增长极”的带动作用与辐射效应；二是经济关联，体现为三次产业间关联、城乡居民与产业发展的关联，考虑的是片区产业合理结构与相互支撑基础上的区域内生发展动力和自我持续发展能力提升，以及区域居民生活环境改善；三是社会关联，关注城乡社会公共服务的提供与社会管理、社会稳定保障。

### 3.2.2 区域扶贫开发与新型城镇化的协同耦合

新型城镇化是以效率和公平相统一为目标的资源空间配置过程，目标指向为解决好城乡二元结构和城镇内部二元结构的“双二元结构”

---

① 周立：《新型城乡关系与中国的城镇化道路》，《人民论坛·学术前沿》2016 年第 4 期（下），第 18 ~25 页。

② 白俊红、蒋伏心：《协同创新、空间关联与区域创新绩效》，《经济研究》2015 年第 7 期，第 174 ~187 页。

问题，实质是农民工的市民化和农民收入的增长，实现基础是市场经济条件下的要素充分流动和资源优化配置。强调以人为本的新型城镇化和以人的素质性脱贫为目标的扶贫开发具有价值目标的一致性。城镇化与区域反贫困具有密切的联系性，新型城镇化能促进反贫困的实现，实现反贫困要求新型城镇化，且诸多研究成果证明贫困发生率和城镇化率呈现负相关关系。作为实施片区扶贫攻坚战略重要抓手的连片特困区的城镇化是加快连片特困区发展不可逾越的阶段。新型城镇化促进区域扶贫开发的作用机理在于通过城乡发展关联实现人口、资源、产业等要素集聚和城乡一体化①，核心是新型城乡关系形成以及城乡发展资源优化整合基础上的“要素增益效应”显现：连片特困区的新型城镇化是涵盖人口城镇化、产业市场化、生活现代化的系统工程，是对于片区传统社会经济发展系统的“扬弃式重建”，可有力破除连片特困区发展过程中的要素约束、制度束缚和路径依赖，不断冲击和改变着连片特困区贫困人口的生计空间（认知、态度、能力和发展资源），以突破和规避贫困的“空间陷阱”。

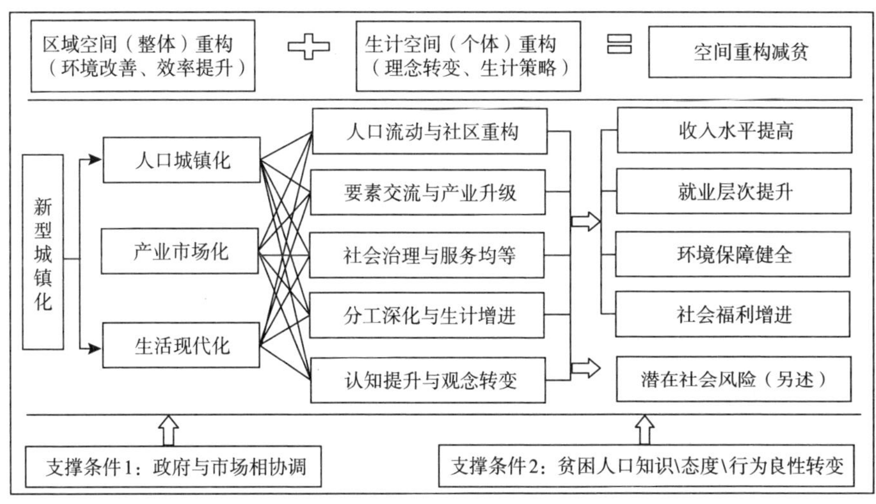


**图 3－1　新型城镇化之于片区贫困减缓的空间重构减贫逻辑框架**

---

① 凌经球：《推进滇桂黔石漠化片区扶贫开发的路径研究》，《广西民族研究》2015 年第 2 期，第 143～151 页。

1. 人口城镇化

城乡发展规律表明，城镇化是一个人口、资源、信息等发展要素集聚以产生规模经济和范围经济来获取更大产出的理性变化过程。受长期的城乡二元结构影响，广大的连片特困区农村剩余劳动力被户籍等严格的社会管理制度束缚在生产效率较低的农业部门，收益水平因要素流动阻滞和要素组合机会缺失而较为低下，致使农村区域整体发展水平较为落后。开放、自由的新型城乡关系有助于农村人口流入生产效率较高的城市生产体系，提高就业层次和经济收入的同时，也将逐步接受新的发展理念尤其是增进市场竞争意识，享受较为健全的基础设施、医疗保障等城市公共服务，助力多维贫困消减。另一方面，连片特困区农村人口外流及少数城市产业经营人才的流入使得农业生产具备了朝着“标准化、规模化、现代化”转型发展的可能，为城乡产业分工深化、结构优化和产业融合提供了基础，有助于提升区域整体发展水平。以罗霄山区涉及的江西省为例，据《江西统计年鉴》数据，2017 年江西城镇化率已达 54.6%，农村居民人均年纯收入 11139 元，工资性收入对于年人均可支配收入的占比较之 2013 年水平上升 12 个百分点，达到 52.3%；另据全国“第六次人口普查”数据推算，2015 年江西省外流动人口 584.58 万人，占到全省常住人口的 12.8%，且以青壮年劳动力为主，20 岁到 44 岁人群占 80%，平均受教育年限达 10 年以上①；而同期江西省农村土地流转率达到 32.4%，农村规模种植户数较之 2013 年水平下降 4.2%，规模种植面积提高 0.5%。

2. 产业市场化

城乡等值发展、要素自由平等交流加速了城乡一二三产业的融合，促进了信息时代背景下新业态的涌现、产业链条的整合优化，产业间分工合作深化使得产业增值和就业容纳能力大为提升。产业的市场化加之农村务农人员数量的不断减少，还将有助于片区农村基于变动的市场供求情况以提高农产品价格，增加农民收入，降低农村贫困发生率。同时

---

① 陈丽琴：《江西：全省每 8 人中有 1 人在跨省“流动”》，https://news.qq.com/a/20111206/001428.html。

随着农村产业市场化水平的不断提高，片区农村发展主体的行为参与、产业经营、组织合作等能力也受到促动，推动连片特困区农村区域发展的市场化，进而通过市场经济体制尤其是选择、激励机制的作用发挥，激发片区贫困人口的内生动力，使之从“要我发展”向“我要发展”转变，并逐步推动当前“政府主导式”扶贫开发转变为“政府与市场协同式”扶贫开发，为片区贫困人口带来更多、更灵活的资源汇聚渠道和脱贫方式。如乌蒙山区片区涉及的贵州省准确定位片区城镇化过程中“农村优裕资源难以实现价值增值与城镇居民需要得不到较好满足之间的市场供求脱节”的发展困境，于 2015 年设立贵州扶贫开发投资有限责任公司，强化以产业发展引领的片区脱贫攻坚长效机制建设，创新政府与市场相协调的扶贫开发投融资模式与组织方式。这样既能有效整合扶贫开发的财政资源、采用市场手段盘活闲置资源、激发扶贫开发多元主体的内生动力，增加农村居民以及贫困人口收入，又能促进城乡协同发展过程中的一二三产业融合，实现以产业市场化促进农村市场化直至城乡一体化的发展目标。

3. 生活现代化

新型城镇化加速了城乡社会系统融合，城乡互动为片区农村社会管理和公共服务改善提供了资源支撑和经验借鉴，有力弥合了区域城乡社区发展差距。如大兴安岭南麓山区涉及的兴安盟，从 2014 年开始名城创建活动，通过加快中心城市发展、强化重点城镇建设来促进全盟的城镇化进程，并结合此后开展的危房改造、安全饮水工程、街巷硬化工程、标准化卫生室、便民连锁超市等“十个全覆盖”工程建设，发挥以城带乡的积极作用，使得片区发展环境改善，城乡宜居水平大幅度提高。同时随着物质水平的逐步提高，片区农村居民的闲暇时间和社会交流机会的增多，丰富、高雅的精神文化生活也将影响贫困人口的发展“精气神”，影响其生计行为和生计策略。

4. 潜在风险

基于政府与市场资源配置作用有效发挥、贫困人口“知识—态度—行为”良性转变等基础条件支撑，片区新型城镇化通过参与意识造就、产品增值和市场对接实现连片特困区农村贫困人口减贫目标的同时，也会带来诸如城镇贫困人口增加、城镇社会管理和公共服务供求失衡、农村人力资源流失、抛荒、建设用地征占等土地资源浪费以及青壮年劳动力外流引发的养老、妇女关怀和留守儿童等社会风险。

## 3.3 片区乡村振兴与扶贫开发

### 3.3.1 乡村发展趋势与振兴路径

基于对我国新时期发展阶段转变与攻关期的时代特征的科学判断，党十九大报告中提出，坚持农业农村优先发展，实施乡村振兴战略。实施乡村振兴战略，需要准确把握新时代新型乡村发展情势如何、乡村未来是什么样、乡村振兴之路如何走，这三大关键问题。中共中央、国务院于2018年9月印发了《国家乡村振兴战略规划（2018—2022年）》，要求“把打好精准脱贫攻坚战作为实施乡村振兴战略的优先任务，推动脱贫攻坚与乡村振兴有机结合相互促进”。

1. 乡村发展基本情势判断：基于寻乌调查信息

作为毛泽东调查研究理论的重要组成，寻乌调查是毛泽东在1930年5月在江西寻乌县所做的一次在他当时的调查中规模最大、内容最丰富、材料最翔实的社会调查，首次提出了“没有调查，没有发言权”的科学论断，从而奠定了马克思主义中国化的理论基础，对于我党实事求是的思想路线和群众路线、独立自主思想的形成与发展具有极为重要的意义。

为了更好地了解贫困片区乡村发展情况，管中窥豹，本研究中采用“解剖麻雀”的方法，结合寻乌县作为罗霄山区典型的山区县、贫困县（2019年4月脱贫摘帽）和省际交界县的典型特征，课题组以“寻乌调查”深入、唯实精神为引领，紧扣“人的流动引致城乡发展时空格局重构”逻辑主线，走进寻乌，依循毛泽东同志寻乌调查问题指向意识和阶层分析法等方法论指导①，合理设定样本区域并深度访谈不同身份

① 陈金龙：《〈寻乌调查〉的当代价值》，《学习时报》2018年1月10日第4版。

人员，听其言、观其行、思其想，对乡村振兴战略实施做出基本情势分析，并在此基础上针对新时代新型城乡关系、乡村未来与振兴之路等内容做出逻辑分析与策略探讨。

课题组根据城乡空间分布位置、产业发展、是否新农村建设示范点（贫困村）等标准，科学选点，共选择吉潭镇、晨光镇、水源乡 3 个乡镇 9 个行政村进行调研。对于 54 位普通农户、15 名干部、5 位合作社理事长、7 名务工人员等不同身份人员，进行问卷调查、会议座谈与深度访谈，对照乡村振兴“产业兴旺、生态宜居、乡风文明、治理有效、生活富裕”20 字总方针要求，对于样本区域产业发展、公共服务、乡风建设、社会治理、生态保护等情况深入了解，整理、思考并得出以下五项判断。

（1）系统思维乡村振兴顶层设计，统筹规划各项振兴举措

乡村振兴必须在新型城镇化、城乡一体化背景下开展的乡村振兴，一二三产业的融合也是在城乡融合的空间范围内发展整合，决不能将乡村振兴工作片面认识或与其他工作孤立开来。同时，长期的城市偏向政策取向，使得乡村整体发展缺乏系统、科学规划的功能区发展规划，致使当前农村村庄整治、发展建设混乱。据调查，78% 的行政村没有开展过乡村发展整体规划，如何提前、高位谋划成为乡村振兴的首要问题。

（2）产业兴旺是乡村振兴基础，村级集体经济发展至为关键

调研信息显示，越是乡村产业经营水平高的乡村，青壮年留在乡村的比例越高，部分高达 90%；越是产业虚无或经营水平低的乡村，青壮年留在乡村的比例越低，留守人口呈现“386199”（代指妇女、儿童和老人）特征。人气聚则产业旺，产业旺则乡村兴，改变乡村“空壳化、空心化”的基础在于乡村产业发展，产业发展的前提是要激活乡村现有发展要素，同时发掘新资源和挖掘新动能，进行传统乡村产业转型升级与发展战略重置。探究村级集体经济发展瓶颈约束，关键在于缺乏人才，根本在于农村资源（土地、房屋等）的资产性收益不足，且增收受限的另一约束因素是农村由单一向多元的产业转型困难，农村土地、宅基地管理出现向注重土地管理权的“四权分置”“资产可抵押”

方向发展趋向。以寻乌典型产业——柑橘等果业为例，虽然近几年遭受黄龙病影响损失惨重，但仍有 77% 的果农选择等待，在时机成熟时回归熟悉的产业。

（3）城镇扩张态势明显，公共服务资源科学配置成为城乡协同发展主要议题

历史考察样本乡镇区域行政区划变迁，主要诱因为行政主导（如撤乡并镇、移民搬迁等）、重大交通枢纽等工程建设、新型产业集聚或传统产业衰落（人气中心转移等），自发形成、科学规划基础上主功能区划分将在很大程度上影响新型城乡空间布局。调研也发现，当前乡村青壮年人口由向城镇快速聚集的趋势，两栖人口比例呈快速增长趋势，且向县城聚集速度明显快于乡镇，样本村在城镇购房的家庭在全村家庭中占比约为 15% ~30%。95% 的被访对象认同城镇主要人口迁移引力来自教育、医疗、养老等公共服务，根本在于城镇就业基础上的生计水平提高。调研过程中有关公共服务资源科学配置与配置效率提升的问题受到被访对象关注，坚持“因需定供”原则或许是对公共服务均等化的重要补充；同时，70% 左右的被访干部提出对于乡村公共服务提供过程中的公共服务资源错配引发的“公共资源空置现象”应予以必要的重视，如乡村教学点“生少质劣”、文化工程设施“内容陈旧且成为摆设”等公共服务资源利用效率低的现象。

（4）社会治理困境明显，乡风文明引领力度亟待加强

农村治理水平很大程度上受限于组织化水平不高，村干部年龄偏大，样本村村干部平均年龄 48 岁；受教育水平不高，88% 的村干部为初中学历，7% 的村干部为高中学历，综合素质偏低；合作社等经济组织产业经营能力有限，70% 的农村专业合作组织仅为承接政策资源存在，致富带动作用受限；党员干部年轻化程度不高，多数乡村 30 岁以下党员多为高校毕业党员，因高校学生档案需要迁回安放才进入统计范围，但本人又外出工作，示范带动作用不明显。乡风文明作为精神文明建设引领，在新时代遭遇“格调华丽、内容空虚”的尴尬。很多群众在调查中反映，“乡风、家风建设离我们很近，但好像又不知道该怎么具体去实现”。结合新时期社会经济发展现实特征，依据社会主义核心

价值观要求，将“文明乡风”内容具体化、表征化并以群众喜闻乐见的形式出现，无疑将大力助推乡村振兴战略实施。

（5）生态宜居应强调可持续生计支撑，土地制度创新或为制度红利基点

乡村生态宜居，关键是要考虑“绿水青山与金山银山”的协同考虑，乡村的生态宜居是生态产业基础上的宜居，更是满足民众生计水平提高基础上的生态宜居。发展乡村产业要考虑生态农业、生态工业与生态服务业的协同发展，并在此基础上形成新型居住社区。另一方面，农村土地的生计功能下降，身份功能彰显。当前从事农业从业主体与10～15年前从事农业从业主体并未发生太多改变，年轻一代多未从事农业。未来农业规模经营、机械化作业、智慧农业发展势不可挡，但不能忽视散户生产的传统影响。综合被访对象访谈信息，对于土地等资源的本质功能发挥的尊重以及“土地流转难”问题破解是为关键。

2. 乡村未来展望

人的全面发展是区域社会经济发展的根本指针；为人民服务，增进民众的获得感和幸福感是群众工作的宗旨。党的十九大对于此前的新农村建设要求进行全面升级，提出了乡村振兴战略“产业兴旺、生态宜居、乡风文明、治理有效、生活富裕”的总要求，2017 年中央农村工作会议对此进行了七个方面的重大部署，《国家乡村振兴战略规划（2018—2022 年）》明晰了实施乡村振兴战略的总纲领和路线图，为新时期“三农”工作尤其是“农业农村如何优先发展”提供了根本依循。未来乡村振兴将直面“没人玩，无事做，取舍两难”的发展困境，而要以变成安居乐业之处，实现农村美、农业强和农民富为发展目标。

（1）功能分区合理科学

坚持城乡区域发展规律，是乡村振兴战略的基本遵循。随着网络技术、人工智能等时代变革，“城”“乡”将逐步由社会经济特征突出的管理概念转变为单纯的地理标志。发展要素的平等、自由交流使得城乡区域聚集人群更多强调物质满足基础上的发展诉求满足、价值实现，区域空间自然生态环境禀赋的影响作用凸显，区域在不平衡发展中实现平衡的能力增强，城乡不同区域间单一指标的趋同评价管理弱化，空间发

展格局的自组织、自适应水平提高。

（2）产业衔接无缝平等

随着一二三产业融合基础上现代农业体系形成，农业产业与工业、服务业等其他产业间的比较劣势将大为缩小。政府与市场有效调节下的产业间融通和产业内环节整合水平提高使得整个社会大生产进程中隔阂壁垒消减，社会人员产业间就业选择的灵活性和可能性大为增强。产业效率提升基础上的乡村产业认知、乡村民众身份认知以及乡村区域发展概念的传统认知将逐步消弭。在乡村农业主功能区划分的基础上，乡村农业产业的多功能性和产业的多元特征使之更加具有包容性、系统性和社会性，城乡产业分布的严格经济划分将不复存在。

（3）治理体系健全完善

在应然的村民自治模式下，鉴于乡村问题的复杂性和治理机制形成的过程性，乡村治理中的具有广泛代表性的基层党组织“元治理”不可或缺。具有明确的去行政化特征的乡村治理现代化体系尤其是会聚普通村民、各类乡贤等参与主体的乡村发展治理平台趋于完善，有效整合各阶层利益，推动各阶层之间达成共识，并且逐步形成以召集人制度为核心的、健全的多元精英共同互动的合作秩序，有助于弥合社会分歧，推进乡村善治。

（4）公共服务全面优质

推拉理论视角下的城乡关系分析尤其是城乡人口分布状态形成，重要诱因是城镇相对优越的教育、医疗、交通等公共服务提供。乡村振兴要解决发展主体“引得来、留得下、能发展”的目标，对于当前城乡发展空间格局重构基础上的公共服务资源优化配置，促进区域公共服务提供水平和供给质量的全面提升。运营经济且能够满足聚集人群的便利生活的需要，将是未来乡村发展的关键特征。

（5）文化休憩需要提高

能聪明地充实闲暇时间是人类文明的最新成果，民众闲暇时间的长短及闲暇时间的活动内容是人群物质与精神发展水平的综合体现[①]。发

① 季相林：《人的全面自由发展与闲暇时间》，《当代世界与社会主义》2003 年第 6 期，第 98～102 页。

展的核心是人的发展，未来社会的根本目标就是实现人的全面自由发展，这就要求人类必须具备鲜明的主体意识和主体精神。未来的乡村将考虑区域资源禀赋，夯实经济基础的同时关注精神文明建设。无论是关注田园文化、乡村静谧、农业情怀，还是传统习俗、文化鉴赏，聚集于乡村区域的民众能够愉快地融于环境的同时，将拥有足够的时间、足够的精神，以及足够的心灵空间，使人成为精神解放、意志自由的主体。

3. 乡村振兴途径探索

实施乡村振兴战略，涉及城乡协调、区际交互、产业关联、文化冲突、秩序重构等多重内涵，是涵盖社会治理、产业发展和乡村文明等多维领域的全面进步和全面振兴，需要各利益相关者在乡村振兴战略发展政策方面进行顶层设计、转变发展理念、高效配置生产要素、优化经济结构以及转换经济增长动力等方面开展符合乡村发展规律的理论阐释与实践探索。具体来讲，表现为“重功能、补短板、强基础、抓主体、促服务、优路径、精重构”七个方面。

（1）科学功能分区，系统顶层设计

实施乡村全面振兴，需要系统思维，科学规划。乡村振兴战略重点在于转变传统城乡发展政策的城市偏向为乡村偏向，全面系统进行城乡协同发展政策梳理及流程再造：利用功能分区理念更新传统城乡分工认知，明确乡村现代农业发展基础上的多功能拓展与产业关联，使得乡村成为“既珍惜土地资源，又满足人类发展需求”的新型宜居区；转变当前的单一经济或环境指标评价体系，完善功能分区基础上功能多维指标评价体系，促进城乡功能协同耦合；乡村振兴不是指现有乡村同时振兴，应依照“空间重构—产业比较优势形成—人气集中—区域（乡村）形态既定—发展秩序完善”的进程分阶段、分步骤、分领域开展，不能一刀切、摊大饼；乡村振兴的要义在于区域民众安居乐业，长远生计得以保障，进而此后教育、社保政策衔接点应逐步改变区域划分设计思路而转变为服务对象的精准定位，增进民众权益公平，真正实现以人为本。

（2）持续推进脱贫攻坚，补齐城乡发展短板

城乡贫困是乡村振兴与区域协调发展的短板，推进城乡扶贫开发协同治理是未来扶贫开发工作的重点和难点：进一步加强帮扶主体市场竞

争意识及感恩教育，提高帮扶主体自我管理、协作参与的积极性和可行能力；分类施策，确保精准识别扶贫对象的基础上兼顾政策精准，防范政策叠加引致帮扶资源配置失衡；辩证分析贫困退出主体“脱贫不脱政策”要求，提高扶贫资源减贫效应和配置效率；通过改变贫困人口发展环境与生计策略，强化深度贫困地区与极贫人口的发展帮扶，将现行农村扶贫开发体系作为依托，从公共服务、社会管理、要素交流、产业联动四个方面理顺城乡贫困关联，建立健全城乡多维贫困识别、测度与退出评价指标体系，完善扶贫开发管理体制与工作机制，推进城乡贫困开发向城乡扶贫开发协同治理转变。

（3）激活发展要素，发展村级集体经济

加快推动城乡要素自由流动、平等交换和合理配置，让城乡融合发展的道路越走越宽，要破解乡村发展“内部资源增值乏力，外部资源承接困难”的难题：关注城乡发展的“人—地—钱”的发展要素循环，在巩固和完善农村基本经营制度的前提下，破解城乡要素流动与要素增益的利益扭结点在于农村集体土地制度改革；以《物权法》要义统领整合有关乡村资产权益关联政策、条例等法规，增进农村承包土地、宅基地的流动性，融通各级土地市场，提高和保障乡村民众土地、房屋资产性收益及财产安全感；优化城乡功能分区过程中，在保护农地的前提下，加强农村宅基地整治，推进房地产市场尤其是乡村房地产管理和市场交易水平，推进农村土地、房屋的“可抵押贷款”等资产性收益提高举措的试点，逐步建立城乡统一建设用地市场；关注农地本质功能，“土地是用来种的，不是用来租（炒）的”，强化土地资源的功用敬畏与神圣感。在土地管理“三权分置”的基础上要更加重视集体对于土地使用的规范和管理，将土地管理权从所有权中显现和独立出来，形成“四权分置”，健全完善“土地承包退出机制”，防止当前农地抛荒、低效率使用等资源浪费行为发生；逐步创新资源开发促增收、盘活资产促增收、整合资金促增收、拓展服务促增收等乡村集体经济模式和发展新动能挖掘机制，通过土地、资产要素入股以及规模经营等方式，健全“志愿精神导向、财政支持”的社会支农体系与农业产业社会化服务体系（注：该条建议源自当地干部访谈信息提炼），挖掘村级集体经济新型增长点，健全权益人利益保障机制，辅之以全职村干部与兼职村干部分类管理，完善村干部干事创业激励机制。

(4) 提升主体素质，完善乡村治理

优先发展农村农业，前提和保障是培养和拥有一批“一懂二爱”的乡村建设主体，解决乡村振兴战略中“谁来振兴”的难题：更新理念，转变“乡村振兴主体即农民，农民即种地”的狭隘认识，去除农民身份意识，加大农村、农业和农民教育力度，团结社会力量切实推进“三农”发展；乡村从更高层次、更广领域凝聚乡村原住居民、返乡创业、乡贤以及拥有乡村情怀的城镇居民等，因需定供，完善针对现代农业发展需求的职业教育体系；推进现代农业新型经营主体执业资格认证制度，切实提高新型农业经营主体乡村振兴责任意识，并结合区域发展中的基础设施等水平提高实施农业经营主体与管理干部更新换代工程；完善以“乡镇引导、村两委为主体、村民理事会为支柱及合作社等专业经济组织为补充”的乡村治理平台与运作制度，健全乡村内外治理精英吸纳机制，强化多元主体社会参与机制健全[①]，按照《中华人民共和国村民委员会自治法》相关规定，完善乡村治理平台的公共服务和社会管理职能，涉及经营收益活动时附加服务收费，确保乡村治理平台在自我管理的基础上良性运行。

(5) 发展乡村文化，强化公共服务供给

乡村文化是乡村建设的灵魂所在；公共服务供给是乡村振兴的重要基础和保障。结合新时代攻关期和转型发展期特征，传承优秀传统文化基因，阐释、总结符合当代人价值追求的村风、家风内容，并用群众喜闻乐见的形式广泛宣传，夯实乡村治理的道德基础；实施乡村文化振兴工程，完善基础设施，注重高端文化引领与艺术鉴赏知识普及，促进人才聚集创新，坚持三产融合发展，促进生态文化旅游优势叠加；按照人口聚集规模，考虑服务机构运营成本，规划教育、医疗等服务资源时空配置，逐步形成“服务提供者追随服务对象，服务对象依托所属区域产

① 胡炎平、姜庆志、谭海波：《治理现代化视野下的农村多元精英合作治理》，《中国行政管理》2017 年第 8 期，第 73 ~ 77 页。

业发展，政府宏观调控”的良性循环机制；同时创新公共服务提供形式，通过 PPP 模式等整合社会资源，提高公共服务供给水平与客户满意度。

（6）优化发展激励机制，注重多维评价体系健全

推进乡村振兴，迫切需要农村发展新动能的支撑；多措并举，对参与乡村建设、乡村发展的新产业、新业态、新主体进行有效的全方位激励：推进制度完善和机制创新，发展共享经济，着力培育新增长点，破除城乡二元结构的体制障碍，推进粮食等重要农产品价格形成机制和收储制度改革，使市场在资源配置中起决定性作用和更好发挥政府作用；创新公共财政投入补偿机制，加大乡村振兴战略实施进程中的财税政策支持力度，发挥财政资金的市场资源“杠杆撬动”效应；健全完善区域金融、信贷政策，支持村镇银行发展，创新服务城乡融合发展和乡村振兴的金融产品与服务方式，尤其是善于发现和积极培育有助于农村新动能开发与区域资源整合利用的项目；强化科技创新驱动，注重一二三产业发展融合，更加注重支持结构调整、资源环境保护和科技研发等，从加强农业科技研发、强化农业科技推广、完善农业科技创新激励机制、改进科技创新管理体制等入手，进而激发科技人员创新创业的积极性，创造和释放科技创新的新动能；完善基于城乡功能分区的绩效评价体系，进行科学评估，防范乡村振兴中一刀切、千村一面、弃城去乡等政策异化的风险。

（7）实施发展空间重构，动态优化功能分区

乡村现代化发展最根本的问题是要解决好人与自然环境友好和谐基础上促进人的全面发展问题。实施乡村振兴战略，要从根本上改变囿于行政区划选择优势产业的发展惯习，充分认识到“人气聚，产业兴、区域发展；人气散，产业败、区域塌陷”的发展规律。考虑物联网、人工智能等现代技术发展影响，通过行政区划、项目开发、交通规划等方式并结合乡村内在运行规律推进发展空间重构，因地制宜，注重乡村功能分区的动态优化：健全主体功能区规划的管理体制，充分发挥国土空间规划的调控功能；依据国情，强化中小城镇服务大中城市、辐射农村和农产品加工集散的功能定位，健全配套体系，促进生产要素按市场规律向中小城镇流转。通过城乡主功能区的动态优化，推动区域协调发

展，并在此基础上进行产业结构调整，建设现代化经济体系，满足人民日益增长的美好生活需要[1]，进而实现城乡区域协同发展基础上的农村美、农业强、农民富的发展目标。

### 3.3.2　协调推进区域扶贫开发与乡村振兴战略的理论逻辑与工作重心

1. 乡村振兴与精准扶贫的战略关联

（1）目的一致，层次有别

为服务于2020年全面建成小康社会的发展目标，致力于“人民对美好生活的追求”的需要满足，国家分别于2013年和2017年提出了“精准扶贫、精准脱贫战略”和乡村振兴战略以解决发展不平衡、不充分的现实问题：前者重在补齐发展短板，促进贫困人口增收致富，维护和保障其发展权益；后者旨在夯实发展基础，优化区域发展空间格局，构建新型工农城乡关系。乡村振兴是涵盖政治、经济、社会、文化等多重领域的全面振兴，精准扶贫、精准脱贫是乡村振兴战略实施的基础性工作和重要内容组成，贫困片区更是如此：一方面，精准扶贫、精准脱贫的基础是产业兴旺，生态宜居可为贫困村生态文明建设导向，文明乡风建设则可消除贫困地区的贫困文化基因，治理有效则是贫困地区脱贫的秩序保障，而精准扶贫工作的目标便是生活富裕。进而在激发多元主体参与、创新精准扶贫方式和合理设定精准扶贫目标等方面促进贫困地区脱贫致富；另一方面，精准扶贫与城乡融合发展、共同富裕、质量兴农、乡村绿色发展、乡村文化兴盛和乡村善治一起，共同构筑中国特色社会主义乡村振兴道路；再一方面，推进贫困片区乡村振兴战略实施，亦有助于脱贫攻坚成果巩固。再者，包含产业扶贫、生态扶贫、社会保障扶贫、文化扶贫等多种方式的精准扶贫实践与乡村振兴战略中的产业兴旺、治理有效、生态宜居等建设领域存有交叉，但后者更看重更广区域的更多利益相关群体的共建共治共享发展，空间视域下思考乡村振兴

---

① 龚万达：《新时代主体功能区视域中的供给侧结构性改革》，《深圳大学学报》（人文社会科学版）2017年第6期，第9～14页。

战略则更富有包容性，也是一种更高质量的发展导向。

（2）阶段性接续特征明显，凸显民生治理价值取向

依据《国务院关于印发“十三五”脱贫攻坚规划的通知》（国发〔2016〕64号）的目标设定，到2020年要确保我国现行标准下农村贫困人口实现脱贫、贫困县全部摘帽以及解决区域性整体贫困；同时《关于支持深度贫困地区脱贫攻坚的实施意见》也指出相对贫困现象在未来将长期存在，尤其是贫困片区脱贫攻坚任重道远；对接《中共中央国务院关于实施乡村振兴战略的意见》（2018年1月2日）的“制度框架和政策体系基本形成—农业农村现代化基本实现—乡村全面振兴”的“三步走”发展战略设计，明确反映出“精准扶贫、精准脱贫是乡村振兴的基础，后期治理机制形成和发展质量提高进而确保贫困现象逐步消减”的阶段性接续特征，实现发展中减贫的目标，逐步在乡村振兴中解决致贫多维因素和有效防范贫困风险。这不仅反映了职能部门对于贫困内涵的全面把握和乡村发展规律的理解深化，也体现出“以人民为中心”的新发展理念下民生治理价值取向和治理能力提升。

2. 乡村振兴与精准扶贫协同推进的条件保障

（1）组织基础：构建高绩效乡村建设系统，形成高绩效组织文化

实施乡村振兴战略和打赢脱贫攻坚战是确保我国如期实现全面建成小康社会目标的重要战略支撑，既要求其当前发展理念、发展状态、发展方式的再调整，也要求其发展水平的再提高。对于作为自治组织的贫困地区乡村而言，发展机遇与现实挑战并存，聚焦区域内“人力资源、金融资本、土地资源、关系资源、信息资源”等发展要素有机整合以实现要素增益的“高绩效系统建设”成为发展方向。乡村高绩效工作系统建设是乡村在社会主义市场经济体制下获得竞争优势的组织基础，其重要特征是在发展过程中实现发展活动的内部契合（复杂的发展活动协同）和外部契合（多变的外部环境适应），实现发展要素合理组合基础上的协同增效①。同时破除贫困片区贫困文化的黏性效应，逐步在发展中形成“具有明确使命和愿景，鼓励参与，强调服务和竞争，勇

① 孙海法：《绩效管理》，高等教育出版社，2017，第351～358页。

于创新突破”的乡村组织文化，提升乡村治理能力。

(2) 内生动力：激活发展要素，促进要素交流

乡村振兴和精准脱贫攻坚是“十三五”时期重大战略任务，明确实施主体，找准关键切入点，激活和培育土地、劳动力、资本、技术等发展要素，提升乡村发展内生动力则是两大战略顺利实施的关键。贫困地区之所以贫困，多数是因为发展资源的短缺和发展要素组合的疲软。考虑乡村振兴与精准扶贫工作协同推进的系统性和区域性，应强化制度供给，完善管理体制和机制，尤其是要改变传统“结果导向”的绩效评价机制，建立“绩效计划—绩效实施与辅导—绩效评估—反馈与改进”的全过程绩效评价机制，通过科学合理的目标设计，聚合发展资源，充分发挥村集体这一关键主体的协调和组织作用。通过构建科学的参与机制与加大乡村发展的人才队伍建设，充分调动村民谋求发展的主动性和积极性，同时将农村土地使用制度的改革和创新作为激活农村发展要素的重要切入点，盘活存量，重视增量，促进乡村系统中各个发展要素的系统协调，实现要素同步聚集和优化配置。

(3) 发展有序：明确发展路径，强化科技引领

协同推进乡村振兴与精准扶贫，既要深谙新型城乡关系背景下的乡村发展规律和贫困区域、贫困人口脱贫致富机理，又要敏感把握复杂环境下的乡村发展主次矛盾演变与新型发展方式转型。基于发展目标引领，探寻乡村振兴与精准扶贫工作可能的协同空间，正确处理乡村与城市的关系、政府与市场的关系、人口流动与产业发展的关系、表象与内涵的关系、短期与长期的关系①，着力于在实践中探索“科学功能区划分基础上的城乡融合发展、产业无缝衔接和发展中益贫机制健全”的发展路径，重点思考乡村发展的人才培养、乡村“政”“经”组织健全、要素市场化程度增进、体现劳动价值创造的农产品价格调整和一二三产业优势整合等五项工作；转变传统乡村发展认知，关注科技创新引领，崇尚劳动价值创造，以智助能，理顺收入分配机制，强化乡村振兴与精准扶贫协同推进过程中的科技吸纳，实现发展动能转换，全面打通

① 黄祖辉：《准确把握中国乡村振兴战略》，《中国农村经济》2018 年第 4 期，第 2～12 页。

农技推广应用“最后一公里”，利用更高质量、更高水平的乡村发展解决二者协同过程中可能出现的社会排斥与无序竞争问题。

3. 片区协调推进乡村振兴与精准扶贫工作策略

乡村作为自然环境为基础、要素流动与合理聚集为命脉、文化精神为积淀的复杂生态系统，解析乡村振兴战略实施与贫困片区精准扶贫的关联协同，应以“实现人民对于美好生活的向往”为目标指引。从时、空、量、构、序方面把握其利益关系、多维结构、复合功能和社会发展①，聚焦多规并行、制度供给不足、内源性动力不强、监管体系交叉、资源利用效率不高等贫困片区发展约束性因素，基于“聚焦发展要素有机整合以实现系统自组织基础上的要素增益”的高绩效系统建设理念厘清协同推进贫困片区乡村振兴与精准扶贫工作的理论逻辑：将贫困片区尤其是深度贫困地区的整体实力和发展能力提升视为旨在提高乡村民众获得感和幸福感的高绩效系统建设过程，明确战略目标，聚焦规划协同、组织协同、主体协同、载体协同和监管协同等关键难题，抓住关键要素，使之成为能够有效获取和配置资源、内外高度契合并且能够创造持续竞争优势的整合性发展共同体。

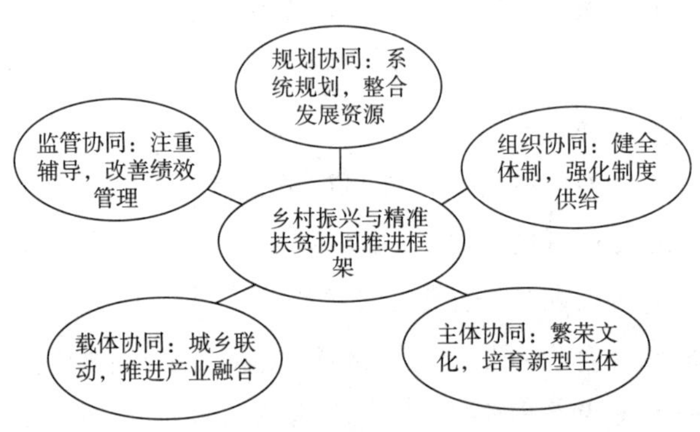


**图 3-2　乡村振兴与精准扶贫协同推进框架**

（1）规划协同：系统规划，整合发展资源

贫困片区的可持续发展取决于区域人力资源系统、技术系统、资本

① 谢方、徐志文：《乡村复合生态系统良性循环机制与管理方法探讨》，《中南林业科技大学学报》（社会科学版）2017 年第 1 期，第 47～51 页。

系统、自然资源系统和社会整合系统的有机组合，前提是要在明确区域发展资源禀赋特征的基础上制定科学的发展规划，找准乡村发展着力点和突破区，明确乡村发展战略，进一步引领和融合乡村振兴发展规划与深度贫困村脱贫攻坚规划，综合文化、物产、环境、产业等内容针对乡村建筑、基础设施、发展项目等系统规划，依托现代信息技术，整合各子系统发展资源，规避乡村发展目标散乱、重复建设等资源配置效率低的风险，使得乡村振兴与精准扶贫工作开展主线明晰、多措并举。

（2）组织协同：健全体制，强化制度供给

强化“上级政府指导、党支部引领、村委会主导与乡村专业组织支撑”的乡村组织体制建设，理顺和优化组织间工作流程。尤其是要将精准扶贫实践中探索出来的“五级书记一起抓”制度有效嵌入其中，巩固乡村党支部的战斗堡垒地位，充分发挥基层党组织发展意识、人才队伍建设、发展项目决策等领域的引领作用。针对乡村振兴战略实施和精准扶贫开展中面临的“行政机制配置资源路径依赖，市场竞争比较优势不足”的发展短板，应进一步强化建设用地政策、宅基地用益物权明确等制度供给，释放改革活力，以精准扶贫工作为抓手，关注乡村资源资产收益，挖掘贫困片区发展新资源和新动能，扎实推进乡村振兴。

（3）主体协同：繁荣文化，培育新型主体

人是社会经济活动中最具主观能动性的角色。要实现乡村产业、文化、人才、生态和组织等的全面振兴，必然要求聚焦全部县（市区）、乡村和农民家庭、农村人口。为此必须彻底改变脱贫地区和脱贫群众“等靠要”思想，通过政府引导、社会帮扶和市场机制，全面激活其内生发展动力。乡村文化是传承乡村文明和区别乡村发展特色的重要载体，也是破解贫困文化黏性的重要手段：乡村振兴，文化为灵魂；精准扶贫，文化拔穷根。作为一种实践的文化，乡村文化建设要遵循文化发展的一般规律，因地、因时制宜，结合新时代乡村新型职业农民、乡贤、各类智囊、工商企业经营者等其他参与者等新型主体的结构性特征，从农民最关心的问题、农民最迫切的需求切入。要坚持扶志和扶智相结合，推进农村移风易俗，提升乡村新型主体的竞合意识、技能水平，完善乡村振兴与精准扶贫协同推进的参与机制，通过促进参与主体

“人的全面发展”来实现贫困片区乡村振兴与精准扶贫的主体协同。

（4）载体协同：城乡联动，推进产业融合

推进乡村振兴战略实施和精准扶贫工作开展，需要在新型工农城乡关系建构的时代背景下系统思维，关注城乡发展要素自由平等交流和要素组合增益。如果将整合“人、地、钱”等发展要素的一二三产业融合视为推进城乡联动发展、逐步消减产业衔接壁垒的重要手段，能够实现投入与产出平衡、提高乡村生产和就业功能的项目设计则是推进贫困片区乡村振兴和精准扶贫工作协同推进的关键：产业发展实行生态管理，项目运营关注生态效益、社会效益、经济效益“三位一体”；发展项目设计坚持“主客共享，以我为主”原则，发现和利用自身在市场竞争中的比较优势，逐步形成发展塌陷区域中的“相对增长极”，以期实现贫困片区资源要素的相对聚集。

（5）监管协同：注重辅导，改善绩效管理

想要正视协同推进贫困片区乡村振兴与精准扶贫工作相对于发展基础较好区域的短板和劣势，需要相对部门强化对其行为开展的辅助指导，及时帮助贫困片区准确了解工作进展情况，将乡村振兴战略实施和精准扶贫开发的工作过程变成贫困片区参与主体不断学习和能力提升的过程。对应乡村发展整体战略要求，要加强从乡村产业发展、基础设施等公共服务供给改善、社会秩序有效治理、生态环境维护以及城乡融合发展等相关领域合理设计绩效考核指标体系，转变传统阶段性绩效评估为现代全过程绩效管理，强化乡村发展绩效管理推进乡村振兴与精准扶贫协同推进的信息共享、功能协同和责任倒逼等效用发挥。

# 第4章　新型城乡关系与连片特困区城乡贫困关联机制探讨

马克思在《哲学的贫困》中说："城乡关系的面貌一旦改变，整个社会的面貌也将随之改变"。城乡关系涉及区域政治、经济、社会、文化等宏阔视野，新型城乡关系构建有助于区域发展活力激发。建设新型城乡关系，既是解决我国不平衡不充分发展的社会主要矛盾的客观要求，也是建设现代化国家的必然要求。党的十九大报告指出，脱贫攻坚任务艰巨，城乡区域发展和收入分配差距依然较大，成为民生领域短板，未来要建立健全城乡融合发展体制机制和政策体系[①]，并提出在未来建设现代化经济体系的过程中实施乡村振兴战略和区域协调发展战略。此后中央农村经济工作会议对于乡村振兴战略进行了部署，强调重塑城乡关系、清除阻碍要素下乡各种障碍、实现城乡融合发展是走中国特色社会主义乡村振兴道路的必由之路；并且认为打好精准脱贫攻坚战，走中国特色的减贫之路对于全面建成小康社会具有决定意义。鉴于当前连片特困区扶贫开发过程中呈现出的"多维贫困和相对贫困成为主流、城乡贫困交融和深度贫困比例提升"的阶段性特征[②]，应将片区新型城乡关系构建与扶贫开发机制优化关联思考，从城乡人口关系、生产要素关系、社会保障关系和城乡收入关系四个维度准确把握连片特困区城乡关系特征，并在此基础上促进片区扶贫开发工作顺利开展。

---

① 习近平：《决胜全面建成小康社会夺取新时代中国特色社会主义伟大胜利》，人民出版社，2017，第9、28页。

② 张秀艳、潘云：《贫困理论与反贫困政策研究进展》，《经济问题》2017年第3期，第1～5页。

## 4.1 连片特困区新型城乡关系解读

### 4.1.1 连片特困区城乡关系解构

2011 年之前的连片特困区城乡关系演进与国家其他区域一样，基本上经过了城乡自由发展、城乡分立和依农支工、城乡对立、城乡互动、统筹城乡并逐步走向城乡互促互益的新型城乡关系建设六个阶段（见表 4－1）。2011 年之后，连片特困区进入了区域发展的快车道，片区在“区域发展带动扶贫开发、扶贫开发促进区域发展”发展思路指导下，传统城乡关系在外部力量大力支援、内部发展活力激发尤其是新型城镇化战略强力推进的良好态势下迅速调整。特别是党的十八大、十九大在科学研判国情的基础上明确“城乡关系协调、城乡融合发展”作为“十三五规划”重点工作后，片区新型城乡关系创建稳步推进。通过与扶贫开发政策阶段性特征比较分析，基本可以得出以下结论：城乡分治，扶贫开发倾向个体扶持，且行为效率和质量受限；城乡融合，扶贫开发倾向于区域与个体结合，在更高层面、更广领域汇聚资源，精准发力，脱贫攻坚资源配置效率和扶贫开发质量显著提升。

梳理国家 14 个片区的“区域发展与扶贫攻坚规划（2011—2020 年）”中涉及的区域空间分布可以发现连片特困区在我国“两横三纵”城镇化战略空间布局中的外围区域，具有“增长极”带动作用的中心城市数量少、城镇化聚集能力不强且不同片区差异较大。经过 2011 年至 2017 年建设发展，连片特困区在新型城镇化进程中呈现出“产业特色化、规模化、多样化、高级化、集中化，空间格局趋向明确、对外通道加速建设、对内分工联系日趋紧密，农民市民化能力增强、途径多样、包容性提升”的发展趋势[①]，有效提升了片区经济生产、环境改造、社会关系调整、政治资源配置和空间管治等区域开发行为效率。尽

① 游俊、冷志明、丁建军：《中国连片特困区发展报告（2014～2015）》，社会科学文献出版社，2015，第 1～6 页。

表4－1 城乡关系演进与片区脱贫攻坚阶段性特征比较分析

| 城乡关系阶段划分 | 阶段性特征 | 脱贫攻坚阶段划分 | 阶段性特征 | 结论 |
| --- | --- | --- | --- | --- |
| 城乡自由发展阶段（1949～1953年） | 城乡自由流动 | 收入分配和社会发展减贫（1949～1978年） | 依托基本社会保障、普惠式提供城乡公共服务等减贫 | 城乡分治，扶贫开发倾向于个体扶持，且行为效率和质量受限；城乡融合，扶贫开发倾向于区域与个体结合，在更高层面、更广领域汇聚资源，精准发力，脱贫攻坚资源配置效率和扶贫开发质量显著提升 |
| 二元初成阶段（1953～1958年） | 以农支工 | | | |
| 城乡对立阶段（1958～1978年） | 城乡要素交流扭曲 | | | |
| 二元突破阶段（1978～2002年） | 城乡互动 | 体制改革主导的农村扶贫（1979～1985年） | 通过体制机制改革激活要素活力，辅之以老少边穷区域扶贫 | |
| | | 解决温饱的开发式扶贫（1986～2000年） | 强调区域扶贫开发与对口支援帮扶 | |
| 以工促农、以城带乡阶段（2002～2008年） | 新型城镇化、新型工业化、新农村建设推进 | 巩固温饱的全面扶贫（2001～2010年） | 兼顾绝对贫困与相对贫困，关注城乡统筹扶贫开发 | |
| 城乡互利阶段（2008～2017年） | 城乡一体化发展 | 全面小康的精准扶贫（2011年至今） | 注重精准扶贫，注重区域发展与扶贫开发协同推进 | |
| 城乡融合阶段（2017年至今） | 新型城镇化、乡村振兴、区域协调发展 | | | |

管此时这一时期的片区城乡关系政策具有很多的城市偏向特征，且2017年片区总体城镇化率仍低于全国城镇化率13.5个百分点，片区城乡关系融合仍有较大进展，具体表现为：生产要素较之前期在更广范围流动，人口流动加速，片区区际合作加强，城乡发展相互支持，着眼于扶贫开发的片区农村“钱从哪里来，人往哪里去”的传统城乡“二元分治”体制与机制衔接受到关注，尤其是强农惠农政策体系不断完善、全域城镇化发展等弱化了城乡隔离格局，如罗霄山片区江西部分将农村社保与扶贫开发标准有效对接、乌蒙山片区贵州部分开展农村土地股份制合作、大兴安岭南麓山区内蒙古部分主功能区规划推进旅游城镇化等皆为比较典型的实践探索；但城市偏向的户籍制度（城乡户籍福利含量差距显著）、土地制度（土地市场城乡分割）、社会保障制度（缴纳主体与福利公平受限）和公共财政制度（公共资源城乡配置失衡）使得片区农村长期作为城镇发展的“要素来源和消费市场”的地位及其发展路径依赖并没有从根本上得到改变。

考虑数据可得性和可比性，研究过程中选择国家西南部的乌蒙山片区、中部罗霄山片区和东北部大兴安岭南麓山区为典型样本进行城乡关系和扶贫开发调研分析，同时结合课题组实地调研访谈信息，以弥补统计数据所反映情况的不足。

分析片区有关城乡关系调研数据纵横比较结果与访谈信息（见表4-2），对于连片特困区城乡关系可以从以下五个方面进行解读：一是综合考察各片区城乡发展与减贫实践，城镇化率较高、城乡居民收入比率较低、新型农村合作医疗水平较高等城乡关系和谐的片区呈现减贫效率较高、贫困发生率较低的特征。二是区域环境资源禀赋、行政区划等使得连片特困区城市密度差异显著，故而片区在发展规划制定与推进过程中对于“空间布局合理、经济联系紧密、产业特色鲜明、城镇体系完善”的发展格局形成较为重视。三是各连片特困区的城镇化水平均有较大提高，但与片区范围所涉及省份的城镇化率仍有较大差距，片区区域城镇化水平参差不齐。截至调研时日，2017年罗霄山片区所涉及的江西省、湖南省的城镇化率分别为54.4%和54.62%，大兴安岭南麓山区涉及的内蒙古自治区、黑龙江省和吉林省的城镇化率分别为62%、

**表 4－2　连片特困区城乡关系关键指标信息统计**

| 片区 | 贫困人口 | 城市密度 | 减贫人口（至 2017 年） | | 贫困发生率 | 新型农村合作医疗参合率（2010/2017 年） | | 城乡居民收入比（2010/2017 年） | | 常住人口城镇化率（2010/2017 年） |
|---|---|---|---|---|---|---|---|---|---|---|
| | 万人 | 个/万平方公里 | 万人 | | % | % | | % | | % |
| 大兴安岭南麓片区 | 129 | 0.35 | 90 | 7.8 | 80.8 | 93 | 2.64：1 | 2.5：1 | 33.65 | 45.7 |
| 罗霄山片区 | 206 | 1.7 | 130 | 8.3 | 91.9 | 93 | 3.71：1 | 2.49：1 | 30.7 | 41.3 |
| 乌蒙山片区 | 765 | 0.93 | 392 | 13.5 | 88.4 | 92 | 3.98：1 | 3.21：1 | 24 | 35 |
| 全国 | 5564（11 片区） | 0.75（11 片区） | 6600 | 4.5 | 95 | 98 | 3.03：1 | 2.81：1 | 58.52 | 58.52 |

资料来源：依据各片区涉及区域年度社会经济统计公报测算得出。

59.2%和50%，乌蒙山片区涉及的云南省、四川省和贵州省的城镇化率分别为46%、50%和46.02%，同时与年度58.52%的国家城镇化率相比也有较大差距。四是随着农村居民最低生活保障、临时救助、自然灾害生活救助、五保供养以及新型农村合作医疗等为主要内容的农村社会保障体系不断完善和补助（救助）水平提高，片区农村社会保障尤其是医疗保障水平明显提高，但2016年仅21%的农民工参加城镇职工基本养老保险的现实也反映出城乡流动人口社会保障网的薄弱。五是城乡居民收入比率呈现回落向好的发展趋向，但部分片区城乡居民收入差距依然较大。一方面说明随着未来城乡生产中青壮年劳动力的短缺、低端劳动力价格上涨，城乡居民收入差距有缩小的动力和空间，另一方面也反映出片区间城乡发展均衡水平悬殊，在城乡关系协调举措选择方面要因地制宜，因需定供。

另据课题组对于上述三个片区的实地调研访谈信息整理分析，2011～2017年的连片特困区城乡关系转变得益于各片区制定的“区域发展与扶贫攻坚规划（2011—2020年）”有关区域发展空间格局的科学规划与经济社会系统发展空间重构，尤其是新型城镇化战略的推进，比如大兴安岭南麓片区开展的“两中心四走廊”、罗霄山片区进行的“一中心五走廊”、乌蒙山片区实施的“四纵两横”大通道建设等空间格局优化行为；加之2017年之前片区将约3300亿元的财政扶贫资金用于农村贫困人口扶贫开发，贫困区域基础设施建设水平、贫困人口生计资本水平与可行能力大为提升和加强，城乡关联发展的良好局面初步形成：虽然空间塌陷现象依然存在，片区空间优化进而促进城乡社会分工深化，土地、劳动力、资本等各种经济要素交流畅通，要素组合和要素增益效应明显加强，片区贫困人口也因市场意识影响、就业机会增多、发展机制健全等受惠其中，片区减贫成效显著。

### 4.1.2 连片特困区新型城乡关系内涵

建设新型城乡关系，既是解决我国不平衡不充分发展的社会主要矛盾的客观要求，也是建设现代化国家的必然要求。党的十九大报告指出，脱贫攻坚任务艰巨，城乡区域发展和收入分配差距依然较大，成为民生领域短板，未来要建立健全城乡融合发展体制机制和政策体系，并提出在未来建设现代化经济体系的过程中实施乡村振兴战略和区域协调发展战略。此后，2017 年中央农村经济工作会议对于乡村振兴战略进行部署，强调重塑城乡关系、清除阻碍要素下乡各种障碍、实现城乡融合发展是走中国特色社会主义乡村振兴道路的必由之路；并且认为打好精准脱贫攻坚战，走中国特色的减贫之路对于全面建成小康社会具有决定意义。鉴于当前连片特困区扶贫开发过程中呈现出的“多维贫困和相对贫困成为主流、城乡贫困交融和深度贫困比例提升”的阶段性特征，将片区新型城乡关系构建与扶贫开发机制优化进行关联思考，其理论意义与实践价值均十分突出。

1. 新型城乡关系发展方向

新型城乡关系发展，概而论之，即不丢城、不误乡，而是利城富乡①，要在区域协调发展与城乡融合发展的大背景下对乡村社会经济发展系统的功能定位和发展路径的深入思考与科学谋划。

（1）新型城乡关系的本质是对传统城乡“二元结构”背景下的劳动力、土地、科技、资本等要素配置扭曲纠偏与配置效率提升

城市和乡村地域相连，血脉相融，是互相支撑、相互协调的有机整体。城乡区域可持续发展的关键在于形成自由、平等及良性循环的要素交流机制与要素增益机制。准确把握城乡各阶层主体人员的双向流动特征，明晰城乡人口流动障碍及破解关键制约，将是未来新型城乡关系创建的工作重心。生态宜居的美丽乡村建设意味着农村不能再延续农业兼业化、农民老龄化、农村空心化的状况。改造农村、发展现代农业，不能仅靠留守老人、妇女和留守儿童，必须引进先进生产要素②。

（2）新型城乡关系的发展趋势是城乡区域功能分区的合理化

强调城乡融合，意味着农村不仅仅是服务于城市、服务于工业，而是与城市共融共生、协调发展。乡村振兴不是以城镇的衰落为前提的，乡村振兴与城镇发展协同并进，尤其是在当前城乡发展不平衡的前提下

---

① 中央农村工作领导小组办公室河北省委省政府农村工作办公室：《习近平总书记“三农”思想在正定的形成与实践》，《人民日报》2018 年 1 月 18 日第 1 版。

② 张晓山：《实施乡村振兴战略的几个抓手》，《人民论坛》2017 年第 11 期，第 72 ~ 74 页。

实施乡村振兴战略，更需要借力于城镇发展成果的反哺与支持。另一方面，城乡发展规律决定了新型城乡关系是满足人们发展需要的功能分区结果，亦即新型城乡关系是对于当前单维经济向度功能分区标准进行的、涵盖社会、文化、生态、经济等多维突破与合理化。

（3）新型城乡关系发展的短板在于乡村发展失序

审视乡村变迁与发展脉络，农村发展过程中遭遇了发展失序的“恶性三角”因素影响：乡村人力资本向城市单向流动且回流乏力，发展资源尤其是土地、林地资源的分散使得集体经济虚无，农村经营行为效率低下引致产业微笑曲线负面效应长期滞留；加之农村优良传统习俗传承的缺失、民众乡村发展责任意识的弱化、乡村农业功能分区的锁定以及资源市场配置与政府规控的城市偏向，使得农村发展秩序失衡，乡村振兴战略任重道远。

2. 片区新型城乡关系特征

解析连片特困区新型城乡关系，应结合国家统筹城乡发展的新型城镇化、城乡一体化和乡村振兴等城乡协调发展战略要求，综合考虑片区城镇化率低、区域生态脆弱、农村人口综合素质不高、民族聚集和区际交接、农民市民化进程滞后等经济地理空间特征，对接片区脱贫攻坚和全面建成小康社会的目标要求，要具备系统思维，构建和谐、均衡、持续、有序和平等新型城乡关系。

（1）片区新型城乡关系的基础是区域发展空间结构优化

片区新型城乡关系构建首先是城乡空间整合，基于经济成本、社会分工标准的传统城乡关系较多考虑了城乡空间交换价值，尤其是“抑农促城”阶段，大量的发展要素被生产效率较高的城镇抽取，形成的城乡二元结构再次固化和促进了贫困地区的发展空间塌陷，造成农村严重“失血”“贫血”。连片特困区新型城乡关系建构的目标即是要恢复城乡发展空间使用价值的生产，并将其使用价值生产优于交换价值①。

① Lefebvre, Henri, Space: Social Product and Use Value, in JW Freiberg, Critical Sociology: European Perspective，夏铸九、王志弘编译《空间的文化形式与社会理论读本》，台北：明文书局，1994：3～26。

作为区别于“传统城乡关系重视空间交换价值”本质的新型城乡关系，未来的片区新型城乡关系强调的是功能分区和产业聚散基础上的人群聚合，是公平、平等、正义兼顾的城乡生产关系。注重多维功能实现的城乡功能分区标准将逐步取代简单的经济功能标准下的行政区划，空间生产的价值逻辑定位于民众需求的最大化满足而非交换，“城”“乡”或许将成为简单的地理标志，片区发展中将在更高层面将城乡作为一个整体统一规划，建立以“财产税”为主体的城乡空间税收调节机制，片区将在区域资源禀赋各异的基础上依照功能分区、城乡互补的原则，通过协调人与空间的关系进而重建人与人之间的关系，城中有乡、乡中有城，在城乡空间融合的基础上使得社会、经济等发展系统逐步互融，通过空间结构优化释放发展活力。城市与乡村不再有明显的界限，实现城乡发展的“有差异、无差距”状态。

（2）片区新型城乡关系的关键是促进要素交流畅通和实现要素增益

区域发展的关键在于形成劳动力、土地、资本等发展要素的自由交流和在此基础上的要素增益机制。由于交通不便、内生发展动力不足、基础设施条件差、产业基础薄弱、政府扶持盲区等因素影响，连片特困区区域发展“内卷化”现象突出：户籍、社会保障、就业、教育等城乡二元分治致使城乡发展要素由乡至城单向流动，区域优势资源及产品市场竞争力微弱，农村“空壳化”“空心化”“发展孤岛”现象突出。重建片区新型城乡关系，应着眼于劳动力、商品、技术、资金、信息和思想等生产要素在城乡之间的相互作用与关联传递，打破城乡要素交流壁垒尤其是消减行政区划区隔影响，强化市场律令驱动，注重发展机会公平，改变“土地财政”基础上的城乡资本循环逻辑，建立土地开发和房地产交易的城乡公平、社会公平机制，逐步建立城乡统一的建设用地市场以及城乡统一的房地产市场①，改革城乡财税分配机制，辅以教育、医疗等公共服务资源以“人群聚集规模和服务需求”为标准的均等化配置，完善流动人口社会保障机制；同时创新城镇片区管理模式，

① 武廷海：《建立新型城乡关系走新型城镇化道路》，《城市规划》2013 年第 11 期，第 9 ~ 19 页。

优先发展农业农村，强化乡村人才培养和村级集体经济发展，促进村镇融入城乡发展系统，逐步形成城乡在自然环境共生、经济互融、功能互补的发展状态，进而在共建、共享基础上实现城乡“良性互动、加速融合”，实现要素交流过程中的要素增益。

（3）片区新型城乡关系的保障是城乡发展等值

城乡均衡发展是片区新型城乡关系构建的基本要求，鉴于当前人民日益增长的美好生活需要和不平衡不充分的发展之间的社会主要矛盾判断，加之城镇享受经济发展、技术提高、社会保障等“福利刚性”特点，在片区新型城乡关系构建中实施城乡等值战略尤为重要。所谓“城乡等值”，指的是乡村和城市在一二三产业无缝对接、公共服务提供、文化休闲与社会管理等领域逐步消除差异，城乡发展机会、工资水平、生产条件、生活环境等差别不大。在城乡关系发展失衡的背景下，城乡等值战略契合乡村振兴战略，重视乡村社会治理、公共服务和环境治理，提升城乡融合过程中的乡村发展资源承接和协同耦合能力，打破现有行政区划区隔，最终实现在“产业聚散—人气聚散—服务聚散”的自组织、自适应基础上的城乡发展均衡。

### 4.1.3 连片特困区新型城乡关系益贫机理及关键路径

传统城乡关系下城镇抽取农村资源要素和产品生产交换的不平等机制，以及城乡居民社会参与、社会支持及社会保障体系的分割等是农村贫困问题的深层次根源；中国农村的贫困问题从根本上说，不能简单地认为只是农村范围内的事情，实质是城乡关系不协调的问题[①]。片区新型城乡关系建构的本质在于通过推进新型城镇化战略、实施乡村振兴战略与区域协调发展战略，实现片区城乡空间重构，汇聚发展资源、摆脱制度约束、释放区域发展动能，促进区域城乡协调发展，并且在符合城乡发展规律的基础上，有效协调和充分发挥政府规控与市场机制在资源配置中的作用，提升发展资源配置效率和区域社会经济发展质量，进而

---

① 陆汉文、岂晓宇：《当代中国农村的贫困问题与反贫困工作——基于城乡关系与制度变迁过程的分析》，《江汉论坛》2006 年第 10 期，第 108～112 页。

有益于片区扶贫开发。

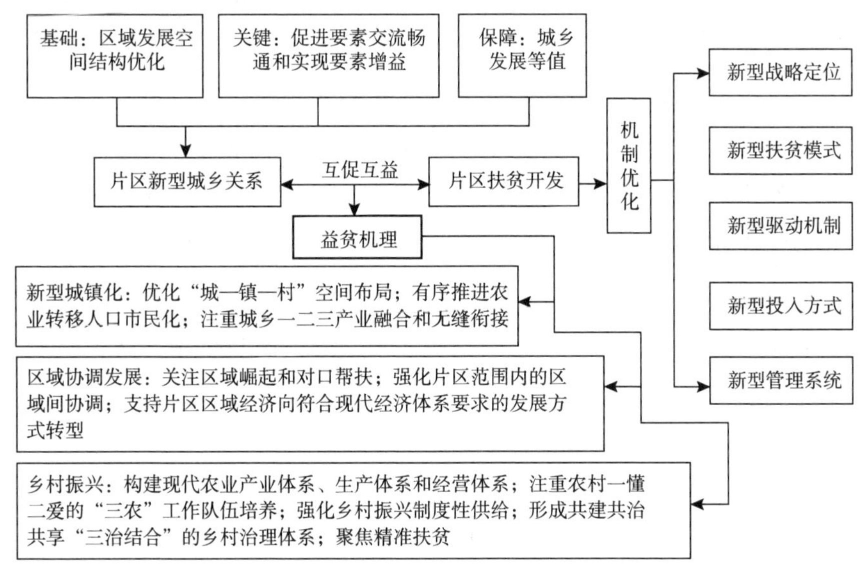


**图 4-1　新型城乡关系与片区脱贫攻坚互促互益关联**

推进以人为核心的新型城镇化是促进区域协调的有力支撑，也是解决连片特困区发展滞后、促进片区全面进步的重要途径。区别于传统城镇化过程中城镇对于乡村关键发展要素的抽取，片区新型城镇化充分考虑区域资源禀赋、经济发展基础和社会习俗差异等特征，注重城乡发展协同与农村内生动力激发，惠及区域发展和贫困人口脱贫致富。一是优化“城—镇—村”空间布局，创新城镇片区管理模式，依照城镇规划、产业基础、交通条件、地域功能，合理规划片区“城—镇—村”空间轴线和结构网络，逐步改变传统权威等级管理体制下的行政区划区隔影响；按照乡村空间相对集聚、公共服务资源优化配置、生态承载适度的原则，强化中小城镇发展和乡村聚落空间集聚，鼓励环境友好、效益较高的工商资本下乡，促进空心村镇整治与中心村镇迁移，节约公众资源和改善生态环境，发挥“城—镇—村”多级聚合网络体系在弥合片区区域发展“空间塌陷”的作用，逐步形成“要素交流、多极辐射”的发展态势。二是有序推进农业转移人口市民化，通过户籍制度和公共服务均等供给制度改革，重点关注外来人口、设区市农村或乡镇农业人口两类人口市民化，旨在解决城乡二元结构影响下“城乡两栖”人群增多带来的农村劳动力外流、土地利用粗放和流转困难、公共资源错配浪费、村级集体经济虚无和组织弱化等致贫问题①。三是注重产业体系建设，既可为城乡协调发展提供要素交流平台和物质载体，也是片区扶贫开发中解决贫困人口就业和发展内生动力的关键。通过完善龙头企业、专业合作组织与农户等多元主体参与的利益联结机制，发展片区具有比较优势的产业，注重城乡一二三产业融合和无缝衔接，可为片区贫困人口增加就业机会、提高收入以及提升区域整体发展实力的坚实保障。四是推动城乡发展一体化，创新城乡协同发展的体制与机制，逐步改变影响城乡要素平等交换和公共资源均等化配置的户籍、土地、社保、社会管理等传统城乡管理制度，服务于城乡资源整合和高效利用，提高片区贫困区域与人口生计可持续发展的可行能力和社会发展成果获得感。

按照“产业兴旺、生态宜居、乡风文明、治理有效、生活富裕”的总要求，片区实施乡村振兴战略要关注绿色发展引领，强化制度供给，注重内生动力激发，在“农村美、农业强、农民富”目标实现进程中脱贫致富。一是构建现代农业产业体系、生产体系和经营体系。现代农业产业体系是我国建设现代化经济体系的重要组成，片区通过持续、深入的农业供给侧结构性改革，转方式、调结构，强化农业产业中的科技、生态等全要素贡献率，提升农业发展产业的社会化、规模化水平，促进农村产业经营水平提升基础上的一二三产业融合，实现小农户和现代农业发展的有机衔接，增加创业就业机会，发挥农业产业比较优势并提高产业经营收益，进而促进城乡发展资源和经济要素的平等交换，提升乡村发展要素吸引与产业聚集水平，促进融入其中的贫困主体增收致富。二是注重农村懂农业、爱农村、爱农民的“三农”工作队伍培养，加强农村发展主体培育。片区乡村新型经营主体培养，有助于吸纳乡村范围内外的优秀人才开展乡村建设，有助于先进思想、经营思路和创新实践的融汇、碰撞，有助于片区民众整体发展素质提升，进而

① 龙花楼、屠爽爽、戈大专：《新型城镇化对扶贫开发的影响与应对研究》，《中国科学院院刊》2016年第3期，第309~319页。

通过宣传带动、项目示范、社会参与、资产入股等形式促进贫困人口增收致富；同时民众素质的提高有助于形成“劳动致富光荣”的良好发展氛围和文明乡风，从而将扶贫与扶志相结合，激发贫困人口的内生脱贫动力。三是推进体制机制创新，强化乡村振兴制度性供给。片区乡村振兴将直面片区新型城乡关系建设和乡村发展的阻滞性因素，抓住“钱、地、人”等关键环节，破除一切不合时宜的体制机制障碍，通过巩固和完善农村基本经营制度，推进农村土地市场化改革和住房抵押试点，探索宅基地所有权、资格权和使用权三权分置，增加农村居民的资产性收益；调整城乡居民工资性收入差距、健全优化税收、社会保障、转移支付再分配体制，缩小城乡收入差距，完善收入分配格局，带动乡村居民收入提高；加大乡村振兴过程中的财政、税收支持，健全农村金融体系和创新金融支农方式，加大支农资源整合力度，培育家庭工场、乡村车间等实现乡村经济多元化，进一步提高农业生产补贴、价格补贴等政策支持精准度，提升乡村基础设施建设水平，汇聚全社会力量促进片区农村发展和农民增收。四是形成共建共治共享“三共”的社会治理格局和自治法治德治“三治结合”的乡村治理体系，走中国特色的社会主义乡村善治之路。通过强化党组织领导，落实农业农村优先发展机制，坚持农民主体地位，健全乡村振兴组织保障，规划规范片区乡村振兴实践；注重文明乡风和乡村文化建设，陶冶村民情操和丰富村民闲暇生活质量；强调法治与德治协同治理，促进村民乡村发展责任意识和行为担当；强调乡村发展中民有、民治和民享，完善片区乡村治理体系，有助于重构乡村社会发展新秩序，为片区脱贫攻坚和整体发展提供良好环境保障。五是聚焦精准扶贫，关注精准扶贫、精准脱贫工作质量、减贫效率和贫困人口生计可持续发展，是片区乡村振兴战略实施的题中应有之义。

辩证思考连片特困区区域协调发展与片区扶贫开发关系，协调的本质是合作，关键是达成利益均衡。片区贫困的“块状”分布和深度贫困特征，要求其发展过程中要善借外部帮扶资源、善于区际合作共赢。新时代国家加大力度支持贫困地区加快发展，建立有效的区域协调新机制，将大大有助于片区扶贫开发，防范扶贫开发过程中的“扶贫资源漏出与贫困区域波动”。一是关注区域崛起的发展辐射和对口帮扶支持，强化举措推进西部大开发形成新格局、发挥优势推动中部地区崛起、创新引领率先实现东部地区优化发展等区域协调发展策略将为片区脱贫攻坚带来诸如加大区域公共财政投入与东西对口帮扶力度、激发区域发展活力与优化产业结构、加速城乡融合与促进居民增收等诸多发展契机。二是深化片区范围内的区域间协调，虚置行政区划边界区隔，使得邻近区域优势互补、协作开发和利益均沾，充分发挥片区区域合作基础上的资源禀赋比较优势，实现片区区域发展的帕累托改进与公平追求的“分享式改进”。三是支持片区区域经济向符合现代经济体系要求的发展方式转型，强调主功能区科学规划与有序开发。将新型城镇化战略与乡村振兴战略有机结合，依照以人为本、全面进步的发展要求，健全多元化、市场化的生态补偿机制，大力发展绿色、高效、生态的现代生产方式，打造生态宜居的生活环境，助推片区多维贫困疏解。

片区新型城乡关系构建与扶贫开发互促互益，新型城镇化战略、乡村振兴战略和区域协调发展战略是片区新型城乡关系构建的重要抓手，也是助推片区扶贫开发的重要途径。对接新时代新型城乡关系发展要求，城乡融合背景下的连片特困区精准扶贫机制急需在新型战略定位、新型扶贫模式、新型驱动机制、新型投入方式、新型管理系统等领域开展扶贫开发业务流程再造和机制优化，以更好推进片区脱贫攻坚，提高片区扶贫开发治理水平，增进片区民众福祉。

## 4.2 城乡扶贫开发分治与连片特困区城乡贫困群体特征

虽然区域协调与可持续发展仍被看作是区域经济性的（社会）空间组合，但追求非均衡基础上的区域均衡发展目标是基于在寻求经济主导下、环境和社会经济效应的理想平衡，追求广域的环境、社会与经济效益组合，且往往忽视当地尤其是农村的福利公正性①：资源缺乏与要

① 王兴中、常芳：《空间公正思潮下的区域同步发展观》，《地域研究与开发》2013 年第 6 期，第 1～7、13 页。

素配置效率低下致使贫困发生和区域发展“塌陷”，集中连片贫困现象呈现。系统解析连片特困区城乡贫困的发生机制、黏性循环和脱贫返贫特征，尤其是在扶贫开发领域，传统城乡关系影响的扶贫开发管理体制和机制也呈现出“城乡分治”特征，使得传统的城乡扶贫开发“分治”背景下相对独立的“扶贫资源传递和配置体系”往往因为“管理碎片化、资源传递失准、发展扶持资源漏出或规模经济难以实现”等致使扶贫开发工作效率和效益受损，影响了贫困区域扶贫开发工作整体质量和民众福祉。

由于长期计划经济体制对“社会群体贫富两极分化”的制度抑制和中国在 1949 ~ 1978 年城乡社会整体长时间粗放发展，国家在着力“社会主义重点项目快速建设”的同时并没有太多关注扶贫开发。直到 20 世纪 80 年代，改革开放与人权保障意识影响下扶贫帮困工作才开始受到重视，鉴于扶贫资源的稀缺与国家发展城乡分治理念的引导，扶贫开发也自此被留有“城乡扶贫开发分治”的烙印：在扶贫开发管理体制上，早在 1986 年国家就设立了国家扶贫开发办公室这一机构专门协调农村扶贫开发工作，但直到现在城市仍然没有专门的扶贫开发管理机构，劳动和社会保障部、民政部分别负责救助失业工人、退休工人以及与公共事业有关的低收入人口。在扶贫政策体系上，农村扶贫开发已经形成了精准扶贫战略指导下的“行业扶贫 + 社会扶贫 + 专项扶贫”的大扶贫格局以及完善的扶贫开发政策法规，城镇扶贫救助政策主要体现在城市居民最低生活保障等社会保障制度健全方面，且城乡贫困救助标准也会因为区域居民平均收入水平的差别而不同。在城乡贫困监测体系上，不同的管理体制和政策体系导致城乡贫困监测体系也呈现出“二元化”结构特征，农村贫困监测体系相对完善，成为精准扶贫战略实施的坚实基础。由于贫困管理机构、贫困标准的不统一等因素影响，城镇贫困监测体系建设相对滞后，很难准确把握城镇贫困人口规模、结构、贫困程度和变化趋势，为城镇扶贫开发工作开展带来被动。

随着连片特困区新型城乡关系建设的推进，城乡关联日益紧密，基于人口、资金、技术、信息等资源要素流动的城乡空间关联、经济关联和社会关联交汇融通，城乡一体化发展目标引领下的区域协同与区际融合成为发展常态，政府宏观调控和市场经济资源配置机制的双重作用，使得区域城乡资源要素组合方式和组织形式“无差别或差别较小”基础上的贫困类型、贫困标准、贫困群体构成和贫困成因等呈现“趋同”趋势：社会分工深化基础上的老龄贫困、健康（疾病）贫困和失业型贫困正在成为城乡贫困的主要组成（具体数据分析详见第5章）；城乡社会保障水平与贫困标准逐渐衔接；缺乏预防性的社会保障、均等化的公共服务和社会管理政策排斥等成为城乡贫困成因阐释的内容寻源。

考虑到片区发展城乡一体化水平提高、脱贫攻坚过程中扶贫资源效益递减、剩余贫困人口贫困程度较深和脱贫人口返贫风险仍需重视等扶贫开发困境和挑战，结合新型城镇化有关农民工市民化、公共服务均等化、产业支撑、城乡统筹、推进效率、环境承载、有效治理等发展质量要求，通过空间治理转型提质促进区域经济社会协调发展，站在统筹城乡的层面运用“发展空间重构减贫策略”进行片区扶贫开发治理机制优化，将成为片区未来城乡扶贫开发政策新动向。

## 4.3 片区贫困发生及城乡贫困关联机制解析

连片特困区新型城乡关系建设进程的加快紧密了城乡发展关联，借鉴城乡关联中的空间关联、经济关联和社会关联分析框架以及城乡关联中的空间增益效应发挥，可为剖析城乡贫困关联机制提供方法论指导。连片特困区二元结构下的城乡贫困问题“同质不同源”：“同质”是指城乡居民在发展资源拥有和使用过程中不同程度的缺乏；“不同源”主要表现为贫困制度环境成因与贫困群体组成不同，借此，城乡贫困发生机制的一致性和城乡贫困关联的协调性分析成为必然。

### 4.3.1 城乡贫困发生机制及影响因素

连片特困区涉及21个省（自治区、直辖市）的680个县（市、区），是区域发展中的老少边穷与生态脆弱特征“叠加区”，深度贫困与生态脆弱耦合，城乡贫困问题发生基本上受力于“本地发展资源缺失—发展机会剥夺—经济滞后—环境恶化—陷入贫困”的恶性循环之中，系统分析片区中心城市、典型乡镇与农村的贫困发生机制，宏观层面上可以归纳为三个方面：

1. 发展停滞型贫困

这种贫困发生机制主要用来解释农村贫困问题，常指建构于传统财富理念尤其是封建小农意识基础上的发展路径经常呈现“内卷化”现象，即区域发展过程中因循守旧，受到“熟人社会”的秩序束缚，追求“自给自足基础上的小富即安”，排斥市场交换与经济竞争，导致区域发展理念、运行程序、方法技术等基础领域形成了定式思维，创新、扩张与再生的原动力和执行机制不足，转而推动系统内部不断精致化和复杂化，以致功能绩效不彰[①]，如连片特困区发展环境闭塞的农村地区、陷入“资源诅咒”的城镇等在相对较长的时段内在发展低水平徘徊的地区的贫困皆属发展停滞型贫困。

2. 结构失调型贫困

考虑连片特困区这一阶段性扶贫开发概念产生的时代变革背景，借鉴安东尼·吉登斯有关“资源作为主体与客体关联的权力媒介……配置性资源和权威性资源在不同的社会形态下功能张力不同，资本主义社会发展环境中强调配置性资源影响社会经济协调与整合，而在非资本主义社会发展环境中则更强调权威性资源配置的发展影响”[②] 的结构化理论阐述，连片特困区结构失调型贫困发生机制可由社会结构因素（配置性资源、权威性资源、规范性规则和解释性规则）、个体行动因素（动机意识、行动的区域化和例行化）及其相互作用[③]来阐释，如城市因为产业结构转型升级带来的下岗工人和未就业大学生等失业人口贫困，城乡公共服务提供水平差距带来的农村地区贫困深度加剧等问题，而连片特困区区域“传统城乡二元结构”以及由于人口流动加剧、贫

---

① 锁凌燕：《理解新常态避免“内卷化”》，http：//finance. sina. com. cn/review/hgds/20150311/184321699016. shtml。

② Anthony Giddens, *A Contemporary Critique of Historical Materialism*. Stanford University Press, 1995：2－4.

③ 韩莹莹、范世民：《结构化理论视角下城市贫困的致贫因素及作用机理》，《求索》2015 年第 7 期，第 49～54 页。

富差距与制度缺陷所导致的“新二元结构”正是区域发展结构失调型贫困的关键社会成因。

3. 灾害诱致型贫困

连片特困区与我国生态脆弱区、气候变化敏感区的高度吻合，使得特困区贫困人口生计可持续发展受到阻碍：贫瘠、自然灾害多发的区域环境，不仅仅为区域居民带来人身安全隐患与直接财富损失，日益恶劣的发展环境更是为区域资源要素增益带来负面影响。除去区域自然灾害影响，个人禀赋尤其是健康状况也是城乡贫困的重要致贫原因。据国务院扶贫办和民政部公布信息，37.5%的农村因病（残）致贫率和43%的城市因病（残）致贫率反映了连片特困区未来城乡扶贫开发的重要着力点是健康扶贫和人力资本的开发和提升。

考虑到篇章结构布局，对于城镇贫困和农村贫困发生原因的具体分析选用空间分析、多维贫困分析等方法进行定量与定性阐释，相关内容详见第5章。

### 4.3.2 基于要素流动的城乡贫困关联机制分析

发展停滞型贫困、结构失调型贫困和灾害诱致型贫困分别在“资源、规制、个体与环境”等层面因素促成了贫困的发生和延续，使得连片特困区贫困问题积重难返，综合城乡关联视角下的空间增益效应实现路径考虑，连片特困区扶贫开发的“区域发展带动扶贫开发，扶贫开发促进区域发展”总体要求体现的核心即是在扶贫开发过程中需要关注三个方面的力量协同：一是贫困区域与群体自身发展的可行能力提升，二是作为“贫困区域发展停滞状态破碎力量”的来自外部组织的外力支持，三是协整区域整体发展的要素关联。既然新时期连片特困区扶贫开发政策既关注区域发展水平，也关注贫困群体的个体发展多样化特征，那么在扶贫开发治理方向与策略选择上，也应该遵循“区域整合层面基础上的分类施策”与“精准扶贫基础上的系统思维”相结合的原则，通过统筹城乡，明晰城乡贫困关联，协调连片特困区城镇扶贫开发与农村扶贫开发，降低城乡扶贫开发分治的效率损失，发挥资源合力，实现连片特困区区域整体脱贫致富。

作为行为主体的人的社会关系网络源于参与，因受益而不断拓宽，行为主体在与其他网络主体的互益交往中形成信任，并因网络密度加深使得行为主体行为彼此束缚，社会网络规范由此逐步完善和强化①。基于连片特困区区域系统发展层面思考城乡贫困关联问题，实质是将城镇发展系统和农村发展系统这对现实世界中相对对立又相互关联的发展系统进行空间关联，亦即在跨越城乡边界的整合空间里系统思考“既是发展要素又是资源短缺发展状态”的城乡贫困“从清晰区分到相互融合直至趋于一体”的发展演进，而非贫困人口之间微观利益联系。从片区资源要素城乡区际流动的空间关联视角，深入考察城乡贫困空间关联的内在形成机制与具体形式，进而为片区脱贫攻坚统筹城乡扶贫治理政策的提出提供理论基础。值得注意的是，此处论及的片区产业关联、公共服务关联、社会治理关联和要素市场关联等关联机制分类源于前述城乡关联以及贫困发生机制影响因素分析，既是城乡贫困关联的纽带，也是城乡贫困发生机制的影响因素。

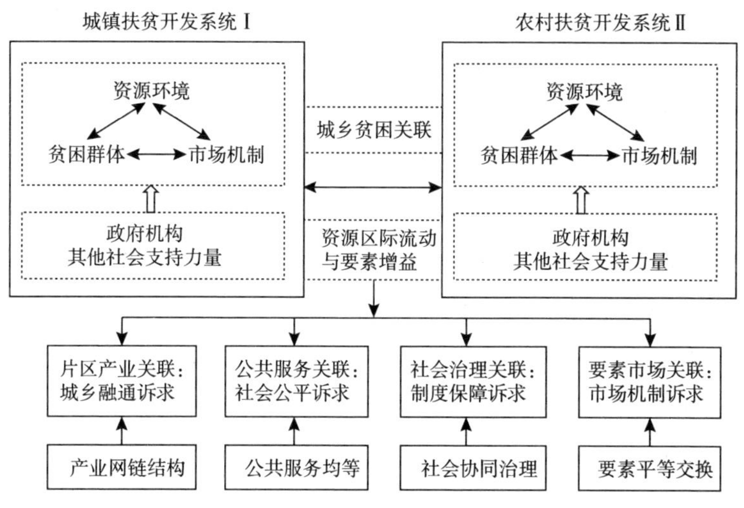


**图 4－2　城乡贫困系统空间关联示意**

① 〔美〕罗伯特·D. 帕特南：《使民主运转起来》，王列、赖海荣译，江西人民出版社，2001，第 195～196 页。

1. 片区产业关联："身份趋同—就业—收入"的分析思路

连片特困的较长时间区城乡二元分治，使得城乡失去了原有联系，强化新型城镇化背景下的城乡关联，重在构建连通城乡区域的产业链。产业链是各个产业部门中具有竞争力的相关企业基于某种需求，以要素交往为纽带，依据一定供需关系和地域分布特征所形成的在经济活动上存在关联关系的链条式或链网式产业发展模式[①]。在一定程度上消解区域异质性和资源分散性矛盾的产业链构建有助于通畅城乡发展的资源要素通道，优化城乡区域社会分工，借助要素流动和需求互补实现产业经济城乡发展协同，改变传统城乡资源要素收益的不平等关系，激发城乡系统发展活力，增强区域产业劳动力吸纳能力，提高居民收入水平，助推区域减贫脱贫。

城乡产业联动发展是推进城乡协调发展的重要抓手。秉承"产业融合"发展这一主线，这就需要依据城乡资源禀赋特征合理优化产业布局[②]，通过产品市场、发展要素和区域空间三个方面交互实现产业的前向和后向关联拓展，打破传统城乡产业分工，实现城乡互惠共兴。城乡民众的社会分工和就业结构也将因此而改变：以传统种植为业的农民逐步转变为产业工人，其发展空间和就业将不再拘泥于农村，而其生产生活将由依赖土地资源转变为越来越多的依靠产业兴衰。虽然城乡产业联动有助于发挥产业融合的结构效应（优势互补，结构优化，转型升级）、空间效应（突破边界，合理布局，功能延伸）、收入效应（改善就业，提高收入，增强市场竞争力）、环境效应（注重科技创新，关注绿色发展）等发挥拓展产业发展空间，缩小城乡收入差距，但依据产业规律，由于城乡产业之间的差距、城乡居民素质的差异等原因[③]，如若片区城乡产业系统相对独立，则有悖于新型城镇化要求的"工业反

---

① 李钒、侯远志、张燕君：《产业链构建与统筹城乡发展研究》，《山东社会科学》2013 年第 8 期，第 169 ~ 173 页。

② 张子珍、刘园园：《城乡产业联动发展研究》，《西安财经学院学报》2019 年第 1 期，第 69 ~ 75 页。

③ 颜培霞：《产业融合推动城乡融合发展研究》，《改革与战略》2018 年第 11 期，第 110 ~ 115 页。

哺农业"和"城乡一体化"发展要求。这将导致城镇产业发展缺乏广袤农村的劳动力、原材料和市场需求支持，农村长期落后的生产方式和经济结构变革乏力。伴随着城乡产业关联的资金、技术等发展要素闲置，"处于就业市场低端水平"或者因为"所处产业环节价值增值空间狭窄而相对收益低下"的城乡居民就会因为失业或者收入水平下降面临"陷入贫困"的风险，但此时产业发展过程中引致的贫困已无当前的城镇贫困和农村贫困之别，皆因彼此身份及对应的公民福利水平一致。

2. 公共服务关联："公共服务差距—收入差距—可行能力差距"的分析思路

公共服务的均等化提供是城乡一体化的重要要求，城乡居民平等享有公共服务是区域发展程度的重要体现，也是连片特困区扶贫开发的重要工作方向。涵盖生态保护、公共安全、基础教育和公共卫生等内容的公共服务实质是对国家公共资源的再分配，指向市场失灵的社会领域。因为公共服务的提供者不能对于受益主体进行有效收费，难以通过市场交易获得期望受益，需要政府承担缩小城乡公共服务差距的筹资、监管和服务责任，满足公民生产生活发展所需。受片区发展中的公共服务提供的长期"城市偏向"、"财政支出结构偏向"、公共服务提供过程中的公共资源"精英俘获"、公共服务均等化提供过程中的"政策碎片化、人为区隔"等政策异化现象等因素影响，城乡基础教育、医疗卫生、社会保障和基础设施等领域呈现较大差距，城乡公共服务水平差距明显，进而影响了乡村资本、人才、政策等要素缺失，城乡收入差距明显。

高质量的公共服务供给是全面建成小康社会的重要标志，推进城乡公共服务空间和基础设施建设融合是促进城乡协同发展中的重要途径。多维度解析城乡基本公共服务差距对城乡居民收入差距的影响可见，城乡基本公共服务差距不仅影响城乡居民收入差距，甚至会抵消以往为缩小城乡收入差距出台的诸多政策[①]。加之市场机制尤其是其选择机制和

① 李丹、裴育：《城乡公共服务差距对城乡收入差距的影响研究》，《财经研究》2019 年第 4 期，第 111 ~ 123、139 页。

激励机制的效用发挥，拥有不同资源禀赋（资产、信息、教育水平、技能等）产生发展差距（地位、收入等），继而影响贫困群体对于区域公共服务资源对接能力。“即使一个社会具有充足的公共产品和服务供给，那些陷入贫困的群体往往也难以分享与其他群体同等的公共产品和服务”①，而在合理规划和调整城乡发展空间基础上的公共服务的均等化提供可在一定程度上保障作为社会弱势群体的贫困人口的发展权益，尽可能促进发展公平和社会正义，否则城乡贫困群体的贫困状况将持续且城乡居民发展差距将进一步加剧。

3. 社会治理关联：“秩序重建—社区治理—权益保障”的分析思路

社会排斥和社会剥夺始终是贫困研究中的重要视角，社会力量参与社会建设和扶贫开发是时代的要求。一定的社会管理体制必须服务于国家经济发展和社会稳定。“总体性社会”的社会管理是我国传统社会管理体制的特征②，关注社会发展资源的整体控制，强调发展资源在权威政府主导下计划配置，发展理念上坚持“重城轻乡”的功利主义标准。该种社会管理体制在一定阶段发挥了“集中力量办大事”的优势资源集聚与权威配置资源“有效降低市场交易成本”的作用，但也造成了城乡分割和户籍制度基础上的城乡居民发展权益不平等，成为当前我国发展的结构性矛盾根源。贫困视域中城乡发展的“马太效应”和贫困群体陷入“累积性因果循环”现象也是城乡诸多差异导致的结果。

城乡居民生产生活方式转变呼唤城乡社会治理改善，随着城乡界限的日益模糊、社会发展驱动力量的多元化、公正公平理念逐步成为共识等发展特征显现，尤其是面对“城乡在居民收入、就业机会、基础设施建设、公共服务、教育医疗、社会保障和社会福利水平等方面差距仍在扩大的现实困境”，传统权威社会管理体制无法破解城乡发展失衡问题，迫切需要改善城乡管理体制和制度环境，通过以户籍、土地和基本

① 朱玲：《西藏农牧区基层公共服务供给与减少贫困》，《管理世界》2004 年第 4 期，第 41 ~ 50 页。

② 王春光：《加快城乡社会管理和服务体制的一体化改革》，《国家行政学院学报》2012 年第 2 期，第 90 ~ 94 页。

公共服务联动综合改革推进农民市民化、建立健全以城乡社区为主要载体的新型社区管理体制、关注多元社会主体的参与机制完善①、改革城乡资源配置与公共财政体制②等措施推进城乡社会协同治理和跨域治理，从而消除区域发展的制度壁垒，实现空间治理转型提质基础上的社会治理转型发展③。这将为城乡贫困问题消减提供资源基础和制度保障，如作为社会力量重要组成的社会工作者在开展扶贫开发服务时，可以利用自身的专业特长和行为灵活特征有效关联城镇贫困和农村贫困。

4. 要素市场关联："人—业—地—钱"的分析思路

城乡贫困人口自身就是区域发展要素的重要组成，并且与土地、资本、技术等其他发展要素紧密联系。培育要素市场发展，旨在推进要素关联基础上的城乡一体化。城乡要素的平等交换和公共资源的均衡配置是市场经济发展的基本要求，完善统一的市场体系、公平开放透明的市场规则，更好发挥政府和市场推动要素双向流动和平等交换作用④，不仅有助于要素自由交互基础上的区域整体发展张力增长、产业合理集聚与城乡融通，也有利于合理规避产业风险与居民收入风险、平滑消费差距和促进资本积累，对于消减城乡贫困具有积极意义。

当前要素交易机会不平等、要素功能不完善、要素流动不充分与掠夺式流失并存、要素报酬与要素贡献偏离⑤等城乡要素交换不平等使得发展要素难以在市场上畅通交流，各种发展要素的组合方式和整合能力受到影响，降低了要素使用效率。城乡因为不能实现系统间的"资源

---

① Peter Saunders, "Monitoring and Addressing Global Poverty: A New Approach and Implications for Australia." *The Economic and Labour Relations Review*, 2018, 29 (1): 9 - 23.

② 刘卫平：《论统筹城乡发展中社会管理的协同治理》，《江西社会科学》2013 年第 7 期，第 218 ~ 222 页。

③ 董祚继：《以空间治理转型提质促农村社会转型发展》，《中国土地》2019 年第 1 期，第 16 ~ 20 页。

④ 牛春堡：《推动要素在城乡之间双向流动和平等交换》，《河南日报》2019 年 5 月 25 日第 7 版。

⑤ 曾小溪、汪三贵：《城乡要素交换：从不平等到平等》，《中州学刊》2015 年第 12 期，第 39 ~ 44 页。

耦合支撑”而出现发展乏力，弱势区域及群体发展资源的“逆向回流”与“扭曲配置”现象较多。这些情况导致农村市场发展难、农民致富难与城镇低收入人口增收难，加之不完全竞争市场下的“信息不对称”“话语权不对等”等因素影响，城乡贫困人口生计策略选择出现“短视”，影响其内源式发展能力提升和长远生计的可持续发展。

# 第5章　城乡融合发展驱动的连片特困区“空间重构减贫”实践

城乡融合发展是破解新时代社会主要矛盾的关键抓手。城乡统筹与融合发展是推进区域协调发展的关键路径，有助于通过深化推进新型城镇化、乡村振兴、区域协调等发展战略，全面激活市场、要素和主体，推进生产要素的城乡双向流动，不断拓展城乡发展新空间，对于传统城乡发展系统重建、社会主义市场经济体制与行政机制相结合的发展秩序重构具有重要影响，也为新时期片区扶贫开发工作提供了机遇和契机。

基于区域层面解构片区社会经济发展空间，可发现主要包括以自然环境为基础的地理空间、信息技术为支撑的网络空间和利益关系为纽带的社会关系空间。三者相互交融，不可分割，且这些空间组成又通过不同的途径与居民生计空间密切关联。片区“以政府为主导，全社会积极参与”的扶贫开发工作正是通过政策、技术、社会支持等多种方式不断调整或重构片区发展空间，影响居民尤其是贫困人口生计资产及其生计策略，最大化消减其发展约束性因素特别是贫困风险。党的十八大以来，国家层面大力推进“以人为本”的新型城镇化发展战略，实施“互联网+”行动计划；党的十九大又进一步提出要实施乡村振兴战略，强调区域协调发展。这些发展战略都深刻影响着片区发展空间重构，为片区扶贫开发工作推进提供了机遇和挑战。考虑乡村振兴战略助力片区脱贫攻坚的成效尚未明显呈现，研究过程中主要选择影响地理空间的新型城镇化减贫、作用于网络空间的电子商务扶贫和增进社会关联的扶贫志愿服务作为分析视角，深入探讨城乡融合发展驱动的片区“空间重构减贫”实践。

## 5.1 “空间重构减贫”理念的研究进路与现实取向

《中共中央国务院关于建立健全城乡融合发展体制机制和政策体系的意见》（2019 年 5 月 5 日）指出，城乡融合发展有助于破除制度等发展壁垒，推动形成工农互促、城乡互补、全面融合、共同繁荣的新型工农城乡关系，充分依靠城乡区域资源禀赋和比较优势，拓展和优化城乡发展空间，挖掘发展资源和潜力。

空间研究理论作为社会学领域的概念，发端于工业革命与城市化发展时期的西方。涂尔干、卡尔·马克思、马克斯·韦伯等理论先驱首先从空间与行为的关系视角构建了空间经典理论框架：一定的行为总是在特定的空间中发生，并且在不断反作用于空间的发展调整①。此后的列斐伏尔、哈维、福柯、布迪厄等在人口激增、环境恶化、资源危机等城市化问题频出的时代背景下，逐步将空间理论用于城市化、社区治理、城市资本循环等问题分析②：哈维强调要善于通过空间调整、空间修复和空间生产解决城市化问题③；布迪厄则运用反映网络结构与社会关系的“场域”进行了空间理论表征化④；福柯认为空间不是僵死的结构，而应从工具性空间生产、生产性空间的形成和空间合理性的三个视角和空间格局（形式）和作用机制（过程）两个方面综合考量等⑤。而将空间和经济地理因素结合分析贫困问题的空间贫困理论则可以追溯到 20

① Marie Chabbert. “The Modern City As an Oeuvre：Theory and Practice of the Production of Space in Henri Lefebvre´s ‘Intellectual Activism’ and European Street Art.” *Journal of Business*, 2008, 57 (3): 1－11.

② 付少平、赵晓峰：《精准扶贫视角下的移民生计空间再塑造研究》，《南京农业大学学报》（社会科学版）2015 年第 6 期，第 8～16 页。

③ 张佳：《大卫·哈维的空间正义思想探析》，《北京大学学报》（哲学社会科学版）2015 年第 1 期，第 82～89 页。

④ Pierre Bourdieu. “Social Space and Symbolic Power.” *Sociological Theory*, 1989, (1): 14－25.

⑤ 王丰龙、刘云刚：《空间生产再考：从哈维到福柯》，《地理科学》2013 年第 11 期，第 1293～1301 页。

世纪 50 年代由哈里斯和缪尔达尔所提出的空间经济学①，而后的贾兰和拉瓦雷为论证“空间贫困陷阱”提出了“地理资本”概念，并将其视为物质、经济、社会等多元资本依托自然环境条件形成的资本集合体，同时将不同区域之间地理资本的差距定义为空间地理位置禀赋②。基于理论分析，本研究选择中国部分省份作为样本区域运用地理资本分析方法进行了实证研究，进一步为空间重构减贫明确了逻辑路径：绘制贫困地图，关联地理资本，明晰多维致贫因子，提出减贫策略。

随着国家新农村建设、新型城镇化、城乡一体化以及党的十九大以来提出的乡村振兴、城乡融合和区域协调发展等国家空间重构发展战略的实施，尤其是脱贫攻坚工作的强力推进，诸多研究围绕所选样本区域（单一省份、大城市、贫困片区等）依循“贫困人口空间分布—地理资本贫困归因—对策提出”的研究范式。阿玛蒂亚·森的可行能力理论，瞄准贫困人口流动能力、选择能力、发展与行权能力等可行能力提高，从文教卫生等公共服务提供、产业扶持、社会有效治理等多重视角提出贫困破解之策③，核心基础则往往定位于区域间协同开发，尤其是“人—钱—地”原则指导下区域协整基础上的城乡融合，实质是通过空间重构，改善区域（整体）贫困空间和贫困人口（个体）的生计空间，消减空间剥夺负面效应④，实现区域与贫困群众的可持续发展。

“十二五”期间共有 6853 万人农村贫困人口脱贫。聚焦在农村脱贫攻坚的大量扶贫资源投入使得贫困地区生态、基础设施、优势产业等有了明显起色，贫困人口生活水平显著提高，贫困地区农民纯收入增幅比全国农村农民收入增幅高 2.5 个百分点⑤。相对于农村贫困和以“三

---

① Harris C. D. “The Market as A Factor in the Localization of Production.” *Annuals of the American Geographies*, 1954, 44 (8): 35 - 48.

② 陈全功、程蹊：《空间贫困及其政策含义》，《贵州社会科学》2010 年第 8 期，第 87 ~ 92 页。

③ 张秀艳、潘云：《贫困理论与反贫困政策研究进展》，《经济问题》2017 年第 8 期，第 1 ~ 5 页。

④ Thomas A. C., Gaspart F. “Does Poverty Trap Rural Malagasy Households?” *World Development*, 2014, (67): 490 - 505.

⑤ 范俊生：《五年减贫 6853 万人创中国减贫史最好成绩》，http://news.ifeng.com/a/20180308/56554442_0.shtml。

无”人员为主的传统城镇贫困，结构性、区域性和过渡性反映出当前城镇贫困问题背景，再生性、离散型或相对性显示其整体特质。2016年2月1日习近平总书记赴江西看望慰问广大干部群众时讲话强调，“在扶贫的路上，不能落下一个贫困家庭，丢下一个贫困群众。”一方面，作为空间重构减贫典型的连片特困区农村脱贫攻坚成效显著，“十二五”期间成功减贫3200多万人，占全国农村贫困人口脱贫总数的46.7%[①]，同时深度贫困人口占比增加使得减贫边际效应递减，高质量的减贫需要拓展发展空间以争取更多资源支持，城乡融合基础上的城乡贫困联动治理成为趋势。另一方面，连片特困区在“十三五”期间关注农村贫困人口减少的同时，城镇贫困人口减贫亦应受到重视。

## 5.2 新型城镇化与片区城乡贫困减缓：作用机制与效应测度

新型城镇化作为实现我国区域协调发展目标的重要战略支撑，不仅在激发城乡发展活力和加速城乡一体化进程方面作用显著，更为新时期贫困地区减贫脱贫提供了重要途径。基于重构新型工农城乡关系的时代背景，考虑连片特困区相对独立的发展空间特征，本部分将系统分析新型城镇化对于片区城乡贫困减缓的作用机制与减贫效应，明确关键影响因素并探寻片区“益贫性”城镇化发展策略优化空间，以提高连片特困区减贫工作效率与区域发展质量。

### 5.2.1 新型城镇化与片区农村贫困减缓

1. 连片特困区农村扶贫开发简况及多维致贫原因探讨

依照《中国农村扶贫开发纲要（2011－2020年）》与《中国农村贫困监测报告2017》数据，我国连片特困区行政区域面积402万平方公里，下辖680个县（市、区）9823个乡（镇），其中含440个国家扶

① 国家统计局住户调查办公室：《中国农村贫困监测报告2017》，中国统计出版社，2017，第150～158页。

贫开发工作重点县。区域人口总计 24287 万人，占比 17.67%。2011 年 11 个连片特困地区的人均地区生产总值、人均地方财政一般预算收入、农民人均纯收入三项指标分别只相当于西部平均水平的 49%、44% 和 73%，覆盖了全国 70% 以上的贫困人口[①]。

2011～2017 年，全国农村贫困人口累计减少 9192 万人，年均减少 1313 万人，贫困发生率从 2011 年的 12.7% 降至 2017 年的 3.1%，累计下降 9.6 个百分点。至 2017 年末，全部连片特困区贫困人口 1540 万人，较 2011 年的 6035 万人累计减少 4495 万人，贫困发生率也由 2011 年的 29% 降至 2017 年的 7.4%，累计减少 21.6%。片区脱贫攻坚取得显著成效的同时，片区贫困人口总数仍然占到全国农村贫困人口总数的 50.1%，占全国贫困地区（连片特困区和片区外的国家扶贫开发工作重点县，共涉及 832 个县）农村贫困人口 1900 万人的 81.1%。至 2018 年末，全部连片特困区贫困人口 935 万人，较 2011 年的 6035 万人累计减少 5100 万人，贫困发生率也由 2011 年的 29% 降至 2018 年的 4.5%，累计减少 24.5%；但片区贫困人口总数仍然占到全国农村贫困人口 1660 万人的 56.3%，占全国贫困地区农村贫困人口 1115 万人的 83.6%。

依据调研，不同区域的贫困状况和致贫原因各异，减贫措施也各有侧重，因为各地政府职能部分调查统计口径有别，故做分区阐述。

如位于内蒙古自治区东北部大兴安岭南麓山区兴安盟部分（见表 5－1），下辖 2 市（乌兰浩特市、阿尔山市）1 县（突泉县）3 旗（科尔沁右翼前旗、科尔沁右翼中旗、扎赉特旗），其中乌兰浩特市属于自治区贫困旗县（2018 年已退出），阿尔山市（2018 年已退出）、科尔沁右翼前旗（计划 2019 年退出）、科尔沁右翼中旗（2018 年已退出）、扎赉特旗（2018 年已退出）和突泉县（计划 2019 年退出）为国家扶贫开发重点旗县。全盟贫困建档立卡贫困户数 4.86 万户 10.59 万人，其中低保贫困人口占比 53.93%、五保贫困人口占比 2.19%。在全盟所有贫

① 林晖：《中国 11 个连片特困地区覆盖全国七成贫困人口》，https：//news.qq.com/a/20111206/001428.htm。

困人口中，因病致贫 2.26 万户，占比 46.51%；因残致贫 0.44 万户，占比 9.03%；因学致贫 1.49 万户，占比 3.06%；因灾致贫 0.62 万户，占比 12.81%；因缺少耕地致贫 0.17 万户，占比 3.48%；因缺少劳动力致贫 0.24 万户，占比 4.92%；因缺少发展资金致贫 0.72 万户，占比 14.75%；因其他原因致贫 0.08 万户，占比 1.69%。针对全盟贫困程度深、脱贫难度大的扶贫开发工作现实，兴安盟创新扶贫开发模式，如通过政府定菜单、贫困户点菜的“菜单式”扶贫、龙头企业 + 合作社 + 贫困户的“两带五保一帮”发展体系、“合作社 + 基地”扶贫托管、“全民入社”产业化经营、“险资直投”产业链融资技术、幸福互助院等方式全面激发贫困群众内生动力，成效显著：全盟贫困人口从 2012 年末的 42.3 万人降至 2018 年末的 2.004 万人，贫困发生率由 41% 下降到 1.79%。

表 5-1　大兴安岭南麓山区兴安盟贫困人口及减贫措施信息

| 地区 | 户数（万户） | 人口（万人） | 产业扶持脱贫 | | 生态补偿脱贫 | | 易地搬迁脱贫 | | 教育支持脱贫 | | 政策兜底脱贫 | |
|---|---|---|---|---|---|---|---|---|---|---|---|---|
| | | | 人口（万人） | 资金（亿元） | 人口（万人） | 资金（亿元） | 人口（万人） | 资金（亿元） | 人口（万人） | 资金（亿元） | 人口（万人） | 资金（亿元） |
| 乌兰浩特市 | 0.26 | 0.51 | 0.12 | 0.18 | 0.00 | 0.00 | 0.37 | 2.22 | 0.008 | 0.001 | 0.003 | 0.01 |
| 阿尔山市 | 0.05 | 0.12 | 0.04 | 0.06 | 0.00 | 0.00 | 0.06 | 0.36 | 0.008 | 0.001 | 0.002 | 0.008 |
| 扎赉特旗 | 1.19 | 2.82 | 1.21 | 1.81 | 0.05 | 0.09 | 0.59 | 5.54 | 0.2 | 0.18 | 0.78 | 0.4 |
| 科右前旗 | 1.35 | 2.94 | 1.73 | 2.60 | 0.00 | 0.00 | 0.60 | 3.61 | 0.07 | 0.07 | 0.53 | 0.26 |
| 科右中旗 | 0.69 | 1.70 | 0.41 | 0.62 | 0.04 | 0.07 | 0.56 | 3.36 | 0.05 | 0.05 | 0.64 | 0.33 |
| 突泉县 | 1.33 | 2.49 | 0.88 | 1.33 | 0.04 | 0.06 | 0.4 | 2.40 | 0.19 | 0.17 | 0.98 | 0.50 |
| 全盟 | 4.86 | 10.59 | 4.40 | 6.59 | 0.12 | 0.22 | 2.58 | 15.49 | 0.53 | 0.47 | 2.97 | 1.52 |

数据来源：调研数据整理。

又如乌蒙山区毕节部分，贵州省毕节市是国务院于 1988 年批准建立的以“开发扶贫、生态建设”为主题的试验区，地处乌蒙山区腹地，典型的喀斯特岩溶山区和老少边山穷地区。2013 年全市 9 个县中有 5 个县属于国家扶贫工作重点县，有贫困人口 166.97 万人，占全省农村贫困人口的 22.4%，2015 年全市农村贫困人口 115.45 万人，占全省农村贫困人口的 23.4%，贫困发生率 16.48%，贫困村 1981 个，比辽宁省、福建省当年贫困人口数量之和还多（两省为 111 万人），致贫原因主要为发展环境闭塞、产业落后、因病致贫等。综合分析基础设施落后、产业支撑不足、教育卫生事业发展滞后以及基层基础底子薄等制约因素，毕节市实施“农业产业培育行动、基础设施夯实行动、生态环境绿色行动、乡村农家靓丽行动、人口控量提质行动、基层组织固本行动”等六大行动，激发干群建设热情，增强造血功能，提升群众生计水平。“十二五”期间，毕节累计实现 4 个国家扶贫开发重点县和 110 个贫困乡镇“减贫摘帽”，395 个贫困村出列，191.4 万贫困人口实现脱贫①。至 2018 年末，毕节市剩余贫困人口 44.41 万人、贫困村 542 个，贫困发生率下降到 5.45%（见图 5－1）。

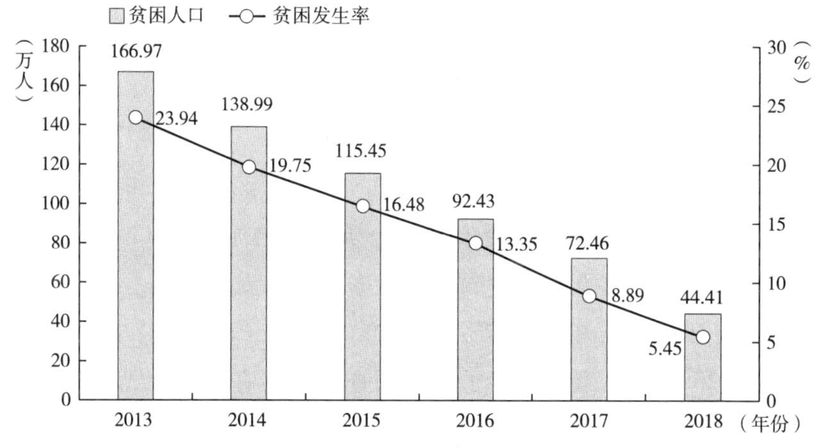


**图 5－1　乌蒙山区毕节市贫困人口及贫困发生率信息**

再如罗霄山区赣州部分，江西赣州市是著名的革命老区，也是中部地区扶贫开发主战场之一，老区区域面积和老区人口分别占到全市的

① 李玲：《勠力同心战贫困，砥砺奋进奔小康》，http：//news.gog.cn/system/2016/12/25/015304864.shtml。

80%和76.7%。据统计数据，2017年末赣州市农村贫困人口97.3万人，贫困发生率13.1%，贫困村1419个。扶贫开发工作中相关部门联合统计局赣州调查队于2014年开展了贫困户因病、因残等致贫原因的摸底信息调查（见图5-2），分类施策，推进“1+1+N”（1个工作意见，1个实施方案，N项扶贫子方案）精准扶贫政策方案的基础上，结合区域资源禀赋，积极开展专项扶贫、社会扶贫等创新，提高贫困人口收入。2018年全市脱贫191.1万人，退出贫困村426个，贫困发生率降至2.45%。

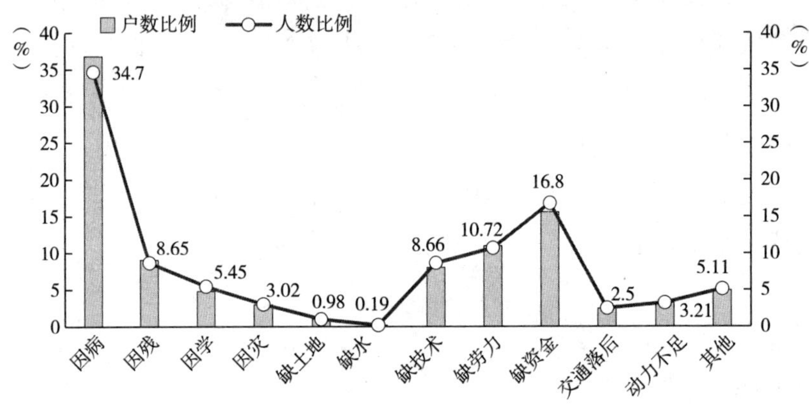


**图5-2 罗霄山区赣州市致贫原因分类信息（摸底调查）**

数据来源：统计局赣州调查队。

为了解多维致贫原因并便于比较分析，课题组于2017年选择具有国家扶贫开发工作重点县、少数民族分布区域、革命老区、连片特困区和脱贫摘帽县特征的江西省5个设区市7个县（市、区）8个乡镇32个行政村320户居民家庭进行了问卷调查，收集有效问卷316份（见表5-2）。其中乐安县、南康县为片区县，同时又为2018年脱贫摘帽县。选用Alkir与Foster提出的“双界线”法判定多维贫困，从能力视角综合判断贫困个体的贫困程度与深度。贫困发生率（H）、平均被剥夺程度（A）与AF多维贫困指数（$M_0$）计算公式如下。

$H = q/n$，其中$q$为某种贫困维度下贫困个体数，$n$为样本总数；

$A = \sum_{i=1}^{n} c_i(k)/dq$，其中$q$表示贫困维度为$k$时的贫困个体数，用以描述贫困深度；

$M_0 = \sum_{i=1}^{n} c_i(k)/nd$，其中 $c_i(k)$ 为贫困个体 $i$ 加权的贫困维度数，$d$ 为设定维度数。

**表 5－2　罗霄山区样本区域农村贫困监测家庭的样本分布**

| 样本 | 行政村数 | 样本数 | 占比（%） |
|---|---|---|---|
| 贵溪市樟坪乡 | 4 | 40 | 12.66 |
| 铅山县太源乡 | 4 | 40 | 12.66 |
| 铅山县篁碧乡 | 4 | 36 | 11.39 |
| 乐安县金竹乡（片区＋摘帽县） | 4 | 40 | 12.66 |
| 峡江县金坪乡 | 4 | 40 | 12.66 |
| 永丰县龙冈乡 | 4 | 40 | 12.66 |
| 青原县东固乡 | 4 | 40 | 12.66 |
| 南康县赤土乡（片区＋摘帽县） | 4 | 40 | 12.66 |
| 总计 | 32 | 316 | 100.00 |

对于维度、指标、剥夺临界值、权重等参数的选取上，本研究参考了 UNDP－MPI 对贫困多维指标及临界值的界定、联合国千年发展目标（MDGs）、《中国农村扶贫开发纲要（2011－2020 年）》和党的十九大报告等文献。对比以往大多数多维贫困研究仅涉及教育、健康和生活条件等客观维度，研究的多维贫困的测量框架（见表 5－3）在之前的收入、教育、健康、生活条件维度下新增就业和资产维度。

**表 5－3　多维贫困的维度和指标及其临界值**

| 维度 | 指标 | 临界值 |
|---|---|---|
| 收入 | 人均收入 | 家庭人均纯收入低于国家贫困线 |
| 健康 | 健康状况 | 家中有 1 个及以上不健康人口 |
| 教育 | 受教育程度 | 家庭中 16 岁及以上成年人受教育年限均小于 6 年 |
| 生活条件 | 耕地面积 | 家庭中耕地面积为 0 |
| | 饮水条件 | 无自来水、井水等清洁水源 |
| | 卫生设施 | 卫生设施达不到标准 |
| | 环境状况 | 家庭成员对社会治理环境不满意 |
| | 道路情况 | 家庭外出生产道路不方便 |

续表

| 维度 | 指标 | 临界值 |
| --- | --- | --- |
| 资产 | 住房条件 | 家庭存在住房困难 |
| | 经营产业 | 未从事养殖、副业等产业 |
| 就业 | 就业情况 | 家庭成员未外出就业，只负责务农 |

从总体样本来看，通过图5-3显示，在12个指标中贫困发生率最高的三个指标均在生活质量维度中，样本在卫生、教育、就业、健康指标的贫困发生率较高，分别达14.87%、12.66%、12.34%、12.34%，充分说明当前农村贫困在精准扶贫工作推动下，已由原来的收入型贫困逐步转变为发展型贫困。

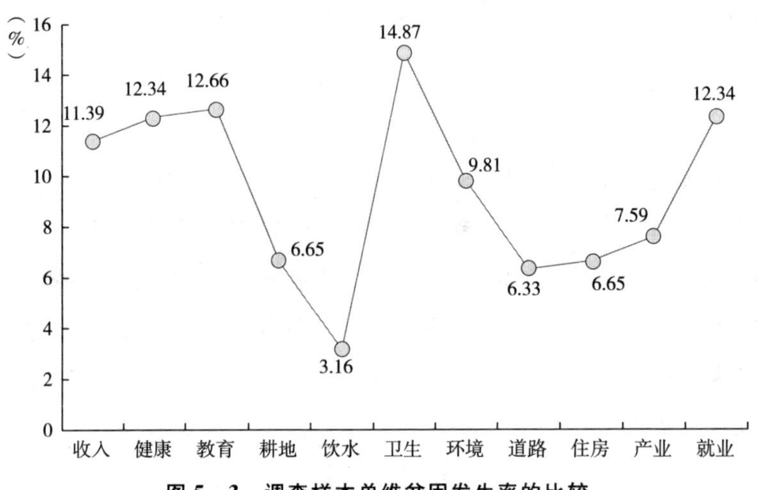


**图5-3 调查样本单维贫困发生率的比较**

利用A-F的双界线法，计算出在不同的k值下的多维贫困发生率，可以发现多维贫困发生率随维度的增加呈现出下降趋势。

**表5-4 样本区域的多维贫困识别**

| | k=1 | k=2 | k=3 | k=4 | k=5 | k=6 |
| --- | --- | --- | --- | --- | --- | --- |
| 贫困发生率（%） | 35.44 | 12.03 | 2.22 | 0.00 | 0.00 | 0.00 |
| 多维贫困指数（%） | 9.50 | 4.95 | 1.25 | — | — | — |

根据表5-4的数据结果显示，样本区域多维贫困发生率较低，表

示仍然有 2.22% 的家庭在贫困临界值为 k = 3 的情况下属于多维贫困家庭。由于贫困发生率 $H_0$ 对穷人经历的贫困维度并不敏感，因此需要进一步对 $M_0$ 进行分析。根据计算结果，样本区域多维贫困指数 $M_0$ 为 1.25%（见表 5 - 5）。

**表 5 - 5　基于民族乡分组的多维贫困指数**

| | k = 1 | | | k = 2 | | | k = 3 | | |
|---|---|---|---|---|---|---|---|---|---|
| | $H_0$ | A | $M_0$ | $H_0$ | A | $M_0$ | $H_0$ | A | $M_0$ |
| 贵溪市樟坪乡 | 50.00 | 31.83 | 15.92 | 20.00 | 46.67 | 9.33 | 5.00 | 65.00 | 3.25 |
| 铅山县太源乡 | 52.50 | 28.17 | 14.79 | 22.50 | 40.74 | 9.17 | 2.50 | 51.67 | 1.29 |
| 铅山县篁碧乡 | 22.22 | 21.25 | 4.72 | 5.56 | 33.33 | 1.85 | 0.00 | — | — |
| 乐安县金竹乡 | 27.50 | 21.97 | 6.04 | 7.50 | 33.33 | 2.50 | 0.00 | — | — |
| 峡江县金坪乡 | 32.50 | 30.51 | 9.92 | 12.50 | 45.00 | 5.63 | 5.00 | 53.33 | 2.67 |
| 永丰县龙冈乡 | 25.00 | 20.17 | 5.04 | 2.50 | 33.33 | 0.83 | 0.00 | — | — |
| 青原县东固乡 | 30.00 | 27.08 | 8.13 | 15.00 | 34.44 | 5.17 | 0.00 | — | — |
| 南康县赤土乡 | 42.50 | 25.78 | 10.96 | 10.00 | 48.33 | 4.83 | 5.00 | 53.33 | 2.67 |
| 总计 | 35.44 | 26.80 | 9.50 | 12.03 | 41.18 | 4.95 | 2.22 | 56.43 | 1.25 |

从多维贫困的维度和指标贡献率上来看（见表 5 - 6），持续增加贫困人口收入、逐步完善贫困人口教科文卫服务水平将是未来扶贫开发工作关注的重点，对于处于深度贫困状态的极贫人口更应多加关注，且应始终坚持因地制宜、靶向瞄准原则。

**表 5 - 6　多维贫困的维度和指标贡献率**

| 维度 | 维度贡献率 | | | 指标 | 指标贡献率 | | |
|---|---|---|---|---|---|---|---|
| | k = 1 | k = 2 | k = 3 | | k = 1 | k = 2 | k = 3 |
| 收入 | 19.99 | 27.69 | 25.32 | 人均收入 | 19.99 | 27.69 | 25.32 |
| 健康 | 21.65 | 21.30 | 25.32 | 健康状况 | 21.65 | 21.30 | 25.32 |
| 教育 | 22.21 | 14.91 | 8.44 | 受教育程度 | 22.21 | 14.91 | 8.44 |
| 生活条件 | 7.00 | 6.82 | 9.28 | 耕地面积 | 0.89 | 1.06 | 1.69 |
| | | | | 饮水条件 | 0.78 | 1.28 | 0.84 |
| | | | | 卫生设施 | 1.89 | 1.49 | 3.38 |
| | | | | 环境状况 | 2.11 | 1.49 | 1.69 |
| | | | | 道路情况 | 1.33 | 1.49 | 1.69 |

续表

| 维度 | 维度贡献率 | | | 指标 | 指标贡献率 | | |
|---|---|---|---|---|---|---|---|
| | k = 1 | k = 2 | k = 3 | | k = 1 | k = 2 | k = 3 |
| 资产 | 7.50 | 7.99 | 10.55 | 住房条件 | 3.61 | 4.26 | 2.11 |
| | | | | 经营产业 | 3.89 | 3.73 | 8.44 |
| 就业 | 21.65 | 21.30 | 21.10 | 就业情况 | 21.65 | 21.30 | 21.10 |

2. 城镇化与连片特困区农村贫困关联分析

连片特困区大多属于革命老区、民族地区、边远山区和贫困地区，自然环境恶劣，发展基础薄弱，区际边界交割复杂、多民族聚集特征明显、贫困程度深、区域边缘性强①，使得区域发展呈现“内卷化、封闭化、依赖化”等特征。区域发展要素增益效率低下、内生动力不足和外力激发失效致使片区发展疲软，固化的发展空间致使作为复合概念的贫困由此产生并逐步深化。为社会关系支持的空间同时也在建构和生产着空间，空间交换、空间价值生成的终极目标在于满足人的需要②。依据空间生产理论，连片特困区发展滞后可归因于三方面：区域空间内部发展资源缺失与配置低效、外部缺乏区域间要素的高效交流以及发展资源长期被周边“增长极”区域强势抽取。

片区发展通过新型城镇化政策推进，影响区域传统空间组织尤其是区域功效空间（区域布局合理、要素配置有序和环境健康基础上不断实现人类发展价值再造的福利空间）和级联系统（信息化基础上维持发展要素联系与持续作用的空间级序网络），一方面通过新型城镇化发展的涓流效应和扩散机制带动贫困人口发展；另一方面也可通过区域发展环境改善、制度健全、要素交流与优化组配，优化产业结构、规范社会秩序和维护生态环境，降低发展的交易成本，实现扶贫资源与扶贫成效的经济增益、文化增益和环境增益等经济社会空间组织的增益效应。

基于连片特困区扶贫开发实践及政策走向，进一步强化“区域空

① 钱力、李剑芳、倪修凤：《连片特困地区精准扶贫面临的问题及路径优化》，《区域经济评论》2018 年第 4 期，第 107 ~ 113 页。

② 〔法〕列斐伏尔：《空间：社会产物与使用价值》，转引自包亚明《现代性与空间的生产》，上海教育出版社，2003，第 48 页。

间重构”和“贫困人口生计空间重构”来实现贫困减缓将成为连片特困区精准扶贫、精准脱贫的工作重心。

（1）依托行政力量将贫困地区依照自然、社会、经济等情况划分为 14 个连片特困区，继而进行区域瞄准，按照“区域发展带动扶贫开发、扶贫开发促进区域发展”的基本思路，依据区域资源禀赋特征，因地制宜，深入推进发展生产、易地搬迁、生态补偿、发展教育和社会保障兜底等“五个一批”工程，创新政府减贫、社会减贫、市场减贫、金融减贫、电商消贫、生态扶贫、教育扶贫、旅游扶贫、健康扶贫、交通扶贫、科技扶贫等片区精准扶贫、精准脱贫路径，开展连片特困地区扶贫开发，此为片区第一次基础性空间重构。

（2）强化市场资源配置效用发挥，提高资源配置效率和效益，建构超脱于行政区划划分基础上的新型城乡关系，实施空间重构减贫将是连片特困区第二次脱贫攻坚的工作重心。连片特困区虽然劣势明显，但只要科学合理整合空间生产要素，精心做好空间的优化布局和空间生产时序安排，处理好生态环境保护与发展的关系，同样能够将后发条件和属地资源转化为发展的动力①。2013 年国家提出的新型城镇化战略以及 2017 年提出的乡村振兴战略转变传统城乡二元分治理念为城乡互促互益、协同发展，强化要素自由平等交流，关注要素价值增益，力图消减城乡资源要素配置扭曲现象以及由此带来的资源配置效率低下问题，为欠发达地区后发赶超和区际协调发展注入了强劲动力，并逐步成为片区解决“三农”问题尤其是扶贫开发的重要途径。

3. 城镇化对于片区农村贫困减缓的效果测度及影响因素探寻

（1）数据来源、模型建构与指标选择

鉴于样本区域代表性和分析数据可得性，综合考虑片区涉及区域的自然资源禀赋、人文发展环境、城乡发展关联水平等影响因素，研究选择位于国家东北部、中部、西南部的大兴安岭南麓山区、罗霄山区、乌蒙山区三个片区作为样本区域。同时考虑行政区划对于作为增长极的城

① 王志章：《连片特困地区空间生产与城乡一体化的理论逻辑》，《吉首大学学报》（社会科学版）2017 年第 3 期，第 26～36 页。

镇之于农村区域发展的极化效应和扩散效应影响，片区代表性城市选择按照行政区划相对完整、辖区县市国土面积比所占比例较大等作为筛选标准[①]，选择赣州市为罗霄山区代表性城市，乐山市、昭通市、毕节市为乌蒙山区代表性城市，兴安盟为大兴安岭南麓山区代表性城市。考虑《中国农村扶贫开发纲要（2011—2020 年）》和《国家新型城镇化规划（2014—2020 年）》战略开始实施的时间节点，数据时限拟选择为2011～2017年。研究数据主要来源于历年《赣州统计年鉴》《兴安盟统计年鉴》《乐山统计年鉴》《昭通统计年鉴》《毕节统计年鉴》，以及历年各省区统计年鉴以及片区各地市公布的年度国民经济与区域发展统计公报等资料；同时在影响因素分析时辅以课题组在大兴安岭南麓山区的兴安盟和白城市（2018 年 9 月）、罗霄山区的赣州市（2018 年 7 月）以及乌蒙山区的毕节市（2018 年 10 月）开展实地调研时的所获得的访谈信息加以补充。

依据片区城镇化对于农村贫困减缓的多重传导路径，建立多元回归分析模型验证城镇化对于农村贫困减缓的效应，探寻可能的影响因素及其影响程度。多元线性回归方程的表达式为：

$$Y = C + \beta_1 UR + + \beta_2 PG + \beta_3 INT + + \beta_4 IND + \beta_5 WF + \beta_6 FA + \beta_7 FM + \beta_8 AF + \beta_9 LV + \beta_{10} INT + \mu$$

其中，因变量 $Y$ 表示贫困指标，本章拟用 Foster、Greer 和 Thorbeeke（1984）提出的 FGT 贫困指标来全面衡量片区农村贫困程度，包括片区涉及样本城市的贫困发生率 $P$（贫困人口占区域总人口的比重）、贫困距指数 $PG$（反映贫困深度）以及平方贫困距指数 $SPG$（描述贫困强度）。自变量选择过程中参考有关城镇化对于农村居民收入水平[②]、城乡居民幸福感、城乡人口流动[③]等相关研究成果，初步选择城镇化率

① 王悦、马树才：《城镇化、产业结构升级对城乡收入差距的影响效应研究》，《西南民族大学学报》（人文社科版）2017 年第 4 期，第 143～148 页。

② 杨赛赛、潘建伟：《城镇化对城乡收入差距影响研究——以河南省为例》，《商业经济研究》2018 年第 18 期，第 186～189 页。

③ 郭峘、曹莹：《空间社会学视角下农民工“嵌入－融入”度多元回归分析》，《湖北大学学报》（哲学社会科学版）2017 年第 2 期，第 150～157 页。

（*UR*，反映城镇化水平）、人均 GDP（*PGP*，反映区域发展水平，计算时按照规范剔除价格因素影响）、城镇人均可支配收入与农村人均可支配收入比重（*INT*，反映区域城乡收入分配的公平性）、二三产业比重（*IND*，反映区域产业结构）、民生类财政支出占财政总支出的比重（*WF*，反映教育、医疗等公共财政资源的分配均等化以及财政支出对于农村减贫的支持程度）、农作物播种面积（*FA*，反映城乡流动人口增加的背景下农村土地利用状况）、农业机械总动力（*FM*，反映农村青壮年劳动力人口外流情况下的农村现代农业发展水平）、财政支农支出占第一产业产值比重（*AF*，反映财政支出通过支持农业发展促进农民增收的程度）、农村劳动力人口占比（*LV*，反映城镇化进程中农村人力资本的变动情况）、进出口总额占 GDP 比重（*OE*，反映区域开放程度）等自变量。

（2）样本数据描述性统计与模型运算

在数据处理的过程中，采用世界银行 POVCAL 软件①，利用整理后的各样本区域农村居民收入分组数据测算出该样本区域的贫困发生率 P、贫困距指数 PG 以及平方贫困距指数 SPG（见表 5－7）。

**表 5－7　变量描述性统计**

| 变量名称 | 单位 | 观测值 | 平均值 | 标准差 | 最小值 | 最大值 |
|---|---|---|---|---|---|---|
| P | % | 42 | 18. 3886 | 9. 6258 | 1. 92 | 41 |
| PG | % | 42 | 5. 5316 | 4. 2365 | 0. 01 | 15. 59 |
| SPG | % | 42 | 3. 6792 | 4. 6411 | 0. 002 | 14. 81 |
| UR | % | 42 | 34. 3536 | 6. 9804 | 20. 41 | 47. 13 |
| PGP | 元/人 | 42 | 15180. 6409 | 9806. 9 | 8877 | 46130 |
| INT | — | 42 | 3. 1082 | 0. 5091 | 2. 23 | 4. 27 |
| IND | % | 42 | 0. 6420 | 0. 4701 | 0. 56 | 0. 74 |
| WF | % | 42 | 0. 4002 | 0. 1306 | 0. 23 | 0. 83 |
| FA | 千公顷 | 42 | 1051. 0482 | 342. 0826 | 350 | 1539 |
| FM | 万千瓦 | 42 | 358. 3114 | 140. 7815 | 167. 72 | 692 |

① 在线工具网址：http：//iresearch. worldbank. org/PovcalNet/home. aspx。

续表

| 变量名称 | 单位 | 观测值 | 平均值 | 标准差 | 最小值 | 最大值 |
| --- | --- | --- | --- | --- | --- | --- |
| AF | % | 42 | 0.2679 | 0.0816 | 0.14 | 0.47 |
| LV | % | 42 | 0.6235 | 0.0741 | 0.47 | 0.70 |
| OE | — | 42 | 0.0337 | 0.0426 | 0.0008 | 0.13 |

利用 SPSS 23.0 进行多元线性回归分析，其模型结果如下表 5－8：

**表 5－8　初次模型检验**

| 模型 | R | R 方 | 调整 R 方 | 标准估计的误差 |
| --- | --- | --- | --- | --- |
| 1 | 0.890a | 0.793 | 0.726 | 5.0426085 |

a. 预测变量：常量、OE、FA、AF、UR、IND、FM、INT、WF、PGP、LV。

R 的平方值为 0.793，模型可以解释因变量大约 79.3% 的变异；但由于 VIF（方差膨胀因子）均大于 2，变量间存在严重的共线性（见表 5－9）。

**表 5－9　变量共线性检验**

| 模型变量 | 非标准化系数 | | 标准系数 | t | Sig. | 共线性统计量 | |
| --- | --- | --- | --- | --- | --- | --- | --- |
| | B | 标准误差 | | | | 容差 | VIF |
| 常量 | -53.921 | 22.404 | | -2.407 | .022 | | |
| UR | -.032 | .311 | -.023 | -.102 | .919 | .131 | 7.611 |
| PGP | .000 | .000 | -.247 | -1.043 | .305 | .119 | 8.393 |
| INT | 4.440 | 3.182 | .235 | 1.395 | .173 | .236 | 4.230 |
| IND | 106.507 | 26.454 | .520 | 4.026 | .000 | .401 | 2.494 |
| WF | -23.820 | 27.499 | -.323 | -.866 | .393 | .048 | 20.786 |
| FA | .012 | .009 | .439 | 1.364 | .182 | .065 | 15.475 |
| FM | .006 | .026 | .091 | .234 | .816 | .045 | 22.406 |
| AF | 2260.643 | 8922.280 | .120 | .253 | .802 | .030 | 33.675 |
| LV | -19.132 | 19.905 | -.147 | -.961 | .344 | .285 | 3.512 |
| OE | 23.588 | 38.449 | .104 | .613 | .544 | .232 | 4.318 |

为处理共线性问题，对模型采用逐步线性回归，最终保留 INT、IND、LV、UR、OE、FM、WF。其回归结果如表 5－10 与表 5－11 所示。

表 5－10　逐步线性回归模型检验

| 模型 | R | R 方 | 调整 R 方 | 标准估计的误差 |
|---|---|---|---|---|
| 1 | 0.845a | 0.713 | 0.654 | 5.6598420 |

a. 预测变量：常量、OE、INT、LV、FM、IND、WF、UR。

由表 5－10 可知，R 的平方值为 0.713，模型可以解释因变量大约 71.3% 的变异，说明该模型拟合程度较高。

表 5－11　逐步线性回归模型结果

| 模型变量 | 非标准系数 | | 标准系数 | t | Sig. |
|---|---|---|---|---|---|
| | B | 标准误差 | | | |
| 常量 | －72.337 | 22.918 | | －3.156 | .003 |
| UR | －.089 | .37 | －.365 | －2.404 | .021 |
| INT | 12.816 | 2.004 | .678 | 6.396 | .000 |
| IND | 78.513 | 25.042 | .383 | 3.135 | .004 |
| WF | －22.906 | 14.352 | －.311 | －1.596 | .120 |
| FM | .011 | .007 | .155 | 1.453 | .155 |
| LV | 3.550 | 13.602 | .027 | .261 | .796 |
| OE | 17.019 | 36.393 | .075 | .468 | .643 |

a. 因变量：贫困发生率（P、%）。

测算后的多元回归分析模型可以表达如下：

$$P = -72.337 - 0.089UR + 12.816INT + 78.513IND - 22.906WF + 0.011FM + 3.550LV + 17.019OE$$

$$(-0.365)(0.678)(0.383)(-0.311)(0.155)(0.27)(0.075)$$

同理，对于 PG、SPG 的多元线性回归模型表达如下：

$$PG = 0.424 - 0.283UR + 0.480INT + 7.922IND + 24.107WF + 0.006FM - 2.183LV - 62.744OE$$

$$(-0.466)(0.058)(0.088)(0.743)(0.210)(-0.038)(-0.630)$$

$$SPG = 1.825 - 0.289UR - 0.235INT + 3.633IND + 23.431WF + 0.008FM - 1.271LV - 82.216OE$$

$$(-0.435)(-0.026)(0.037)(0.659)(0.236)(-0.020)(-0.754)$$

表 5-12 全样本区域城镇化之于农村贫困的影响

| 模型变量 | 贫困发生率（P） | | 贫困深度（PG） | | 贫困深度（SPG） | |
|---|---|---|---|---|---|---|
| | B | Sig. | B | Sig. | B | Sig. |
| 常量 | -72.337 | .003 | .424 | .980 | 1.825 | .919 |
| UR | -.089** | .021 | -.283* | .083 | -.289* | .100 |
| INT | 12.816*** | .000 | .480 | .740 | -.235 | .880 |
| IND | 78.513*** | .004 | 7.922 | .662 | 3.633 | .852 |
| WF | -22.906 | .120 | 24.107** | .025 | 23.431** | .042 |
| FM | .011 | .155 | .006 | .236 | .008 | .179 |
| LV | 3.550 | .796 | -2.183 | .824 | 1.271 | .905 |
| OE | 17.019 | .643 | -62.744** | .022 | -82.216*** | .006 |

*、**、*** 分别表示在 10%、5% 和 1% 统计水平下显著。

（3）计量结果讨论

回归结果显示（见表 5-11），相对于贫困发生率 P，城镇人均可支配收入与农村人均可支配收入比重（INT）、二三产业比重（IND）、城镇化率（UR）这三个指标对贫困发生率影响程度较大，标准系数分别为 0.678、0.383、0.365，且分别在 1%、1% 和 5% 统计水平下显著；相对于贫困深度 PG，民生类财政支出占财政总支出的比重（WF）、经济开放度（OE）、城镇化率（UR）的标准系数较大，分别为 0.743、0.630、0.466，且分别在 5%、5% 和 10% 统计水平下显著；相对于贫困强度 SPG，民生类财政支出占财政总支出的比重（WF）、经济开放度（OE）、城镇化率（UR）的标准系数较大，分别为 0.659、0.754、0.435，且分别在 5%、1% 和 10% 统计水平下显著。全样本多元线性回归数据表明（见表 5-12），城镇化发展对于片区农村贫困发生率、贫困深度和贫困强度的降低均具有明显作用，样本区域城镇化率与贫困发生率（P）的回归弹性系数为 -0.089，表示城镇化有助于贫困发生率降低，城镇化率每提高 1%，贫困发生率将下降 0.089%；城镇化率与贫困深度（PG）的回归弹性系数为 -0.283，表示城镇化有助于贫困深度降低，城镇化率每提高 1%，贫困深度将下降 0.283%；城镇化率与贫困强度（SPG）的回归弹性系数为 -0.289，表示城镇化有助于贫困强度改善，城镇化率每提高 1%，贫困发生率将下降 0.289%。为了进一步论证城镇化对于片区农村贫困减缓的影响，课题组基于样本区域农村人均年纯收入和城镇化率取对数建立回归模型，分片区回归结果显示（见表5－13）：虽然不同片区的城镇化率对于农村人均年纯收入的影响程度存有差别，但均呈现出正向影响，且分别在1%、1%和10%统计水平下显著。

**表5－13　分区城镇化之于农村人均年纯收入的影响**

| 模型变量 | 罗霄山区（赣州市） | | 乌蒙山区（毕节市、昭通市、乐山市） | | 大兴安岭山区（兴安盟、白城市） | |
|---|---|---|---|---|---|---|
| | B | Sig. | B | Sig. | B | Sig. |
| 常量 | 6.870 | .000 | 1.163 | 0.373 | 5.111 | 0.030 |
| UR | 0.563*** | 0.006 | 2.233*** | 0.000 | 1.025* | 0.098 |

*、**、***分别表示在10%、5%和1%统计水平下显著。

促进片区农村贫困减缓的其他因素如城镇人均可支配收入与农村人均可支配收入比重（INT）、二三产业比重（IND）、民生类财政支出占财政总支出的比重（WF）、经济开放度（OE）四个指标也从另外视角为片区新型城镇化促进农村贫困减缓提供了解释空间：城镇人均可支配收入与农村人均可支配收入比重（INT）指标反映出城乡居民收入分配的公平性有助于农村居民贫困减缓，防止出现“贫者愈贫、富者愈富”的极化状态；民生类财政支出占财政总支出的比重（WF）指标强调城乡公共服务建设的均等化，为片区农村居民尤其是贫困人口提供良好的社会保障与发展空间；二三产业比重（IND）与经济开放度（OE）指标则说明片区农村贫困的减缓不能仅仅局限于区域原有资源开发及较低层次产业粗放发展，需要在城乡一体化过程中强化区际交流融合，整合资源，善用区域内外两个市场，通过一二三产业融合和传统第一产业转型升级优化产业结构，提升产业竞争力，促进区域发展，进而为片区农村贫困的减缓提供所需的就业机会、财税收入、社会救助等发展资源。另一方面，农作物播种面积（FA）、农业机械总动力（FM）、劳动力人口占比（LV）等指标对于片区农村贫困的减缓影响并不显著，部分说明了由于农村居民“惜地”倾向，相较于片区农村第一产业规模化、机械化水平高产值现代农业仍有较大差距，乡土人才缺失，减贫能力不强。

另据课题组在相关区域调研信息，当地从事扶贫开发工作的干部和普通群众普遍接受“推进新型城镇化有助于农村贫困减缓”的发展理念：一是推进新型城镇化带动城乡建设发展，有助于农村居民转变发展理念，同时城乡建设也为其提供了较多的非农就业机会，促进增收；二是发挥中心城镇带动和辐射作用，推动农村环境整治、产业发展和管理服务改善，提高农村居民生产生活水平；三是城乡要素交流加速城乡一体化进程，提高了农村市场化水平，有助于农村居民农业生产收入提高和其资产性收益增进。但同时也有部分干部和群众反映“城镇化也许为农村贫困减缓带来了资金、机会等资源支持，但贫困人口由于健康、能力等因素影响，好像并没有参与其中，而只是被动地接受帮扶，这个问题需要有关部门关注”等问题。

总体而言，新型城镇化通过在更高层次、更广领域、更深层面为农村贫困人口提供发展资源，改善城乡社会管理和公共服务，使其收入增加、社会保障体系更加健全，有助于片区扶贫开发跳出“PPE”（贫困—人口—环境）恶性发展怪圈①，促进区域和贫困人口减贫脱贫。

4. 片区农村贫困减缓进程中发展空间重构思考

依据新型城镇化之于片区农村贫困减缓的关联框架探讨和减贫效果影响因素分析，服务于片区城乡区域协调发展和贫困人口脱贫致富，未来片区城镇化进程中需要关注居民参与、产业关联、社区管理、市场融合、扶贫开发体制改革五个领域的内容，推进“益贫型”城镇化发展机制与策略优化。

（1）强化城乡居民参与，关注贫困人口权益保障

市场经济体制背景下连片特困区新型城镇化强调城乡融合、互促共融。鉴于片区农村贫困人口在健康、教育、技能、竞争等发展机会和资源获取方面的能力贫困，片区城镇化推进需要兼顾效率与公平，尤其是

① 游俊、冷志明、丁建军：《中国连片特困区发展报告（2014～2015）》，社会科学文献出版社，2016，第1～5页。

在产业选择、项目提供、就业服务等发展机会和资源供给过程中，应遵循经济规律，强化多元市场主体“社会公民责任”意识，注重区域发展过程中的益贫带贫机制设计，防范“门槛现象”“断崖效应”“资源俘获”等益贫发展风险，强化贫困人口的发展参与和利益实现，关注贫困人口权益保障。

（2）优化城乡功能分区，夯实关联产业基础

城乡产业融合尤其是不同区域资源禀赋互补基础上的产业融合有助于区域发展均衡、促进分工深化和提高产业社会化水平，提高产业效益并降低产业发展风险。片区新型城镇化进程中应通过优化城乡功能分区、土地政策调整、产业转型升级等突破一二三产业集聚的城乡空间范围限制，以产业链的整合推进城乡区域的区际对接，弥合城乡产业发展差距。片区农村产业发展应集约利用区域资源，创新产品特色，优化产业结构，逐步实现片区农村现代农业发展基础上的产业繁荣，夯实片区农村的产业基础，助力扶贫开发。

（3）加强与乡村振兴等战略衔接，完善社会管理与公共服务

片区乡村振兴是新型城镇化战略得以顺利实施的坚实基础，脱贫攻坚是乡村振兴的基本要求，而 2018 ~ 2020 年又是贫困地区精准脱贫攻坚与乡村振兴、新型城镇化等多重战略的交汇期，形成战略间相互支撑、相互配合、有机衔接的良性互动、协同并进发展格局将是片区新型城镇化的工作重心。其工作核心则是改革公共财政分配体制尤其是强化财政支出分权①，统筹城乡社区治理，实施城乡社区管理协同化和公共服务均等化，为片区农村贫困人口脱贫与防范返贫提供制度与环境保障。

（4）推进城乡市场融合，促进城乡要素交流

由市场驱动的工业化、城市化、农业产业化和产业结构调整是城乡一体化发展的重要动力源②，城乡要素的自由流动是城乡融合发展的本

① 刘建民、欧阳玲、毛军：《财政分权、经济增长与政府减贫行为》，《江苏社会科学》2018 年第 6 期，第 139 ~ 150 页。

② 朱喜群：《城乡一体化发展中的政府与市场合力驱动：一个理论分析框架》，《江苏社会科学》2015 年第 4 期，第 143 ~ 148 页。

质要求和重要体现，城乡融合发展是解决社会主要矛盾的根本途径，应着力解决当前扭曲要素资源配置和固化市场分割的体制机制障碍，以打破城乡金融市场樊篱为引领，加速城乡资本、土地等资源要素自由、双向交流；同时强化职业划分，逐步消除农民、市民的身份意识及福利差异，破解城乡市场的行政分割问题，最终形成统一的人才、土地、资本、技术等城乡一体化的市场体系，为片区农村贫困减缓提供长效发展机制。

（5）改革扶贫开发体制机制，推进城乡扶贫开发梯次并轨与一体化治理

鉴于贫困人口的流动性、扶贫开发资源的稀缺性特征，针对连片特困区区域发展带动扶贫开发的原则和城乡贫困交互现实，考虑城乡社区治理趋同化发展趋势，应改革扶贫开发体制机制，推进城乡扶贫开发梯次并轨与一体化治理，使得扶贫开发体制机制由城乡分治走向城乡扶贫开发协同，进而实现城乡融合基础上的扶贫开发治理：发展阶段（当前至2025年），健全城镇贫困人口扶贫开发体制与机制，推进城镇居民弱势群体的社会保障、扶贫开发两大保障体系的“并行”发展；并轨阶段（2025~2035年），有效衔接城乡扶贫开发体系，实现城乡扶贫开发协同并轨；融合阶段（2035年之后），统筹协调，推进扶贫开发治理实现现代化。

### 5.2.2 新型城镇化与片区城镇贫困减缓

快速城镇化进程中由于基础设施建设和社会经济的“碎片化”尤其是工业化与城镇化二者发展水平的失衡导致城镇低文化、低技能者与进城农村剩余劳动力陷入贫困，产生严重的社会排斥和贫困文化，关注风险社会时代的城镇贫困问题，是经济和社会发展的必然要求。2017年底我国城镇贫困人口已达6300万人，14个连片特困区覆盖了全国城镇贫困人口的19%（且将随片区城镇化加速而骤增）。

新发展理念要求用更高质量的发展解决当前发展中所遇到的问题，切实保障城镇贫困人口生活质量和生计可行能力的提升，明确城镇贫困发生机制及未来发展趋势至为重要，弥合人口流动性特征的空间重构理

论则为城镇贫困治理提供了理念指导。考虑到数据可得性，本研究过程中以我国 3 个典型连片特困区 20 个中心城市 84 个县区城镇贫困群体为分析对象，明晰新型城镇化、乡村振兴与区域协调发展等空间重构战略与城镇贫困人口扶贫开发的耦合机理，系统分析片区城镇贫困空间格局、致贫因子及其发生机制，进而在探讨未来城镇贫困发展趋势的基础上，提出连片特困区城镇贫困治理机制优化策略，可为城镇贫困群众脱贫解困提供决策参考。

1. 片区城镇贫困人口扶贫开发工作框架设计

引入空间重构减贫理念，空间重构与城镇贫困人口扶贫开发的互动耦合体现在机会获取优势、权益剥夺困境和良性秩序维持三个领域，层次上可以分为宏观区域层面、中观社区层面和微观个体层面，现实表现为城镇经济发展推动、社会结构制约、规控制度改革促动和发展规划导向等多重因素的综合作用。

（1）机会获取优势

伴随着以产权制度和要素市场化配置为重点的市场经济体制的健全和完善，新发展理念导向的新型城镇化、乡村振兴、区域协调发展等战略的实施，很大程度上推动了城市中心商圈的转移、加速了城中村改造与产业转型等，城镇发展不仅体现在发展速度加快、空间规模延展和经济体量增大等方面，而且“以人为本”的城镇化追求更高质量的全面发展。相对于扶贫开发，城乡融合与协同发展可为城镇贫困人口扶贫开发提供强大的资源支撑：空间重构的发展有助于为区域减贫提供强大的资源保障，有助于为“空间塌陷”的贫困社区基础设施建设、公共服务供给等提供强大的财政支持，亦可为规划范围内的边缘社区提供资产增值机会；快速发展的经济有助于提供较多的就业机会，促进贫困人口开展根源性减贫；有助于发挥城镇作为“增长极”的极化带动效应和周边辐射效应，加速要素流动和促进要素增益，实现城镇民众共享式发展；向善向好的空间重构规划调整，使得城镇发展空间纵横交错，碎片化重构基础上的社区文化多元、复合空间特征明显，有助于社区民主、公平等现代市民文化的形成，从而为作为弱势群体的城镇贫困人口发展提供比较友善和谐的社会发展空间。

（2）权益剥夺困境

区域社会经济发展并不一定必然带来贫困消减，这一发展悖论也存在于城镇贫困消减领域。依据空间经济学理论，空间重构发展的本质是追求不均衡发展基础上的均衡发展，城镇发展空间重构促进城镇贫困群体扶贫开发的同时，也会出现"空间剥夺"现象，亦即为利益相关者带来机会获取优势的同时，也有可能带来发展资源的剥夺：空间重构将导致区域各组成区片空间的功能定位与相对地位的调整，符合产业发展规律和社会需要的功能区将在未来的发展中地位凸显，其他区域社会经济系统发展情势将相对衰落，原本兴旺发达的产业、高度集聚的人气、较为优裕的公共服务提供等逐步在与城镇新功能区越来越大的发展差距中变得愈发发展疲软；区域空间重构将最终引致民众生计空间变化，不同生计策略选择下的生计风险成为贫困人口致贫因子的重要组成部分，规划资源富集区的城镇贫困民众也许将招致追随新功能区设置而来的新贵群体的社会排斥从而变得生活更加困难，贫困人口生活质量和发展权益保障薄弱难支；旧城区贫困人口由于发展区位优势消失，带来住房等重要资产贬值、环境拥挤、设施配置和服务水平更新速度落后于发展节奏等空间发展边缘化现象，从而加重了城镇贫困人口扶贫开发的难度。

（3）良性秩序维持

作为区域社会经济系统发展的重要驱动，空间重构也是区域社会经济发展秩序的破坏性基础上的再创与优化。空间重构有助于区域经济布局优化、产业结构调整、生活空间更新和改善，更是对传统社会经济发展秩序的解构和梳理基础上的创新。空间重构冲击着传统行政规控、社会治理与市场运行等核心秩序，不同阶层、体制内外、不同行业的诸多利益群体得利途径与发展风险随之发生变化，保障和衡量秩序稳定与发展的"公平与效率"两大标准要求空间重构进程中必须关注贫困发生与城镇减贫：着力构建市场机制有效、微观主体有活力、宏观调控有度的经济体制，需要强化行政与市场协调基础上的资源有效配置，深入推进建设现代化经济体系进程中的行政体制与机制改革，城镇对于发展效率的追求将导致资本、技能等要素禀赋欠缺的价值创造主体面临陷入贫困风险；而社会公平与效益标准则要求维持稳定秩序以降低社会经济系统的整体运行成本，完善社会支持政策体系，助推城镇贫困人口减贫与发展，促进区域社会经济秩序良性运行，提升发展质量和改善民生。

2. 片区城镇贫困人口空间格局与贫困发生机制解析

相较于比较明确的农村贫困标准，城镇贫困标准设定尚未形成定论，但多数研究认为城镇贫困应被理解为是一种发展状态疲软致使贫困主体利益诉求实现的机会与可行手段缺失，虽然当前以最低生活保障水平为指标的经济衡量仍为城镇贫困标准设计的主流，但多维贫困理念已经逐步受到关注。

围绕吉迪翁（Sigfried Giedion）所提出的"有外无内、内外分隔和流动空间"的三个概念阶段，空间关系的拓展思考聚焦于空间之间的流动性、可塑性和渗透性，逐步形成了"对延展空间的进一步探索可以为本部空间的多维连续性探索提供较多启示和借鉴"的结论①。借此，本研究拟基于空间延展理念作为指导，首先延展典型连片特困区分析范围，明确城镇贫困的一般动态变化趋势，进而逐步缩进，剖析片区城镇贫困空间分布与结构特征，并探讨城镇贫困发生机制：考虑到分析数据的可获性和历史分析的可行性，选取城镇最低生活保障线作为城镇贫困标准；在数据分析时将从医疗、教育、老龄化、产业结构转型等多维致贫领域进行拓展式探讨，以弥补单一经济指标解释城镇贫困现象的不足；同时考虑空间资源禀赋差异，选择西南部的乌蒙山区、中部罗霄山区和东北部大兴安岭南麓山区等三个典型区域在20个中心城市、84个县（市、区）级单位层面开展城镇贫困致贫机制深入剖析。

（1）连片特困区城镇贫困阶段性特征分析

鉴于《中国农村扶贫开发纲要（2011－2020年）》和连片特困区《区域发展与扶贫攻坚规划（2011－2020年）》制定与规划中控制性项目（工程）的时间设定，选择2011年、2013年、2015年、2016年4年数据作为样本数据进行连片特困区城镇贫困阶段性探讨（数据采集时间为2017年9月）。

---

① Siegfried Giedion. *Space, Time and Architecture*. Harvard University Press, 2003: 3－9.

①连片特困区城镇贫困动态变化特征——省级层面

3个连片特困区共涉及8个省（自治区）20个中心城市84个县（市、区），考虑到人口的城乡流动特征与流动范围，首先分析连片特困区涉及省份城镇贫困群体信息，虽然区域数据呈现扩大态势，但此处只关注区域环境和趋势探讨，后面论述将具体到中心城市及县级层面。

**表5－14　典型连片特困区涉及省区城镇贫困群体信息**

单位：万人

| 片区名称 | 涉及省区（简称） | 2011年 | 2013年 | 2015年 | 2016年 |
| --- | --- | --- | --- | --- | --- |
| 乌蒙山区 | 川、黔、滇 | 336.47<br>（502.70） | 338.88<br>（548.96） | 288.38<br>（595.99） | 252.82<br>（622.67） |
| 大兴安岭南麓山区 | 蒙、吉、黑 | 339.10<br>（403.17） | 302.40<br>（412.71） | 252.30<br>（421.36） | 229.80<br>（425.67） |
| 罗霄山区 | 赣、湘 | 226.50<br>（335.08） | 227.60<br>（353.92） | 224.90<br>（464.70） | 199.50<br>（482.97） |

注：（1）数据源于各省区年度国民经济与社会发展公报、年度统计年鉴；（2）括号内数据片区年度城镇人口数量的8%测算数据。贫困研究者常依据调研测算（见表5－14），将城镇户籍人口总数的8%作为贫困人口数量估测值。

依据统计结果（见表5－14），显似矛盾的现象出现：一方面3个连片特困区涉及省区城镇贫困人口（统计口径：城镇居民最低生活保障标准）数量呈下降趋势，另一方面随着各个区域城镇化率的不断提高，城镇贫困人口数量不断上升（统计口径：8%的共识估算比例），这个现象将为未来城镇贫困研究拓展一些思考空间。考虑研究过程中分析口径的一致，文中阐述城镇贫困人口标准时皆以城镇居民最低生活保障水平作为标准。

上述现象出现的可能理由表现为三个方面：一是“以人为本”的城镇化质量较高；二是城镇居民最低生活保障标准的设定水平不高，且不同区域年度最低生活保障标准变化幅度不一；三是社会对于城镇贫困的理解逐步由单维识别走向多维评价，故而两个标准下的城镇贫困人口数量差距较大。

②连片特困区空间分布特征——市级层面

进一步梳理3个典型连片特困地区涉及的20个中心城市城镇贫困

人口数量，以更加准确、清晰的反映连片特困区城镇贫困空间分布特征。

表 5－15　典型连片特困区中心城市城镇贫困群体信息

单位：万人

| 片区名称 | 涉及省区（简称） | 2011 年 | 2013 年 | 2015 年 | 2016 年 |
|---|---|---|---|---|---|
| 乌蒙山区 | 泸州市、宜宾市、乐山市、凉山彝族自治州、遵义市、毕节市、昆明市、昭通市、曲靖市、楚雄彝族自治州 | 83.22（24.7%） | 78.48（23.2%） | 82.34（28.6%） | 73.77（29.2%） |
| 大兴安岭南麓山区 | 兴安盟、白城市、齐齐哈尔市、绥化市 | 48.34（14.3%） | 44.26（14.6%） | 41.00（16.3%） | 34.94（15.2%） |
| 罗霄山区 | 萍乡市、赣州市、吉安市、抚州市、株洲市、郴州市 | 55.58（24.5%） | 54.20（23.8%） | 50.36（22.4%） | 51.05（25.6%） |

注：（1）数据源于各市区年度国民经济与社会发展公报、年度统计年鉴；（2）括号内数据为中心城市城镇贫困人口相对于片区涉及省区城镇贫困群体整体数量占比。

统计结果显示（见表 5－15），典型连片特困区涉及中心城市城镇贫困人口数量呈现下降趋势，但通过图 5－4 可见，片区中心城市贫困人口数量相对于片区涉及省区城镇贫困群体整体数量的比重却呈现上升趋势。

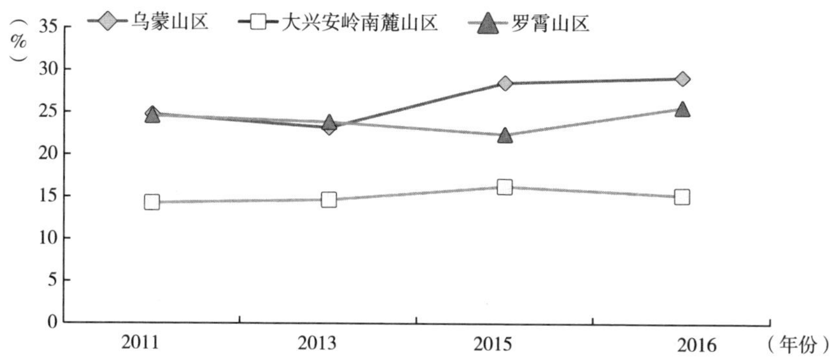


图 5－4　典型连片特困区中心城市城镇贫困群体数量较片区涉及省区城镇贫困群体数量占比

通过调研片区涉及省份民政职能部门得知，主要原因为片区中心城市的城镇化率受到区域整体发展水平落后的影响，城镇人口增速低于片区涉及省区的其他城市，如乌蒙山区毕节市 2016 年 38% 的城镇化率低于贵州省城镇化率 6 个百分点，大兴安岭南麓山区兴安盟 2016 年 44% 的城镇化率低于贵州省城镇化率 16 个百分点；同时受到区域脱贫攻坚、自身发展水平提高和邻近区域城镇居民最低生活保障标准不断提升的影响，片区涉及中心城市最低生活保障水平不断提高，部分地区呈现出城镇居民最低生活保障人数增加的现象。如赣州市 2016 年对城乡困难群众进行提标提补，将城市最低生活保障平均保障标准提高到每人每月 480 元，高出 2015 年标准 50 元，增幅达 10%；片区中心城市发展速度不快、发展质量低于其他较为发达地区的现实促成了片区中心城市城镇贫困群体数量较于片区涉及省区城镇贫困群体整体数量占比缓慢增加的态势。

比较片区涉及中心城市 2011 年、2016 年城镇贫困人口数量（见图 5 - 5），可以发现少数城市 2016 年的城镇人口在所属片区城镇贫困人口整体数量中的占比显著上升，如乌蒙山区昭通市、罗霄山区抚州市以及大兴安岭南麓山区绥化市，多数城市与所属片区城镇贫困人口数量变化的下降趋势趋同。并且依据 2016 年典型片区涉及县区城镇贫困人口数量汇总计算可知，乌蒙山区城镇贫困人口较为集中的县区为昭通市（14.99 万人）和凉山彝族自治州（2.79 万人），占比分别为 46.6% 和 8.7%；罗霄山区城镇贫困人口较为集中的县区为赣州市（5.8 万人）和吉安市（3.72 万人），占比分别为 39.1% 和 25.4%；大兴安岭南麓山区城镇贫困人口较为集中的县区为白城市（5.36 万人）和绥化市（4.84 万人），占比分别为 32.3% 和 29.1%。调研发现，三个城市均分布于片区的边缘；近五年处于滇川黔区域综合交通枢纽位置的昭通市坚持新型城镇化发展理念，统筹推进城乡一体化发展成效显著，但空间上看昭通发展难在交通，聚焦“富集的自然资源难以养活一方人”的困境依然存在，贫困面大、贫困程度深的状况还没有根本改变，脱贫攻坚任务极其艰巨；罗霄山区抚州市、大兴安岭南麓山区绥化市在长期秉承农业功能区定位的发展过程中形成传统农业产业特色明显，但工业发展基础薄弱、体系疏散，新兴工业产业体系尚未形成，周边产业辐射通道受阻，使得抚州、绥化新型城镇化进程中在就业岗位提供、城镇贫困人口最低生活保障等方面发展乏力。概括来讲，区域“人流、物流、资金流、信息流”交汇融通的开放格局和经济“增长极”尚未形成，致使上述区域要素交流与要素增益效应受阻，影响区域发展质量和城镇减贫。

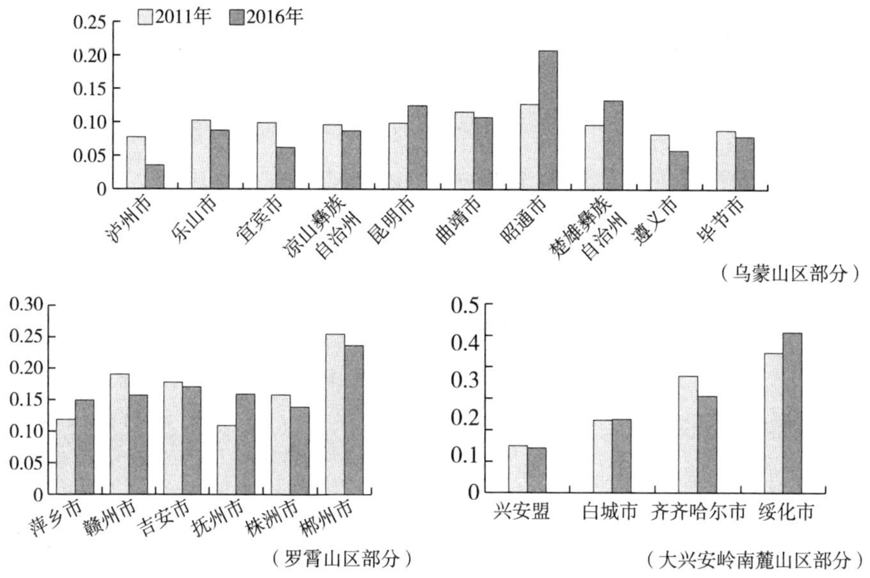


**图 5－5　典型片区中心城市不同年份城镇贫困人口占比变化**

另从 2016 年片区中心城市贫困发生率（见表 5－16）也可以看出：除片区辖县较少的萍乡市外，贫困发生率较高的楚雄彝族自治州、昭通市、抚州市、绥化市和白城市分别达到了 13.2%、9.1%、4.3%、9.9% 和 7.9%。

**表 5－16　典型连片特困区中心城市城镇贫困发生率信息（2016 年）**

单位：%

<table>
<tr><td rowspan="4">乌蒙山区</td><td>泸州市</td><td>乐山市</td><td>宜宾市</td><td>遵义市</td><td>凉山彝族自治州</td><td>楚雄彝族自治州</td></tr>
<tr><td>1.4</td><td>5.4</td><td>2.2</td><td>1.4</td><td>3.9</td><td>13.2</td></tr>
<tr><td colspan="2">昆明市</td><td colspan="2">曲靖市</td><td>昭通市</td><td>毕节市</td></tr>
<tr><td colspan="2">2.9</td><td colspan="2">2.9</td><td>9.1</td><td>2.1</td></tr>
</table>

续表

| 罗霄山区 | 萍乡市 | 赣州市 | 吉安市 | 抚州市 | 株洲市 | 郴州市 |
|---|---|---|---|---|---|---|
| | 5.8 | 1.8 | 3.7 | 4.3 | 2.7 | 4.9 |
| 大兴安岭南麓山区 | 兴安盟 | 白城市 | 齐齐哈尔市 | 绥化市 | | |
| | 5.6 | 7.9 | 3.6 | 9.9 | | |

数据来源：各市区年度国民经济与社会发展公报、年度统计年鉴。

③连片特困区城镇贫困人口结构特征——县级层面

样本片区共涉及县级单位84个，依据2016年民政系统统计数据，共有城镇贫困人口63.39万人。其中大兴安岭南麓山区涉及20个县（区、市、旗），城镇贫困人口16.63万人，占比26.2%；罗霄山区涉及25个县（区、市），城镇贫困人口14.63万人，占比23.1%；乌蒙山区涉及39个县（区、市），城镇贫困人口32.13万人，占比50.7%。同时在63.39万城镇贫困人口中，女性贫困人口为24.04万人，占比37.9%；“三无”人员为1.29万人，占比3.1%；残疾人贫困人口为4.92万人，占比7.8%，充分反映出城镇贫困中的女性贫困将是未来城镇减贫需要关注的重要领域，但传统“三无”人员随着新型城镇化的推进将不再是城镇贫困的主要组成。

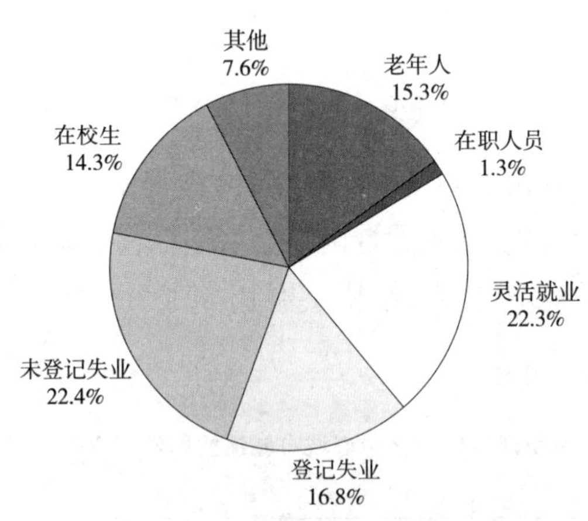


**图5-6　样本区域城镇贫困人口组成结构总体分析**

总体分析典型片区城镇贫困人口组成结构（见图5-6），占比较高的为未登记失业人口和灵活就业人口两类群体，占比分别为22.4%、

22.3%；其次为登记失业、老年人和在校生，占比分别为 16.8%、15.3%和 14.3%，数据结论符合相关研究得出的失业人员、贫困在职或下岗的灵活就业人员，以及因老、因学致贫人口已经成为当前城镇贫困的主要来源和构成[①]。由图 5－6 可以看出，具有劳动能力和就业意愿的失业人口总数占比达到 39.2%，再加上就业保障水平不高的灵活就业人员，城镇贫困人口总占比高达 61.5%，充分说明了由于片区城市发展过程中产业结构优化和产业分工深化水平不高，使得区域发展与产业体系就业容纳能力受限。老年人和在校生这“一老一少”两类群体在城镇贫困人口组成结构中比重较大，明显反映出当前城镇社会保障体系薄弱与服务功能欠缺等发展短板。

从空间分布上，2016 年大兴安岭南麓山区城镇贫困人口较为集中的县区为白城市洮北区（2.18 万人）、绥化市青冈县（1.77 万人），城镇贫困人口占所属片区城镇贫困总人口的比重分别为 13.6%和 10.6%；2016 年罗霄山区城镇贫困人口较为集中的县区为吉安市永新县（1.03 万人）、抚州市乐安县（0.85 万人），城镇贫困人口占所属片区城镇贫困总人口的比重分别为 7%和 5.8%；2016 年乌蒙山区城镇贫困人口较为集中的县区为昭通市镇雄县（4.5 万人）、昭阳区（2.73 万人），城镇贫困人口占所属片区城镇贫困总人口的比重分别为 13.9%和 8.5%。

分区分类分析 3 个典型连片特困区城镇贫困人口组成结构特征，与上述总体分析结论基本一致（见图 5－7）。部分突出特征表现为：大兴安岭南麓山区的未登记失业人口占比较高，乌蒙山区在校生占比较高，罗霄山区老年人占比较高。调研发现，主要原因为大兴安岭南麓山区受到老工业基地产业转型影响，许多青壮年劳动力流动务工，家庭人口短期随迁，致使未登记失业人口较多；罗霄山区区域经济整体发展水平较低且分户现象突出，使得家庭养老保障能力趋低；乌蒙山区自然环境恶劣、教育扶助等公共服务体系尚不完善致使在校生人口占比较高。

① 梁汉媚、方创琳：《中国城市贫困人口动态变化与空间分异特征探讨》，《经济地理》2011 年第 10 期，第 1610～1617 页。

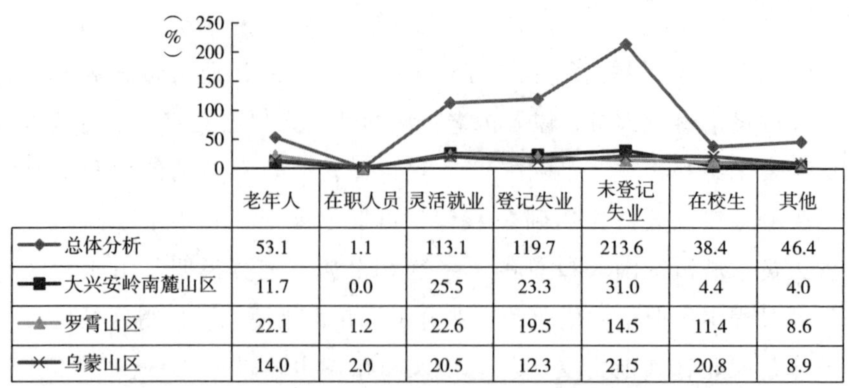


| | 老年人 | 在职人员 | 灵活就业 | 登记失业 | 未登记失业 | 在校生 | 其他 |
|---|---|---|---|---|---|---|---|
| 总体分析 | 53.1 | 1.1 | 113.1 | 119.7 | 213.6 | 38.4 | 46.4 |
| 大兴安岭南麓山区 | 11.7 | 0.0 | 25.5 | 23.3 | 31.0 | 4.4 | 4.0 |
| 罗霄山区 | 22.1 | 1.2 | 22.6 | 19.5 | 14.5 | 11.4 | 8.6 |
| 乌蒙山区 | 14.0 | 2.0 | 20.5 | 12.3 | 21.5 | 20.8 | 8.9 |

**图 5－7　典型片区城镇贫困人口组成结构分析**

（2）连片特困区城镇贫困多维致贫原因与发生机制解析

①自然资源与空间发展环境约束

追溯国家连片特困区脱贫攻坚政策的由来，片区特殊的自然环境、薄弱的产业基础和狭窄的发展空间等被认为是片区发展滞后的重要原因，作为区域发展增长极的连片特困区中心城市主导产业构成、财政税收规模、发展空间延展程度等亦会受到片区宏观环境影响。城镇贫困人口占比较高的中心城市或者县级单位，其发展过程中需要突破的首要制约因素即是自然资源与空间发展环境约束：自然条件恶劣，地貌、水分、土壤相互匹配不协调造成许多城市居民的条件贫困，基础设施和公共服务供给不足阻碍了城镇发展，影响到城镇人口尤其是可行能力较弱的贫困群体的生产生活改善，如罗霄山区抚州市乐安县深处江西腹地，山地、丘陵居多，且是少数民族聚集区域，区域发展环境相对闭塞，使得城镇贫困人口比重较大；传统资源型城市陷入“资源诅咒”怪圈，新时期产业发展转型乏力，就业岗位提供和失业工人保障难以为继，如大兴安岭南麓山区白城市洮北区、大安市位于东北老工业基地边缘，城镇居民多从事工业生产和林区开发，随着可供开发资源的逐步衰减，城镇贫困人口增多；也有因为区位影响，蕴含丰富的自然资源但不能用于开发以实现发展致富的情况，如昭通市巧家县、水富县等富集水能资源但长期得不到开发。虽然现在金沙江梯级水电开发为该区域带来发展契机，但落后的产业基础、人力资源等并不能迅速与之匹配，加之区域开发对于土地、林地等发展资源的占用、侵蚀，城镇贫困人口增加在所难免。

②发展战略调整与经济发展方式转变的协同作用

旨在追求空间生产增益的区域发展战略调整有助于强化区际要素流动，实现资源集聚基础上的规模经济和范围经济。区域发展战略的调整需要经济发展方式转变来实现，经济发展方式转变需要发展战略调整提供制度保障①。区域发展战略调整涉及发展观念、法规政策、体制机制等内容，政府主导型经济下区域发展战略调整的重要功用在于遵循市场经济规律的前提下推进不同区域增长极的优选和组合，弥合市场“交易—试错”成本与时间，促进区域快速发展。一方面，区域之间不同产业结构深度影响着区域经济发展和城镇居民水平，传统产业分工深化、新兴业态的蓬勃发展有助于区域就业机会增加，但也有可能出现技能（技术和知识）排斥。鉴于城镇贫困人口的综合素质不高、市场竞争能力薄弱的特征，综合分析典型连片特困区三次产业结构比例，一般表现为三产比例较低的区域城镇贫困人口较多，如大兴安岭南麓山区黑龙江省白城市 2016 年三次产业结构比例为 15∶46.9∶38.1，齐齐哈尔市 2016 年三次产业结构比例为 22.1∶5.9∶42，黑龙江省当年三次产业结构比例为 17.4∶28.9∶53.7。另一方面，不同区域发展战略导向下的经济发展方式转变意味着多元主体利益关系重整，加之经济发展方式转变过程中对于效率和公平的权衡，城镇贫困群体在区域发展不平衡、不充分的状态下出现，如大兴安岭南麓山区工业基地在重视流转税的税制结构、高垄断的要素市场结构和以 GDP 绩效考核为主的政绩考核体制下，陷入粗放型经济发展方式；乌蒙山区涉及县区自然景观丰富，在新发展理念和全域旅游的战略指导下，具有旅游发展资源且能适应旅游发展战略要求的群体的获得感和幸福感将会大幅提升，而从事粗放工业生产的工人可能面临下岗或者技能再提高的发展困境。如若解决发展战略调整与经济发展方式转变可能带来的城镇贫困问题，构建区域发展过程

① 申田、马强文、严汉平：《经济发展方式转变的基本逻辑探讨》，《西北大学学报》（哲学社会科学版）2018 年第 1 期，第 105 ~ 112 页。

中规制者和社会公众二者利益诉求一致性的“良好选择激励机制”成为必需。

③公共服务供给与社会保障水平影响

城镇贫困人口构成结构中老年人、在校生和灵活就业三类人群占比较高的现象充分说明当前城镇公共服务与社会保障存在短板，区别于农村贫困人口的土地保障，城镇贫困人口减贫的重要手段是财政转移支付和收入分配机制优化，外在表现为住房、医疗、教育、养老等公共服务供给和社会保障水平提高，特别是住房制度改革、城市改造、二元社会结构、公共资源配置不足加剧了贫困空间的集中化①：较高的商品房价格（依据中国国土资源年报，2015 年全国商品房平均售价为 7476 元/$m^2$，而 2016 年的全国城镇居民人均最低生活保障支出为 3864 元/年）和边缘化的保障性住房建设，使得房地产成为明显的社会筛选机制，城市贫困群体居住空间“群分和隔离效应”加剧；流动人口增长与基于户籍制度的社会保障体系脱节，加之社区治理体系尚未健全，社会网络关系和邻里支持的缺失，使得城镇流动贫困群体异地聚集。调研还发现，此类群体是城镇贫困群体分类中“灵活就业”类别人群的重要组成。城镇居民最低生活保障标准长期在低水平状态徘徊，社会组织参与受限、公共资源在城镇发展空间中的分配不均等使得城镇贫困群体发展权益受损程度日益加剧，如很多社会组织在动员资源、提供专业救助等方面具有优势，但由于参与协调和项目沟通等协作机制和平台尚未实现高效对接，影响其参与城镇贫困人口扶贫开发工作的积极性和作用发挥。

3. 连片特困区未来城镇贫困问题发展趋势

全力做好新时代连片特困区城镇贫困人口脱贫解困工作，补齐民生短板，是实现全面共建、全面共享小康社会发展目标的重要战略举措。依托新发展理念指导，依据新型城镇化、乡村振兴、区域协调发展等国家战略要求，明晰连片特困区未来城镇贫困问题发展趋势，有助于连片

---

① 慈勤英、张芳：《城市贫困空间固化的社会治理研究》，《西南民族大学学报》（人文社会科学版）2017 年第 3 期，第 1 ~5 页。

特困区城镇贫困问题消减和治理优化。基于 3 个典型连片特困区 8 省 20 个中心城市 84 个县区城镇贫困人口空间格局与贫困发生机制分析，未来城镇贫困问题发展趋势表现为以下五个方面。

（1）城镇贫困主体多元，结构性特征明显

较之于传统城镇贫困人口结构组成，连片特困区城镇“三五人员”已经不再是贫困群体的主要组成，老年人贫困、在校生（未成年人）贫困和失业贫困将是未来城镇贫困治理的重点关注人群，住房、医疗和教育在致贫因素作用传导机制中发挥着关键作用。

（2）多维贫困得到共识，支出型贫困受到关注

实现人的全面发展和实现其对美好生活向往是社会发展的目标追求。连片特困地区发展致贫因素多维，贫困现象纷繁复杂、程度悬殊，未来片区城镇贫困治理将不再坚持单一的经济收入标准衡量，而要逐步转变为发展诉求与权益保障的多维测度，尤其要关注风险社会背景下的人均收入水平在贫困线之上、财力支出却因关键事件远远超出承受能力的城镇“支出型贫困”家庭，防止此类群体成为社会救助的“夹心层”。

（3）城乡贫困交织，贫困流动问题亟待破解

党的十九大报告提出建立健全城乡融合的体制机制和政策体系。随着社会主义市场经济体制和现代化经济体系的健全，连片特困区经济要素平等交流、自由组合的环境将更加和谐。乡村振兴和区域协调发展战略引领下人员流动水平将大大提高，贫困流动问题将是未来片区城乡贫困治理的新领域，当前“二元分治”体系下的城镇贫困救助体系与农村扶贫开发体系需要联动协同，有机衔接，逐步实现城乡扶贫开发的协同治理。

（4）社区治理成为重要依托，益贫性社会支持政策体系需要健全

社区是城镇基本单元，事关广大城镇居民利益和社会稳定。连片特困区城镇贫困人口的识别、救助与扶贫开发等工作开展均要依托所在社区，明确社区扶贫开发功能、加强社区机构建设与提高社区贫困治理能力等成为城镇贫困治理的首要任务；应准确把握新时代现代化经济体系下新产业、新业态、新经济模式对于城镇贫困的影响，探讨致贫因素、

作用机制并整合社会资源，并健全益贫性社会支持政策体系和社会网络扶贫支持体系，以实现社会发展成果共享。

（5）个性化生计策略助推扶贫开发，生计空间调整将引领城镇减贫模式创新

借鉴农村扶贫开发精准扶贫、精准脱贫政策的实践探索，连片特困区城镇贫困人口扶贫开发在精准识别城镇贫困人口致贫原因的基础上，仍将坚持供需对接、物质扶贫与精神扶贫并重、扶助对象与帮扶政策双向精准的原则指导，强化城镇贫困人口脱贫攻坚的个性化生计策略制定，利用功能区调整、棚户区改造、城中村治理等规划发展举措，适度改善城镇贫困人口的生计空间，以提高城镇贫困人口减贫效率与效益。

4. 片区城镇贫困减缓进程中发展空间重构思考

（1）外部环境改善：践行新发展理念，做好片区空间发展规划

推进以人为核心的新型城镇化，坚持创新、协调、绿色、开放、共享的新发展理念，站在新型工农城乡关系建设的高度做好片区空间发展规划。利用系统思维，科学编制片区城乡主功能区规划，并且做好相关规划的统筹衔接，引导要素在城市间高效配置，促进城乡发展要素平等交换、自由组合与要素增益；着力在城区规划、基础设施、公共服务等方面开展效率与公平兼顾的发展资源优化配置；深化“人地钱挂钩”配套政策，提高城镇建设用地效率，优化城市空间布局，提高城镇发展质量；健全连片特困区城市群协同发展机制，培育新生中小城市，强化城市间发展规划编制、主导产业选择与优势产业布局、交通等基础设施建设、公共服务与社会保障提供、生态保护与环境治理等重点领域合作，提高片区中心城市发展质量，充分发挥城镇增长极的“极化效应和辐射带动效应”，实现城镇贫困人口的宏观发展空间优化调整和重构。

（2）平台机制设计：健全脱贫解困工作体制机制，适度调整贫困人口生计空间

重视城镇贫困人口扶贫开发，将其纳入本地经济社会发展和脱贫攻坚工作大局，将传统社会救助与现实扶贫开发需求相结合，在民政系统各级增设城镇贫困人口扶贫开发职能科室和职位，明确职责与职权，理

顺管理体制，加大资金投入力度，专职负责新时期城镇贫困人口扶贫开发事宜；准确把握片区城镇贫困人口结构组成、空间分布、致贫机制等贫困情势，综合考虑收入型贫困和支出型贫困特征，按照片区综合发展水平科学设立城镇贫困标准，摸清底数，运用现代信息共享技术健全精准识别、动态调整、精准帮扶及后期绩效评估的联动机制；进一步完善现行城镇贫困人口社会保障机制，加大医疗服务、教育救助、社会保险、保障房供给、临时救助等帮扶力度，根据物价变动、区域发展水平等因素及时调整救助标准；适度调整城镇贫困人口生计空间，通过提供创业税费减免和优惠政策、强化技能培训等方式，拓宽城镇贫困人口创业致富渠道，支持有劳动能力和就业意愿的贫困人口通过就业创业脱贫。

（3）拓展参与格局：夯实社区“发展共同体”组织基础，注重社会多元支持体系建设

社会关系网络表现为社会成员行为过程中与其他利益相关主体形成的实体空间或虚拟空间结构，是行为主体获取权力、财富、社会声望等资源和信息传递的重要媒介，当然也影响其行动和决策①。连片特困区城镇贫困人口致贫原因多维，空间重构基础上社区成员“发展共同体”建设对于城镇减贫尤为重要：相较于传统农村社区、单位型社区，城镇社区缺乏血缘关系、业缘关系和邻里关系支撑，更趋于感情陌生化、分布碎片化。为此，应进一步推动社区参与制度、协商制度完善和培育社区精神，增进社区成员认同感和归属感，提高社区邻里互助频率和质量，营造城镇贫困减贫的良好氛围；着力打造“政府主导、社会参与”共建共治共享的社区扶贫助困治理格局，使得政府、社区、社会工作者、志愿者、市场主体、社区居民等多元主体协同配合，建立社会组织参与城镇贫困人口扶贫开发工作协调服务机制，明确各方主体责任、权益与行为路径，发挥各自专长，融合发展，有序参与到城镇贫困治理中来。

---

① 王曙光、王琼慧：《论社会网络扶贫：内涵、理论基础与实践模式》，《农村经济》2018 年第 1 期，第 1～10 页。

(4) 可行能力聚焦：激发城镇贫困群体发展内源性动力，保障帮扶对象长远生计

内源性动力激发是贫困人口脱贫致富的决定性因素。内源性动力作为行为主体较高层次的行为驱动力量，是一种固化心理特质的重建，是行为主体所处社会环境、文化熏陶、自身发展观念与实践经历等多种作用的综合结果，呈现出长远思考与阶段性关注、内在执著与被动转变等双重特征①，激发内源性动力虽然困难较大，但发生改变后持续时间较长：应尊重发展规律，注重片区城镇贫困群体发展内源性动力阶段性跃升；在保障城镇贫困人口基本生活所需的基础上，通过社区宣传、活动组织、发展典型示范、贫困人口的动态退出机制设计等方式倒逼贫困群体激发内生动力；移风易俗，重塑“崇尚法治、崇尚科学、崇尚知识、崇尚创业、崇尚勤劳、崇尚文明”的社区规范，弘扬致富精神，逐步消除“等、靠、要”的依赖思想；强化城镇贫困群体的互助组织建设与注重社区经济实体对接，助推贫困人口开阔眼界、更新观念，提高其市场竞争意识与发展技能；培育市场，逐步实现产业的转型升级，进而激发其劳动热情，为希望创业就业致富的城镇贫困群体创造条件；建立城镇贫困人口扶贫开发长期跟踪服务机制，完善城镇贫困人口返贫风险防范体系。

(5) 减贫保障增进：强化制度供给，注重市场化减贫模式创新

城镇贫困人口脱贫致富在不同的社会发展阶段有着不同的时代内涵和阶段性特征，需要与之相适应的科学制度供给。连片特困区具有“跨越多个行政区划而又相对独立”的空间特征，具有开展城镇贫困减贫政策先行先试的地理优势，针对片区城镇贫困发生机制差异，可以在典型片区设立“城镇贫困减贫政策试验区”，尤其要关注探索城乡扶贫开发协同治理、新型经济发展模式的致贫风险与防范、城镇社保救助与扶贫开发政策衔接以及“普惠和适度竞争”相结合的市场化减贫模式创新、城镇贫困人口扶贫开发绩效评估等领域，逐步完善城镇贫困人口

① 包先康：《区域内生发展下连片贫困区精准扶贫的质量提升》，《湖南科技大学学报》(社会科学版) 2018 年第 1 期，第 105～111 页。

扶贫开发政策体系，确保城镇贫困群众脱贫解困同步小康。

## 5.3　网络空间重构与片区贫困治理：以电商扶贫为例

电子商务通过“互联网 +”基础上的传统发展资源“碎片化重构”，推动着国民经济各产业的快速发展和转型升级。旨在网络经济环境下城乡发展要素的空间优化配置，电商发展逐渐将农村作为主战场，并逐步成为区域发展中联通城乡、关联产业和促进农民增收的重要抓手。经济新常态下供给侧结构性改革要求脱贫攻坚工作“准确把握新形势、充分发掘新动能、有序规范新模式和推进扶贫工作取得新进展”，基于“传统扶贫资源碎片化重构”与“传统扶贫开发模式流程再造”基础上的“互联网 + 扶贫”，即“电商扶贫”，因其在要素优化配置、促进贫困户脱贫增收作用显著而逐步受到关注。

作为互联网时代扶贫模式的创新，电商扶贫通过“网络经济平台”“关联产业粘连”与“区域发展分工深化”[①] 等效应发挥，拉动网络创业和网络消费，塑造良好的发展生态，重构贫困人口生计发展空间，降低贫困人口发展过程中的市场风险，增加其发展机会，提升其脱贫致富能力，为欠发达地区提供了“弯道超车”的契机。

### 5.3.1　电商发展与扶贫开发的协同耦合机理

1. 市场要素“增益”与行政资源“整合”

贫困产生的根源在于发展要素不足以及要素低效配置，区域脱贫攻坚与贫困人口发展致富的关键是获得其发展所需的关键资源（资本、机会、制度等）并在此基础上进行优化配置。行政主导背景下的区域脱贫攻坚有助于各项发展资源在“政府权威”影响下进行要素集聚与资源整合，也会随之因为“行政区划区隔”产生发展要素流动交易成本增加、城乡发展要素交流中的价值扭曲等要素流动阻断，影响发展资源配置效率提升与减贫效应发挥。依托互联网经济的电商扶贫则可以在很大程度

① 罗必良：《农业供给侧改革的关键、难点与方向》，《农村经济》2017 年第 1 期，第 1 ~ 10 页。

上跨越不同区域资源要素流动的空间樊篱，突破区域扶贫开发工作的“空间陷阱”[①]：盘活贫困地区具有比较优势的发展资源，扩大发展要素交流融通；拓宽市场视野，整合线上线下、区域内外等发展资源[②]；强化供需对接，推动资源要素间的交换与共享，促进要素增益；助力公共服务能力提升和贫困地区产业转型升级，引领贫困人口增收致富。

2. 贫困农户“主动参与”与多元主体“协同推动”

电商扶贫模式的本质是通过市场化的方式，让农民和市场接轨，把传统的农民变成市场化的主体[③]。电商扶贫以其“扶贫手段新鲜、致富前景广阔、进入门槛适中、农特产品市场风险较低、运营成本不高”等特征，吸引了诸多利益相关群体加入。针对贫困农户生产观念狭隘、生产方式落后、生产服务供给不足等可能的致贫因素，电商扶贫模式通过贫困人口发展意愿分析、教育培训、资源与政策支持等方式，转变贫困农户“等、靠、要”的发展惰性，对贫困户“授之以渔”，激发贫困主体发展活力，转变传统扶贫开发工作中扶贫对象“被动参与”为“主动参与”，提高其发展积极性；引导贫困主体关注市场供求动态，及时合理组织生产，利用当地优势资源发展经济、增收脱贫。政府、企业、社会组织等从技能培训、信息服务、金融服务、社会化服务体系建设、综合执法监管等多个方面，全方位、多角度协同配合，如支持电商企业拓展农村业务、加强贫困地区农产品网上销售平台建设、加强贫困地区农村电商人才培训、对贫困家庭开设网店给予网络资费补助与小额信贷等支持，为农村电商扶贫提供了各项配套扶持举措。这些举措不仅能够增加收入，还可以逐步改善贫困人口在教育、消费、物流、信息通信、社会保障等方面的缺失，共同推进电商扶贫和多维减贫[④]，营造商

---

① 黄承伟：《深化精准扶贫的路径选择》，《南京农业大学学报》（社会科学版）2017 年第 4 期，第 2～8 页。

② 汪向东、王昕天：《电子商务与信息扶贫：互联网时代扶贫工作的新特点》，《西北农林科技大学学报》（社会科学版）2015 年第 4 期，第 98～104 页。

③ 祝君红：《精准扶贫战略下农村电商扶贫的对策研究》，《电子商务》2017 年第 6 期，第 30～31 页。

④ 张岩、王小志：《农村贫困地区实施电商扶贫的模式及对策研究》，《农业经济》2016 年第 10 期，第 58～59 页。

务扶贫的良好氛围，有效发挥商务经济发展对打好扶贫攻坚战的重要带动和支持作用。

3. 扶贫对象“赋能”与长远生计“保障”

传统“输血式”扶贫战略向现代“造血式”扶贫战略的转变，使得扶贫对象“赋能”作为扶贫方式重要选择标准得以彰显。贫困人口脱贫致富的关键是其发展可用性手段的不断丰富，亦即可行能力的不断提高①，以及发展主体对权利、自由权和机会、收入和财富，以及自尊的社会基础等基本物品的公平亨有②。电商扶贫通过信息化手段，挖掘了贫困区域与贫困人口的发展潜力，尤其是通过信息方式“赋能”与促进区域生产市场化进程，重构农民尤其是贫困农户的社会身份与经济地位方面效用显著：基于电商经济培育，逐渐掌握互联网以及商业运营知识与实践能力；联通生产与消费市场直接对接渠道，打破城乡之间、区域之间“信息不对称”格局，弥合城乡二元结构带来的“质优价廉”弊端，获取较高比较收益，促进农民增收，繁荣农村经济。伴随着电商的发展壮大，区域农特产品产业链条也将得到延伸，助推传统转型升级，现代生态农业、电信、物流、网店服务等关联产业也将得到振兴，一方面可以为适龄劳动力提供大量就业创业机会，另一方面也将增加地方财政收入，服务于区域居民社会保障、公共服务供给等福利水平的提高，促进贫困人口脱贫之后的生计可持续发展。

### 5.3.2　电商扶贫的作用路径与空间拓展约束

为贯彻《关于促进农村电子商务加快发展的指导意见》（国办发〔2015〕78 号）、《中共中央国务院关于打赢脱贫攻坚战的决定》（2015 年 11 月 29 日）等“通过发展农村电商推动农村精准扶贫”的文件精神，各地迅速行动并积极推进电商扶贫工作。作为革命老区、罗霄山连片特困区和国家重点生态功能区等“三区叠加”区域，江西多维贫困、

① 〔印度〕阿马蒂亚·森：《以自由看待发展》，任赜等译，中国人民大学出版社，2013，第 85 页。

② 〔美〕罗尔斯：《正义论》，何怀宏等译，中国社会科学出版社，2015，第 6 页。

深度贫困与分散贫困特征日益突出，扶贫资源边际效应递减，脱贫攻坚治理维艰。紧抓电商扶贫契机，江西在《关于全力打好精准扶贫攻坚战的决定》（赣发〔2015〕10号）文件中对电商扶贫的各项举措进行明确，并专门出台《江西商务扶贫专项行动计划》（赣商务建设字〔2016〕73号），服务“推进商务经济发展带动贫困地区脱贫”的具体要求和发展措施。截至2017年8月，江西全省共建成电商扶贫站点1280个，电商县级运营中心62个，仓储配送中心51个，联结电商的产业合作社350个；依托电商扶贫模式对接贫困户共计5.7万名，实现增收1010.5万元，其中通过电商产品销售实现增收743.1万元，通过劳务分红实现增收267.4万元，服务江西精准扶贫、精准脱贫工作成效显著，受到国家扶贫工作办公室高度肯定，成为领跑全国电商专项扶贫工作的“江西样板”。

1. 电商扶贫的作用路径

互联网环境下电商时空经济特征可以有效破解贫困地区发展的“信息鸿沟”与“孤岛效应”，电商通过互联网、大数据等构建的电子商务服务体系，整合海量、分散化资源，促进贫困人口进行创新和创业，满足多样化需求的经济活动，有助于提升供给和消费，且以更低成本和更高效率实现发展要素与优势资源智能化的供需匹配①，最终改变贫困人口的生产生活方式，实现脱贫致富。基于利益相关者分层视角分析，电商扶贫主要有以下三种典型作用路径。

一是网商主体参与式，强调贫困人口的主体地位与其参与意识。职能部门通过教育培训、政策支持、项目引导等方式，直接将贫困人口引入电商行业，让他们变身为网商，从事电子商务交易以获取收益，增收致富。

二是产业链嵌入式，注重关联产业发展与龙头企业、电商大户示范和带动效应发挥。汇集当地龙头企业、生产大户、专业协会、专业合作社与地方电商交易平台等多方主体，围绕区域优势资源，形成面向电商

---

① 王维才、崔航：《我国分享经济的发展现状、问题与对策》，《宏观经济管理》2017年第4期，第51~54页。

的完整产业链，帮助和吸引贫困人群参与到电商产业链条中来，实现完全或不完全就业基础上的“低风险获取收益”。

三是溢出价值分享式，关注电商发展过程中良性秩序的形成与完善。通过电商扶贫，有助于贫困区域、贫困人口在发展中深入理解和准确把握社会主义市场经济条件下“政府与市场在扶贫资源配置过程中的运行逻辑”，完善资源配置的良性秩序，降低交易成本，优化发展环境生态，即便一些贫困人口没有直接或间接参与到电商扶贫行动中来，也可以分享电商扶贫行为的溢出价值。

电商扶贫三种作用路径相互影响、互为补充，网商主体参与是核心，产业链嵌入是基础，溢出价值分享是保障，其实现良性运行的关键机理是在贫困区域通过分工深化①，实现价值创新驱动基础上的规模经济和范围经济，降低贫困人口发展风险，促进贫困人口增收致富。

2. 电商扶贫的“六个一”模式

自2016年启动电商扶贫工程以来，江西通过扩大电商扶贫内涵，努力从销售扶贫拓展到旅游扶贫、消费扶贫、金融扶贫、文化扶贫、产业扶贫、公益扶贫等新领域，着力通过加大贫困地区流通基础设施建设、加大对贫困地区名优特产品的宣传推介、开展农超对接、打造电商扶贫示范站点及精品站点、培育电商扶贫产品品牌和大力培养农村电商人才、加大金融支持力度、加强贫困地区商务综合执法体系建设、强化统筹协同、加大宣传考核等举措，推动合力共为、齐抓共促、数据共享，大力提升了江西电商扶贫工程的成效。江西寻乌、吉安、上饶三县获评2016年全国电商消贫十佳县，并涌现出宁都模式、安远模式、廖奶奶、老俵情等扶贫典型或品牌，受到社会各界的高度关注。综合电商扶贫实践，江西电商扶贫模式可以概括为“一个主导，四个支撑”。

“一个主导”，即由省扶贫和移民办牵头、省商务厅支持指导、省邮政分公司主体实施形成的电商扶贫的“六个一”模式。该模式以《江西省电商脱贫战略合作框架协议》为规范性框架，依托中国邮政集

① 谢琳、钟文晶：《规模经营、社会化分工与深化逻辑》，《学术研究》2016年第8期，第101~106页。

团公司推出的“村邮乐购”农村电商项目，坚持以“农产品进城”为主体，着力聚焦贫困村、贫困户、脱贫产业，坚持以“六个一”为抓手。一个站点，由江西邮政先期投入在贫困村建设标准农村电商站点，扶贫部门对每个站点补助1万元；一个带头人，从乡村干部、专业合作社理事长、发展能手等群体中多维择优选择站主，优先考虑贫困人口，并与商务部门联合对站主进行业务培训，使其具备为贫困户服务的信念和能力；一个主打产品，着力实施电商产品品牌战略，推动“一村一品”建设，提升农产品品质和精深加工水平，不但关注“以农产品销售带动精准脱贫”问题，而且关注“可持续脱贫”和“生计可持续发展”问题；一个合作社，通过合作社运作，因地制宜挖掘和培育“前方有市场、后方有资源”的本地特色产品，将资源优势转化为发展优势，打造电商脱贫特色产业，以电商脱贫的规模化、产业化、可持续发展，带动贫困百姓实现脱贫致富梦；一个主平台，设计与打造一个帮助产业升级转型的线上交易平台；一条邮路，着力于完善城乡物流、基础设施等公共服务体系建设，解决电商发展“最后一公里”问题。江西电商扶贫通过实施“六个一”工程（见图5－8），促成了区域发展与扶贫开发工作中的物流、资金流和信息流“三流合一”，有效解决贫困地区农产品的卖难、送难问题，实现一个站主带动一群人、一个站点拉动一大片增收致富，全力打造出规模、可持续、见实效的电商脱贫“江西模式”。

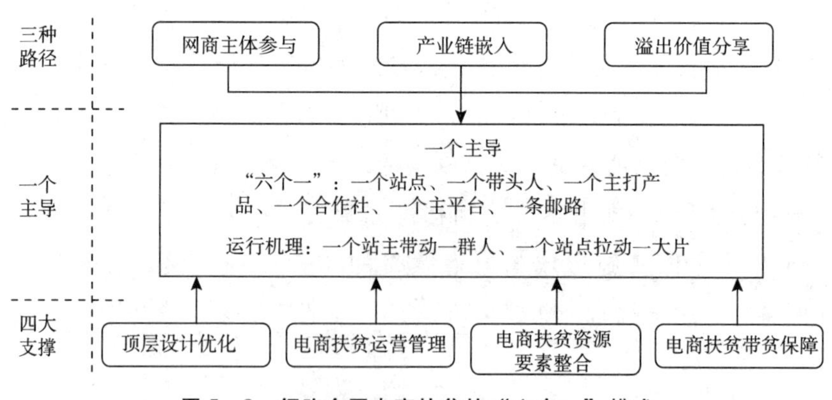


**图5－8　领跑全国电商扶贫的“六个一”模式**

“四个支撑”，即服务于电商扶贫这一系统工程，构建的四大支撑体系。一是顶层设计优化。考虑电商扶贫工作涉及扶贫、商务、农业等多个横向关联部门以及国家、省、市、县、乡、村等多级纵向层次的网络化、信息化特征，江西在推进电商扶贫的过程中，建立健全电商扶贫领导机构和工作机构，有效处理政府与市场的关系，着力构建良好的市场运行与行政推动的良性协同发展秩序[①]，促进跨界合作与机制创新，努力构建线上线下互动、双向流通体系健全、增收增智并重的电商扶贫格局。二是电商扶贫运营管理。服务于电商扶贫工作的规范化、标准化、产业化和规模化，着力在贫困地区建立网店服务体系，健全服务设施；建立网货供应监管体系，抓好流通环节质量监管，确保电商产品质量；建立网络物流体系，扩大网络覆盖面和提高服务质量，完善基础设施建设，畅通和鼓励物流发展，降低电商运营成本。三是电商扶贫资源要素整合。服务于扶贫这一核心目标，以电商为手段，通过“培训中心 + 产业带 + 服务中心 + 资源平台”“市场需求 + 特色产品 + 电商平台 + 政策支持”等联动机制，汇聚、整合特色产品、发展资源等要素，并由电商扶贫参与者等市场主体决定资源配置的条件下跨界组合“线上线下”生产要素[②]，同时积极探索、推广“农产品上行”模式，加快整合政务、农技、电信、邮政、金融、就业等方面的服务，在提高供给体系质量和效率过程中，提高全要素生产率[③]。四是电商扶贫带贫保障。带动扶贫是电商扶贫的根本，为彰显电商扶贫带贫初衷，管理部门将电商扶贫纳入扶贫工作体系，建立电商扶贫统计通报制度，重点考核网店数、销售量、交易额及带动贫困村、贫困户外销农特产品，以及帮助贫困户增收脱贫的情况；除此之外，政府管理部门还在辩证理解电商发展对于扶贫效用的基础上，对于电商扶贫发展思路进行了进一步明

① 宁虹超、刘雪松：《市场经济维度下政府公权力法治化研究》，《黑龙江社会科学》2016 年第 5 期，第 55 ~ 59 页。

② 路红艳：《基于跨界融合视角的流通业创新发展模式》，《中国流通经济》2017 年第 4 期，第 3 ~ 9 页。

③ 洪银兴：《以创新的经济发展理论阐释中国经济发展》，《中国社会科学》2016 年第 11 期，第 28 ~ 35 页。

确。电商扶贫行为逻辑为“利用商业之道，行公益之事”①：扶贫功能建构于贫困群体获利基础之上，同质化竞争却也不可避免，只有在电商扶贫过程中通过提高贫困农户经营水平和组织水平，转变优化生产经营方式，促进产业转型升级，不断提高农产品质量和高附加值，才能持续促进贫困人口增收与脱贫致富。

自江西2016年实施电商扶贫工作以来，通过主导模式与支撑体系的协同配合，已打造出“包含了产业扶贫、用工扶贫、创业扶贫和金融扶贫‘四大策略’，涵盖个体经营、合作社经营、龙头企业带动、电商营销拓展和政府机构主导‘五种经营方式’以及培训、金融、农资、追溯、物流、销售、品牌和招工‘八大环节’”的帮扶体系②。网络基础设施不断完善，服务平台创建有序推进，电商扶贫扶持力度不断加大，发展环境不断优化，电商扶贫经营模式不断拓展，减贫效应明显显现。据调查，2013～2016年江西省电子商务交易额从650亿元跃升至4361.2亿元，逐年跨越一个千亿台阶。2015年前连年实现翻番增长，2016年增幅高达51.9%。其中涉农电商销售额达323.7亿元，增长75.6%，是增速最高的类目，为促进县域经济转型、农业现代化建设提供了强劲动力。通过电商扶贫促成1.2万余名贫困对象创业脱贫，间接带动全省40余万贫困对象就业增收，使得贫困人口与其他利益相关主体逐步形成了目标共融、良策共商、资源共享、效益共创、责任共担为主要内容的“合作共生关系”，彼此间信任程度的加深，增强了扶贫开发工作的凝聚力、向心力，也提升了电商扶贫开发效率与效益。

3. 服务减贫网络空间拓展的电商扶贫转型升级约束

基于对江西省电商扶贫的宁都模式、安远模式、廖奶奶、老俵情等扶贫典型或品牌实地调研（调研时间为2017年12月），综合电商扶贫是“政府帮助扶贫对象通过开办网店等电子商务的方式达到减贫、脱贫目的的一种实践活动”的表层实践内涵分析，考虑当前精准扶贫、精准脱贫战略导向和工作要求，江西电商扶贫的发展约束表现为以下三

① 魏延安：《政府推动下的电商扶贫探索》，《决策》2016年第10期，第48～50页。

② 鲍亮亮：《集聚电商要素创新扶贫模式》，《安徽日报》2016年12月13日第9版。

个方面。

一是电商扶贫模式运行机理理解偏差。电商扶贫作为一项专项扶贫方式，通过打通市场供求双方流通通道，不仅实现了将贫困地区的“特色农产品进城”，还有助于“工业品下乡”，同时还促进了社会分工深化，有助于增加就业机会、促进传统产业转型升级，进而提高贫困人口收益。不能简单地将电商扶贫狭隘理解为“网上买卖东西”“远程交易”等商业活动，更为重要的是在贫困地区通过互联网这个现代化的工具或者手段，只有有机嵌入“大扶贫”格局并与其他扶贫模式协同运作，创新性构建一种通过现代商贸流通促进经济发展的体制机制，才能持续、有效发挥减贫作用。

二是电商扶贫的支撑体系薄弱。强调“通过要素流动实现增益效应，惠及贫困人口”的电商扶贫，注重运营成本降低和产业链各环节的价值增值，以此提高比较效益，对于贫困地区的产业发展、基础设施建设水平提出了较高要求，而这正是贫困地区的“软肋”：贫困地区道路、网络等基础设施建设水平普遍不高，公共服务体系尚待健全，存在电商扶贫建设中的“最后一公里”问题；适龄劳动力流动频繁，贫困地区电商人才尤其是贫困人口中电商技术人才缺乏，电商人才缺口较大，本土电商人才外流较为严重，贫困地区由于基础较差、教育落后等导致专业电商扶贫人才引不来、留不住、育不赢，且贫困人口参与过程中的主体意识较弱；区域特色产业发展在低水平徘徊，产品精深加工与市场推广欠缺，生产的规模化、品牌化亟待推进；电商扶贫监管体系运行分散、乏力，诸多参与群体合法权益保障水平有待进一步提高等。

三是电商扶贫的创新驱动有待加强。创新发展推动生产要素、生产技术、组织方式、产业结构、商业模式、产品、服务以及用户体验等的全方位变革，推动发展方式向依靠持续的技术进步和劳动力素质提升转变①。依据电商发展与扶贫开发的协同耦合机理与发展方向，当前电商扶贫与国家精准扶贫、“双创”、供给侧结构性改革等发展战略的结合

① 杜飞进：《解决人类问题的“中国方案”》，《哈尔滨工业大学学报》（社会科学版）2017 年第 1 期，第 4 ~ 23 页。

程度有待加强，缺乏吸引人力、物资、要素流入并影响传统农村社会的有力政策抓手，缺少刺激和推动电商扶贫转型升级的重大技术研发转化机制、电商扶贫成果评价演示机制、电商扶贫参与主体的向往汇聚机制以及电商扶贫资源要素捕捉与优化配置机制，电商扶贫有关的政策创新、机制创新、模式创新等亟待加强。

### 5.3.3 电商扶贫转型升级与网络空间重构

电商扶贫是通过先进信息技术与贫困区域发展资源有效“碰撞与结合”以促进贫困人口增收致富的新型发展方式，综合考察贫困地区脱贫攻坚“（基础设施、人力资本、金融信贷等）要素禀赋结构调整、经济增长带动减贫的包容性发展格局逐渐弱化、多维贫困显化与城乡贫困交流强化”[①]等阶段性特征以及电商扶贫的发展约束，未来的电商扶贫要以增加农民收入为基点、以市场为导向、以企业为主体、以培植产业为重点，营造发展环境、创新服务模式、规划产业布局、强化资源共享，打造具有市场竞争力的农产品和农村电商体系[②]，具体策略体现为以下四个方面。

1. 优化电商扶贫政策引领，加大电商扶贫支持力度

领跑全国电商扶贫，需要优化电商扶贫顶层设计，注重电商扶贫政策与国家精准扶贫、精准脱贫战略、区域“十三五”脱贫攻坚规划等区域大扶贫格局的融合，建立健全农村电商扶贫工作机制，成立具有较强执行力的电商扶贫工作领导小组，充分发挥区域电商联席会议机制、农村电商推进工作机制和省电商扶贫工作组的牵头统筹作用，强化电商扶贫在推动城乡一体化发展中的效用发挥，有效衔接电商扶贫与产业扶贫、移民扶贫、教育扶贫、就业扶贫等扶贫政策，整合资源，发挥合力。

加强贫困地区电商扶贫发展资源要素保障，优化激励政策体系；合

---

① 陆汉文：《我国扶贫形势的结构性变化与治理体系创新》，《中共党史研究》2015 年第 12 期，第 12 ~ 15、112 页。

② 魏延安：《农村电商：互联网 + 三农案例与模式》，电子工业出版社，2015，第 288 ~ 300 页。

理规划、布局电商扶贫发展格局，加大对电商扶贫站点、参与电商扶贫主体减贫行为的财政扶持力度；针对各地区电商扶贫发展中的突出问题，支持加强电商扶贫产业产品品牌培育、金融创新等配套服务体系，有针对性地出台具有“地方特色”的电商发展扶持措施；加快电商产业园、创业园、孵化园及电商服务中心等平台建设，鼓励完善功能及配套设施，支持为电商扶贫提供精准专业服务；围绕电商扶贫产业园区建设、电商扶贫孵化基地、公共服务平台运营等关键问题，设置电商扶贫专项资金，建立健全多元化投融资体系；促进和完善城乡公共服务尤其是城乡物流业快速发展，推动电商物流协同发展，引导完善快递物流布局，鼓励物流资源整合，加快健全贫困地区双向物流配送体系；推进电商扶贫深度发展，以重构贫困地区与贫困人口的“生计发展空间”。

强化电商扶贫监管，将电商扶贫与脱贫攻坚任务相结合，列入各级各部门考核范畴，针对性设计电商扶贫发展的阶段性评价指标，提高扶贫绩效评估的科学性，关键是引入“第三方”社会评价，特别是要引入电商扶贫服务对象，即农村电商扶贫工作的贫困人口创业者与受益者，对电商政策的实施效果进行评价，分析问题并提出改进措施，确保取得成效。

2. 尊重贫困人口主体地位，激发农村发展活力

电商扶贫作为信息扶贫的典型模式，既可扶能，亦可扶志、扶智；作为网络经济发展的重要载体，利益相关者的积极参与是其“跨界效能与客户黏性”平台经济效应产生的基础[①]。发展电商扶贫，要坚持共建共享原则，明晰政府、贫困人口、企业、专业合作社等利益相关者基于各自动机与利益诉求的行为特征及风险，通过电商扶贫项目运行协同、权限下放以及权益责任保障等机制设计，逐步提高贫困人口在电商扶贫实施过程中的知情权、话语权和参与程度，真正释放其发展潜力。这样既可以减少长官意志主导项目忽视当地社区发展和贫困农户切实利益的现象[②]，又能促进贫困农户参与，提升贫困农户的获得感。

① 罗珉、李亮宇：《互联网时代的商业模式创新：价值创造视角》，《中国工业经济》2015 年第 1 期，第 95～107 页。

② 黄文宇：《产业扶贫项目主体行为及其运行机制的优化》，《湖南农业大学学报》（社会科学版）2017 年第 1 期，第 56～61 页。

电商扶贫的成功，核心在人，关键在于人的素质培训和电商意识重塑。积极推进电商人才培养、人才引进机制建设，尤其是要定期组织贫困人口更新电商操作与运管知识，不断提高电商经营水平；鼓励优秀青年返乡创业，实施电商人才培训万人计划、“电商职业经纪人与电商扶贫带头人”培训工程；加强与高等院校、职业院校的人才培养合作，创新“基地+企业+培训机构+人才”的培养模式，开展网络营销、供应链管理、安全支付、宣传推广以及创业规划等专业培训，为农村电商扶贫提供人才储备，打造服务于电商扶贫的专业人才队伍。

构建新型城乡关系，创新农村经营体制，着力提高农民组织化、生产市场化和服务社会化水平，推动农村资源资产产权管理改革与现代农业产业园区建设，推进城乡公共服务均等化，激发农村资源资产要素活力，支持农村新型农业经营主体与“互联互通互惠”的农村电商结合，依靠当地资源禀赋，因循“点（孤立网店）—线（产业关键环节形成）—面（产业集聚）”发展规律，实现区域资源要素增益，进而通过就业、教育、价值溢出等方式实现贫困人口增收致富。

3. 培育主导特色产业，延伸电商产业链条

依托贫困区域资源禀赋，大力发展区域主导特色产业。产业发展是电商扶贫的基础，贫困地区要遵循市场经济规律，因地制宜，供需对接，顺应市场要求，采取差异化帮扶的方式，引导贫困户发展见效快、前景好、风险小的特色产业，拓宽电子商务销路[①]。以“一村一品”为原则，大力发展农村集体经济，推动农村生产的规模化、标准化和品牌化，提高农特产品的附加值，逐步推动传统产业发展的转型升级。

推进电商扶贫产业发展中的“分工深化”，延伸电商发展产业链条，理顺产业链条各个环节内涵及环节关联，实现产业发展中的规模经济与范围经济。不仅要关注农产品电商“种养、收购、包装、贮存、运输、销售”等产业链条中各个环节的成本收益分析与环节间利益平衡；也要关注装备制造业、化工等关联产业发展与协调，提升传统行业

① 方堃、杨欣：《民族地区农村电商扶贫的困境及对策研究》，《黔南民族师范学院学报》2017年第3期，第85~88页。

两化融合水平；同时做强做优现代服务业，尤其是要加快贫困地区冷链仓储及物流快递配送体系等基础设施建设，使传统经济与知识经济、网络经济相结合，降低交易成本，重构价值创造的商业模式，实现线上线下融合发展。

4. 拓展电商扶贫领域，创新电商扶贫模式

服务于全面脱贫与2020年全面建成小康社会的发展目标，充分发挥电商扶贫减贫效应，应在更高水平、更宽领域和更深层次上诠释和推动电商扶贫工作：电商自我发展和促进产业发展、区域发展的根本原因在于其价值创造模式的网络化特征，是对于资源依赖基础上的传统生产经营方式的扬弃和再创，旨在扶贫的电商扶贫应逐步拓展其发展领域，用网络经济思维与价值创造模式改变农村、农民和农业，充分发挥其在金融、就业、信息服务、教育、资源要素捕捉与组合、市场需求发展与创造等方面的功能。进一步吸引整合更多资源投入电商扶贫工程，推动商务与扶贫、邮政、移动、电信等部门签订“互联网+电商扶贫”战略合作协议，进一步凝聚电商扶贫合力。探索组织扶贫农产品进社区、进团体单位，推动对接大型经销商、龙头流通企业，帮助拓宽销售渠道。促进贫困地区电商创业，拓展网络扶贫在就业、教育、卫生等方面的内涵。

坚持“市场选择、政府搭台、贫困人群主体、社会参与”的发展原则，创新电商扶贫的“政银企农互助”“电商平台+贫困人群+产业合作组织+龙头企业”等多元组合模式，通过政府购买服务、以奖代补等方式，运用“市场与政府协同治理理念”重构行政主导的电商扶贫工作流程①，鼓励“以农产品销售”为特征的传统电商扶贫模式朝着“重在解决贫困人群就业”的现代电商扶贫转型升级，着力推进影响贫困人群脱贫与后期发展行为惯习养成的有条件现金转移支付计划（CCT）②，对于贫困地区和贫困人口进行全方位影响和“无形介入”，

① 陆汉文：《“有用无效”：贫困人口能力建设的结构性困境》，《贵州社会科学》2017年第4期，第161～168页。

② Firpo, Sergio, Renan Pieri, Euclides Pedroso, and André Portela Souza. “Evidence of EligibilityManipulation for Conditional Cash Transfer Programs.” *Economia*, 2014, 15 (3): 243–260.

引领脱贫攻坚工作，促进和保障贫困人口共享改革发展成果，逐步实现新时期扶贫治理的现代化。

## 5.4 关系空间重构与片区贫困治理：以扶贫志愿服务为例

一方面，作为行为主体的人的社会关系网络源于参与，因受益而不断拓宽，在与其他网络主体的互益交往中形成信任，并因网络密度加深使得行为主体行为彼此束缚，社会网络规范由此逐步完善和强化①。马克思在《关于费尔巴哈的提纲》中指出："人的本质不是单个人所固有的抽象物，在其现实性上，它是一切社会关系的总和……社会关系实际上决定着一个人能够发展到什么程度。"社会上的个体都在与其他个体的交往中发展，个体的全面发展在受到其社会交往程度和水平的影响时，个体社会交往程度越高，社会关联越丰富，视野就越开阔，获取的信息、知识、技能、经验就越多，能力的发展就越快，进步就越全面、越迅速。由此，片区在推进空间重构减贫过程中，区域整体及贫困人口的社会关联空间重构亦为重要。另一方面，社会治理的现代化是推进国家治理体系和治理能力现代化建设的重要组成，实现社会治理现代化的重点是构建政府、市场和社会力量等多元利益主体参与、竞合适度的协同治理结构。有序竞争与深度合作需要一种驱动力量，而作为社会力量的重要组成的志愿服务及其行为主体则是该驱动力量的发生器②。在社会发展中，志愿服务是连接政府、市场的重要桥梁，是加强民众思想道德教育、维护社会稳定的重要力量，并日益成为公民参与社会发展和建设的重要途径，并且在不断改变着各个行为主体的参与空间。精准扶贫最大困境是行政干预下的扶贫资源输入，如何对接贫困群众多维贫困状况和发展诉求？扶贫志愿服务力量参与扶贫开发是时代大势所趋，但并

---

① 〔美〕罗伯特·D. 帕特南：《使民主运转起来》，王列、赖海荣译，江西人民出版社，2001，第195~196页。

② 张康之：《论作为社会治理主体的志愿者》，《中共浙江省委党校学报》2014年第4期，第26~34页。

非一帆风顺，姑且不论多元治理主体的协同治理“主体意识”的自觉转变，作为社会组织重要组成的扶贫志愿服务的社会系统运行“有效嵌入进而作用于服务对象的发展空间”就是一个影响志愿服务目标实现和功能发挥的重要议题。

### 5.4.1　嵌入与非接纳：后工业时代的治理主体

随着时代由工业社会进入后工业社会，社会经济系统运行总体呈现出“商品生产逐步转向服务提供”特征[①]，进而也影响了社会结构、生活方式的变化。区别于传统工具理性为特征的工业社会，服务关系为主导的后工业社会强调市场经济体制背景下的多元主体协同治理，因为彼此必须在服务提供过程中通过相互承认才能共存共赢。多元主体协同意味着政府不再是唯一的管理主体，这种多中心的表现之一就是第三部门——非政府组织的大量出现。社会组织没有被纳入行政管理体系，它们具有与政府平等的社会地位，是在政府权威等级之外的社会力量，有在公共服务提供上合作的可能和空间，传统治理格局也就逐步被突破，不管多元社会治理主体有没有主体意识的转变和自觉：政府在农业社会、工业社会都是实质、独立的行政主体，虽然在管理中趋于制度限权，但官僚制对组织效率的追逐使之背离了制度设计的初衷，转而强调刚性纪律的服从。实际意义的多元治理主体地位只有在“为实现某个目标的过程中，互为协同的行为主体相互承认和尊重，并且在服务提供时互为主客体的双方在多次交流、互动中使得系统的开放性逐步增进，直至实现社会治理空间、治理主体、治理规范和治理行为等多元治理系统的构成要素完备”等条件逐步达成后才能真正形成[②]。

时代的变化要求政府转变传统管控思维，在公共事务处理中倾向主动回应社会诉求、激情参与多元主体交流和理性建构善治规则，因为多元治理时代中的社会参与主体已非传统“非主体意识”的利益相关者：不仅仅是观察和服从，行为是否开展以及开展到什么程度取决于主体自

---

① 〔美〕丹尼尔·贝尔：《资本主义文化矛盾》，严蓓雯译，江苏人民出版社，2012，第 2～7 页。

② 郭湛：《主体性哲学——人的存在及其意义》，中国人民大学出版社，2011，第 212 页。

身对于行为主观价值和客观价值的判断。政府、市场力量（企业）、社会组织、个体民众等多元治理主体都是实现发展中“美好社会建设和美好生活追求”目标过程中的行动参与者，而政府作为行动者的公共管理者，其核心任务则转变为准确把握行动者的善治潜质，组织引领并进行有效制度设计，激发每个行动者参与社会建设的潜能发挥和资源供给：“多种多样的社会治理组织提供合作治理的制度环境方面，并通过规划、引导、商谈、协调和服务等方式，为直接从事社会治理活动的非政府组织提供支持，聚合起社会治理的合力”①。

### 5.4.2 扶贫志愿服务的发展趋势

结合脱贫攻坚和扶贫志愿服务的基本情势，鉴于社会治理能力提升要求，未来的扶贫志愿服务发展将呈现阶段性“井喷式”发展、“互联网+扶贫志愿服务”引领模式创新、“市场化”突破和新一轮治理变革等五大趋势。

一是阶段性“井喷式”发展。扶贫开发是当前和未来较长时期内民生改善的工作重心，推进贫困群众发展致富奔小康是全民的共同追求，全社会已经形成了“人人关心脱贫攻坚，人人支持脱贫攻坚，人人参与脱贫攻坚”的良好氛围。在扶贫开发基础性工作基本完成后，国家把握恰当时机，通过颁布优惠政策、提供资金支持、强化组织引领等方式鼓励包括志愿服务在内的社会力量参与扶贫开发，既为扶贫志愿服务发展提供了机遇和平台，又为扶贫志愿服务发展提供了方向和指导，同时也契合了人们在志愿精神影响下扶贫志愿服务由自发向自觉的转变规律。加之《中共中央国务院关于打赢脱贫攻坚战三年行动的指导意见》（2018 年 6 月 15 日）中有关三年攻坚克难时期的总体部署和纲领指导，“任务导向”下扶贫志愿服务将有阶段性爆发式发展。如罗霄山区涉及省份江西省社会组织积极参与并大力提供各项帮扶资源服务，2018 年全年投入资金 11.74 亿元、物资数额 23.2 亿元，实施帮扶项目 1870 个，帮扶 1704 个贫困村 25.78 万贫困人口，开展扶贫志愿服

① 王锋：《行动者：治理转型中的行政主体》，《行政论坛》2018 年第 1 期，第 66～72 页。

务的志愿服务团队达 7793 个、32.2 万人。其中，2018 年江西省“百社解千难”社会组织助力脱贫攻坚活动寻乌站达成项目 22 个，实际到账资金 170 余万元[①]。

二是“互联网 + 扶贫志愿服务”引领模式创新。在“互联网 +”时代，不同行业的传统业务领域都在经历着“碎片化”的重构，扶贫志愿服务行业也不例外。网络社会结构具有多节点、扁平性、组织中心灵活流转等特性，跨越时空的互联网思维的核心思想是互联网在发展中始终遵循用户思维，凸显用户至上、以人为本、体验为王[②]。“互联网 + 扶贫志愿服务”应立足用户思维、平台思维、跨界思维、迭代思维、大数据思维等引领模式创新，广泛利用信息技术和网络技术，一方面有助于通过便利的信息宣传、意愿交流和活动协商，发挥“网络黏性”效应，提升扶贫志愿服务主体的凝聚力和扶贫志愿服务的社会认可度；另一方面构建扶贫志愿服务“供需平台”，解决扶贫志愿服务“没有好的项目”的发展困境。依据《中国企业志愿服务行业发展报告（2015 年）》（南方周末联合和众泽益志愿服务中心 2015 年 7 月 25 日发布），因为“能找到好的志愿服务项目与企业志愿服务的发展呈正相关”，并在此基础上深度挖掘志愿服务匹配机制，实现扶贫志愿服务的精准对接，促进公益资源对接实现专业化、规范化和常态化，提升扶贫志愿服务效果。

三是扶贫志愿服务城乡一体化受到重视。志愿服务组织快速发展的同时，不同区域、不同领域、不同类型的志愿服务组织联合也成为新趋势[③]。扶贫志愿服务的受众特性决定了其与其他志愿服务在经济实力分层、空间分布存有些许不同：服务的主客体往往在不同的社会发展空间且需要有一定的经济基础，因为贫困群众和贫困区域的相对聚集性使得扶贫志愿服务的提供主体往往源自社区空间之外，提供服务时的经济成

① 甘俊茜：《江西省“百社解千难”社会组织助力脱贫攻坚工作推进会在南昌市召开》，http：//www.jxfpym.gov.cn/news/b6509447 - b8d5 - 432b - 974d - 4d252aed6257.html。

② 冯刚：《互联网思维与思想政治教育创新发展》，《学校党建与思想教育》2018 年第 2 期，第 4 ~ 8 页。

③ 中国志愿服务联合会：《中国志愿服务发展报告》，社会科学文献出版社，2017，第 1 ~ 9 页。

本和时间成本往往较高，且长时期持续性的服务活动受限，不利于普遍参与；另外中国“熟人社会”文化影响下的服务开展常因彼此了解更能提高服务主体在服务过程中的成就感，在此基础上，中国志愿服务协会倡导的“邻里化”“本地化”“社区化”等便具有了发展的合理性和可操作性。考虑未来贫困的流动性特征、城乡扶贫开发一体化的发展形势以及扶贫志愿服务城乡协作的合理性（外来志愿服务力量 + 本地服务力量），扶贫志愿服务城乡（社区服务）一体化将越来越被重视。

四是扶贫志愿服务“市场化”突破。政府宏观调控与市场机制作用发挥的相互协调，是社会主义市场经济体制有序运行的重要基础，社会公益服务的提供需要政府、市场和社会力量等三重领域发展要素的协同配合。基于扶贫志愿服务主体的行为驱动机制分析，政府擅长搭台但难以高效、市场重在激励但难以兼顾公益、民众（包括基金会等）广泛参与但难以持久，根源性原因在于扶贫志愿服务主体在其感知收益（虽然志愿服务不求报酬，但志愿服务有成本，也有风险）和付出中难以实现经过社会比较之后的“预期与现实之间的平衡”。扶贫志愿服务“市场化”突破，不是传统意义上的简单通过市场运作的方式代替慈善“行政化”，而是重视发挥市场选择机制和激励机制的作用，激活行政、社会、市场等各个领域的发展要素，包括投入、金融、营销、社会监督等，并进行灵活的要素组合，优化扶贫志愿服务资源配置。

五是扶贫志愿服务迎来治理变革。专业化、规范化、长效化作为衡量扶贫志愿服务水平的重要标准和目标，尤其是随着《慈善法》、《志愿服务条例》以及鼓励社会力量和志愿服务组织参与扶贫开发的文件颁布，有关扶贫志愿服务主体的注册登记、服务记录、权益保障等系列性规范制度不断健全，扶贫志愿服务的规划设计、业务咨询、绩效评估乃至组织孵化等支持性结构逐渐完善。扶贫志愿服务的医疗、青少年发展、医疗健康领域也在政府部门与扶贫志愿服务主体多元共治、紧密协作基础上更加精准聚焦。各种管制制度和治理模式的变化促进了扶贫志愿服务发展，提高了扶贫志愿服务行为的正规化和规范化水平，同时对城乡社区治理创新、居民多元化需求满足和志愿服务文化重构都将起到积极作用。

### 5.4.3　扶贫志愿服务共同体与贫困人口社会关联重建

1. 从“脱域”到“网络多维协同发展共同体”

“脱域”（disembedding）源自社会学家吉登斯的著作《现代性的后果》，意为在现代社会发展过程中，时空重组、抽象体系的拓展以及社会行动的反思性监测共同构成了现代性的独特动力，受到无时无刻不在变化的时代发展影响，超越了彼此关联互动的地域空间影响，立足而又超脱于“在场”的现实关联，从而走向更加宽广、多维的境界[①]，具有异域异质社会关系套嵌和重视虚拟空间基础上的社会关联重构特征。社会关系的主体及其行为摆脱了空间直接作用与互动的地域性限制，不确定地在时空维度上联结和延展，造成社会交往的时空错位与异时空套嵌，导致社会关系的空间重构[②]。而这种“脱域”理念的提出，建基于人与人之间、人与物之间甚至物与物之间关联互通、及时供应的社会发展“泛在”状态。“泛在”状态的物质基础一般归因于网络经济时代下的具有社会根植性、网络根植性和领域根植性的全球生产网络（Global Production Networks，GPN）[③]，逐步由 1.0 转变到 2.0 的全球生产网络中的多元主体关联更为紧密，强调彼此之间的战略耦合（见表 5－17）。既能够有效克服空间对主体诉求尤其是物质需求满足的束缚，同时又因为行为主体的“脱域”使之超越传统资源依赖，强化了不同区域的人们生产和消费方式的世界趋同，加剧了涵盖地理和非地理空间的“全域”竞争和博弈，从而为传统的产品和服务的产供销模式创新开拓了新的空间。

---

① 吉登斯：《现代性的后果》，田禾译，译林出版社，2011，第 18 页。

② 胡潇：《论中国特色社会主义政治经济学的起点范畴与总体结构》，《武汉大学学报》（哲学社会科学版）2018 年第 5 期，第 32～40 页。

③ Hess M. “Spatial Relationships? Towards a Reconceptualization of Embeddednes.” *Progress in Human Geography*, 2004, 28（2）: 165－186.

表 5-17 GPN1.0 与 GPN2.0 的比较分析

| 类别 | 时代背景 | 风险因素 | 指导理念 | 多维耦合 |
| --- | --- | --- | --- | --- |
| GPN1.0 | 全球化加速发展阶段 | 成本，技术，交易双方关系 | 价值创造、提高和捕获；权力创造和维持；行为主体嵌入地方 | 战略耦合 |
| GPN2.0 | 全球化深度调整阶段，国家干预加强 | 系统运营能力、经济、劳动力、环境等整体风险 | 企业内协调、企业间控制、企业间合作与非企业间博弈等策略① | 战略耦合，再耦合，退耦合 |

传统志愿服务提供往往考虑成本和便利性，以服务对象诉求和聚集地域为主要考虑因素，依循的是传统区域发展规律：产业因资源或市场在某一区域聚集，相对集中的社区形成；经济竞争和劳动分工又使得人们进入相对隔离的组织和部门，进而弱化了彼此之间的联络和支持；志愿服务作为一种现实需求和满足人们发展中的物质、能力和情感等综合性服务需求的社会建构，在供需对接和效率提升等目标引领下扶贫志愿服务提供便需要依据服务主体和对象彼此的空间分布特征和多维发展诉求开展。“脱域”理论视角下思考扶贫志愿服务问题，现代社会中社区发展不再是简单的空间概念，“个人的网络就是社区”②，社区作为多元主体的网络共同体，成为社会网络的重要组成部分，这种情况下传统的囿于空间边界（地理边界、部门边界等）扶贫志愿服务显然将越来越缺乏效率，需要在组织演化的要素重组与功能重建实践中进行探解，建构一种能够符合具有复杂网络特征的多元、多维志愿服务体系来进行替代。

如若将传统志愿服务体系视为时代环境下政府、企业、社区、民众等多元社会主体考虑各自诉求以及彼此利益交换基础上形成的“平衡治理”的状态，亦即组织场域，那么志愿服务体系的“脱域”则反映出组织体系发展的过程中受到变革性力量的冲击，组织体系运行系统中的权力、资源和利益关系的平衡态被打破，系统无序致使协同混乱。

---

① Yeunu H. W., Coe. N. “Toward a Dynamic Theory of Global Production Networks.” *Economic Geography*, 2015, 91 (1): 29-58.

② Wellman B. “Studying Personal Communities.” In Marsden P., Lin N. *Social Structure and Network Analysis*. Beverley Hills, CA: Sage, 1982: 61-80.

“理性人”假设下的行为主体倾向于利己主义考虑，陷入“丛林状态”的志愿服务体系将呈现出“集体行动困局”的发展状态①，如何解决？借鉴“具有相似和共同利益的主体会采取相同或类似的行为，并在此基础上形成共识集体②”以及“理性的个体导致非理性的集体③”等经典理论，一是市场化解决，强调私有化；二是政府提供公共产品和服务；三是选择性激励④；四是多中心治理，即“公共池塘治理”模式⑤。鉴于社会行为主体由于其知识、惯习、规则等影响，表现为“信息不可以完全获取、手段不可以完全知晓、未来不可以完全预测”的“有限理性”假设使得依靠单一主体或者通过“选择性激励”方式解决组织“脱域”状态的假设更多地被“多重心治理”模式所取代。

基于社会行为的嵌入理论，任何社会行为主体都存在于一定的社会关联网络之中，并受到社会网络的影响，并在不断联系的过程中产生社会网络、社会关系和信任等⑥。作为一种资本性和社会性的资源，表现为信任、规范、理解和同情、关系和网络等形式的社会资本被引入集体行动分析。正如齐美尔所说，“没有基本的信任，社会将会瓦解，因为没有任何事情是建立在一个主体对于另外一个主体完全了解的基础之上”⑦，鉴于社会资本的信任、规范、理解和同情、关系和网络等要件能够约束处于社会关系网络中的行为主体资源效应发挥，“个人资源及行为决定组织目标实现”观念产生的基础被打破，每个行为主体在做出行为之前需要做出“行为影响和可能风险”的考量，“外界影响和自我约束”综合作用下的社会主体的行为倾向围绕共同目标的实现展开

---

① 张国亚：《农村集体行动的困局：动力机制与现实约束》，《中共南京市委党校学报》2018 年第 3 期，第 64 ~ 68 页。

② Bentley A. *The Process of Government*. Evanston：Principia Press，1949：23 – 35.

③ Hardin G. “The Tragedy of the Commons.” *Science*，1968（162）：1243 – 1248.

④〔美〕曼瑟尔·奥尔森：《集体行动的逻辑》，陈郁、郭宇峰、李崇新译，格致出版社/上海人民出版社，1995，第 5 ~ 14 页。

⑤ Ostrome. “Polycentricity，Complexity and the Commons.” *Good Society*，1999，9（2）：37 – 41.

⑥ 张兵：《从脱域到共同体：我国职业体育组织演化的经济社会学分析》，《体育科学》2016 年第 6 期，第 37 ~ 45 页。

⑦ G. Simmel. *The Philosophy of Money*. London：Routledge，1978：178 – 179.

“理性权衡”基础上的行为协同，尽可能通过协调的行动来提高组织的效率，进而最大化实现各自利益诉求。自此，在共同目标指引下形成的具有凝聚力的实体即是“共同体”。基于行为主体视角历史分析扶贫志愿服务体系的转变，可以发现扶贫志愿服务基本经历以下曲折：过往的慈善主体更多的是企业，政府是福利国家建设背景下的扶贫志愿服务主体；新公共管理时期扶贫志愿服务强调多元主体合作和多中心治理；网络时代下的扶贫志愿服务体系建设则呈现出网络结构的多维转变，服务体系的组织结构由传统层级式转变为网络式，运行机制由政府主导转变为市场发挥资源配置基础性作用，志愿服务主客体之间的关系跨越时空边界且重视网络资源的协整增益。

鲍曼认为人们建立行动共同体是在理性认知的基础之上，但是考虑网络时代的生产关系的脱域特征和社会生产的泛在化，这种共同体已经不再是滕尼斯所提出的那种建构于当前现实之上的共同体，而是经由行为主体理性选择之后有计划地组织形成，是“脱域”和“在场”的两种社会关系和发展现实的有机融合：面对面、直接沟通交流等“在场”形式增进了人们的情感和认知，在参与中强化了社会关联；而“脱域”将人们从彼此互动的地域性关联中解脱出来，使得其发展诉求可以在更宽广领域内进行满足，进而为人们的生产关系和社会关系重构提供了重要驱动；“再嵌入”则是将立足而又超脱于现实的“脱域”和经由行为主体重新经过价值判断和建构后的“在场”的再结合，即逐步实现着“否定之否定”的螺旋式发展，却在不断提高着人们发展需求的满足程度，开拓着人们的行为自由空间。

共建、共赢和共享可以作为集体行动共同体的原则要求，反映出行动共同体建设应属于一种理性结构和理想状态，行动共同体建设工作是追求“帕累托最优”的过程。扶贫志愿服务“多中心治理”体系向“志愿服务共同体”的转变也不是一蹴而就，而是一个多元主体在合作的过程中逐步进行利益兼容走向利益共同体的过程，即“共同利益即是自私利益的交换”[①]。

---

① 编译局：《马克思恩格斯全集》（第1卷），人民出版社，1995，第199页。

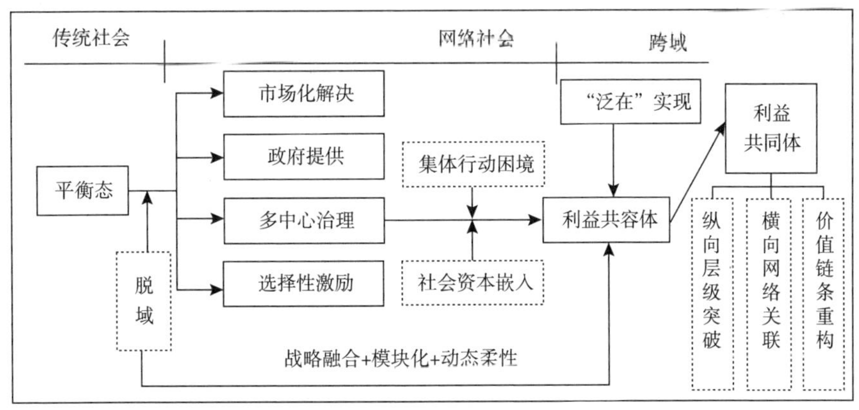


**图 5-9　“网络多维协同发展共同体”建构逻辑**

2. 扶贫志愿服务“网络多维协同发展共同体”体系支撑

扶贫志愿服务“网络多维协同发展共同体”建设将表现出明显的“社会协作、时空重组基础上的服务主体和客体多元化和活动交互”特征：多中心协同治理理念下的扶贫志愿服务“网络多维协同发展共同体”体系建设强调在网络社会背景下，运用用户思维、平台思维、跨界思维、迭代思维、大数据思维等互联网思维，将传统平面式、场域区隔效应明显的扶贫志愿服务体系在“立体式、多维度”时空重组，注重多元参与主体的“无间隙”高效协作，在志愿精神的引领下，弘扬社会友善互助的大爱理念和彰显扶贫济困的人文关怀，共同实现人民群众对美好生活的向往。

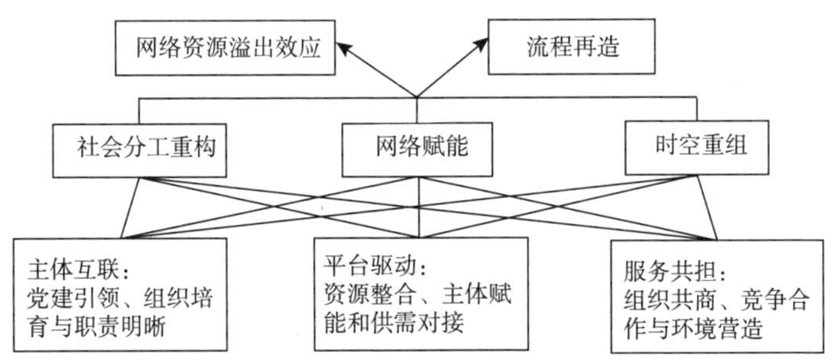


**图 5-10　扶贫志愿服务“网络多维协同发展共同体”体系支撑**

本质性解读扶贫志愿服务“网络多维协同发展共同体”体系支撑（见图 5-10），重在网络协同效应的发挥，不同于市场经济体制下的

"随机协同"，也不同于计划经济体制下的"行政捏合"，而是在更广领域和空间内通过建构协同平台、健全协作机制和完善行为主体的行为规范等从而促进扶贫志愿服务"网络多维协同发展共同体"整体系统良性运行和循环。在资源协整、共享基础上共建共享、共生共长，实现网络协同基础上的"网络资源溢出"效应。如果传统扶贫志愿服务体系中"个体本位、部门区隔、区域分割"等影响行为协同和要素增益效应发挥的因素仍然存在，网络交互状态下的扶贫志愿服务"网络多维协同发展共同体"的自组织"多元互补"协同功能将难以有效发挥[①]。扶贫志愿服务"网络多维协同发展共同体"建设将着力于主体培育、平台建设、组织协商、资源整合、服务精准、竞争合作、风险共担等方面的工作，体现在主体互联、平台驱动和服务共担三大领域。

（1）主体互联：党建引领、组织培育与职责明晰

将政府的整体发展战略、作为第三方力量的志愿服务发展导向以及扶贫开发促进贫困群众脱贫致富奔小康的政策目标进行关联，三者在"以人民为中心，追求人民群众全面发展"志趣趋同。扶贫志愿服务体系的利益相关者之所以能够从不同空间进行有效关联，核心要素在于各利益相关者对于志愿服务精神和扶贫开发理念等发自内心的认同。或许各利益相关者之间在道德发展阶段和对扶贫志愿服务战略导向的认知水平存在差异，有的可能停留在习俗层面，有的可能已经上升到原则层面，但扶贫志愿服务各主体行为的功利性目标一致，也就使得各利益相关者有了协作的基础和可能。依据国家有关志愿服务参与扶贫开发工作的意见，扶贫志愿服务"网络多维协同发展共同体"建设中的"主体互联"需要在多元主体战略融合的基础上，进一步明确多元主体责权利，优化治理结构。

一是重视党组织建设，强化党建引领。党是中国特色社会主义事业建设和发展的主心骨，要充分发挥各级党组织在扶贫志愿服务中的战斗堡垒作用。纵向分析扶贫志愿服务体系，从中央到地方各级扶贫志愿服

① 黄江泉、张国庆、谢艳华：《成长导向下中小微企业网络化协同发展机制创新及路径研究》，《科技进步与对策》2017 年第 23 期，第 106 ~ 113 页。

务促进会均需要加强党组织建设，从思想上认识到扶贫志愿服务对于扶贫开发以及以扶贫开发为抓手进一步促进进入中国特色社会主义新时代之后的中国志愿服务事业持续发展的重要作用和价值；在工作中全面了解和熟悉扶贫志愿服务工作的内容和特征，准确把握扶贫志愿服务工作与其他志愿服务在时代背景、工作重心、服务对象等方面的不同，进而在掌握扶贫志愿服务规律的基础上，清晰扶贫志愿服务的工作图景；创新党组织工作方式，按照《党章》要求，考虑扶贫志愿服务的群众性、灵活性等特征，灵活地在符合要求的志愿服务组织里面弹性设置党支部，在不具备党支部建设的领域，充分发挥共产党员的先锋模范带头作用，自觉地运用成熟的立场观点和方法分析问题，正确把握“职业标准”和“党员标准”，强化扶贫志愿服务主体之间的战略融合，做好扶贫志愿服务工作。在重视党建的基础上，持续深化志愿服务组织的内部治理结构，提高志愿服务组织的管理水平和社会公信力。

二是注重扶贫志愿服务主体培育，壮大扶贫志愿服务力量。扶贫志愿服务主体在构成上具有高度的灵活性，打赢脱贫攻坚战，需要号召全社会力量参与到扶贫开发工作中来，不仅要关注在民政部门登记注册的扶贫志愿服务组织和在中国志愿服务联合会注册的扶贫志愿者，还包括政府机构、企业、社会组织、普通民众等开展扶贫志愿服务时的临时队伍和个人，党政机关、企事业单位、群团组织、基层自治组织、社会组织、新经济组织应成立志愿服务组织，倡导鼓励广大公务员、专业技术人员、企事业单位干部职工、公众人物等积极加入志愿服务组织，凝聚诸多扶贫志愿服务行为主体力量，整合相关扶贫志愿服务行为主体资源，协调扶贫志愿服务行为的志愿行为。在国家层面统筹协调的基础上，各级政府民政部门应和扶贫部门联合并及时指导设立类似中国扶贫志愿联合会等扶贫志愿服务部门，联合高校等科研院所、企业单位等，并强化这些组织在推进扶贫志愿服务活动开展过程中的组织培育、人才培养、技能培训、标准建设、项目发展、资源服务等领域功能发挥，或是通过政府购买服务的方式推进扶贫志愿服务活动的开展，大力建设培训基地和志愿者学院。此举不仅能提高扶贫志愿服务志愿者的整体素质，促进扶贫志愿服务的专业化和规范化水平，更重要的是通过组织孵化和人员培养，扶贫志愿服务行为主体的社会关联渠道由此联通。

此处值得讨论的问题是，政府、市场和社会力量在传统社会治理系统分析时一般被认为是相互独立、相互制衡的三方力量，但出于公共服务和社会管理高效供给的追求，以及中国特色主义制度下“政府主导、社会力量参与”社会管理方式的传统影响和制度优势，考虑扶贫开发工作在国家发展战略布局中的重要地位，中国的扶贫志愿服务体系建设坚持“政府主导”反而能够更好地实现组织之间、组织内部和组织与个体等行为主体的关联。当然，扶贫志愿服务主体自身因其非政府组织、非营利组织的组织属性，需要坚持专业所长，相对独立的发挥应有作用。

三是明确职责定位。扶贫志愿服务“网络多维协同发展共同体”的主体联系是围绕扶贫志愿服务工作目标的关联，在多维社会结构中的各扶贫志愿服务主体均是扶贫志愿服务大系统中的子系统组成，围绕着优质的扶贫志愿服务提供开展上下、左右、前后的并行关联或者顺序关联：在扶贫志愿服务提供过程中，基础环节是服务主体和服务对象的直接对话，这种交互有的是志愿组织中的志愿者对接贫困群众，有的是单独的扶贫志愿者对接贫困群众，也有志愿组织与基层组织（虽有贫困群众的直接参与，但具有群体的模糊性存在）之间的对接。如若从扶贫志愿服务大系统中探寻多元主体的关联，则还有服务于志愿服务的提供主体的行为主体，以及服务于扶贫志愿服务对象的行为主体等，这些主体之间相互配合，共同支撑着扶贫志愿服务“网络多维协同发展共同体”的持续运行，而其能够实现有序运行的关键则在于扶贫志愿服务系统之间的职责明晰。如在相对独立的扶贫志愿服务体系中思考，有的组织司职指挥，有的司职协调，有的提供技术，有的经营项目，有的则进行绩效评价等。但考虑到志愿服务的灵活性特征，比如一对一的志愿服务，可能并没有那么具体的职责划分，但是从其业务领域上看，又有着因为专业优势的不同而进行着自然的社会分工，可能体现在产业扶贫领域、可能是科技扶贫领域、可能是文化扶贫领域、可能是健康扶贫领域等，同时明确具体职责划分的志愿服务并不意味着行为主体没有责任意识，因为志愿服务的开展本身就是一种责任担当。

（2）平台驱动：资源整合、主体赋能和供需对接

基于网络技术支持，扶贫志愿服务“网络多维协同发展共同体”重组传统平面的扶贫志愿服务平台，形成立体多维服务平台的同时向多元参与主体提供差异化服务，整合多元主体关系，创造价值，实现多元参与主体利益最大化[①]：扶贫志愿服务“网络多维协同发展共同体”通过改变传统扶贫志愿服务体系的社会分工和结构，改变传统扶贫志愿服务价值链的方式，减少中间环节和成本，将各个层次的服务供方和需方进行有效的动态柔性衔接；通过网络将多方资源免费接入，拓展了扶贫志愿服务的生产性空间；完善和壮大多元主体的社会关联网络，为扶贫志愿服务主体的理念创新、业务创新、组织创新提供便利，实现平台赋能。

扶贫志愿服务的开展需要针对服务对象的需求和提供服务的时空特征采取形式各异的服务方式并建设不同活动平台，或建设实体性的扶贫志愿服务中心，或设计具有某种功能的手机App，或者通过网络咨询的方式提供服务，或者通过如支教、电商等项目方式推进等，这些“线上+线下”（online and offline）相结合的平台建设有助于整合扶贫志愿服务“网络多维协同发展共同体”资源：建设平台的过程本身就是汇聚知识、资源等进行扶贫志愿服务活动再思考的过程，包括创意、服务方向、宣传和招募、执行策划、实施与评价等；平台的出现和作用的发挥又是将扶贫志愿服务影响力在此释放和扩散的过程，社会的认可以及民众参与将成为扶贫志愿服务资源的重要供给源。工作中要重视人才培养，推动志愿服务组织建立健全内部培训制度，提升战略谋划、项目运作和宣传推广能力，通过优秀的服务项目和服务品牌争取各方资源，吸引资助者。基于传统平台基础，开展纵横关联、转型提升的扶贫志愿服务“网络多维协同发展共同体”建设无疑成为扶贫志愿服务资源更高水平的平台：通过行政、市场和社会力量参与的方式发掘和吸纳潜在和现存的扶贫志愿服务资源，有助于各利益相关者增加资源获取渠道，降低资源获取成本，扩大异质性知识和提升经营能力，以此突破市场、资

① 叶秀敏：《平台经济促进中小企业创新的作用和机理研究》，《科技管理研究》2018年第2期，第62~66页。

源和能力等方面的困境[1]；重组传统扶贫志愿服务平台，转变扶贫志愿服务资源的规模和结构、流量和流向，实现资源共享，为扶贫志愿服务资源要素组合以及资源要素增益方案寻优提供更多可能和空间。

扶贫志愿服务“网络多维协同发展共同体”建设的重要基础就是网络互联，在互联网技术支撑的大平台中，扶贫志愿服务的各个主体都参与其中。互联网思维中的平台思维倡导各参与主体多元协同、合作共赢，在多个层面、多种组织、多项时空中建立多样化、个性化的信息平台：信息是主体行为的多元表达且总是附着于行为主体，未来社会的贫困往往是因为信息的缺少而诱发的贫困；对于信息的获取以及能否加入有用性信息网络将是未来社会阶层分化和划分的重要影响因素。扶贫志愿服务的多元主体依托现代信息技术，围绕理论探索、技能提高、人才培训、资源共享、项目共建等内容进行交流合作，推广“社会工作者+志愿者”协作机制，将各自掌握的“点性”信息通过微信、QQ群、贴吧等多种渠道进行广泛传播，基于主体关联的扶贫志愿服务“网络多维协同发展共同体”便在不同层面、不同群众中形成了信息的交叉和汇聚，各扶贫志愿服务的行为主体在其中各取所需，有的信息可以解决困惑，有的信息可以启发创新，有的信息可以强化彼此的互助协同。

信息黏性以及信息网络结构发展的“固化”也有使信息平台逐渐萎缩或者平台之间的联系遭到阻隔的可能，突破“网络多维协同发展共同体”的网络阻断且持续丰富和延展网络联结始终是共同体建设的工作重心。信息不对称引致的扶贫志愿项目管理中“道德风险”、服务主体与帮扶对象之间的“供需脱节”、多主体不协同产生的“碎片化扶贫”被认为是扶贫志愿服务中的三大难题[2]，具有Volume（巨量规模）、Velocity（快速流转）、Variety（多样类型）、Value（较低价值密度）这样“4V”特征的大数据时代的来临对于扶贫志愿服务精准供给提供了技术支撑：通过海量数据分析，明确供需双方的行为特征，尤其

---

① 庄晋财、李丹：《“互联网+”对农民创业机会开发的影响研究》，《广西大学学报》（哲学社会科学版）2018年第5期，第104~110页。

② 汪磊、许鹿、汪霞：《大数据驱动下精准扶贫运行机制的耦合性分析及其机制创新》，《公共管理学报》2017年第3期，第139~143页。

是对于扶贫志愿服务供给主体来讲，可以根据自己专业优势，精准识别服务目标群体及其发展需求，进而针对性地进行服务提供，实现高质量扶贫志愿服务供需对接，提高服务对象的满意度，避免扶贫志愿服务的“供需脱节”。尤其是现代信息技术的发展使人与人、人与社会的互动交往的时间、空间以及沟通方式等领域都超越了传统水平和发展障碍，“依靠信息科技日增的力量，将信息知识融入劳动过程，并以此为基础来生产和分配，改变的并非人类所从事的活动种类，而是可以作为直接生产力的技术能力”①。利用便捷的信息技术，并重视信息科技在信息传递、机会发现和收益获取等领域的支撑作用，有助于贫困群众掌握主流社会要求的生产技能，培养其发展新思维②，并利用“互联网 + 扶贫”模式，破解贫困群众发展空间的地理阻隔以降低经营风险和对接市场供求，利用网络平台对贫困群众“碎片化的发展资源”进行有效整合以获取规模效益。利用信息技术，重建贫困人口社会关联，或许将成为未来扶贫治理现代化进程中重要战略转向。

（3）服务共担：组织共商、竞争合作与环境营造

扶贫志愿服务“网络多维协同发展共同体”服务效率和效益的提升需要竞争和民主兼顾，全面激活各利益相关者内生动力，使之围绕发展致富目标共同发力。要让每一个参与主体都成为扶贫志愿服务系统中的动力引擎，在协同中创新、创新中协同，促使扶贫志愿服务“网络多维协同发展共同体”这列列车疾速前行。

应进一步完善扶贫志愿服务联席会议、圆桌会议等组织发展共商机制，如中国扶贫志愿服务促进会在每年的 10 月 17 日的国家扶贫日都会选择扶贫开发的年度主题将政府、金融、企业、基层扶贫开发工作的典型代表、产业联盟、专家学者、新闻媒体、扶贫志愿者等利益相关者聚集协商，回顾和总结发展经验，思考和探索未来发展趋势，并在此基础上形成共识，用于指导未来一段时期的各项扶贫志愿服务工作。以此类

① 〔美〕曼纽尔·卡斯特：《网络社会——跨文化的视角》，周凯译，社会科学文献出版社，2009，第 118 页。

② 刘婧娇：《脱贫、发展、关联——中国农村贫困治理的反思与展望》，《云南社会科学》2018 年第 4 期，第 25 ~ 31 页。

推，扶贫志愿服务“网络多维协同发展共同体”应在不同层级（国家、省级、市级、县级、乡镇、村级以及个体之间）、不同领域（产业、教育、卫生、文化、社会关爱等）、不同范围（行政区划内部、跨区合作、组织之间、组织内部各部门之间）、不同类别主体（民间志愿者、企业志愿者、政府机构志愿者等）围绕开展的扶贫志愿服务活动和项目民主协商，如采取党建工作联做、公益事业联办、项目建设联推、服务难题联解、精神文明联创、社区治安联防“六联动”破解扶贫志愿服务治理中的难题等①。一方面通过广泛的沟通交流，集思广益，创新解决问题和排除困难的思路；另一方面可以凝聚共识，便于行动的协调，促进扶贫志愿服务活动主次分明、先后有序；再一方面有助于各个参与主体的内生动力激发，扶贫志愿服务主体在参与协商的过程中，作为理性主体将会不断地深入思考，相互比较中明确自身优势和劣势，纵横关联中清晰自身的定位，取长补短，积极主动开展扶贫志愿服务工作。

扶贫志愿服务是一种自愿、无偿的互助活动，但并不是说扶贫志愿服务活动的开展可以随性而为。当前社会的主要矛盾、脱贫攻坚任务的紧迫性和志愿服务的价值追求等对于扶贫志愿服务的效率和质量都提出了较高要求。政府推动和支持为扶贫志愿服务发展提供了较为重要的平台基础，但仍然需要充分发挥市场机制的作用，如通过政府购买扶贫志愿服务等方式，促进扶贫志愿服务多元主体在竞争中合作、合作中竞争：在扶贫志愿服务发展初期，扶贫志愿服务的质量参差不齐，需要规控主体有意识的制定和完善相关服务标准、业务规范和服务评价等制度规定，将松散的志愿服务纳入正规化管理渠道，激发扶贫志愿服务行为主体发展的危机意识，促进彼此之间的竞争，内修外联，优胜劣汰，提高自身综合素质，有效对接个性化、多样化的贫困群众的服务需求；扶贫志愿服务发展常态化、规范化和制度化之后，扶贫志愿服务的服务项目在业务领域、提供方式、资源获取渠道等方面将由主要依靠慈善捐赠转变为“自我生产与价值创造基础上的非货币交换”，此时人们的幸福

---

① 李汉华、申越发、夏强：《党建新模式探讨：碧江区“五元共治”社区治理新模式》，《知行铜仁》2016年第6期，第18~19页。

感建立在劳动成果交换过程中彼此认可和赞美的基础之上，为了克服过程中的“搭便车”行为，交易过程中市场化和分享过程中公益化成为必要，因为基于人类平等和价值关怀层面，较高水平的志愿服务从来不被简单地理解为“利用自己的剩余（产品或服务），帮助贫困民众。而是因为彼此是人、是同类、是发展共同体，有能力的主体应通过劳动竭尽所能提供丰富的产品和服务，一部分用以竞争状态下的扩大再生产，一部分用以弱势群体帮扶，让人类共同体发展更美好”。也即独立的社会企业或者有机嵌入“社会企业因素”的营利性企业将成为扶贫志愿服务资源获取的主要方式。所以扶贫志愿服务“网络多维协同发展共同体”建设中，适度的竞争和合作是为必要，逐步在扶贫志愿服务“非均衡”发展过程中趋于“均衡”。

扶贫志愿服务“网络多维协同发展共同体”的发展离不开良好的社会环境支持。正如营造慈善事业的社会氛围，不仅是为了慈善事业的发展，更是为了慈善的初衷：帮助需要帮助的人①，营造支持扶贫志愿服务开展的社会氛围，精神层面要将扶贫志愿服务精神的宣传和植入与整个社会道德水平的提升与国民精神生活的健康向上结合起来，提高民众自信水平和彼此之间的信任程度，关注自身，关爱他人，修复和巩固人与人之间的精神契约；工作层面要善于将本职工作开展与扶贫志愿服务活动进行融合，创新扶贫志愿服务理念和工作形式，鼓励高校、科研院所、社科机构等深入开展志愿服务的研究、交流与合作，持续推进广覆盖、深投入的扶贫志愿服务社会动员，如开展扶贫志愿服务活动周、扶贫志愿经典案例评比等，赢得社会公众的理解、支持和参与；完善嘉许激励回馈机制，对于扶贫志愿服务做出突出成绩和贡献的扶贫志愿者，社会也要充分回馈关爱，在其就业、医疗、评优、评先等方面予以倾斜（虽然部分志愿者可能并不同意享受特殊性的待遇）等；保障层面仍然需要通过公开透明的方式，对于不规范或者具有负面影响的扶贫志愿服务进行监督，强化监管，推动行业自律，突出诚信建设，必要时协同其他管理机构进行惩罚；清晰各利益相关者利益诉求和风险形成机

① 侯隆文：《论慈善事业发展的社会氛围》，《市场研究》2016 年第 11 期，第 72～73 页。

制，开发和推广志愿服务保险项目，并在此基础上逐步形成全域动态风险防范机制，实现收益共享和风险共担。

### 5.4.4 扶贫志愿服务的价值共创

1. 服务逻辑与价值共创

管理大师彼得·德鲁克认为，变动的环境本身并不是获取竞争力过程中较大的危险，而较大的危险是处于变动环境中人们沿用传统的逻辑做出行为。随着服务经济的发展，价值创造的方式也在发生着变化，传统的商品主导逻辑、消费者主导逻辑、服务主导逻辑趋向三者融合的价值共创方向发展：商品主导逻辑强调价值由生产者创造，消费者主导逻辑强调价值由消费者创造，服务主导逻辑强调价值由生产者和消费者共同创造，而服务主导逻辑下价值共同创造理念源于共同生产，开始于普拉哈拉德从战略及营销管理的角度等提出的顾客体验，认为基于顾客体验的价值共创强调企业获取价值和竞争优势的来源是创新体验环境，并且发展于服务主导逻辑和社会建构理论[①]。此后，不同的学科对于价值共创理念基于不同视角展开研究：①经济学领域的兰卡斯特较早把消费者及其选择引入价值创造模型分析，将原来的单一生产主体的价值创造模型转变为“生产者—消费者”双重主体协同开展价值创造模型[②]，主张消费者不仅消费产品，同时也应更多地参与到价值创造，进而改善价值创造模式的基础上更好地满足自身的需求。②社会科学领域有关价值共创的思考主要结合前述分析的现代主义向后现代主义变迁的时代特征，反思现代主义社会生产的“规则和秩序建立在理性基础之上；主体是认知性的，而非情感性的；社会是物质化的，并且强调科学技术的重要性；工业资本的出现，并发挥首要作用；生产领域和消费领域的分离等”特征[③]，后现代主义发展背景下“将消费者和生产者重新定义，

---

① 张翠娟、徐虹：《参展商和专业观众参与展览会价值共创机理研究》，《旅游学刊》2019年第3期，第57~70页。

② Lancater K. “Socially Optimal Product Differentiation.” *American Economic Review*, 1975, 65 (4): 567-585.

③ 万文海、王新新：《共创价值的两种范式及消费领域共创价值研究前沿述评》，《管理学动态》2011年第1期，第186~198页。

亲近消费者并且将二者统一、强化消费者参与生产环节”的方式反而更能促进价值链的价值创造。③营销学领域对此研究较多，重在强调服务主导逻辑发生改变的背景下传统企业价值创造体系的重构，如企业不仅要关注生产环境的价值创造环节，还要更多的关注和发现消费者的消费活动、消费实践、消费体验和消费背景，并且基于产品的生产和消费，有效整合自身与其他利益相关者可能使用的发展资源，以实现价值创造的最大化。

另一方面，随着“云经济”与大数据化信息技术的迅猛发展，共享经济以其独有特点颠覆了传统的价值共创模式。传统的价值创造链条逐步演变为价值创造网络体系，聚居于价值创造网络体系的各个利益相关主体分享资源、强化协同，进而形成内部交互、合作边界模糊、系统多样的网络协作的价值创造系统。在共享经济背景下，资源所有权和使用权实现分离、借助以按需分配为核心的第三方平台使得“资源在不同利益相关主体之间因为信息不对称等因素影响导致的资源利用效率下降的问题”在一定程度上得到控制，通过多元主体参与的社会化共创创造出更多的额外价值[①]。

在这种网络协作的价值创造系统中，各利益相关者的价值创造模式也在不断地发生变化，并且体现在价值主张、价值创造、价值传递和价值获取方面，进而整个价值共创机制和模式也在分享经济背景下发生了根本性的变化（见表 5 – 18）。

**表 5 – 18　价值创造逻辑差异化比较**

| 项目 | 生产主导逻辑 | 服务主导逻辑 | 价值共创逻辑 |
| --- | --- | --- | --- |
| 价值主张 | 对接市场需求，为消费者提供中低端产品——功能性价值主张 | 对接消费者需求，提供产品等一体化服务——情感型价值主张 | 全生命周期服务，关注消费者当前潜在的消费需求——共创型价值主张 |
| 价值创造 | 资源依赖，产品导向，市场拓展 | 资源开放，服务导向，企业客户双元 | 资源整合，平台建设，互动式复杂网络协同 |

① 杨学成、杨阳：《共享经济背景下的社会化共创》，《内蒙古社会科学》（汉文版）2017 年第 1 期，第 107 ~ 113 页。

续表

| 项目 | 生产主导逻辑 | 服务主导逻辑 | 价值共创逻辑 |
| --- | --- | --- | --- |
| 价值传递 | 产品使用价值单项传递 | 产品使用价值、客户体验服务等双向传递 | 资源共享，共享体验和时空价值，网络发散传递 |
| 价值获取 | 降低成本，提高价格 | 降低成本，通过提供服务获取较高收益 | 产品收入、服务收入、平台收入（成本降低） |

2. 扶贫志愿服务价值共创机制与共创价值

正如扶贫志愿服务“网络多维协同发展共同体”建设，将扶贫志愿者、政府、企业、贫困人口等多元利益相关者进行网络聚合，基于现代信息技术，将志愿服务作为关联纽带，通过区域和贫困人口社会关联网络重建，改变发展空间，有助于实现扶贫志愿服务价值的社会化共创。“网络多维协同发展共同体”建设基础上的扶贫志愿服务是一个主体多样、开放灵活的创新服务系统。结合中国扶贫开发的传统和国情，政府是推动扶贫志愿服务开展的主导力量，各级扶贫志愿服务促进会是扶贫志愿服务开展的组织和协同主体，其他扶贫志愿服务的提供主体和贫困人口、双非（非贫困群众且非志愿服务主体）扶贫开发主体（如政府工作人员、农业合作组织等）等扶贫志愿服务对象是扶贫志愿服务系统运行的重要参与力量。各利益相关体基于“扶贫开发”主体开展协作，跨域组织边界，实现资源整合，推进资源利用开放、流动和高效组合的过程中创新志愿服务开展内容和形式的“开放式创新”；志愿服务开放式创新的基础则在于扶贫志愿服务系统各利益相关者的“互补性资产”粘连，包括互补性知识、技术和其他发展资源等，这也符合当前社会发展的网络关联的时代特征。

价值共创是双方共同参与，并得以实现共赢。价值共创的基础在于各利益相关者互补性资产的优化组合：在扶贫志愿服务系统中，政府、扶贫志愿者、贫困人口、企业、农村专业经济合作组织等利益相关者在双向开放协作过程中，不断在开放资源、交换资源并获得各自发展的资源所需，推进了资源要素的交流，实现要素增益和价值共创。虽然扶贫志愿服务的价值创造网链中的价值增益和价值共创环节紧密关联，如若按照价值生成顺序则可以概括分为观念共识、价值共生、价值共赢等三个环节：①观念共识。观念共识是基础，扶贫志愿服务更多的是通过志愿者无偿、自愿并且多从专业的角度帮扶对象发展致富的行为，为了提高这种行为的有效性，需要扶贫志愿者和服务对象进行有效的互动交流，明确导致贫困群体贫困的各种束缚及实现发展致富需要突破的阻碍，对应志愿者已经掌握和可能利用的帮扶资源，量力而行，在激发帮扶对象内生动力（觉察问题和觉醒观念）的基础上制定可行的志愿服务方案，并在多方协作下开展相应志愿服务行为。②价值共生。帮扶对象之所以贫困，发展要素短缺以及发展理念的落后是重要诱因；扶贫志愿力量为帮扶对象的认知转变提供外力干预（可能的机会和转变的理由），使得帮扶对象能够在综合理解分析内外信息的基础上形成较为成熟的发展认知和思路。思想的转变可为价值共创提供良好铺垫，帮扶目标指引下的扶贫志愿服务行为开展则是价值共创的实践基础。志愿者通过提供资金、信息、技能等发展的方式，授人以鱼和授人以渔兼顾，采取“教授 + 教练”相结合的“授业”方式来促成双方的价值共生①，双方通过学习新知和学以致用，在志愿服务行为质量提升过程中不断提高共创价值的质量和数量。③价值共赢。扶贫志愿服务属于公益活动，虽然志愿服务主体并无趋利取向，但并不意味着没有行为目标：按照志愿服务的两阶段理论，志愿服务的第一阶段是扶贫主体根据拥有资源、专业所长对帮扶对象在衣食住行、教育、健康等方面给予帮扶，此后的第二阶段则在志愿服务双方增进交流的基础上倾向建立更富于包容性的社会而努力，此时将在不同领域、不同层次表现为对民主、自由、权利等内容的要求，因为志愿者不仅是为穷人服务，而且还从本质上希望为自己和社会建立一个包容性的公共生活的概念②。双方在开放协作的过程中推动了帮扶对象可行能力的提高，也在不断增强扶贫志愿服务主体的价值实现，达到扶贫资源服务利益相关者的价值共赢。

围绕扶贫志愿服务“网络多维协同发展共同体”系统的价值共创

① 周文辉、曹裕、周依芳：《共识、共生与共赢：价值共创的过程模型》，《科研管理》2015 年第 8 期，第 129～135 页。

② Robert R. Korstad, James L. Leloudis. “Citizen Soldiers: the North Carolina Volunteers and the War on Poverty.” *Law and Contemporary Problems*, 2014, 62 (4): 177－197.

内容以及典型的价值共创过程和机制等分析主题，课题组深入到江西省样本区域开展了实地调研与深度访谈。调研发现，志愿服务系统中多元主体围绕扶贫开发工作相互协作，初步实现了协同共赢和价值共创：贫困人口作为主要的受益群体从扶贫志愿服务系统中获取了不同利益相关者提供的致富信息和发展资源，增加收入并实现脱贫致富，同时通过自身发展能力的提升回馈社会；组织类扶贫志愿主体在相关志愿服务的过程中履行了组织社会责任，为组织树立了良好的社会形象，提高了团队成员的道德情操，增加了组织的凝聚力和向心力；个体类扶贫志愿者则传递了社会关爱，在助人和互助中实现自我价值和社会价值要求的统一；政府通过整合社会力量和社会资源促进了扶贫开发事业发展，也在一定程度上提高了区域治理水平；接受间接扶贫志愿服务的政府、企业、专业合作社等组织也相应提高了扶贫志愿服务专业技能，以最大化实现有限扶贫资源的扶贫效率和效益；作为平台的扶贫志愿服务联合会更是通过平台效应发挥提高扶贫志愿服务的品牌价值和社会影响力。如2018年新干县经作局组织江西农业大学、江西省科技特派团等志愿者举办水果、蔬菜等农业技术培训11期，其间共有约500名农民受训，此举对引导当地农民发展农村产业脱贫致富大有裨益。再如2018年中建五局总承包公司江西分公司党总支联合南昌市民政局、南昌城投基础公司开展“情系困难群体，奉献诚挚爱心”精准扶贫活动，带领施工队进行危房改造，同时协助南昌城投基础公司对赵埠村等6个自然村展开“产业扶贫计划”的实施，后期将帮助村民建设“产业大棚基地”，并提供特产种植技术支持，帮助6个自然村打造集体产业，实现了扶贫助困、彰显互助互爱精神、促进区域发展等多重成效。

## 5.5 从发展空间重构走向贫困人口社会关联重建

实现精准脱贫是全面建成小康社会必须打赢的攻坚战，是促进区域协调发展的重要抓手。城乡统筹发展作为实现我国区域协调发展目标的重要战略支撑，不仅在激发城乡发展活力和构建新型工农城乡关系进程方面作用显著，更为新时期贫困地区实施“发展空间重构”减贫脱贫提供了重要思路。推进“基础是区域发展空间结构优化，关键是促进要素交流畅通和实现要素增益，保障是城乡发展等值”的新型工农城乡关系构建，逐步消减社会管理体制、基础设施建设、教科文卫等公共服务均等化等“城乡二元结构”特征，既是统筹城乡视域下促进城乡协调发展的根本之策，也是在加速城乡一体化进程中促进农村居民融入现代社会分工体系的重要路径[①]。另一方面，考虑到作为行为主体的人的社会关系网络源于参与，因受益而不断拓宽，在与其他网络主体的互益交往中形成信任，并因网络密度加深使得行为主体行为彼此束缚，社会网络规范由此逐步完善和强化。社会上的个体都在与其他个体的交往中发展，个体的全面发展受到其社会交往程度和水平的影响，个体社会交往程度越高，社会关联越丰富，视野就越开阔，获取的信息、知识、技能、经验就越多，能力的发展就越快，进步就越全面、越迅速，能创造出更多的共创价值。故而片区在推进空间重构减贫过程中，区域整体及贫困人口的社会关联空间重构尤为重要。借此，具有相对独立行政区划空间、经济社会空间和自然环境空间特征的连片特困区城乡扶贫开发通过重构片区发展空间、增进区域发展主体社会关联、优化调整区域发展空间结构和贫困人口的个性生计空间，在经济持续增长、城乡一体化发展中完善“全域脱贫攻坚机制”，或将逐步走向价值共创基础上的“社会关联增进式减贫”。

---

① 党国英：《城乡一体化是脱贫的治本之策》，《农村工作通讯》2017 年第 14 期，第 20 ~ 23 页。

# 第6章 连片特困区扶贫资源配置效率评价与城乡扶贫联动治理

服务于“城乡统筹与扶贫开发关联，明确未来片区城乡扶贫开发可能方案”主题探究和思考未来连片特困区扶贫开发尤其是深度贫困地区脱贫攻坚工作开展，本研究基于重构新型工农城乡关系的时代背景，考虑连片特困区相对独立的发展空间特征，选择我国14个连片特困区中大兴安岭南麓山区（东北部）、罗霄山区（中部）、乌蒙山区（西南部）3个片区7个城市作为分析样本，并测算其城乡统筹综合效率、城乡扶贫开发效率等指标以解析城乡统筹与城乡扶贫开发绩效关联，实证研究城乡统筹与城乡扶贫开发之间的相互作用并探寻未来片区城乡扶贫开发协同治理优化空间，以提高连片特困区扶贫开发工作效率与区域发展质量。

## 6.1 基于三阶段DEA模型的连片特困区城乡扶贫资源配置效率测评

### 6.1.1 典型连片特困区城乡扶贫开发效率评价

为了更好地反映连片特困区城乡综合扶贫开发工作效率，本研究拟选择三阶段DEA模型针对样本区域典型地区拓展性开展城镇扶贫开发工作和农村扶贫开发工作的效率分析测算并明确影响因素。

1. 样本选取、数据来源与指标设计

考虑区域分布广泛性和脱贫攻坚样本代表性等特征，本研究选取大兴安岭南麓山区（东北部）、罗霄山区（中部）、乌蒙山区（西南部）为样本片区，并分别选择大兴安岭南麓山区的兴安盟（隶属内蒙古自治区)，乌蒙山区的乐山市（隶属四川省)、毕节市（隶属贵州省）和凉山彝族自治州（隶属四川省)，罗霄山区的赣州市（隶属江西省)、吉安市（隶属江西省）和郴州市（隶属湖南省)，这些地区多为革命老区、深度贫困地区（山区）和少数民族分布区域，城乡统筹与区域扶贫开发工作难度大、任务重。同时为了提高区域之间可比性和分析结论的权威性，分析数据来自 2014 ~ 2018 年样本区域公布的统计年鉴及 2013 ~ 2017 年的政府工作报告和统计公报。

指标设计过程中参阅相关文献①，综合考虑扶贫开发中的“公共财政支付变动影响区域民众发展的社会管理和公共服务环境，进而作用于贫困人口生计资本和生计策略”的逻辑思路，结合模型运算要求，选择城乡教育、医疗、社会保障和就业等财政支出为投入指标，享受城市最低生活保障人数和农村居民人均可支配收入为产出指标，公共财政收入和地区生产总值为环境指标，且最大化避免投入和产出指标内部的强线性关系，建立了包含投入指标、产出指标和环境指标三类指标的指标体系（见表 6 - 1)。同时为了保证城乡扶贫开发效率值与城乡统筹效率值的口径一致，选取连片特困地区城镇扶贫开发第一阶段效率值、农村扶贫开发第一阶段效率值和城乡统筹效率值，运用熵值法计算出三者的综合得分，以便于对城乡统筹与贫困片区城乡扶贫开发绩效之间的关联进行分析。

**表 6 - 1　连片特困地区城乡扶贫开发效率评价指标体系**

| 地区 | 属性 | 指标选取 | 指标变量 |
| --- | --- | --- | --- |
| 城镇 | 投入指标 | 教育财政支出 | $x_1$ |
| | | 医疗卫生支出 | $x_2$ |
| | | 社会保障和就业财政支出 | $x_3$ |
| | 产出指标 | 享受城市最低生活保障人数 | $y_1$ |
| | 环境指标 | 公共财政收入 | $z_1$ |
| | | 地区生产总值 | $z_2$ |

① 钱力、张陈、宋俊秀：《安徽省大别山连片特困地区扶贫绩效评价——基于三阶段 DEA 模型和超效率 DEA 模型》，《江汉大学学报》（社会科学版）2018 年第 5 期，第 55 ~ 64 页。

续表

| 地区 | 属性 | 指标选取 | 指标变量 |
|---|---|---|---|
| 农村 | 投入指标 | 教育财政支出 | $x_1$ |
| | | 医疗卫生支出 | $x_2$ |
| | | 社会保障和就业财政支出 | $x_3$ |
| | 产出指标 | 农村居民人均可支配收入 | $y_2$ |
| | 环境指标 | 公共财政收入 | $z_1$ |
| | | 地区生产总值 | $z_2$ |

2. 研究方法选择

三阶段 DEA 模型是一种将 DEA 方法和随机前沿分析方法（SFA）相结合的模型，其去除了环境因素与随机误差因素产生的作用，得到真实的环境效率值。

第一阶段：选取传统 DEA 模型决策单元效率值。本阶段选用规模报酬可变的 BCC 模型，研究扶贫开发综合技术效率（TE）、纯技术效率（PTE）和规模报酬效率（SE）。BCC 模型可以表示为：

$$Min[\theta - \varepsilon(e^t s^- + e^t s^+)]$$

$$s.t.\begin{cases}\sum_{i=1}^{n}\lambda_i x_{ij} + s^- = \theta x_{0j} \\ \sum_{i=1}^{n}\lambda_i y_{ir} - s^+ = y_{0r} \\ \sum_{i=1}^{n}\lambda_i = 1 \\ \lambda_i \geq 0 \\ s^+ \geq 0\ s^- \geq 0\end{cases}$$

其中，$i=1, 2, \cdots, n$；$j=1, 2, \cdots, m$；$r=1, 2, \cdots, s$。$n$ 为决策单元的个数，$m$ 和 $s$ 分别为投入变量和产出变量的个数，$x_{ij}$ 表示投入要素，$y_{ir}$ 表示产出要素，$s^+$ 表示剩余变量，$s^-$ 表示松弛变量，$\varepsilon$ 为非阿基米德无穷小量，$\theta$ 为决策单元 DMU 的有效值。

当 $\theta = 1$，且 $s^+ = s^-$，则决策单元为 DEA 有效，表明样本区域扶贫开发效率达到最佳水平；当 $\theta = 1$，且 $s^+ \neq 0$，或 $s^- \neq 0$，则决策单元为 DEA 弱有效，表明样本区域扶贫开发效率没有达到最佳水平；当 $\theta$

< 1，则决策单元为 DEA 无效，表明该地区扶贫开发效率较低。

第二阶段：随机前沿分析（SFA）模型的投入产出调整。在第一阶段 DEA 模型的分析结果中，各决策单元投入的实际值与 DEA 有效目标值存在差距，这一差距值即为松弛变量。松弛变量由环境因素、管理无效率和随机误差构成，通过分析松弛变量，利用 SFA 回归模型剔除环境因素和随机误差因素的影响，提高 DEA 的估计信度，据此构建如下投入松弛变量与环境变量的 SFA 回归方程：

$$S_{ij} = f_i(Z_j;\beta_i) + v_{ij} + \mu_{ij} \quad i = 1,2,\cdots I, j = 1,2,\cdots J$$

其中，$S_{ij}$ 表示第 $j$ 个决策单元的第 $i$ 项投入的松弛变量；$Z_j$ 为 K 个可获得的影响扶贫开发效率的环境变量，$Z_j = (z_{1j,}\ z_{2j},\cdots,z_{kj})$，$\beta_i$ 是环境变量的待估系数，$f_i(Z_j;\beta_i)$ 是确定可行的松弛前沿函数；$v_{ij}$ 表示第 $j$ 个决策单元的第 $i$ 个投入产生的随机误差，$\mu_{ij}(\mu_{ij} \geq 0)$ 表示第 $j$ 个决策单元的第 $i$ 个投入产生的管理无效率，式中 $\varepsilon_{ij} = v_{ij} + \mu_{ij}$ 为混合误差项。构建 $\gamma_i = \dfrac{\sigma_{\mu i}^2}{\sigma_{\mu i}^2 + \sigma_{\nu i}^2}$ 表示管理无效率方差与总方差的比重，$\gamma_i$ 的值接近于 1 表明管理无效率为主要影响因素，$\gamma_i$ 越接近于 0 表明随机误差为主要影响因素，可消除管理无效率影响，通过 OLS 估计的确定性模型即可。SFA 回归模型是通过极大似然方法估计，得出 $\beta_i$，$\sigma^2$，$\gamma_i$ 的估计值，分离出混合误差项中的随机误差和管理无效率，调整原始投入变量。

利用 Jondrow 等人提出的方法，计算管理无效率估计值。

$$\widehat{E}(\mu_{ij} \mid \mu_{ij} + \nu_{ij}) = \frac{\widehat{\lambda_i}\ \widehat{\sigma_i}}{1 + \widehat{\lambda_i^2}} \left[ \frac{\phi\left(\dfrac{\varepsilon_{ij}\ \lambda_i}{\sigma_i}\right)}{\varphi\left(\dfrac{\varepsilon_{ij}\ \lambda_i}{\sigma_i}\right)} + \frac{\varepsilon_{ij}\ \lambda_i}{\sigma_i} \right]$$

式中 $\lambda_i = \dfrac{\sigma_{\mu i}}{\sigma_{\nu i}}$，$\sigma_i^2 = \sigma_{\mu i}^2 + \sigma_{\nu i}^2$，$\phi$、$\varphi$ 分别为标准正态分布的分布函数和密度函数。根据管理无效率 $\mu_{ij}$ 的条件估计 $E(\mu_{ij} \mid \mu_{ij} + \nu_{ij})$，可以测算随机误差项，如下式：

$$\widehat{E}(\nu_{ij} \mid \mu_{ij} + \nu_{ij}) = S_{ij} - Z_j\widehat{\beta_i} - \widehat{E}(\mu_{ij} \mid \mu_{ij} + \nu_{ij})$$

根据 SFA 模型的回归结果，可知投入松弛变量基于各环境变量的影响程度，进一步对决策单元的投入进行相应调整：

$$X_{ij}^{A} = X_{ij} + [max(Z_j \widehat{\beta}_{ii}) - Z_j \widehat{\beta}_i] + [max(\widehat{E}(\nu_{ij} \mid \mu_{ij} + \nu_{ij})) - \widehat{E}(\nu_{ij} \mid \mu_{ij} + \nu_{ij})]$$

上式中，$X_{ij}^{A}$ 和 $X_{ij}$ 是第 $j$ 个决策单元第 $i$ 项投入的调整值和初始值，$\widehat{\beta}_i$ 表示环境变量的估计值。$[max(Z_j \widehat{\beta}_{ii}) - Z_j \widehat{\beta}_i]$ 表示每个决策单元的第 i 项投入调整为受环境变量作用最大的情形下，让其处于最差的环境内投入的增加量。$[max(\widehat{E}(\nu_{ij} \mid \mu_{ij} + \nu_{ij})) - \widehat{E}(\nu_{ij} \mid \mu_{ij} + \nu_{ij})]$ 表示将其放在最大随机误差项中需要增加的投入量。由此分别把环境因素和随机误差项调整到同等条件，以消除这两类因素对效率值的影响。

第三阶段：调整后的 DEA 模型。再次运行的 BCC 模型，利用第二阶段 SFA 模型调整后的投入变量数值与初始产出变量数值对连片特困地区扶贫开发效率值进行测算，得出的效率值更能反映出扶贫开发效率的真实水平。

3. 基于三阶段 DEA 模型的典型贫困片区城乡扶贫开发效率实证

（1）第一阶段传统 DEA 实证分析

在 DEA 分析的第一阶段中通过 BCC 模型对七个典型区域城乡扶贫开发的技术效率、纯技术效率、规模效率和规模报酬进行分析。

城镇扶贫开发领域，如表 6 - 2 所示：①技术效率方面，2013 ~ 2017 年乐山市扶贫开发效率均为 1，表明乐山市属于城镇扶贫开发效率高水平城市，2013 ~ 2016 年郴州市和兴安盟扶贫开发效率均为 1，此时郴州市和兴安盟也是城镇扶贫开发效率高水平城市；2017 年兴安盟城镇扶贫开发技术效率在 0.8 以上，应是较高水平扶贫开发效率城市；2017 年郴州市城镇扶贫开发技术效率在 0.6 以上，凉山州五年的技术效率均在 0.6 以上，列为中等扶贫开发效率水平城市；赣州市城镇扶贫开发效率均在 0.4 左右，在这七个贫困地区最低，属于扶贫开发效率低水平城市；毕节市城镇扶贫开发效率值在中等效率水平和低效率水平两者之间波动；吉安市城镇扶贫开发效率值由前两年的中等效率水平转变为较高效率水平。②纯技术效率方面，每年均有三个地区达到城镇扶贫开发效率最佳生产前沿线，2013 年到 2016 年郴州市、乐山市和兴安盟三个地区扶贫开发效率为 1，2017 年是吉安市、乐山市和兴安盟扶贫开发效率值为 1；同样在 2013～2016 年达到 0.7 以上较高水平城镇扶贫开发效率的有吉安市、凉山州和毕节市三个地区，2017 年只有郴州市和凉山州达到 0.7 以上；五年来赣州市城镇扶贫开发效率皆在 0.6 以下，毕节市在 2017 年首次出现低于 0.6 的扶贫开发效率。③规模效率方面，2013～2015 年和 2017 年毕节市城镇扶贫开发效率均介于 0.6～0.8，城镇扶贫开发效率一般，其余六个地区扶贫开发效率全部大于 0.8，城镇扶贫开发效率为较高和高水平。④规模报酬方面，2013～2016 年城镇扶贫开发效率规模报酬状况不变的城市有郴州市、乐山市和兴安盟，2017 年乐山市和凉山州城镇扶贫开发效率规模报酬状况同为不变，2016 年赣州市和吉安市及 2017 年赣州市、吉安市和郴州市的城镇扶贫开发效率规模报酬递减，其余城镇扶贫开发效率规模报酬呈递增趋势。

总体而言，较之 3 个片区所有典型区域的技术效率、纯技术效率和规模效率均值，兴安盟、乐山等地区城镇扶贫开发效率都保持在中高水平阶段，说明各区域在城镇低收入人群发展保障投入规模和供需双方精准对接工作效果显著，而赣州市、毕节市为典型的扶贫开发低效率地区。

**表 6－2　典型贫困片区城镇扶贫开发第一阶段效率**

| 年份 | 2013 年 | | | | 2014 年 | | | |
|---|---|---|---|---|---|---|---|---|
| 地区 | 技术效率 | 纯技术效率 | 规模效率 | 规模报酬 | 技术效率 | 纯技术效率 | 规模效率 | 规模报酬 |
| 赣州市 | 0.406 | 0.439 | 0.927 | irs | 0.374 | 0.397 | 0.944 | irs |
| 吉安市 | 0.787 | 0.858 | 0.918 | irs | 0.796 | 0.871 | 0.914 | irs |
| 郴州市 | 1.000 | 1.000 | 1.000 | – | 1.000 | 1.000 | 1.000 | – |
| 乐山市 | 1.000 | 1.000 | 1.000 | – | 1.000 | 1.000 | 1.000 | – |
| 凉山州 | 0.675 | 0.761 | 0.887 | irs | 0.684 | 0.784 | 0.872 | irs |
| 毕节市 | 0.681 | 0.875 | 0.779 | irs | 0.617 | 0.897 | 0.688 | irs |
| 兴安盟 | 1.000 | 1.000 | 1.000 | – | 1.000 | 1.000 | 1.000 | – |
| 年份 | 2015 年 | | | | 2016 年 | | | |
| 地区 | 技术效率 | 纯技术效率 | 规模效率 | 规模报酬 | 技术效率 | 纯技术效率 | 规模效率 | 规模报酬 |
| 赣州市 | 0.384 | 0.415 | 0.925 | irs | 0.432 | 0.440 | 0.982 | drs |
| 吉安市 | 0.864 | 0.938 | 0.921 | irs | 0.920 | 0.953 | 0.966 | drs |
| 郴州市 | 1.000 | 1.000 | 1.000 | – | 1.000 | 1.000 | 1.000 | – |

续表

| 年份 | 2015 年 | | | | 2016 年 | | | |
|---|---|---|---|---|---|---|---|---|
| 地区 | 技术效率 | 纯技术效率 | 规模效率 | 规模报酬 | 技术效率 | 纯技术效率 | 规模效率 | 规模报酬 |
| 乐山市 | 1.000 | 1.000 | 1.000 | - | 1.000 | 1.000 | 1.000 | - |
| 凉山州 | 0.758 | 0.882 | 0.859 | irs | 0.747 | 0.757 | 0.988 | irs |
| 毕节市 | 0.598 | 0.932 | 0.642 | irs | 0.784 | 0.861 | 0.910 | irs |
| 兴安盟 | 1.000 | 1.000 | 1.000 | - | 1.000 | 1.000 | 1.000 | - |
| 年份 | 2017 年 | | | | 典型区域效率平均值 | | | |
| 地区 | 技术效率 | 纯技术效率 | 规模效率 | 规模报酬 | 技术效率 | 纯技术效率 | 规模效率 | |
| 赣州市 | 0.433 | 0.473 | 0.914 | drs | 0.791 | 0.851 | 0.926 | |
| 吉安市 | 0.870 | 1.000 | 0.870 | drs | | | | |
| 郴州市 | 0.717 | 0.893 | 0.803 | drs | | | | |
| 乐山市 | 1.000 | 1.000 | 1.000 | - | | | | |
| 凉山州 | 0.781 | 0.781 | 1.000 | - | 0.791 | 0.851 | 0.926 | |
| 毕节市 | 0.435 | 0.576 | 0.756 | irs | | | | |
| 兴安盟 | 0.946 | 1.000 | 0.946 | irs | | | | |

农村扶贫开发领域，如表 6－3 所示：①技术效率方面，2013～2017 年乐山市农村扶贫开发效率与城镇扶贫开发效率一样均为 1，另外兴安盟在 2014～2016 年的农村扶贫开发效率也与城镇扶贫开发效率一样为 1，两者为高水平农村扶贫开发效率城市；2014 年郴州市和 2013 年、2017 年兴安盟的农村扶贫开发效率在 0.8 以上，此阶段郴州市和兴安盟处于较高水平农村扶贫开发效率；2013～2016 年吉安市、郴州市农村扶贫开发效率和 2013～2017 年凉山州农村扶贫开发效率均在 0.6 以上，为中等农村扶贫开发效率水平城市；2013～2017 年赣州市和毕节市以及 2017 年的吉安市和郴州市农村扶贫开发效率均小于 0.6，符合农村扶贫开发效率低水平城市。②纯技术效率方面，可归属于高效率农村扶贫开发效率的有 2013～2016 年的郴州市、乐山市和兴安盟三个地区，2017 年的乐山市和兴安盟两个地区，即农村扶贫开发效率为 1；2013～2017 年赣州市与 2017 年郴州市和毕节市的农村扶贫开发效率同为小于 0.6 的低效率扶贫开发水平；2016～2017 年吉安市农村扶贫开发效率低于 0.7；除以上描述情形外，在 2013～2017 年各地区的农村扶贫开发效率均

**表 6－3　典型贫困片区农村扶贫开发第一阶段效率**

| 年份 | 2013 年 | | | | 2014 年 | | | |
|---|---|---|---|---|---|---|---|---|
| 地区 | 技术效率 | 纯技术效率 | 规模效率 | 规模报酬 | 技术效率 | 纯技术效率 | 规模效率 | 规模报酬 |
| 赣州市 | 0.286 | 0.390 | 0.734 | irs | 0.263 | 0.368 | 0.714 | irs |
| 吉安市 | 0.715 | 0.778 | 0.919 | irs | 0.752 | 0.789 | 0.952 | irs |
| 郴州市 | 0.795 | 1.000 | 0.795 | drs | 0.827 | 1.000 | 0.827 | drs |
| 乐山市 | 1.000 | 1.000 | 1.000 | – | 1.000 | 1.000 | 1.000 | – |
| 凉山州 | 0.640 | 0.760 | 0.842 | irs | 0.667 | 0.784 | 0.850 | irs |
| 毕节市 | 0.565 | 0.875 | 0.646 | irs | 0.574 | 0.897 | 0.640 | irs |
| 兴安盟 | 0.973 | 1.000 | 0.973 | irs | 1.000 | 1.000 | 1.000 | – |
| 年份 | 2015 年 | | | | 2016 年 | | | |
| 地区 | 技术效率 | 纯技术效率 | 规模效率 | 规模报酬 | 技术效率 | 纯技术效率 | 规模效率 | 规模报酬 |
| 赣州市 | 0.254 | 0.381 | 0.668 | irs | 0.246 | 0.356 | 0.691 | irs |
| 吉安市 | 0.733 | 0.825 | 0.889 | irs | 0.624 | 0.698 | 0.893 | irs |
| 郴州市 | 0.722 | 1.000 | 0.722 | drs | 0.669 | 1.000 | 0.669 | drs |
| 乐山市 | 1.000 | 1.000 | 1.000 | – | 1.000 | 1.000 | 1.000 | – |
| 凉山州 | 0.713 | 0.882 | 0.809 | irs | 0.615 | 0.756 | 0.814 | irs |
| 毕节市 | 0.556 | 0.932 | 0.596 | irs | 0.518 | 0.860 | 0.603 | irs |
| 兴安盟 | 1.000 | 1.000 | 1.000 | – | 1.000 | 1.000 | 1.000 | – |
| 年份 | 2017 年 | | | | 典型区域平均值 | | | |
| 地区 | 技术效率 | 纯技术效率 | 规模效率 | 规模报酬 | 技术效率 | 纯技术效率 | 规模效率 | |
| 赣州市 | 0.264 | 0.304 | 0.868 | irs | | | | |
| 吉安市 | 0.563 | 0.625 | 0.901 | irs | | | | |
| 郴州市 | 0.575 | 0.575 | 0.999 | – | | | | |
| 乐山市 | 1.000 | 1.000 | 1.000 | – | 0.688 | 0.805 | 0.840 | |
| 凉山州 | 0.640 | 0.781 | 0.820 | irs | | | | |
| 毕节市 | 0.350 | 0.576 | 0.608 | irs | | | | |
| 兴安盟 | 0.964 | 1.000 | 0.964 | irs | | | | |

位于大于 0.7 的中高效率水平。③规模效率方面，乐山市五年的农村扶贫开发效率、兴安盟在 2014～2016 年的农村扶贫开发效率均达到高水平扶贫开发效率；兴安盟在 2013 年和 2017 年、吉安市在 2013 年、2014 年和 2017 年以及郴州市在 2017 年的农村扶贫开发效率均超过 0.9，农村扶贫效果非常显著；赣州市在 2015～2016 年，郴州市在 2016

年和毕节市五年的农村扶贫开发效率均处于小于0.7的中低扶贫效率水平；其他区域均为高于0.7的农村扶贫开发效率水平。④规模报酬方面，2014~2016年兴安盟农村扶贫开发效率规模报酬状况不变，郴州市仅在2017年处于农村扶贫开发效率规模报酬不变的状况，乐山市始终为农村扶贫开发效率规模报酬不变状况；郴州市在前四年一直处于农村扶贫开发效率规模报酬递减状况；其他区域规模报酬状态均为递增。

综合分析，城镇扶贫开发效率达到高水平的地区多于农村扶贫开发效率高水平地区，高效率扶贫开发地区主要位于乌蒙山区和大兴安岭南麓山区；2013~2017年五年均处于低效率的城镇扶贫开发地区仅有赣州市，而低效率农村扶贫开发地区有罗霄山区赣州市，主要是由纯技术效率过低引起。结合实地调研发现，罗霄山区赣州市辖区多达18个县(市)，虽然规模效率较高（效率值为0.9以上），但由于区域面积较大，扶持资源及服务的精准供给和服务对象高效对接存有较大难度；乌蒙山区毕节市属于深度贫困山区，发展资源匮乏，地方财政支持力度及其他公共服务供给有限，也在很大程度上影响了城镇扶贫开发工作效率。比较分析城乡扶贫开发效率的平均值对比，城镇扶贫开发的技术效率、纯技术效率和规模效率分别比农村扶贫开发效率高出0.103、0.046、0.086，直观地体现出城乡扶贫的差距。但不论是城镇扶贫开发效率还是农村扶贫开发效率，其规模效率均大于纯技术效率，初步结论反映当前国家对于城乡低收入人群生活保障较为关注且财政投入力度较大，但也应重视关注扶贫对象需求基础上的发展扶持方式创新。由于存在环境因素和随机因素的干扰，因此接下来利用SFA回归模型剥离环境因素和随机扰动因素。

（2）第二阶段SFA的随机前沿分析

将第一阶段测算出的三种投入变量社会保障和就业财政支出、医疗卫生支出、教育财政支出的松弛变量作为函数的被解释变量，选取公共财政收入、地区生产总值作为解释变量，分析两个环境变量对三个投入松弛变量的影响。当回归系数为正值时，表示增加该环境变量将会增加投入松弛量，导致冗余增加产生浪费；反之当回归系数为负值时，增加该环境变量有利于减少投入松弛量，减少冗余产生。表6-4、表6-5中回归结果显示，三种投入松弛变量的常数项系数通过了 1% 的显著性检验，γ 值在 0.9 以上，说明环境因素和随机因素对连片特困地区城乡扶贫开发的投入冗余存在明显影响。而且三个模型的 LR 单边误差检验值在 1% 的显著性水平下均大于临界值，表明第二阶段 SFA 分析是有必要的。

环境变量对于片区城镇扶贫开发工作影响如表 6－4 所示：①公共财政收入。该变量与社会保障和就业财政支出的松弛变量回归系数为正，与医疗卫生支出和教育财政支出的松弛变量回归系数为负，且均通过 1% 水平的显著性检验。说明公共财政收入增加总体上有助于改善城镇扶贫开发效率，公共财政收入的增加有利于减少医疗卫生支出和教育财政支出投入的冗余，促使这些资源有效利用，从而提高技术效率，这反映了公共财政收入越多，医疗卫生和教育等公共服务资源越充足，越有利于消除医疗和教育等根本性贫困障碍，从而缩小城乡二元差距。公共财政收入增加还会导致该地区社会保障和就业财政支出的投入冗余，亦即如果扶贫资源没有合理配置，会在一定程度上造成社会保障和就业财政支出的浪费。如罗霄山区赣州市，虽然该区域公共财政收入较充裕，对社会保障和就业财政支出投入较大，但管理效率不高致使服务供给精准度下降，使得就业补助、最低生活保障等领域改善并不明显，影响了扶贫开发效率。②地区生产总值。地区生产总值与社会保障和就业财政支出、医疗卫生支出、教育财政支出的松弛变量回归系数均为正，且均通过 1% 水平的显著性检验，说明地区生产总值对这三项投入冗余产生显著影响，同时随着地区生产总值的提高，社会保障和就业财政支出、医疗卫生支出、教育财政支出投入冗余增加。这反映出尽管社会保障和就业财政支出、医疗卫生支出、教育财政等扶贫资源丰富，但在扶贫开发过程中并未充分发挥其真正的作用，并且盲目扩大支出规模是粗放型扶贫开发的原因之一，也会影响扶贫开发工作效果。

**表 6－4　典型贫困片区城镇扶贫开发第二阶段 SFA 回归结果**

| | 社会保障和就业财政支出 | 医疗卫生支出 | 教育财政支出 |
|---|---|---|---|
| 常数项 | －389203.93＊＊＊ | －208200.91＊＊＊ | －407485.13＊＊＊ |
| 公共财政收入 | 607.45＊＊＊ | －45.60＊＊＊ | －113.23＊＊＊ |
| 地区生产总值 | 155.81＊＊＊ | 107.84＊＊＊ | 197.15＊＊＊ |

续表

| | 社会保障和就业财政支出 | 医疗卫生支出 | 教育财政支出 |
|---|---|---|---|
| $\sigma^2$ | 63172516000.00 | 44826937000.00 | 226543880000.00 |
| $\gamma$ | 0.95 | 0.97 | 0.97 |
| 对数似然值 | -444.33 | -433.08 | -460.36 |
| LR 单边误差检验值 | 49.15 * * * | 59.09 * * * | 61.23 * * * |

注：* * *、* *、* 代表通过显著性水平为1%、5%、10%的检验。

环境变量对于片区农村扶贫开发工作影响如表6-5所示：①公共财政收入。公共财政收入与社会保障和就业财政支出、医疗卫生支出、教育财政支出的松弛变量回归系数均为负数，其中与教育财政支出的松弛变量回归系数通过5%水平的显著性检验，说明公共财政收入增加有利于减少农村教育财政支出投入的冗余。这反映出样本区域公共财政收入越多，农村教育的供给效率提升越高，农村教育公共服务投入的规模效应就越明显，也证明教育扶贫是农村贫困地区脱贫的重要途径之一。而公共财政收入与社会保障和就业财政支出、医疗卫生支出的松弛变量回归系数未通过显著性水平检验，说明公共财政收入对农村社会保障、就业和医疗卫生支出效率的提升作用并不显著。②地区生产总值。地区生产总值与社会保障和就业财政支出、医疗卫生支出、教育财政支出的松弛变量回归系数均为正数，且均通过1%水平的显著性检验，说明地区生产总值增加会导致该地区社会保障和就业财政支出、医疗卫生支出、教育财政支出的投入冗余增加，使农村社会保障、就业、医疗卫生、教育等方面的供给效率降低。这反映出一些农村贫困地区拥有基本公共服务资源较多，但由于存在低效配置、错误配置问题，也可能因为基本公共服务支出占财政支出比例过低，产生了资源浪费和扶贫开发效率较低的现象。

**表6-5 典型贫困片区农村扶贫开发第二阶段SFA回归结果**

| | 社会保障和就业财政支出 | 医疗卫生支出 | 教育财政支出 |
|---|---|---|---|
| 常数项 | -415614.87 * * * | -256398.38 * * * | -480954.44 * * * |
| 公共财政收入 | -743.64 | -490.21 | -1419.69 * * |
| 地区生产总值 | 293.12 * * * | 182.55 * * * | 367.98 * * * |

续表

| | 社会保障和就业财政支出 | 医疗卫生支出 | 教育财政支出 |
|---|---|---|---|
| $\sigma^2$ | 63555838000.00 | 50842818000.00 | 229763450000.00 |
| $\gamma$ | 0.95 | 0.96 | 0.98 |
| 对数似然值 | -445.90 | -438.38 | -454.52 |
| LR 单边误差检验值 | 47.85*** | 53.44*** | 73.41*** |

注：***、**、*代表通过显著性水平为1%、5%、10%的检验。

（3）第三阶段调整后的 DEA 模型分析

将剔除环境因素和随机因素后原始投入的调整值与原始产出变量数值再次带入传统的 DEA 模型中进行分析，进而得到第三阶段各贫困地区城镇和农村扶贫开发效率和规模报酬状态。

调整后的城镇扶贫开发效率如表 6-6 所示：样本区域投入产出效率在调整前后略有下降。整体来看，技术效率由第一阶段测量的平均值 0.791 下降到 0.753，纯技术效率由第一阶段测量的平均值 0.851 上升到 0.998，规模效率由第一阶段的平均值 0.926 下降到 0.754。显然调整后的各贫困地区扶贫开发纯技术效率有比较明显的提高，而规模效率也有大幅度的下降，所以技术效率发生了较小幅度的下降。也说明各贫困地区扶贫开发均受到公共财政收入和地区生产总值等环境变量的影响。①技术效率分析。技术效率得分可以衡量各贫困地区扶贫开发整体效率高低。七个贫困地区的扶贫开发效率在调整前后变化不大，除了赣州市的技术效率每年都会比同一年调整前上升且调整后的效率值也呈上升趋势，还有 2017 年吉安市、郴州市、凉山州、毕节市的技术效率也有所上升外，各地区在不同年份的技术效率均呈下降趋势或维持不变的状态。调整前的城镇扶贫开发效率中，处于城镇扶贫开发生产前沿面的有 2013~2016 年的兴安盟、郴州市和 2013~2017 年的乐山市。调整后处于城镇扶贫开发生产前沿面的有郴州市和 2017 年的乐山市与吉安市。调整后城镇扶贫开发效率上升最多的是赣州市，效率值差额的绝对值均在 0.3 以上，调整后城镇扶贫开发效率下降最多的是兴安盟，效率值差额的绝对值同样均在 0.3 以上，调整后城镇扶贫开发效率不变的是 2013~2016 年的郴州市和 2017 年的乐山市。②纯技术效率分析。纯技术效率是用来衡量各贫困地区扶贫开发效率低效或无效多大程度上是纯技术原因导致的，即在规模一定的情况下扶贫开发工作水平高低和扶贫开发项目成效。调整后的纯技术效率值基本都处于上升状态或仍处于生产前沿面上，说明大部分贫困地区在第一阶段DEA效率值较低是较差的环境因素、技术吸纳和管理操作水平等导致。调整后的纯技术效率有效的有2013年的郴州市、乐山市、凉山州、毕节市，2014～2015年的七个贫困地区，2016年除凉山州以外的六个贫困地区，2017年的吉安市、郴州市、乐山市、毕节市。调整后城镇扶贫开发纯技术效率上升最多的是赣州市，效率值差额均大于0.5，也证明了环境因素和随机因素对扶贫开发效率的影响较大。调整后城镇扶贫开发纯技术效率下降的只有2013年和2017年的兴安盟，分别下降了0.023和0.029，下降幅度也比较小。③规模效率分析。规模效率用来衡量决策单元现有生产规模与最优生产规模的差距，规模效率的效率值越趋于1，生产规模越接近最优生产规模。仅有2017年吉安市和郴州市的规模效率增加，2013～2016年郴州市和2017年乐山市的规模效率调整前后一直处于最佳生产前沿面上，以此也表明绝大部分贫困地区的规模效率是下降的。调整后的城镇扶贫开发规模效率下降最多的是2013年、2014年、2016年的兴安盟，效率值差额的绝对值在0.4以上。调整后城镇扶贫开发效率上升的有2017年的郴州市和吉安市，上升效率差额分别为0.197和0.13。④规模报酬分析。调整之前2013～2016年的郴州市、乐山市、兴安盟以及2017年的乐山市和凉山州表现为规模报酬不变，2016～2017年的赣州市和吉安市以及2017年的郴州市表现为规模报酬递减，其余的地区及相应年份所表现的规模报酬为递增状态。调整之后2013～2017年的郴州市以及2017年的乐山市和吉安市表现为规模报酬不变，其余地区及相应年份一律为规模报酬递增状态。说明剔除环境因素和随机因素的影响后，扶贫开发效率中无效的贫困地区其扶贫开发规模均未达到最优生产规模。⑤纯技术效率和规模效率的比较分析。2013～2017年各地区的城镇扶贫开发纯技术效率均大于等于规模效率，城镇扶贫开发纯技术效率平均值为0.998，与规模效率平均值0.754相差0.244，表明样本区域城镇扶贫开发效率低主要是扶贫开发规模效率低引起的，而不是因为经办管理水平不高。

**表 6－6　调整后的典型贫困片区城镇扶贫开发效率**

| 年份 | 2013 年 | | | | 2014 年 | | | |
|---|---|---|---|---|---|---|---|---|
| 地区 | 技术效率 | 纯技术效率 | 规模效率 | 规模报酬 | 技术效率 | 纯技术效率 | 规模效率 | 规模报酬 |
| 赣州市 | 0.722 | 0.999 | 0.723 | irs | 0.706 | 1.000 | 0.706 | irs |
| 吉安市 | 0.705 | 0.999 | 0.706 | irs | 0.725 | 1.000 | 0.726 | irs |
| 郴州市 | 1.000 | 1.000 | 1.000 | – | 1.000 | 1.000 | 1.000 | – |
| 乐山市 | 0.755 | 1.000 | 0.755 | irs | 0.830 | 1.000 | 0.83 | irs |
| 凉山州 | 0.629 | 1.000 | 0.629 | irs | 0.638 | 1.000 | 0.638 | irs |
| 毕节市 | 0.552 | 1.000 | 0.552 | irs | 0.503 | 1.000 | 0.503 | irs |
| 兴安盟 | 0.563 | 0.977 | 0.577 | irs | 0.520 | 1.000 | 0.520 | irs |
| 年份 | 2015 年 | | | | 2016 年 | | | |
| 地区 | 技术效率 | 纯技术效率 | 规模效率 | 规模报酬 | 技术效率 | 纯技术效率 | 规模效率 | 规模报酬 |
| 赣州市 | 0.743 | 1.000 | 0.743 | irs | 0.856 | 1.000 | 0.856 | irs |
| 吉安市 | 0.784 | 1.000 | 0.784 | irs | 0.913 | 1.000 | 0.914 | irs |
| 郴州市 | 1.000 | 1.000 | 1.000 | – | 1.000 | 1.000 | 1.000 | – |
| 乐山市 | 0.786 | 1.000 | 0.786 | irs | 0.913 | 1.000 | 0.913 | irs |
| 凉山州 | 0.659 | 1.000 | 0.659 | irs | 0.733 | 0.999 | 0.734 | irs |
| 毕节市 | 0.493 | 1.000 | 0.493 | irs | 0.676 | 1.000 | 0.676 | irs |
| 兴安盟 | 0.510 | 1.000 | 0.510 | irs | 0.525 | 1.000 | 0.525 | irs |
| 年份 | 2017 年 | | | | 典型区域效率平均值 | | | |
| 地区 | 技术效率 | 纯技术效率 | 规模效率 | 规模报酬 | 技术效率 | 纯技术效率 | 规模效率 | |
| 赣州市 | 0.878 | 0.999 | 0.879 | irs | | | | |
| 吉安市 | 1.000 | 1.000 | 1.000 | – | | | | |
| 郴州市 | 1.000 | 1.000 | 1.000 | – | | | | |
| 乐山市 | 1.000 | 1.000 | 1.000 | – | 0.753 | 0.998 | 0.754 | |
| 凉山州 | 0.801 | 0.999 | 0.802 | irs | | | | |
| 毕节市 | 0.606 | 1.000 | 0.606 | irs | | | | |
| 兴安盟 | 0.633 | 0.971 | 0.651 | irs | | | | |

调整后农村扶贫开发效率如表 6－7 所示：在剔除环境因素和随机扰动因素后，处于技术效率、纯技术效率、规模效率最佳前沿面的是乐山市和 2013 年、2015～2017 年的兴安盟，表明这两个地区的资源要素配置相对合理，各种扶贫开发投入发挥了较好的作用，管理技术水平较

高，扶贫开发效率有效，即效率值等于1。①技术效率分析。在考虑环境因素和管理因素的情形下，农村扶贫开发技术效率平均值由0.688下降到0.610。在2013～2017年五年中，只有兴安盟在2013年、2017年出现扶贫开发技术效率较小幅度的上升状况，毕节市在2017年也出现了略微的上升状态，凉山州在2016年、2017年则出现较为明显的上升状态，其他情况下，各农村扶贫地区及相对应的年份均呈现农村扶贫开发技术效率保持不变或者下降的状态，调整后农村扶贫开发效率下降最多的是2014年的郴州市，效率值下降了0.332。这也说明使用传统DEA方法会受到环境因素和随机误差的影响，使得农村扶贫开发技术效率总体上出现虚高的情况，未能反映农村扶贫开发效率的真实水平。②纯技术效率分析。从表6-7中可知，在2013～2017年调整后纯技术效率平均值由0.805下降到0.718，而处于生产前沿面的决策单元没有发生变化，只有赣州市在2013年和凉山州在2017年的农村扶贫开发纯技术效率出现上升的状况，除上述情况外，各决策单元在五年中均出现扶贫开发纯技术效率下降的状况，调整后农村扶贫开发纯技术效率下降最多的是2013年的毕节市，效率值下降了0.511。表明农村扶贫开发纯技术效率受到环境因素和随机误差因素的影响，调整前的扶贫开发纯技术效率值被高估，调整后的纯技术效率的平均值下降了0.087。③规模效率分析。从表6-7中可知，在2013～2017年七个连片特困地区的规模效率平均值由0.840上升到0.849。2013～2017年郴州市处于规模效率下降的状态，还有2013年的赣州市和2014年的兴安盟规模效率也处于下降状态，其余大部分情况均为各贫困地区与相应年份处于规模效率不变或上升的状态。在剔除环境和随机因素后，农村扶贫开发规模效率下降最多的是2014年的郴州市，效率值下降了0.332。④规模报酬分析。从表6-7中各贫困地区规模报酬情况来看，剔除环境和随机因素后，处于规模报酬递减的有郴州市，处于规模报酬不变的有乐山市和2013年、2015～2017年的兴安盟，剩余大部分情况均为规模报酬递增，调整前后乐山市均为规模报酬不变的状态。⑤纯技术效率和规模效率的比较分析。2013～2017年多数样本区域的农村扶贫开发规模效率均大于等于纯技术效率，农村扶贫开发规模效率平均值为0.849，与纯技术效率平均值 0.718 相差 0.131，表明样本区域农村扶贫开发效率低主要是扶贫开发管理水平低引起的，而不是因为规模水平低。

**表 6－7　调整后的典型贫困片区农村扶贫开发效率**

| 年份 | 2013 年 | | | | 2014 年 | | | |
|---|---|---|---|---|---|---|---|---|
| 地区 | 技术效率 | 纯技术效率 | 规模效率 | 规模报酬 | 技术效率 | 纯技术效率 | 规模效率 | 规模报酬 |
| 赣州市 | 0.278 | 0.391 | 0.712 | irs | 0.258 | 0.361 | 0.714 | irs |
| 吉安市 | 0.551 | 0.599 | 0.919 | irs | 0.544 | 0.571 | 0.952 | irs |
| 郴州市 | 0.515 | 1.000 | 0.515 | drs | 0.495 | 1.000 | 0.495 | drs |
| 乐山市 | 1.000 | 1.000 | 1.000 | – | 1.000 | 1.000 | 1.000 | – |
| 凉山州 | 0.573 | 0.680 | 0.842 | irs | 0.618 | 0.727 | 0.850 | irs |
| 毕节市 | 0.235 | 0.364 | 0.646 | irs | 0.447 | 0.698 | 0.640 | irs |
| 兴安盟 | 1.000 | 1.000 | 1.000 | – | 0.910 | 1.000 | 0.910 | irs |
| 年份 | 2015 年 | | | | 2016 年 | | | |
| 地区 | 技术效率 | 纯技术效率 | 规模效率 | 规模报酬 | 技术效率 | 纯技术效率 | 规模效率 | 规模报酬 |
| 赣州市 | 0.248 | 0.301 | 0.825 | irs | 0.245 | 0.282 | 0.869 | irs |
| 吉安市 | 0.523 | 0.550 | 0.951 | irs | 0.485 | 0.504 | 0.962 | irs |
| 郴州市 | 0.438 | 1.000 | 0.438 | drs | 0.443 | 1.000 | 0.443 | drs |
| 乐山市 | 1.000 | 1.000 | 1.000 | – | 1.000 | 1.000 | 1.000 | – |
| 凉山州 | 0.690 | 0.757 | 0.912 | irs | 0.693 | 0.745 | 0.930 | irs |
| 毕节市 | 0.429 | 0.583 | 0.736 | irs | 0.397 | 0.513 | 0.774 | irs |
| 兴安盟 | 1.000 | 1.000 | 1.000 | – | 1.000 | 1.000 | 1.000 | – |
| 年份 | 2017 年 | | | | 典型区域效率平均值 | | | |
| 地区 | 技术效率 | 纯技术效率 | 规模效率 | 规模报酬 | 技术效率 | 纯技术效率 | 规模效率 | |
| 赣州市 | 0.251 | 0.263 | 0.951 | irs | | | | |
| 吉安市 | 0.484 | 0.496 | 0.976 | irs | | | | |
| 郴州市 | 0.422 | 0.432 | 0.978 | drs | | | | |
| 乐山市 | 1.000 | 1.000 | 1.000 | – | 0.610 | 0.718 | 0.849 | |
| 凉山州 | 0.813 | 0.853 | 0.953 | irs | | | | |
| 毕节市 | 0.369 | 0.448 | 0.823 | irs | | | | |
| 兴安盟 | 1.000 | 1.000 | 1.000 | – | | | | |

为了进一步验证分析结论，另依据超效率 DEA 分析方法，利用 DEA－SOLVER Pro5.0 计算出 2013～2017 年兴安盟、乐山市、毕节市、凉山彝族自治州、赣州市、吉安市和郴州市 7 个特别贫困地区扶贫超效率。

表 6-8　典型贫困片区城镇扶贫开发第一阶段超效率

| | 2013 | 2014 | 2015 | 2016 | 2017 | 平均值 | 排名 |
|---|---|---|---|---|---|---|---|
| 赣州市 | 0.398 | 0.354 | 0.375 | 0.416 | 0.413 | 0.391 | 7 |
| 吉安市 | 0.696 | 0.692 | 0.753 | 0.824 | 1.193 | 0.832 | 4 |
| 郴州市 | 1.564 | 1.552 | 1.411 | 1.213 | 0.812 | 1.3104 | 1 |
| 乐山市 | 1.062 | 1.118 | 1.108 | 1.165 | 1.272 | 1.145 | 3 |
| 凉山州 | 0.572 | 0.553 | 0.594 | 0.562 | 0.558 | 0.568 | 5 |
| 毕节市 | 0.486 | 0.427 | 0.409 | 0.483 | 0.334 | 0.428 | 6 |
| 兴安盟 | 1.314 | 1.330 | 1.333 | 1.298 | 1.276 | 1.3102 | 2 |
| 平均值 | 0.870 | 0.861 | 0.855 | 0.852 | 0.837 | 0.855 | |
| 排名 | 1 | 2 | 3 | 4 | 5 | | |

结合表6-8、表6-9中的分析数据，从平均值来看，2013～2017年各贫困片区扶贫开发效率整体上保持在中等效率水平阶段并呈现下降趋势。从各贫困地区自身扶贫开发效率来看呈现两极分化现象，其中赣州市、凉山州和毕节市的扶贫开发效率始终为低效率水平阶段。郴州市、乐山市和兴安盟的扶贫开发效率一直处于生产的最佳前沿面上，即扶贫开发效率保持在高水平阶段，达到了产出最大化。吉安市的城镇扶贫开发效率呈现持续上升趋势，由前4年中等效率水平阶段发展为高效率水平阶段，尤其是乐山市、郴州市、兴安盟的城乡协同发展对于扶贫开发的促进基本上验证了前述研究发现。

表 6-9　典型贫困片区农村扶贫开发第一阶段超效率

| | 2013 | 2014 | 2015 | 2016 | 2017 | 平均值 | 排名 |
|---|---|---|---|---|---|---|---|
| 赣州市 | 0.266 | 0.243 | 0.236 | 0.228 | 0.225 | 0.240 | 7 |
| 吉安市 | 0.597 | 0.606 | 0.581 | 0.529 | 0.512 | 0.565 | 4 |
| 郴州市 | 1.109 | 1.109 | 1.011 | 1.001 | 0.546 | 0.955 | 3 |
| 乐山市 | 1.337 | 1.282 | 1.384 | 1.418 | 1.460 | 1.376 | 1 |
| 凉山州 | 0.515 | 0.500 | 0.502 | 0.463 | 0.458 | 0.488 | 5 |
| 毕节市 | 0.372 | 0.359 | 0.336 | 0.320 | 0.269 | 0.331 | 6 |
| 兴安盟 | 1.314 | 1.330 | 1.333 | 1.298 | 1.276 | 1.310 | 2 |
| 平均值 | 0.787 | 0.776 | 0.769 | 0.751 | 0.678 | 0.752 | |
| 排名 | 1 | 2 | 3 | 4 | 5 | | |

综合分析样本区域纯技术效率和规模效率，城镇扶贫开发效率低主要是扶贫开发规模效率低引起，农村扶贫开发效率低主要是扶贫开发管理水平不高造成。样本区域脱贫攻坚调研信息对此也有反映：城镇扶贫开发虽然分属多个部门，但由于制度比较健全、操作程序规范和服务对象信息较为齐全，扶贫开发经办管理水平相对较高，短期内效率显著提升更多地取决于投入的持续增加，而农村扶贫开发工作自精准扶贫政策提出尤其是 2015 年以来，国家持续加大财政转移支持力度，短期内效率显著提升则更多地取决于包括资金在内的扶贫资源配置水平提高。

### 6.1.2　片区城乡统筹效率与城乡扶贫开发效率的关系分析

1. 连片特困地区城乡统筹效率评价

城乡统筹发展的内涵丰富，注重城乡之间的互动、差异及协调程度，建构在城乡空间的联结、人口移动的联结，以及公共服务设施的联结三种形式之上，由于其投入的形态结构复杂多样，进行细化、量化有一定难度，考虑片区扶贫开发研究主题，借鉴相关文献成果①，本研究选取教育财政支出、医疗卫生支出、农林水事务支出、社会保障和就业财政支出、一般公共服务支出 5 项投入指标，城乡人均收入对比系数为产出指标对城乡统筹效率进行分析（见表 6 - 10）。

**表 6 - 10　连片特困地区城乡统筹效率评价指标体系**

| 属性 | 指标选取 | 指标变量 |
|---|---|---|
| 投入指标 | 教育财政支出 | $x_1$ |
| | 医疗卫生支出 | $x_2$ |
| | 农林水事务支出 | $x_3$ |
| | 社会保障和就业财政支出 | $x_4$ |
| | 一般公共服务支出 | $x_5$ |
| 产出指标 | 城乡人均收入对比系数 | $y_1$ |

① 尹君、谭清美、武小龙：《江苏省城乡统筹效率评价及其空间溢出效应研究》，《中国农业资源与区划》2018 年第 1 期，第 176 ~ 182 页。

运用 DEAP 2.1 统计分析软件，以投入导向的 BCC 模型计算各贫困地区城乡统筹效率值，通过表 6－11 数据可见典型样本区域在 2013～2017 年的技术效率平均值为 0.732，处于扶贫开发效率中等水平阶段，另外纯技术效率平均值为 0.827，规模效率平均值为 0.874。①乌蒙山区的乐山市和大兴安岭南麓山区的兴安盟的技术效率始终处于生产前沿面上，为城乡统筹效率高水平地区。罗霄山区郴州市在 2013～2016 年属于城乡统筹效率中高等水平城市，在 2017 年城乡统筹效率为 1，城乡统筹效率由中高等水平转变到高等水平。说明乐山市、兴安盟和郴州市三个地区的城乡基本公共服务均等化、产业关联、市场服务和社会管理等领域工作较为到位。②凉山州在 2013～2017 年的城乡统筹技术效率始终在 0.6～0.8 保持较稳定的水平，凉山州的纯技术效率全部小于规模效率，这一方面说明凉山州的城乡统筹效率受到管理技术效率低的影响，另一方面也说明凉山州还有更大的城乡统筹发展空间，也可能存在较难克服的城乡统筹难题。处于 0.6～0.8 中等城乡统筹效率水平的还有 2013～2016 年的吉安市，而 2017 年吉安市的技术效率为 0.569，其规模效率均大于纯技术效率。还有 2013～2015 年的毕节市城乡统筹效率处于 0.6～0.8，但其规模效率均小于纯技术效率，再结合其投入指标数值与 2016～2017 年毕节市的城乡统筹效率（均在 0.6 以下）来看，不难发现毕节市城乡统筹发展面临各项投入指标的投入规模相较其他样本片区较大，但城乡统筹效率偏低，足以说明毕节市城乡统筹效率未能达到生产前沿面的主要原因，因此毕节市应继续加大财政投入，提高其管理水平。③处于城乡统筹技术效率低水平的赣州市，从 2013 年到 2017 年其城乡统筹技术效率均在 0.30～0.35，城乡统筹规模效率每年均接近城乡统筹纯技术效率的两倍。现将赣州市的效率值，与七个连片特困地区的投入产出初始数值结合起来进行分析。从投入指标的角度可以看出，样本区域赣州市在一般公共服务支出、社会保障和就业财政支出、农林水事务支出、教育财政支出和医疗卫生支出五个方面的财政投入资金规模最大，但城乡统筹效率值最低，与乐山市、兴安盟、郴州市、吉安市和凉山州之间的差距较大。所以从效率值和投入指标角度分析，赣州市城乡统筹效率低的问题可能在于其注重财政资金的大量投入，忽略了财政资金的配置管理效率提升，没有将有限的资源进行优化配置以发挥更大作用，造成资源浪费。④另从规模报酬的角度对城乡统筹进行分析。乐山市和兴安盟作为 DEA 有效的两个城市一直是规模报酬不变的状态，表明其投入产出比已经实现最优配置。郴州市的规模报酬状况由规模递减转变为规模报酬不变，反映出其前期财政资金投入规模不足而导致城乡统筹技术效率非 DEA 有效，对投入指标数值进行适当调整后郴州市的城乡统筹效率也维持在 DEA 有效的水平上。赣州市、吉安市、凉山州和毕节市四个地区均处于规模报酬递增状态，表明这些地区城乡统筹规模不足。总而言之，提高城乡统筹效率要兼顾资源的规模和管理，每项投入都要具有针对性和精确性，力求又快又好实现全面城乡统筹。

**表 6－11　典型连片特困地区城乡统筹效率值**

| 年份 | 2013 年 | | | | 2014 年 | | | |
|---|---|---|---|---|---|---|---|---|
| 地区 | 技术效率 | 纯技术效率 | 规模效率 | 规模报酬 | 技术效率 | 纯技术效率 | 规模效率 | 规模报酬 |
| 赣州市 | 0. 302 | 0. 394 | 0. 766 | irs | 0. 347 | 0. 425 | 0. 817 | irs |
| 吉安市 | 0. 753 | 0. 778 | 0. 968 | irs | 0. 752 | 0. 789 | 0. 952 | irs |
| 郴州市 | 0. 807 | 1. 000 | 0. 807 | drs | 0. 832 | 1. 000 | 0. 832 | drs |
| 乐山市 | 1. 000 | 1. 000 | 1. 000 | – | 1. 000 | 1. 000 | 1. 000 | – |
| 凉山州 | 0. 668 | 0. 760 | 0. 879 | irs | 0. 700 | 0. 784 | 0. 892 | irs |
| 毕节市 | 0. 645 | 0. 875 | 0. 738 | irs | 0. 670 | 0. 897 | 0. 747 | irs |
| 兴安盟 | 1. 000 | 1. 000 | 1. 000 | – | 1. 000 | 1. 000 | 1. 000 | – |
| 年份 | 2015 年 | | | | 2016 年 | | | |
| 地区 | 技术效率 | 纯技术效率 | 规模效率 | 规模报酬 | 技术效率 | 纯技术效率 | 规模效率 | 规模报酬 |
| 赣州市 | 0. 314 | 0. 413 | 0. 759 | irs | 0. 318 | 0. 403 | 0. 790 | irs |
| 吉安市 | 0. 714 | 0. 825 | 0. 865 | irs | 0. 609 | 0. 698 | 0. 872 | irs |
| 郴州市 | 0. 746 | 1. 000 | 0. 746 | drs | 0. 696 | 1. 000 | 0. 696 | drs |
| 乐山市 | 1. 000 | 1. 000 | 1. 000 | – | 1. 000 | 1. 000 | 1. 000 | – |
| 凉山州 | 0. 781 | 0. 882 | 0. 885 | irs | 0. 678 | 0. 756 | 0. 896 | irs |
| 毕节市 | 0. 634 | 0. 932 | 0. 680 | irs | 0. 592 | 0. 860 | 0. 688 | irs |
| 兴安盟 | 1. 000 | 1. 000 | 1. 000 | – | 1. 000 | 1. 000 | 1. 000 | – |

续表

| 年份 | 2017 年 | | | | 平均值 | | |
|---|---|---|---|---|---|---|---|
| 地区 | 技术效率 | 纯技术效率 | 规模效率 | 规模报酬 | 技术效率 | 纯技术效率 | 规模效率 |
| 赣州市 | 0.336 | 0.413 | 0.812 | irs | | | |
| 吉安市 | 0.569 | 0.630 | 0.904 | irs | | | |
| 郴州市 | 1.000 | 1.000 | 1.000 | – | | | |
| 乐山市 | 1.000 | 1.000 | 1.000 | – | 0.732 | 0.827 | 0.874 |
| 凉山州 | 0.706 | 0.781 | 0.904 | irs | | | |
| 毕节市 | 0.445 | 0.641 | 0.694 | irs | | | |
| 兴安盟 | 1.000 | 1.000 | 1.000 | – | | | |

2. 连片特困地区城乡扶贫开发效率与城乡统筹效率的综合评价

基于“最大化排除主观因素干扰”的熵值法计算步骤，以典型样本区域城乡扶贫开发效率值和城乡统筹效率值作为衡量城乡扶贫开发水平和城乡统筹水平的指标，测算城乡扶贫开发水平和城乡统筹水平的综合得分。

为尽量排除主观因素的干扰，以期使评价结果更加准确客观，本研究选取熵值法进行指标赋权，在此基础之上采用加权求和法计算赣州市、毕节市、兴安盟等七个连片特困地区五年来扶贫开发效率综合得分。采用熵值法来确定指标权重，数据的离散程度越大，熵值越小，其权重越大，该指标在综合评价中影响越大。用熵值法进行综合评价的步骤是：

（1）数据标准化处理：

正向指标：$x_{ij}^{'} = \dfrac{x_{ij} - min\ (x_j)}{\max(x_j) - min\ (x_j)}$

其中，$x_{ij}$ 为第 $i$ 个地区第 $j$ 项指标原始数值，$x_{ij}^{'}$ 为其标准化后的数值，$\max(x_j)$ 、$min\ (x_j)$ 为第 $j$ 项指标的最大值及最小值。为消除标准化后指标值对于计算的影响，避免无意义计算，对于标准化后的指标值进行数据平移，平移后的指标值仍记为 $y_{ij}$ ，$y_{ij} = x_{ij}^{'} + z$ ，$z$ 为平移幅度，这里取 $z = 0.0000001$ 。

（2）指标同度量化。计算第 $j$ 项指标下第 $i$ 个地区所占比重：

$$p_{ij} = \frac{y_{ij}}{\sum_{i=1}^{n} y_{ij}}$$

其中，$n$ 为样本个数。

（3）计算第 $j$ 项指标信息熵值：

$$e_j = -k\sum_{i=1}^{n} p_{ij}\ln(p_{ij})$$

其中，$k$ 与样本数 $n$ 有关，$k = \frac{1}{\ln(n)}$，本章中 $n = 7$。

（4）计算第 $j$ 项指标差异系数：$d_j = 1 - e_j$

（5）计算指标权重：

$$w_j = \frac{d_j}{\sum_{j=1}^{m} d_j}$$

其中，$m$ 为指标个数。

（6）计算各贫困片区扶贫开发效率综合得分：

$$v_i = \sum_{j=1}^{n} y_{ij}\, w_j$$

分析表 6－12 可知，赣州市、郴州市、毕节市、兴安盟的城镇扶贫开发水平均呈现不同程度的下降趋势，乐山市的城镇扶贫开发水平在最佳综合得分上保持水平状态，城镇扶贫开发水平呈现上升状态的是吉安市和凉山州；表 6－13 反映出赣州市和凉山州的农村扶贫开发水平呈波动且缓慢上升的发展状况，乐山市的农村扶贫开发水平始终为最高发展水平，吉安市、郴州市、毕节市和兴安盟的农村扶贫开发水平均有所下降；表 6－14 中赣州市、郴州市和凉山州的城乡统筹水平整体呈上升趋势，乐山市和兴安盟五年中展现出稳定的高效率城乡统筹水平，吉安市和毕节市的城乡统筹水平出现了较大幅度的下降。

从城乡扶贫开发平均水平与城乡统筹平均水平比较图 6－1 中可以看出，城镇扶贫开发水平、农村扶贫开发水平和城乡统筹水平在 2013～2017 年基本维持在 0.6～0.8 的中等水平，说明这些连片特困地区仍有较多需要改进之处，构建新型城乡关系和实现城乡统筹任重道远。

**表 6-12　典型连片特困地区城镇扶贫开发水平综合得分**

| 年份 | 2013 年 | 2014 年 | 2015 年 | 2016 年 | 2017 年 |
|---|---|---|---|---|---|
| 赣州市 | 0.220995476 | 0.254358975 | 0.252960895 | 0.256000001 | 0.194262296 |
| 吉安市 | 0.668943966 | 0.723279527 | 0.812546537 | 0.802118909 | 0.743867639 |
| 郴州市 | 1.000000001 | 1.000000001 | 1.000000001 | 1.000000001 | 0.491307162 |
| 乐山市 | 1.000000001 | 1.000000001 | 1.000000001 | 1.000000001 | 1.000000001 |
| 凉山州 | 0.501018405 | 0.568488818 | 0.662256469 | 0.658239018 | 0.721421043 |
| 毕节市 | 0.404451378 | 0.400145996 | 0.391777612 | 0.464990695 | 0.05620634 |
| 兴安盟 | 1.000000001 | 1.000000001 | 1.000000001 | 1.000000001 | 0.893606558 |
| 平均分 | 0.685058461 | 0.706610474 | 0.731363074 | 0.740192661 | 0.585810148 |

**表 6-13　典型连片特困地区农村扶贫开发水平综合得分**

| 年份 | 2013 年 | 2014 年 | 2015 年 | 2016 年 | 2017 年 |
|---|---|---|---|---|---|
| 赣州市 | 0.096949154 | 0.084277779 | 0.078415843 | 0.097531487 | 0.159183674 |
| 吉安市 | 0.677138384 | 0.747511146 | 0.697478656 | 0.609585696 | 0.505723963 |
| 郴州市 | 0.679404644 | 0.727856891 | 0.581704936 | 0.497061082 | 0.549909370 |
| 乐山市 | 1.000000001 | 1.000000001 | 1.000000001 | 1.000000001 | 1.000000001 |
| 凉山州 | 0.549381715 | 0.592302027 | 0.625059952 | 0.540844284 | 0.573888873 |
| 毕节市 | 0.351572532 | 0.361030758 | 0.348032329 | 0.307482414 | 0.176470516 |
| 兴安盟 | 0.957775247 | 1.000000001 | 1.000000001 | 1.000000001 | 0.956437446 |
| 平均分 | 0.616031668 | 0.644711229 | 0.618670245 | 0.578929281 | 0.560230549 |

**表 6-14　典型连片特困地区城乡统筹水平综合得分**

| 年份 | 2013 年 | 2014 年 | 2015 年 | 2016 年 | 2017 年 |
|---|---|---|---|---|---|
| 赣州市 | 0.051297711 | 0.113438736 | 0.113562501 | 0.156923078 | 0.104117648 |
| 吉安市 | 0.754245476 | 0.701732076 | 0.610502195 | 0.521142030 | 0.447461023 |
| 郴州市 | 0.571756054 | 0.647992060 | 0.527498908 | 0.407498309 | 1.000000001 |
| 乐山市 | 1.000000001 | 1.000000001 | 1.000000001 | 1.000000001 | 1.000000001 |
| 凉山州 | 0.550886642 | 0.577378028 | 0.691851789 | 0.569710135 | 0.614371262 |
| 毕节市 | 0.331111427 | 0.383181917 | 0.356316151 | 0.296211263 | 0.191597233 |
| 兴安盟 | 1.000000001 | 1.000000001 | 1.000000001 | 1.000000001 | 1.000000001 |
| 平均分 | 0.608471045 | 0.631960403 | 0.614247364 | 0.564497831 | 0.622506738 |

3. 城乡统筹与贫困片区城乡扶贫开发绩效的关联

采用格兰杰因果检验实证分析贫困片区城乡统筹与扶贫开发绩效的关联关系。用 cxtc 代表城乡统筹水平综合得分，czfp 代表城镇扶贫开发水平综合得分，ncfp 代表农村扶贫开发水平综合得分。

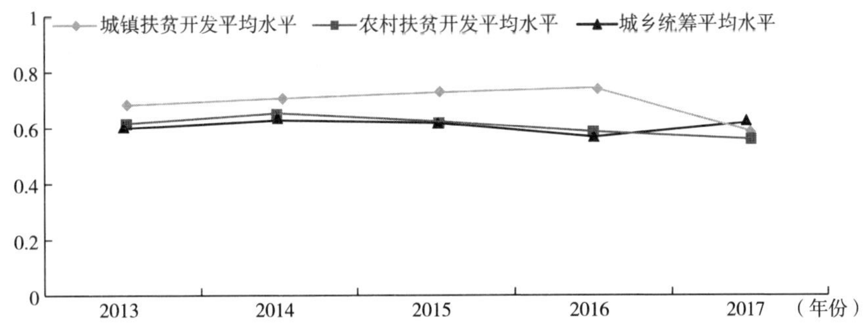


**图 6－1　城乡扶贫开发平均水平与城乡统筹平均水平比较**

（1）面板数据单位根检验

格兰杰因果关系检验要求所有的变量均是平稳的，因此先对各指标进行面板单位根检验，明确其平稳性。采用 ADF 检验法对上述面板数据进行单位根检验，最佳滞后阶数的选择依据 SIC 准则，检验结果显示（见表 6－15），在 10% 的显著水平下贫困片区城乡统筹水平拒绝存在单位根的原假设，贫困片区城镇扶贫开发水平在 1% 的显著性水平下拒绝原假设，在 10% 的显著性水平下贫困片区农村扶贫开发水平无法拒绝存在单位根的原假设。对三个变量进行一阶差分后贫困片区城镇扶贫开发水平在 1% 的显著性水平上拒绝原假设，贫困片区城乡统筹水平和贫困片区农村扶贫开发水平在 5% 的显著性水平上均拒绝原假设，为平稳序列。因此三个变量均为一阶单整序列，满足协整分析的要求。

**表 6－15　ADF 面板单位根检验**

| 检验变量 | 水平值 | | 一阶差分 | |
|---|---|---|---|---|
| | ADF 检验值 | P 值 | ADF 检验值 | P 值 |
| cxtc | 22.3442 * | 0.0718 | 20.0570 * * | 0.0287 |
| czfp | 24.8739 * * * | 0.0016 | 26.7686 * * * | 0.0008 |
| ncfp | 6.3773 | 0.8959 | 24.6821 * * | 0.0164 |

注：* * *、* *、* 表示在 1%、5%、10% 水平显著。

（2）面板数据协整检验

基于平稳性检验，进一步检验 czfp、ncfp 和 cxtc 之间是否存在协整关系，以确定各变量之间是否存在长期均衡关系，使这些变量能够建立具有实际经济意义的回归模型，避免伪回归现象的出现。Pedroni 面板协整检验以协整方程的回归残差为基础，考虑到本章样本数据时间跨度段特征，所以选用 Panel PP、Panel ADF 和 Group PP、Group ADF 的检验更为可靠。检验结果发现（见表 6－16），ncfp 与 cxtc、czfp 与 cxtc 的 Panel PP、Panel ADF 和 Group PP、Group ADF 四个统计量分别在 1% 和 5% 的显著性水平上拒绝不存在协整关系，故而认为贫困片区城镇扶贫开发水平与城乡统筹水平之间存在显著的协整关系，农村扶贫开发水平与城乡统筹水平之间也存在显著的协整关系，即彼此之间存在着长期稳定的均衡关系。

**表 6－16 协整检验结果**

| | 统计量 | 城镇扶贫 | P 值 | 农村扶贫 | P 值 |
|---|---|---|---|---|---|
| Pedroni 检验 | Panel v－Statistic | －126.4682 | 1.0000 | －78.4763 | 1.0000 |
| | Panel rho－Statistic | －1.8473** | 0.0324 | －0.9586 | 0.1689 |
| | Panel PP－Statistic | －2.3212** | 0.0101 | －1.9112** | 0.0280 |
| | Panel ADF－Statistic | －2.4711*** | 0.0067 | －1.8957** | 0.0290 |
| | Group rho－Statistic | 0.0501 | 0.5200 | 1.0433 | 0.8516 |
| | Group PP－Statistic | －2.6619*** | 0.0039 | －2.3649*** | 0.0090 |
| | Group ADF－Statistic | －2.7748*** | 0.0028 | －2.6451*** | 0.0041 |

注：***、**、*表示在 1%、5%、10% 水平显著。

（3）面板数据格兰杰因果关系检验

通过单位根检验和协整检验证明了衡量典型连片特困区城乡统筹水平的变量分别与城镇扶贫开发水平和农村扶贫开发水平的两个变量存在长期均衡关系，在此基础上用格兰杰因果关系检验进一步分析它们之间的因果机制（见表 6－17）。

分析结果显示：①样本区域城乡统筹水平与城镇扶贫开发水平的格兰杰因果关系如下：在滞后 1 期时存在 cxtc 与 czfp 互为格兰杰因果关系，在滞后 2 期时存在 cxtc 到 czfp 的单向格兰杰因果关系，在滞后 3 期时存在 cxtc 和 czfp 的单向格兰杰因果关系。结合调研信息，格兰杰因果关系符合城乡统筹水平与城镇扶贫开发水平的前置动因及互动的实际情况。说明样本区域城镇扶贫开发与城乡统筹能够相互促进，原因是城镇化水平和农民收入水平具有显著的空间关联性和空间异质性①，城镇扶贫开发有助于解决城镇居民失业和就业不足、收入分配结构失衡、劳动力转移带来的社会保障制度疏漏等阻碍城镇发展的问题，促进产业结构优化，充分发挥以城带乡、以工促农的发展引领作用，是实现城乡统筹必须完成的首要任务；另一方面区域城乡统筹水平的提高能够推进城镇扶贫开发工作，原因是“以人为本”的新型城镇化进程离不开广袤农村的资源支持，城乡统筹有助于城乡发展空间重构和产业网链优化重置，促进城乡要素交流，为城镇发展提供丰裕的财政支持、就业机会、发展空间等资源，提高城镇扶贫开发水平。

**表 6－17　格兰杰因果检验结果**

| 原假设 | 滞后长度 | F 检验统计量 | P 值 |
|---|---|---|---|
| cxtc 不是 czfp 的格兰杰原因 | 1 | 8.6008*** | 0.0071 |
| czfp 不是 cxtc 的格兰杰原因 | 1 | 4.1038* | 0.0536 |
| cxtc 不是 ncfp 的格兰杰原因 | 1 | 4.0260* | 0.0557 |
| ncfp 不是 cxtc 的格兰杰原因 | 1 | 1.5802 | 0.2204 |
| cxtc 不是 czfp 的格兰杰原因 | 2 | 3.7483** | 0.0462 |
| czfp 不是 cxtc 的格兰杰原因 | 2 | 1.0071 | 0.3873 |
| cxtc 不是 ncfp 的格兰杰原因 | 2 | 3.2007* | 0.0677 |
| ncfp 不是 cxtc 的格兰杰原因 | 2 | 0.0481 | 0.9532 |
| cxtc 不是 czfp 的格兰杰原因 | 3 | 3.6689* | 0.0711 |
| czfp 不是 cxtc 的格兰杰原因 | 3 | 0.8424 | 0.5127 |
| cxtc 不是 ncfp 的格兰杰原因 | 3 | 1.3598 | 0.3310 |
| ncfp 不是 cxtc 的格兰杰原因 | 3 | 3.8255* | 0.0654 |

注：***、**、* 表示在 1%、5%、10% 水平显著。

②样本区域城乡统筹水平与农村扶贫开发水平的格兰杰因果关系如下：在滞后 1 期时存在 cxtc 到 ncfp 的单向格兰杰因果关系，在滞后 2 期时存在 cxtc 到 ncfp 的单向格兰杰因果关系，在滞后 3 期时存在 ncfp 到

① 谭昶、吴海涛：《新型城镇化、空间溢出与农民收入增长》，《经济问题探索》2019 年第 4 期，第 66～76 页。

cxtc 的单向格兰杰因果关系，符合典型连片特困地区城乡统筹水平与农村扶贫开发水平的前置动因及互动的实际情况。城乡统筹能够消除城乡二元结构，推进公共服务均等化，逐步实现连片特困区发展空间生产中的效率和正义，为农村民众就业、住房、子女教育、享受社会保险制度等提供保障，促进资源要素在城乡之间合理分配，等值、自由、双向流动，促进要素增益；另一方面，农村扶贫开发工作开展有助于通过产业扶贫、教育扶贫、健康扶贫等“组合式”扶贫方式解决农村居民尤其是贫困人口的就业、医疗、教育等生计可持续发展问题，提高其收入及其他生计保障水平，为城乡发展互促互益和城乡统筹协调夯实基础。单就农村区域发展尤其是农村贫困区域城乡统筹发展的短板而言，它是区域城乡统筹水平的重要约束性因素。

### 6.1.3 研究结果讨论与政策启示

一是“发展空间重构减贫”和“价值共创减贫”将成为连片特困区城乡扶贫开发工作的重心。研究发现，连片特困区城乡扶贫开发效率与区域城乡统筹存在明显的正向相关关系，亦即城乡统筹是未来片区扶贫开发量质双升的重要抓手。受精准扶贫政策、新型城镇化战略、乡村振兴战略和区域协调发展战略等综合影响，连片特困区脱贫攻坚工作开展需要与区域新型城乡关系构建紧密结合，尤其要注重在城乡统筹和协调发展过程中着力改善传统二元结构的不良影响，积极优化城乡空间布局和结构体系，联动发展，促进城乡要素自由和等值交流。要通过区域发展空间的改变调整优化贫困人口的生计空间，不断将城乡贫困人口这一生产要素融入区域发展价值创造网链，成为区域发展价值共创系统中的重要组成。工作中应实施“发展空间重构减贫”和“价值共创减贫”，使区域整体发展和贫困人口自身发展互促互益，增强其生计资本和增收能力，推进片区脱贫攻坚工作走向深入。

二是统筹城乡的扶贫开发一体化建设是连片特困区扶贫开发的重要发展趋势。新型城乡关系构建将从根本上改变传统城乡二元分治的管制性特征，城乡也因此仅保留区域自然环境概念，区域发展中的资源整合与价值创造网链系统日臻完善，加之“人、业、地”等发展要素的自由交流尤其是贫困人口流动交织和低收入人群整合的治理要求，使“注重基本权益保障但忽略贫困人口潜力开发”的城镇低收入人群福利救助系统或许将逐步与农村扶贫开发系统并轨，实施整体性治理。为了更好地促进扶贫开发，避免城乡扶贫开发工作中“工作领域碎片化和发展扶持资源漏出”等城乡扶贫开发分治弊端，增加片区扶贫开发进程中的城乡统筹正向溢出效应，统筹城乡的扶贫开发一体化建设或许是连片特困区扶贫开发治理能力提升的可能选择。

## 6.2 贫困人口脱贫内生动力激发：行动框架拓展与实证

贫困群众既是扶贫开发的对象，也是脱贫致富的主体，脱贫攻坚目标终究是要靠贫困群众辛勤劳动来实现。全面激活贫困群众的脱贫内生动力，调动贫困群众发展的积极性，是提高扶贫开发工作质量和防范贫困循环风险的重要保障。

扶贫开发参与主体的内生动力激发是影响片区扶贫开发工作效率的关键因素，脱贫内生动力激发源于贫困群众自我认知提升，受其所在生计发展空间制约，完善于贫困群众良性发展行为惯习的逐步养成。作为系统工程，立体化、多维度、宽领域开展贫困群众脱贫内生动力激发也将有助于新时期脱贫攻坚政策完善、流程再造和扶贫治理现代化格局重构，服务于贫困群众发展权益保障和全面建成小康社会目标顺利实现。借此，本研究基于优化扶贫资源配置效率和效益的时代要求，选择脱贫攻坚成效显著、具有发展空间独立性和四区叠加（连片特困区、革命老区、民族地区和边疆地区）特征的大兴安岭南麓山区兴安盟为样本区域，在多维拓展贫困群众内生动力激发的行动框架中分析兴安盟贫困群众脱贫内生动力激发与发展能力增强的工作实践，并着力探寻未来扶贫开发过程中通过建立社会关联提升贫困群众脱贫内生动力的途径，以期多措并举，释放出贫困群众蕴藏的脱贫致富的巨大能量，助推贫困区域脱贫摘帽与贫困群众生计发展可持续。

### 6.2.1 脱贫内生动力激发的行动框架设计：逻辑生成与多维拓展

1. 脱贫内生动力缺失的制度审视

从历史角度分析我国的扶贫开发政策，“政府主导”与“尊重贫困群众的主体地位并发挥其脱贫致富的主观能动性和积极性，实现自我管理和自我发展”始终是我国扶贫开发政策基本原则的重要组成①。自1986年扶贫开发战略提出至今，鉴于贫困发生机制和区域发展规律的日益清晰以及扶贫资源配置效率的要求，“贫困县聚焦—整村推进—连片特困区开发—精准扶贫、精准脱贫”等扶贫开发政策嬗变体现了“空间重构减贫”的发展认知与行为逻辑：利用区域战略规划、政策项目扶持等方式改变贫困区域工农城乡关系，促进人财物等要素交流和要素组合，改变贫困群众生计发展空间，进而影响其生计策略与发展行为，实现区域发展成果共享、生计收益增进等正向效应影响下的贫困群众脱贫致富。

扶贫治理现代化的实现需要包括政府、企业、贫困群众及社会组织等多元利益相关主体的共建与共治，政府主导下的较为精细、高效、全面的精准扶贫、精准脱贫工作取得了较为显著的减贫成就：截至2018年末，全国农村贫困人口由2011年末12238万人降至1660万人，累计减少10578万人；贫困发生率由2011年末的12.7%降至1.7%，累计下降11个百分点。但巨大减贫成就获得的同时也带来了贫困群众参与程度不高、自觉融于扶贫开发行动的动力不足和被动接受政府的制度（或项目）安排等对扶贫对象主动性重视不够的问题，使得部分贫困群众出现不思进取、游手好闲、得过且过或者急功近利、无序发展等脱贫内生动力不足或缺失的不良现象。究其成因，制度视域下的思考主要体现为以下三个方面。

一是扶贫开发政府管控思维明显，贫困群众参与互动空间受到挤压。旨在提高贫困群众福祉和促进社会发展的扶贫开发既是“为人民

① 孔繁金：《改革开放以来扶贫政策的历史演进及其创新——以中央一号文件为中心的考察》，《当代中国史研究》2018年第2期，第111~120页。

服务"宗旨的体现，也是服务型政府建设的职能要求，关乎政府合法性和公信力的获得与维持[①]；加之公共财政资源配置效率要求，脱贫攻坚目标引领下的扶贫开发行为倾向传统权威资源配置体系以追求政策机制的高效，关注行政推进与秩序维持，贫困群众处于被动接受的地位，参与互动的时间和空间在政府主导扶贫进程中受到挤压，脱贫的内生动力自我发育不够。

二是扶贫资源单向传递，贫困群众个性化需求遭抑制。科层制结构中的公共资源配置强调目标责任和指标量化，分类施策，有助于扶贫资源配置精准，但其符合精准扶贫战略要求的同时也容易忽略贫困群众个性化的扶贫需求，致使贫困问题有可能只在表面上被"批量解决"，而遭抑制的个性化需求又往往反作用于贫困主体，轻则引发"等、靠、要"的惰性心理和行为，重则泯灭其追求自我发展、实现成为"理想自我"的动力[②]，甚至产生逆反心理。

三是多元主体互动缺乏，贫困群众社会关联易受割裂。扶贫开发的良性治理取决于多元主体开放互动参与和发展资源的纵横组合[③]，行政干预下的扶贫开发有助于政府与贫困群众的单一关联，但可能在一定程度上对农村社区组织自我发展过程中原有社会关联网络形成损害，尤其是贫困群众之间、贫困群众与非贫困群众之间、贫困群众与其他社会组织之间的社会关联。贫困群众越是受到行政影响和规则约束，其可拓展的外界交往和发展空间就会越狭窄[④]，社会网络结构便会越缺乏弹性，从而导致区域系统脆弱性增强，脱贫难度或返贫风险加剧。

2. 脱贫内生动力激发分析框架的逻辑生成

诸多文献关于贫困群众脱贫内生动力内涵的解读围绕贫困群众自我

---

① 朱志伟、范斌：《精准扶贫的正义性价值与现实进路——基于罗尔斯正义性的审视》，《西南民族大学学报》（人文社会科学版）2018 年第 3 期，第 181～186 页。

② 张春玲：《资本逻辑与现代性批判》，《南昌大学学报》（人文社会科学版）2018 年第 3 期，第 66～71 页。

③ 伍玉振：《城市社区网格化治理的逻辑生成与多维路径推进》，《山东行政学院学报》2017 年第 6 期，第 64～69 页。

④ 〔英〕克里斯托弗·胡德：《国家的艺术：文化、修辞与公共管理》，彭勃、邵春霞译，上海人民出版社，2009，第 7 页。

效能、主体意识和主观能动性激发等内容展开，且常选择“人本主义”“自我价值实现”等作为分析视角[①]，有关内生动力激发手段的讨论则主要涉及教育、培训、放权等，注重扶贫同扶志、扶智相结合，实现“志智双扶”[②]。如若基于行为结果导向，思考激发贫困群众脱贫内生动力促进其发展行为调整和致富能力提升的目标要求，可将贫困群众脱贫内生动力激发视为政府、贫困群众、社会组织等多元主体参与互动的一个过程，实质是通过重构贫困群众发展空间、调整贫困群众的社会关联网络，基于社会比较、自我成长等外界刺激与自我调适的协同作用，诱发贫困群众的自我发展、市场竞争和协作参与等意识，进而有效调整自身的行为，并将其逐步转变为积极主动、勤于发展和敢于突破的行为，心理科学理论体系中的动机理论（Motivation Theory）以及社会学理论体系中的“结构洞”理论（Structural Holes Theory）等可为如何激发贫困群众脱贫内生动力提供理论指导。

动机理论可简单表述为“欲求—信念”机制[③]，动机源于行为主体的本能和学习，立足于且又超脱于所处情境，是经由外部因素刺激和内部认知提升相互作用诱发并维持行为主体相应行为的内部唤醒状态或内在动力[④]。不同行为主体的动机因人而异，且持续变化的动机的不同表现是行为主体在追求人际关系和谐、自尊与高品质生活时，在环境刺激以及自身可行能力权衡等多重要素交互作用过程中所选择的能够换取自身身心平衡的心理状态[⑤]。贫困群众脱贫内生动力激发的前提是转变行为主体的行为意识。应通过转换贫困群众的发展空间，利用外界刺激和

---

① 莫光辉、张菁：《基于“人本主义”视角的贫困人口扶志扶智路径创新》，《中共中央党校学报》2018 年第 3 期，第 102 ~ 110 页。

② 薛刚：《精准扶贫中贫困群众内生动力的作用及其激发对策》，《中共中央党校学报》2018 年第 7 期，第 51 ~ 55 页。

③ G. F. Schueler. “The Human Theory of Motivation Rejected.” *Philosophy and Phenomenological Research*, 2009, 78 (1): 103 - 122.

④ A. Achtziger, P. M. “Gollwitzer, Motivation and Volition in the Course of Action.” *Motivation and action*, 2018, (3): 485 - 527.

⑤ M. R. Leary, R. F. Baumeister. “The Need to Belong: Desire for Interpersonal Attachments as a Fundamental Human Motivation.” *Interpersonal Development*, 2017, 117 (3): 497 - 529.

贫困群众对于自尊与高品质生活的追求，在发展理念引领下，使其产生脱贫致富动机并采取与此动机相一致的发展行为。

另据"结构洞"理论，如果某行为主体与其他行为主体之间没有相互联系，则该主体就具备了通过中介机会获得收益的可能，即行为主体在社会关系网络中的位置决定了其占有的信息、资源和权力①。个人或组织要在竞争中获取竞争优势和较高收益，其应建立开放、宽广的社会关联网络，并占据较多的"结构洞"。孤立、闭塞、单薄的社会关联网络使得贫困群众发展模式固化且获益能力较低，发展的"内卷化"致使其陷入贫困的恶性循环，对于人际关系和谐、自尊与高品质生活的追求也在残酷的发展现实与较高的生计风险影响下消磨殆尽，需求层次在规避"需求得不到满足带来的紧张感"的过程中逐渐下降，惰性心理与发展路径依赖心理等使得贫困群众对于贫困生活由原来的"恐惧、厌恶变得习以为常"，成为无法触及或无能力利用社会关联网络、逐渐被社会主流发展秩序隔离的边缘群体。重构贫困群众社会关联网络，将游离于主流社会关系网络的贫困群众重新植入，意味着贫困人口将拥有（或可能拥有）参与主流社会生产、交换的能力以及参与社会竞争和发展成果共享的机会，这无疑有助于其脱贫内生动力激发，促进其成功脱贫。

3. 脱贫内生动力激发的行动框架多维拓展

结合贫困群众脱贫内生动力缺失的扶贫开发政策和制度审视，借鉴重视主体意识提升、强调社会关联网络重建、关注社会比较和优化发展空间等理论启示，要实现激发贫困群众脱贫内生动力的目标，需要系统思维，基于扶贫治理现代化的理念指导，应依循贫困群众内生动力激发由"资源单向传递—贫困群众被动接受—内生动力源于个体自觉"向"扶贫开发双向互动—贫困群众适度参与—内生动力激发注重外力干预"再到"关注个性化服务—贫困群众平等关联—内生动力全面激活"的发展路径与建构逻辑，多维拓展贫困群众脱贫内生动力激发的行动框架（见图6-2）。

---

① Burt R. S. *Structural Holes: The Social Structure of Competition*. Harvard University Press, 1992: 8-81.

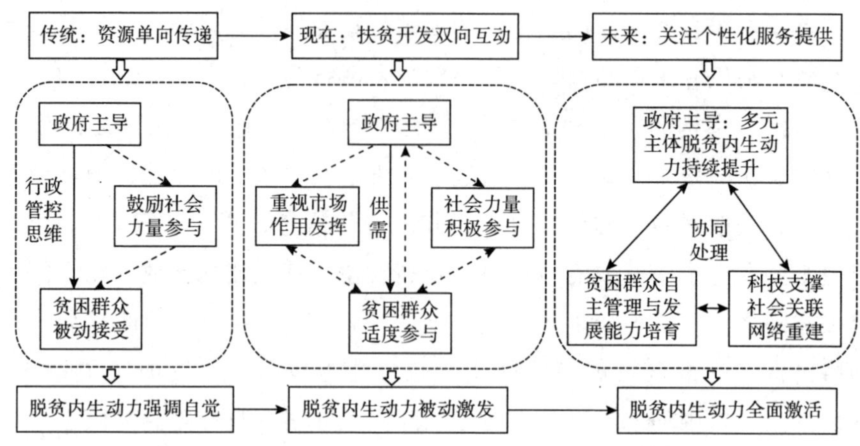


图 6－2　脱贫内生动力激发的行动框架多维拓展

(1) 注重整体协作，强调扶贫开发主体扶贫内生动力和贫困群众脱贫内生动力双重持续提升

符合国情和扶贫开发目标要求的“政府主导”原则是扶贫开发工作得以顺利实施的重要保障，但追求“多元主体合作共治”的扶贫治理新形势也对扶贫开发由“传统管控”向“互动和参与”转变提出了新要求。

空间内部不同行动主体之间的交往和联系是区域良性运行和发展的内在动力[①]，不能将“贫困群众脱贫内生动力激发”狭隘地理解为扶贫开发系统中的政府、企业、社会组织等多元利益相关者通过采用行政、经济等不同措施作用于贫困群众，期望他们在发展意识、可行能力和行为结果方面朝着“追求提升、向往发展”的预期转化。而应该将贫困群众内生动力激发工作理解为扶贫开发系统中多元利益相关者在思考脱贫攻坚目标对于本职工作要求的基础上，首先激发出各个帮扶主体的扶贫内生动力，如提升自身素质、创新工作方式等，然后强化多元主体之间的互动尤其是帮扶主体与贫困群众的互动，通过致富信息宣传，生产技能、资金项目、优惠政策等资源作用于贫困群众的认知、态度和行为，最终在扶贫开发的交互、参与过程中实现多元利益相关主体扶贫和

① 〔德〕斐迪南·滕尼斯：《共同体与社会》，林荣远译，商务印书馆，1999，第 58 页。

脱贫内生动力持续提升的良性循环。只有将贫困群众脱贫内生动力激发工作有机嵌入扶贫开发系统之中并得到多元参与主体的认可和支持，贫困群众脱贫内生动力激发工作才会富有活力、激情和成效。

（2）着力自主管理和发展能力培育，积极引导贫困群众参与

贫困群众是脱贫内生动力激发的对象，也是脱贫致富的行为主体。迈尼从认知心理学视角分析了贫困对于人类发展的影响，认为贫困不仅意味着资金短缺，还意味着其他发展资源缺乏和发展能力缺失，并致使贫穷进一步延续①，贫困群众因为贫困限制了他们的认知水平、获得和使用资源的能力，他们在思考如何利用仅有的空间和资源生存的时候，其他非贫困行为主体则在思考如何获取更好的发展成效，而这正是贫困群众与非贫困行为主体产生发展差距的根源所在。

激发贫困群众脱贫内生动力，前提是采用贫困群众喜闻乐见、易于理解的形式进行社会常识、发展政策和经济发展专业知识的宣传和教育，提升其认知水平，转变其发展意识；关键是营造崇尚劳动、崇尚科学、崇尚文明的社会发展氛围，引导贫困群众在建立和选择社会网络以及不同利益相关者中开展富有正能量、彰显脱贫致富主旋律的社会比较，规约贫困群众的认知水平和发展意识朝着追求人际关系和谐、自尊和向往幸福生活方向转变；同时在强调一致、规控和协同推进的扶贫开发政策实施过程中，正视和尊重贫困群众在不同发展阶段产生的差异化、多样化和个性化的服务需求，淡化“行政主导”色彩，强调“行政服务”意识，供需对接，在扶贫开发政策宏观约束下扩大贫困群众参与和互动的空间。尤其是经过持续推进精准扶贫开发工作后，贫困的广度、深度和强度均大为改观，贫困群众对于政策的理解、项目执行、后期评估等系列性工作多已知悉。那么，更应该进一步优化信任增进和利益共享机制，逐步加大市场机制在扶贫开发中的资源配置作用发挥，重视运用市场选择与激励机制，将贫困群众以及其他社会组织引进扶贫开发的各个环节。通过系列举措使贫困群众在参与、互动过程中学会思考、善于协作、敢于竞争、懂得感恩，进而理解和

① Mani, A. “Poverty Impedes Cognitive Function.” *Science*, 2013, 341 (6149): 976-980.

支持扶贫开发政策，尽可能避免行政权力过度下沉导致包括贫困群众在内的村民自治权利受损现象发生；通过实施参与式发展和竞争式发展，培育贫困群众的自我管理和发展能力。

（3）提升科技支撑，促进贫困群众社会关联重建

信息时代背景下思考贫困治理问题，应明确全面激发贫困群众脱贫内生动力的基础性工作在于正视信息贫困基础上的贫困群众社会关联网络的建立和完善。重建贫困群众社会关联，意在强化其“社会比较过程中产生的发展激励作用发挥”，以促进贫困群众重返区域主流发展系统，虽然在此过程中可能由于比较对象选择不合理、陷入自我发展困境等产生心理焦虑调适、发展受挫、社交困境、不公平感、发展倦怠等风险①。

贫困群众社会关联重建应从其血缘关系、地缘关系、业缘关系三个基础关系网络入手，使得贫困群众通过“外界帮扶 + 关联网络自适应”的方式，在自身发展能力不断提升的情况下逐步完善社会关联网络，以便在扶贫开发体系上下联动、左右互动的格局中逐步寻找并营建能够为自身带来发展收益的“结构洞”，实现脱贫致富，而其中沟通互联的信息技术的作用更是不可小觑。现代信息技术的发展使得人与人、人与社会的互动时间、空间以及沟通方式等都超越了传统，“依靠信息科技日增的力量，将信息知识融入劳动过程，并以此为基础来生产和分配，改变的并非人类所从事的活动种类，而是可以作为直接生产力的技术能力”②，利用便捷的信息技术，并重视信息科技在信息传递、机会发现和收益获取等领域的支撑作用，有助于贫困群众掌握主流社会要求的生产技能，培养发展新思维③，并利用“互联网 + 扶贫”模式，破解贫困群众发展空间的地理阻隔以降低经营风险和对接市场，利用网络平台对

① 方学梅：《不平等归因、社会比较对社会公平感的影响》，《华东理工大学学报》（社会科学版）2017 年第 2 期，第 72 ~ 78 页。

② 〔美〕曼纽尔·卡斯特：《网络社会——跨文化的视角》，周凯译，社会科学文献出版社，2009，第 118 页。

③ 刘婧娇：《脱贫、发展、关联——中国农村贫困治理的反思与展望》，《云南社会科学》2018 年第 4 期，第 25 ~ 31 页。

贫困群众“碎片化的发展资源”进行有效整合以获取规模效益。

### 6.2.2　脱贫内生动力激发的工作实践探索与潜在提升空间的实证：以兴安盟为例

兴安盟位于内蒙古自治区东北部，下辖 2 市（乌兰浩特市、阿尔山市）1 县（突泉县）3 旗（科尔沁右翼前旗、科尔沁右翼中旗、扎赉特旗）；其中乌兰浩特市属于自治区贫困旗县（2018 年已退出），阿尔山市（2017 年已退出）、科尔沁右翼前旗、科尔沁右翼中旗、扎赉特旗和突泉县为国家扶贫开发重点旗县。全盟建档立卡贫困户数 4.86 万户 10.59 万人，其中低保贫困人口占比 53.93%、五保贫困人口占比 2.19%。

在全盟所有贫困人口中，因病致贫 2.26 万户，占比 46.51%；因残致贫 0.44 万户，占比 9.03%；因学致贫 1.49 万户，占比 3.06%；因灾致贫 0.62 万户，占比 12.76%；因缺少耕地致贫 0.17 万户，占比 3.48%；因缺少劳动力致贫 0.24 万户，占比 4.92%；因缺少发展资金致贫 0.72 万户，占比 14.81%；因其他原因致贫 0.08 万户，占比 1.69%。2018 年共核定深度贫困嘎查村 90 个，涉及深度贫困人口 4.6 万人，分别占到内蒙古自治区 258 个深度贫困嘎查村的 34.88%、全区 12.91 万深度贫困人口的 35.63%。依据国家精准扶贫、精准脱贫战略总体思路和基本要求，对照 2019 年贫困人口全部脱贫的目标，全盟计划投资 24.3 亿元用于开展产业扶贫、生态补偿扶贫、易地搬迁扶贫、教育支持扶贫和政策兜底扶贫（见表 6－18）。

**表 6－18　大兴安岭南麓片区兴安盟贫困人口及减贫措施信息**

| 地区 | 户数 | 人口 | 产业扶持脱贫 | | 生态补偿脱贫 | | 易地搬迁脱贫 | | 教育支持脱贫 | | 政策兜底脱贫 | |
|---|---|---|---|---|---|---|---|---|---|---|---|---|
| | | | 人口（万人） | 资金（亿元） | 人口（万人） | 资金（亿元） | 人口（万人） | 资金（亿元） | 人口（万人） | 资金（亿元） | 人口（万人） | 资金（亿元） |
| 乌兰浩特市 | 0.26 | 0.51 | 0.12 | 0.18 | 0.00 | 0.00 | 0.37 | 2.22 | 0.008 | 0.001 | 0.003 | 0.01 |
| 阿尔山市 | 0.05 | 0.12 | 0.04 | 0.06 | 0.00 | 0.00 | 0.06 | 0.36 | 0.008 | 0.001 | 0.002 | 0.008 |

续表

| 地区 | 户数 | 人口 | 产业扶持脱贫 | | 生态补偿脱贫 | | 易地搬迁脱贫 | | 教育支持脱贫 | | 政策兜底脱贫 | |
|---|---|---|---|---|---|---|---|---|---|---|---|---|
| | | | 人口（万人） | 资金（亿元） | 人口（万人） | 资金（亿元） | 人口（万人） | 资金（亿元） | 人口（万人） | 资金（亿元） | 人口（万人） | 资金（亿元） |
| 扎赉特旗 | 1.19 | 2.82 | 1.21 | 1.81 | 0.05 | 0.09 | 0.59 | 5.54 | 0.2 | 0.18 | 0.78 | 0.4 |
| 科右前旗 | 1.35 | 2.94 | 1.73 | 2.60 | 0.00 | 0.00 | 0.60 | 3.61 | 0.07 | 0.07 | 0.53 | 0.26 |
| 科右中旗 | 0.69 | 1.70 | 0.41 | 0.62 | 0.04 | 0.07 | 0.56 | 3.36 | 0.05 | 0.05 | 0.64 | 0.33 |
| 突泉县 | 1.33 | 2.49 | 0.88 | 1.33 | 0.04 | 0.06 | 0.4 | 2.40 | 0.19 | 0.17 | 0.98 | 0.50 |
| 全盟 | 4.86 | 10.59 | 4.40 | 6.59 | 0.12 | 0.22 | 2.58 | 15.49 | 0.53 | 0.47 | 2.97 | 1.52 |

数据来源：根据调研数据整理。

针对全盟贫困程度深，脱贫难度大的扶贫开发工作现实，兴安盟创新扶贫开发模式，如通过政府定菜单贫困户点菜的“菜单式”扶贫、龙头企业+合作社+贫困户的“两带五保一帮”发展体系、“合作社+基地”扶贫托管、“全民入社”产业化经营、“险资直投”产业链融资技术、幸福互助院等方式全面激发贫困群众内生动力。这一系列扶贫开发工作成效显著：全盟贫困人口从2012年末的42.3万人降至2017年末的4.9万人，贫困发生率由41%下降到4.4%。基于兴安盟地方性扶贫开发政策优化创新、实施推进与典型案例实地调研，加之对盟、旗（县）、苏木、嘎查等各级干部和合作社理事长、企业经理人、保险公司负责人、村干部、贫困群众、非贫困群众等不同类型群体的深度访谈，本研究整理分析相关资料并系统思考，兴安盟将贫困群众脱贫内生动力的全面激发融于扶贫开发的全过程，基本形成完善的立体化、多维度、宽领域的脱贫内生动力行动框架，主要表现为三个关键创新领域。

1．“两挂车、三张网”政策决策过程创新：注重多层互动，强化全员学习

依据国家精准扶贫、精准脱贫政策指导，兴安盟科学采集和分析贫

困群众的服务需求信息，准确把握兴安盟贫困群众的贫困规模、贫困结构和典型贫困发生机制，于 2016 年通过强化全员学习、多层互动交流，系统分析“产业促进增收，住房提高文明程度，教育切断贫困代际传承、健康杜绝小病拖成大麻烦、生活救助体现社会关怀”的脱贫作用机制。兴安盟创新出台产业扶贫、住房保障“两挂车”和教育扶贫、健康扶贫、生活救助“三张网”的政策措施，并辅以基层组织建设提升、基础设施水平提升、生态经济提升、农牧民素质提升、就业技能提升等“五个转向提升活动”。

结合区情、民情探索具有地方特色的扶贫开发举措属于推进工作的习惯做法，但据课题组与兴安盟扶贫开发办公室（兴安盟革命老区建设办公室）负责人的访谈信息，兴安盟在系统推进“两挂车、三张网”扶贫开发政策创新过程中刻意强调了“全员学习和全员思考”的要求：对接区域扶贫开发任务目标，强化干部之间、干群之间的沟通，交流与行为互动，各个层级所有职位的工作人员均应考虑并明确其所负责的工作在整个扶贫开发系统中应发挥的作用、其帮扶的贫困群众的多样化和个性化发展的需求及服务供给程度，对标找差，思考扶贫开发工作推进中“群众所需，政府所供和干群应为、所为”，正视“因政策上传下达、干部工作按部就班、群众被动接受帮扶等带来扶贫开发工作低效率”问题，将干群学习、思考如何实现扶贫开发目标的行为融于扶贫开发全过程，实现“学习—理解—支持（协作）—创新—学习”的良性循环。

注重多层互动，强化全员学习，实质上就是政策合法化的过程①，各主体“嵌入性”程度是影响多元扶贫开发主体互动过程与扶贫开发效果的关键因素。每个行为主体在这种互动、交流基础上对于反贫困问题的理解逐步深入，认知也在交流互动中倾向一致，问题解决思路更加清晰，行为成效更为显著，行为主体的成就感、获得感及幸福感更为增进，从而使得扶贫开发帮扶主体的扶贫内生动力和贫困群众的脱贫内生动力得到双重持续提升。比如调研中与普通干部和群众谈及“两挂车、

① 钟裕民：《双层互动决策模型：近十年来中国政策过程的一个解释框架》，《南京师大学报》（社会科学版）2018 年第 4 期，第 53 ~ 61 页。

三张网”，他们既能够与国家制定的“两不愁、三保障”的发展目标结合思考，也能就产业扶贫的收益分享、住房建设过程中的财产权益变化、教育扶贫的代际传递阻隔、健康扶贫的短期效果与长远发展保障、生活救助的人群识别与公平实现等内容就理念、操作方式、可能风险等进行系统阐释，贫困群众发展意识与能力的提升无疑将加快推进扶贫开发工作进度和提升扶贫开发工作质量。同时，在调研过程中，如何制度化、规范化、常态化此种“多层互动、全员学习”的工作方式是很多干部、群众关心的问题，也是贫困群众内生动力全面激发的行动框架完善过程中要解决的问题。

2. “市场导向 + 村集体经济”协同发展模式：注重贫困群众发展资源积累，建构参与竞争良性循环

发挥市场机制在促进贫困群众脱贫致富方面的选择与激励效应，在扶贫开发资源“普惠”基础上适当引入“市场竞争”，也是兴安盟全面激发贫困群众的重要手段。2018 年，兴安盟科尔沁右翼前旗成立科右前旗扶贫开发投资有限公司，采取“经营性扶贫开发项目通过竞争获得，项目投资本金需要根据协议收回，多元参与主体按股分红”的方式经营，并明确所有扶贫开发项目的目标需要增加“贫困家庭参与”或“减贫带贫”条件，防范扶贫开发资金“使用变质”。

调研发现，利用“适度市场竞争”方式取代“全面普惠”的项目扶贫，有助于加强贫困群众之间以及贫困群众与非贫困群众之间的合作（学会协作才能使得贫困群众在项目竞争中更具市场竞争力），提高扶贫开发项目的管理水平和贫困群众参与市场竞争的能力。同时，对接国家对于发展集体经济的要求，扶贫开发投资有限公司强化国家财政扶贫资金、涉农资金等有效整合，向具有发展意愿、项目明确、原本资源“空壳化”的村集体注入发展资金，明确支持期限与帮扶期间各方利益相关者责权利关系，为村集体经济发展探索出新的发展思路，则是这种模式的另一个重要特征。村集体经济的壮大也为贫困群众参与市场竞争、提高市场竞争能力提供了发展资源和组织基础。

实施“市场导向 + 村集体经济”协同发展模式，既能够在一定程度上通过“适度竞争”解决部分贫困群众“懒慵散、等靠要”等惰性

心理和行为，又能够通过金融扶持方式支持村集体经济发展，还能够实现扶贫资金的规范管理和有效监管，实现扶贫资源效益发挥的良性循环，一举多得。发挥市场在扶贫开发资源配置中的作用，虽然有助于贫困地区通过经济利益和经济手段激发贫困群众脱贫的内生动力和参与发展的积极性，但要注意扶贫开发资源作为公共资源的属性，着力于部分有劳动能力或有市场竞争能力的贫困群众内生动力激发的同时，仍应防范扶贫开发资源的“精英俘获”[①]，应完善扶贫开发项目的绩效评价体系，尽可能实现效率与公平兼顾。

3. “积分制”探索：完善社会比较体系，引导贫困群众社会关联重建

为了激发贫困群众参与生产和乡村建设的积极性，解决贫困群众脱贫缺位和发展后劲不足的问题，提高自我脱贫致富的主动性，全面激活贫困群众的内生动力，兴安盟扶贫开发工作在“志智双扶”理念引领下，在乌兰浩特市于 2018 年先行试点开展了“双扶双长积分制”工作。依据《关于印发 <乌兰浩特市建档立卡贫困户“积分制”扶贫扶志实施办法（试行）>的通知》（乌扶组字〔2018〕8 号）文件，建档立卡贫困户作为“积分制”的管理主体，按照有无劳动能力分别设计了不同的积分标准，有劳动能力的积分内容分为产业发展类、和谐家庭类、公益美德类、乡村建设类、奖励惩罚类等五大类；无劳动能力的积分内容分为收入类、和谐家庭类、公益美德类、奖励惩罚类等四大类。每类指标又细化为不同的具体指标，如经济收入、邻里团结、环境美化、村规民约遵守、好人好事、带贫能力、技能培训、村民义务履行以及违法违纪记录和所获通报表彰情况等 40 余项。每类指标依据政府、村集体、普通村民、贫困群众等不同群体的协商结果赋予不同分值，并将积分分值与货币挂钩，利用财政转移支付、社会善款、村集体资产收益等整合资金进行支付。每户建档立卡贫困户最高积分 1000 分，积分在爱心超市购买物品时每一分可抵人民币 1 元。贫困群众可凭其所得积

---

① 韩华为：《农村低保户瞄准中的偏误和精英俘获——基于社区瞄准机制的分析》，《经济学动态》2018 年第 2 期，第 49 ~ 64 页。

分到指定爱心超市、商店等购买商品。贫困群众的每户积分由村级“积分制”管理小组随时监督（如监督员利用手机随时随手拍照做好证据记录、利用互联网了解村中老人长期外出子女的情况等），按月评比、累积，年底核算。

实施“积分制”管理，辅以广泛开展贫困户励志产业发展、和谐家庭、公益美德、乡村建设等评选活动，为游离于村集体组织发展之外的贫困群众重返社会发展主流秩序提供了宽广的参与平台。调研中很多群众反映，实施“积分制”管理尤其是指标引领，为他们生活水平全面提升明确了努力的方向，同时也提供了自身发展、自我管理的平台。如乌兰浩特市义勒力特镇民生嘎查村干部还列举了其村中在“积分制”实施之后发生的现实案例，某贫困群众在脱贫后一直思考为集体做些力所能及的事以回报集体的帮助，但又恐别人嘲讽且没有平台，一直没有付诸实施。但实行“积分制”管理后，其经常参加村集体环境清洁、孤寡老人生活服务提供等工作，问及原因，该贫困群众则认为“并不是单纯为了赚取积分，而是积分制可以让我名正言顺做一些服务大家的事情”。

通过在贫困群众中树立发展榜样，利用电视媒体、手机微信、网络、现场会、资料宣传册等方式开展“政策宣讲 + 文艺扶贫 + 事迹报告 + 技术培训 + 道德讲座”等宣传，将发现典型、宣传典型作为深化脱贫攻坚信息传递、技能提升、典型宣传、鼓舞士气的有效途径；靶向瞄准基层，让扶贫脱贫典型当主角，利用多重信息交流与行为互动重建其社会关联网络，并在此基础上形成良性的社会比较和行为引导体系，有助于增进贫困群众的发展自信，形成尊老爱幼、诚实守信、团结和谐、自力更生、热心公益活动的良好风尚，激发贫困群众内生动力，推动农村脱贫攻坚与乡村发展。但调研也发现，当前的“积分制”管理还只在贫困群众中开展，尚未涉及全部村民，其他非贫困村民也有加入的愿望；同时部分管理对象对于指标的选择和每个指标的权重设定尚存异议，亟待在后续工作中进一步完善。

贫困群众脱贫内生动力的全面激发是巩固脱贫攻坚成果和确保贫困群众生计发展可持续的重要保障，本研究依循贫困群众内生动力培育和激发由“传统：扶贫资源单向传递—贫困群众被动接受—内生动力源于个体自觉”向“现在：扶贫开发双向互动—贫困群众适度参与—内生动力激发注重外力干预”再到“未来：关注个性化服务提供—贫困群众平等关联—内生动力全面激活”的发展路径与逻辑建构。本研究结合兴安盟贫困群众脱贫内生动力激发的“多层互动，全员学习”决策过程创新、“市场导向 + 村级集体经济”协同发展模式和积分制探索等扶贫开发工作实践与潜在提升空间（有关潜在提升空间涉及问题的解决方案思考将另文讨论），认为立体化、多维度、宽领域的贫困群众脱贫内生动力激发工作开展需要关注三个方面：一是注重整体协作，强调扶贫开发主体扶贫内生动力和贫困群众脱贫内生动力双重持续提升；二是着力自主管理和发展能力培育，积极引导贫困群众参与和竞争；三是提升科技支撑，促进贫困群众社会关联网络重建。

## 6.3　连片特困区推进城乡扶贫开发联动治理及梯次并轨政策预设

### 6.3.1　片区城乡扶贫开发联动治理的时代要求

1. 现实困境：城乡扶贫开发分治

传统农村社会保障体系主要包括农村养老保险、农村合作医疗、农村社会救助和农村教育扶持四个部分，其中农村养老保险包括基本养老保险、长寿老年人津贴、农村贫困人口养老医疗救助等，农村合作医疗包括基本医疗保险、慢性病与地方病防治计划等，农村社会救助包括农村居民最低生活保障制度、五保户制度、救灾救济制度等，农村教育扶持包括农村免费义务教育计划、中高等教育扶持计划、职业技能培训等。为了充分保障农村贫困人口的发展权益，促进区域发展与城乡协调，鉴于农村扶贫开发工作的艰巨性和长期性，国家在减贫过程中逐步形成了针对农村扶贫开发的工作理念和政策体系（见图 6 - 3）：考虑贫困人口生计水平及演化路径，扶贫开发理念从传统“救济式、输血式”转变为“开发式、造血式”，有关贫困内涵的把握也由单一经济贫困转变为多维贫困，并且扶贫开发主体也由政府变为多元主体参与，同时创新扶贫方式，形成了“多元化大扶贫格局”，并且通过立法的形式对扶贫对象、扶贫措施、扶贫项目、扶贫资金、监督和考核、法律责任等内容进行明确，构建了较为完善的管理体制和运行机制。

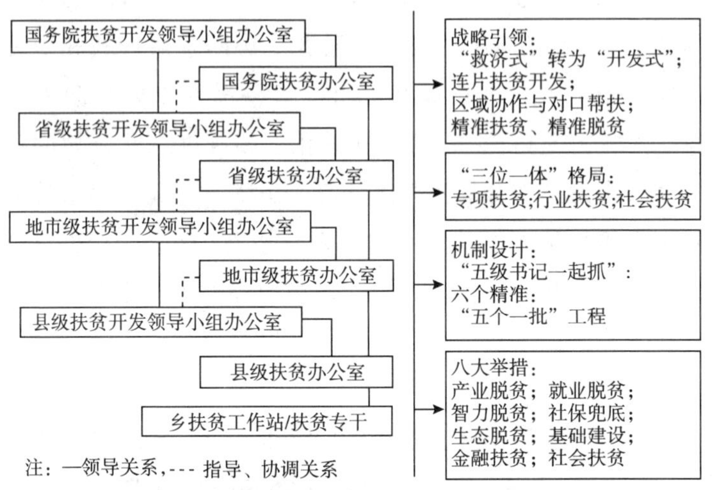


图 6-3　农村贫困人口扶贫开发管理及政策体系

另一方面鉴于福利主义理念指导，考虑城镇贫困人口组成的结构性特征，建构在区域经济持续发展尤其是充分就业假设基础上的城镇贫困人口救助体系主要是以城乡居民最低生活保障为主，养老保险、医疗保险、住房补助等专项救助为辅，其他救助、救济和社会帮扶为补充的综合性救助政策（见图 6-4）。

当前城镇贫困人口救助体系的重点放在了贫困人口的低层次需要满足的社会救助方面，忽略了城镇贫困人口潜力激发、能力提升的需要。追溯社会保障制度设计，有以德国历史学派之社会改良为肇始，有以英国“济贫法”之颁布为开端，理论上或提人本权利，或曰社会权利，或以福利经济学及有效需求论，但总的问题假设均以社会风险防范和消减为基础。如果最初的城镇贫困人口的社会救助体系建构于城市无家可归者、残疾人等“最弱势群体”的精神抚慰与最低生活救济之上，此后受工业时代社会技术风险、市场风险等影响下的社会保障体系便成为风险社会的国家制度组成，成为国家社会经济发展的“保障网和安全

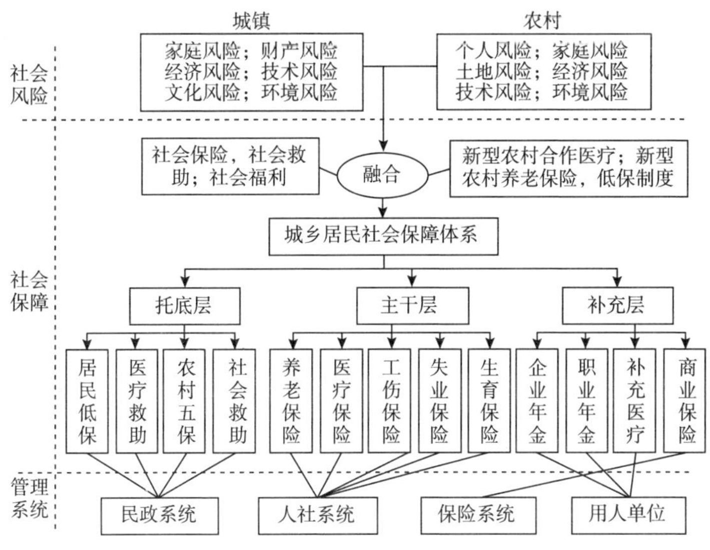


**图 6－4　城乡融合发展下的城乡社会保障体系**

阀”，虽然其“双刃剑”的负面效果时常被人谴责。依据发展经济学反贫困理论，对工业化和城市化带来的贫困风险防范，关键在于城镇贫困人口人力资本和可行能力提升，进而转变城镇贫困人口的“被动保障”为“主动发展”，以尽可能激发城镇贫困人口内源性发展动力，消减城镇贫困。

基于新型工农城乡关系构建背景，借鉴城乡融合发展背景下正在开展的城乡社会保障制度经历的“分割—融合—排斥—统筹”话语演进，考虑经由这一转变后的农村扶贫开发政策体系绩效显著的现实，倾向于复杂化、多样性和动态性特征的城市社会风险影响下的城镇贫困人口救助也应该借鉴成熟的农村扶贫开发政策体系，针对致贫原因对扶助对象准确分类、精准施策，在现有社会保障体系的基础上，增设城镇贫困人口扶贫开发机构，健全其运行机制，行城镇扶贫开发之责。

2. 组织基础：城乡融合背景下社区治理趋同

社区治理是社会治理的基础，关乎国家治理的现代化。《关于加强和完善城乡社区治理的意见》（2017 年 6 月）首次以“城乡统筹”为原则取代了传统“城乡分开”的阐释方式，标志着我国城乡社区融合发展、统筹治理进入新阶段。城乡融合发展有助于促进区域要素交流与

要素增益，受力于统筹工农城乡发展的体制与机制影响。随着新型城乡关系和区域发展要素配置机制的进一步理顺，具有区域性、服务性特征且以居民认同为纽带的新型社区成为城乡治理体系中的基础组成，并将在未来城乡融合发展过程中呈现权能趋同现象。

城乡社区兼具城市社区和农村社区空间格局，是实现国家治理现代化的基本着力点。依据哈维的“资本三次循环理论”，城乡二元格局的形成源于资本的逐利选择，进而在空间生产中出现“城”“乡”分异，但由于资本要素发挥作用要与制度、金融、土地、人才等进行优化组合，其过程会受到政府及各利益集团的影响，凌驾于公平之上的效率追求致使相对不公平的经济地理结构出现，“城乡二元分治”格局逐步形成。由此可见，空间非正义性的生产过程，缘起于“资本—制度安排（权力制度安排的经济性偏好）—中心区域空间环境的自我优化”及其运行过程，城乡社区治理机制本质上则是城乡空间中“资源、权利和区位环境”等影响因素相互博弈之后形成均衡状态的表征。从历史维度分析我国城乡社区治理，城乡社区发展经历了分治到并行的发展过程。1949 年至 1978 年，城乡社区管理呈现强行政化、封闭式管理特征，城镇社区表现为“单位社区和街道居委会”，农村社区则由“人民公社、生产队”组成。1978 年之后，市场经济背景下的城乡社区结构随着资源配置机制的转变也发生了调整：强调服务供给的城市社区取代了单位制社区，村民自治基础上的农村社区取代了社队体制。党的十七大后要求统筹城乡社区发展，强调公共资源在城乡之间的均衡配置，为城乡社区治理创新开启了新的方向。

鉴于区域空间重构驱动发展逻辑，区别具有血缘关系的农村社区和业缘关系浓厚的单位社区，未来的城镇社区将更具有平等参与性和开放性：随着新型城镇化战略、乡村振兴战略和区域协调发展战略等的实施，“城”“乡”现有极化差异将逐渐缩小（见图 6-5）。作为生产型和生活型有机统一体的城乡社区在各自辖区的结构功能定位相对独立而又互相支持，社区居民平等参与和共同享有区域社会管理和公共服务。城乡社区治理尤其是农村社区治理在社区党组织、基层政府、其他自治组织和专业合作组织、社会力量等多元主体协同与管理协调下，社区民众参与、公共服务提供、文化引领、矛盾预防与调处、智慧社区建设等权能设置与发挥趋于同步，本质归因于城乡融合背景下城乡社区发展要素自由、平等交流基础上的“生产、生活和生态”三重空间的布局优化与环境调适。彼时的“城”“乡”社区，只是一种服务于居民舒适生活的空间名称概念，并无结构、功能差异，各安其所，各美其美。

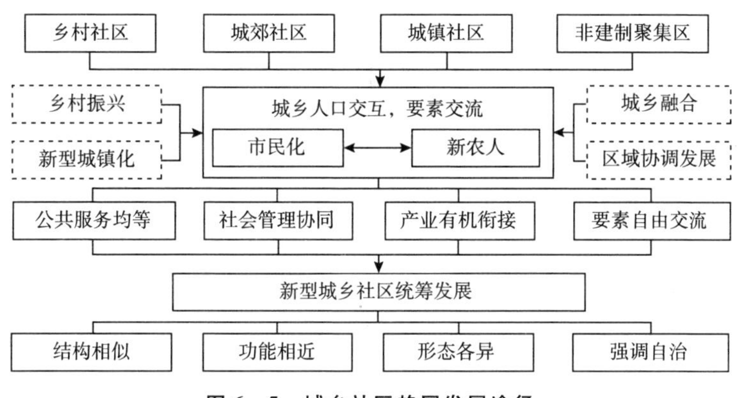


**图 6－5　城乡社区趋同发展途径**

社区治理的要义是开发和利用社区资源，鼓励社区居民和各类社会组织参与社区管理与服务，应对社区公共问题，满足社区公共需求，最大限度地增进社区公共福利，将社区建设成为“社会生活共同体”，借此，以社区治理协同为发展契机，统筹整合社区发展资源以推进城乡扶贫开发治理便成为题中之义。

3. 社会需求：城乡贫困人口交互流动

随着新型城镇化、乡村振兴等国家发展战略的实施，与其他要素紧密结合的人口流动效应凸显，自改革开放以来到 2015 年，由于人口流动与生产要素等结合，流动人口因素对全国 GDP 的贡献率在 23% 左右。据测算，从 20 世纪 90 年代开始，人口迁移流动的现象大量出现。20 世纪 90 年代初，流动人口为 2100 万，不到总人口的 2%，几乎可以忽略不计。到 2016 年底达到 2. 45 亿，占总人口的 18%。人口迁移流动的数量增加的速度，远远超过同期人口自然增长的速度。尤为重要的是，80% 的流动人口是从农村地区流向城市地区，少部分人口流向乡镇。因此城镇人口的增长幅度，大大超过同期总人口的增长幅度。

一方面随着城镇化程度的提高和城镇人口的增加，城镇贫困人口规模将增大，且贫困类型也随着发展方式的转变而变得复杂多样。另一方面，基于人口等要素的自由交互，新型城乡社区将呈现“结构相似、功能相近、形态各异而又强调自治”的特征，城乡贫困的结构性特征将呈城乡趋同之势，推进城乡扶贫开发梯次并轨成为优化扶贫资源配置的重要抓手和工作方向。

### 6.3.2 未来城乡贫困联动治理的政策预设

鉴于城乡扶贫开发联动治理的环境特征，针对连片特困区区域发展带动扶贫开发的原则和城乡贫困交互现实，考虑城乡社区治理趋同化发展趋势，未来的城乡贫困治理需要由城乡分治走向城乡扶贫开发协同，进而实现城乡融合基础上的城乡扶贫开发联动治理。

反思中国现行城乡扶贫开发体制，尝试以试点的形式在连片特困区开展统筹城乡扶贫开发治理机制优化：一是在国家扶贫开发战略层面，优化顶层设计，突破传统扶贫开发的城乡分治理念，以实现“扶贫治理的现代化”为导向，兼顾区域自然空间、社会空间与经济空间特征，尽快建立城乡统一的扶贫开发管理体制和监测体系，整合扶贫开发资源，形成区域扶贫开发合力和提升扶贫资源配置效果。二是在扶贫开发政策体系层面，健全农村贫困人口社会保障制度，强化城镇贫困人口的扶贫开发，关注城乡“救助型 + 预防型 + 发展型”扶贫开发政策的“全过程、全方位”设计与优化，全局着眼，分类施策；三是在统筹城乡扶贫开发制度保障方面，系统思维，关注社会主义市场经济条件下的行政规约、资源筹措与合理配置、社会参与、冲突协调和风险防范等作用于统筹城乡扶贫开发工作的配套改革，如颁布“反贫困法”“统筹城乡反贫困工作条例”“脱贫人口后期发展扶持办法”等，为统筹城乡扶贫开发治理提供坚实保障。

具体表现为以下三个阶段。

1. 发展阶段（当前至 2025 年）

健全城镇贫困人口扶贫开发体制与机制，推进城镇居民弱势群体的社会保障、扶贫开发两大保障体系的“并行”发展。鉴于当前城镇贫困人口救助工作开展主要为民政系统承担，建议在国务院扶贫开发领导小组办公室的统一领导下，首先在民政系统各级机构中分设承担“城镇贫困人口扶贫开发”任务的职能科室，配备专职人员，联合人力资源与社会保障等机构完善城镇贫困人口信息平台建设，逐步健全制度规范、政策体系与工作模式，在工作推进中逐步明晰城镇居民社会保障与城镇贫困人口扶贫开发的权能边界，比如明确城镇贫困人口识别标准，制订“城镇贫困人口扶贫开发工作条例”，在供需对接基础上创新城镇贫困人口扶贫开发工作中多元主体的参与协商、责任履行与监管等工作机制，有效衔接城镇居民社会保障与城镇贫困人口扶贫开发政策等。

其次，在部门间责权管理清晰的基础上，逐步成立独立的“城镇贫困人口扶贫开发办公室”的职能部门，推进城镇居民弱势群体的社会保障、扶贫开发两大保障体系的“并行”发展。

2. 并轨阶段（2025～2035 年）

有效衔接城乡扶贫开发体系，实现城乡扶贫开发协同并轨。随着城乡融合发展体制与机制的进一步完善，要素自由交流基础上的新型工农城乡关系形成，区域间收入、分配体制与机制理顺，公平与效率的价值追求兼顾，基于功能合理分区规划基础上的“城”“乡”发展交互使得城乡经济空间、社会空间“存有明显差距的空间分异”特征虚化，城乡贫困结构性特征与社区治理权能趋同基础上的城乡扶贫开发在贫困人口类型及致贫原因、贫困人口扶贫开发方式选择、扶贫开发减贫效应评估等领域出现交叉和融合现象。

空间重构减贫理念指导下的城乡扶贫开发工作需要在更高层次、更广领域筹集资源，创新扶贫开发工作方式，以应对贫困人口的流动性、城乡贫困的动态性、致贫原因的多维性以及贫困退出人口返贫风险性等问题，城乡扶贫开发体制与机制的协同并轨成为题中之义：建议在国务院扶贫开发领导小组办公室的统一领导下，将城镇贫困人口扶贫开发办公室与负责农村贫困人口的扶贫开发办公室合署，实现城乡扶贫开发工作的接轨与并轨，组建“城乡贫困人口扶贫开发办公室”，行贫困人口帮扶以及促进其生计可持续发展之责，并逐步消减城乡反贫困统筹治理的政策异化、瞄准困难、政策脱节、资源漏出、市场排斥等问题。

大力推进社会力量参与扶贫，逐步建设并完善政府、社会力量、第三方等多元治理主体参与共建的城乡扶贫开发“网络多维协同发展共同体”，社会大扶贫格局初步呈现，尤其是在政府倡导下彰显社会关爱、提倡社会成员互帮互助的扶贫志愿服务逐步成为扶贫开发的重要力量。

3. 融合阶段（2035 年之后）

统筹协调能够有效推进扶贫开发治理现代化的实现。城乡扶贫开发工作离不开区域社会经济系统的资源支持，围绕“城乡分治的扶贫开发体系梯次并轨，益贫性社会支持政策与扶贫开发有序并行”两条主线，2035 年之后的城乡扶贫开发应呈现“分层多维组合式”特征：以扶贫开发系统为主体，结合贫困人口生计水平与利益诉求差别，分成普惠层次、条件层次与附加层次进行服务的精准供给；同时在区域发展政策层面完善贫困人口的政策支持体系，鼓励发展社会企业，调整区域生产方式、产业结构以增进区域社会经济发展益贫水平，在提高扶贫开发工作社会化的过程中实现扶贫开发治理的现代化，增进贫困人口福祉。

## 6.4 连片特困区推进城乡扶贫开发联动治理的关键问题和能力提升逻辑

### 6.4.1 片区推进城乡扶贫开发联动治理的关键问题

综合考虑片区未来“空间重构 + 价值共创”的减贫策略，依据“资源支撑（Resource）—能力建设（Capacity）—利益相关者支持（Stakeholder）—绩效引领（Performance）”的 RCSP 风险分析框架，按照片区扶贫开发联动治理中“网络多维协同发展共同体”多元利益相关者在不同层级、不同领域的行为探讨，以“资源优化配置、服务高效提供和服务对象满意度水平提高”为目标，基于服务行为效率、社会治理水平、公共服务提供等分析视角，除了在扶贫开发研究中经常考虑的城乡贫困标准的科学设定、精准识别和分类施策、现行城乡扶贫开发管理机构设置协调和相关政策衔接、城乡扶贫开发资源筹集和整合、城乡联动治理技术风险等内容带来的瞄准困难、政策供需失衡、资源配置效率不高等风险外，基于前述空间重构和城乡贫困关联机制分析，推进城乡扶贫开发联动治理还需关注以下五个关键问题。

1. 认知偏差：扶贫开发过程中的“手段目标化”

城乡扶贫开发联动治理的目的是通过城乡融合拓展城乡发展空间，推进城乡贫困人口脱贫致富。基于城乡贫困人口多维致贫原因，城乡扶贫开发联动治理仍需坚持精准扶贫政策。精准扶贫是国家扶贫开发治理能力提升的关键之举，旨在让扶贫对象脱贫致富，共享社会发展成果。精准扶贫基础上的精准脱贫，是区域贫困发生率、贫困人口收入等项目达标，更是城乡贫困退出主体生计可持续发展能力的获取；脱贫攻坚进程中不存在“中场休息”和“歇脚点”，不存在贫困退出标准达标后的“一劳永逸”，片区城乡贫困人口脱贫致富与经济社会可持续发展永远是“进行时”。

片区城乡扶贫开发联动治理是片区扶贫开发的更高阶段，是一种阶段性扶贫开发模式，但不是扶贫事业的终结，不断增强片区持续健康发展、切实增进各民族群众的获得感和幸福感，以及逐步实现城乡贫困人口对美好生活的向往才是扶贫开发工作的一贯追求与最高目标。不能将目标与手段本末倒置，为“减贫”而“扶贫”，那将无意甚至有意步入“工具主义”之路，将会消减精准扶贫、精准脱贫工作动力与扭曲努力方向，带来扶贫开发工作中的“近视”与发展资源的“错配”，降低扶贫开发工作绩效，影响区域繁荣发展。

2. 空间误解：区域发展系统的“局部系统替代”

探寻未来片区扶贫开发联动治理的政策与行为逻辑，强调“极化、扩展和回程”效应的梯度发展理论与“有为政府”的新结构经济学是为有效支撑：区域有为政府通过区域优势资源分析、主导产业选择和政策引导，通过资源“行政吸纳”打造行政区划内相对独立或者具有一定关联的“增长极”，利用其产生的规模经济和范围经济效应，向周边地区扩展辐射和吸引周边区域发展要素回流，进而为高梯度溢出资源实现均衡发展提供可能，为低梯度要素聚合实现扩散效应创造可能[①]。

---

① 向锋：《特色小镇在中国经济中的角色》，《城市开发》2017 年第 4 期，第 54 页。

当经济发展的正常秩序遇到“行政区划分割以及建构在此基础之上的区域政绩评价体系”影响时，贫困地区发展过程中的经济系统边界、行政系统边界、社会系统边界与自然环境系统边界“四重边界”交互重叠，加之强势政府对“风险降低、发展可控”状态的偏好，经济发展系统的张力和行政系统的约束使得区域发展产生“局部系统替代”：发展系统相对独立、自成体系，行政区隔抑制要素自由流动致使长远发展后劲不足，如多个片区组成区域在发展中强调全域旅游带动，且所选择的支撑产业趋同，致使扶持产业同质化严重、市场竞争低层次徘徊与分工深度水平不高，很大程度上影响新型城镇化与新农村良性互动和互促优化的发展格局创建，故而片区扶贫开发联动治理中有效处理传统城乡关系的持续影响和推进跨越治理仍是值得注意的问题。

3. 返贫风险：脱贫人口“适应期生计可持续发展”

作为发展要素欠缺、要素配置低效以及行为主体资源获得手段缺乏等因素综合形成的复合状态，片区城乡贫困多维致贫原因明显，尤其体现在经济贫困与教育贫困、健康贫困及文化贫困的交织叠加方面，贫困面宽、程度深且贫困主体发展的依赖性强。贫困人口脱离贫困是一项系统工程，是一种量变到质变的循序渐进过程。政府主导的精准扶贫强调扶贫资源的行政配置、扶贫开发行为的计划开展，这有助于扶贫开发行为有序、高效推进，但在一定程度上也动摇了市场配置资源的决定性作用发挥，延缓了贫困主体对于经济规律及市场行为的适应。尤其是片区农村扶贫开发实践中各地鼓励贫困户积极发展产业，但都是传统的种养殖业，加之城镇产业转型升级困难，受制于产业基础薄弱，产业规模小，缺乏龙头产业和示范带动产业做支撑，产业发展效益与带贫减贫效果有待提升。

经由政策扶持、社会保障、自身经营等多方支持，城乡贫困人口成功实现贫困退出，当前的贫困退出更多的是限于政策要求符合程序要求的“形式退出”：伴随着“贫困人口身份以及连带资源支持”的逐步消减，加之城镇化带来的人口流动加剧、城乡建设空心化以及脱贫人口在贫困退出后面临脱离政策帮扶后的市场竞争风险，在短期内要进行生计资本分析基础上的生计策略调整或重构，以及适应新发展环境的生计能力培育与提升等，城乡脱贫人口在贫困退出后的 3～5 年发展适应期内面临着较高的返贫风险。

4. 贫困流动：城乡“流动贫困人口管理接续”

流动的贫困与贫困的流动是分析流动贫困人口管理接续的两个视角，所反映问题的实质是“基于不同发展水平区域空间选择基础上的经济社会流动，及其所引起的行为主体在发展环境与权益保障方面的差距与缺失”。考虑片区劳动力流动中发达区域高薪酬“拉动”影响和区域发展优惠政策“吸引”效应等引力交错特征，片区扶贫开发联动治理攻坚工作，需要重点考虑两个方面的问题（鉴于劳动力的自由流动是走向区域间平衡发展的关键措施，以及劳动力要素流动的连带作用，此处关注劳动力人口流动）。

一是流动的贫困和贫困的流动。流动的贫困即片区的劳动力人口由乡村转移城市；贫困的流动主要指片区农村贫困人口向城市流动。本身处于贫困的人群进入城市后发展机遇与贫困风险并存，同时对于农村扶贫开发的跟踪管理也是较大挑战。考虑到制度排斥和社会歧视因素，流动人口的贫困问题是经济收入低、个人能力差、社会支持网络弱化和权益缺失的综合体，城市流动人口贫困现象的存在对于流动人口生计能力持续提升、政治权利边缘化、贫困的代际传承、城乡差距扩大、民族团结和社会稳定等都将产生影响①。

二是城市贫困人口（低保人口）流入农村，亦称“城乡贫困返流”。此种现象尚不多见，但随着城乡一体化进程的加快呈现快速增加倾向，返流贫困人口在享受着城市的公共福利的同时又在竞争相对缓和的环境里获得较高的经营收益。基于社会福利资源的稀缺性视角分析城乡贫困返流现象，民族地区城乡“流动贫困人口管理接续”将是未来有效处理城乡贫困关联问题的重要议题。

5. 多元治理：城乡扶贫开发“多元主体协同治理”

片区城乡扶贫开发工作事关民众福祉和全面建成小康社会目标实

---

① 韩嘉玲、张妍：《流动人口的贫困问题：一个多维的研究视角》，《贵州社会科学》2011 年第 12 期，第 58～63 页。

现，精准扶贫、精准脱贫政策指导下的扶贫开发的更高要求是实现扶贫治理的现代化。片区扶贫开发是一项系统工程，单靠加强某一方面工作无法从根本上解决脱贫、返贫问题。片区城乡政府广泛动员全社会力量共同参与扶贫开发、充分利用社会扶贫资源等方面做得还不够，政府、市场、社会协同推进的大扶贫格局还未完全形成，全民扶贫氛围还不浓厚。鉴于贫困问题的社会性、动态性和建构性特征，扶贫开发联动治理应当是政府、社会、企业、专业合作组织以及贫困主体等多元利益主体参与的社会问题协同治理行动，基于相互间的利益权衡形成利益共同体是协同治理行动开展的前提。

基础脆弱、发展不足、产业结构亟待调整等仍然是片区发展面临的主要矛盾，原有基础设施与公共服务供给水平不高、产业发展遭遇提质增效困境等是脱贫攻坚的瓶颈，片区脱贫攻坚工作形成了自上而下、高度行政化的扶贫开发工作机制，目标管理理念下的脱贫攻坚业绩导向制度将扶贫干部奖惩升迁与扶贫开发工作成效关联；加之片区贫困人口受教育水平较低及对国家政策理解的局限性、迟滞性，凸显了政府扶贫治理下“要我脱贫”的意味。行政排斥致使扶贫开发中的重要组成部分——社会力量缺位，专业组织在提供政府购买服务、承担外包服务等方面优势难以显现①。兼具“扶贫治理主体和治理对象”双重身份的部分贫困户在依赖和享受扶贫资源的同时，对于关乎生计可持续发展的自身能力提升与公共事务参与等关心程度较低，从而影响了扶贫开发成效的提升。

### 6.4.2　片区推进城乡扶贫开发联动治理能力提升逻辑

连片特困区脱贫是全国扶贫开发工作的重点，也是全面建成小康社会的难点。站在片区脱贫攻坚巩固提升新起点上，实现连片特困区扶贫开发联动治理、扶贫富民提质增效目标，优化片区扶贫开发联动治理扶贫要以“创新、协调、绿色、开放、共享”五大发展理念为指导，创

① 苟天来、唐丽霞、王军强：《国外社会组织参与扶贫的经验和启示》，《经济社会体制比较》2016 年第 4 期，第 204 ~ 211 页。

新制度供给与运作模式，协调区域分工协作与区际发展共融，推进绿色发展方式和生活方式转变，推动发展平台建设与资源要素交流的开放，着力实现良好生态与发展成果的共享。

1. 准确把握城乡联动治理扶贫政策，创新全域扶贫模式，推进片区扶贫富民

连片特困区涉及面广、政策性强、敏感度高，推进片区城乡扶贫开发联动治理需要系统思维，全域推动。精准扶贫政策指导下城乡扶贫开发联动治理是服务于“两个一百年”目标实现的脱贫攻坚战略，是科学研判由经济贫困为主转变为经济贫困、社会贫困、资产贫困和生态贫困并存，由非自愿型和常态型贫困转变为自愿型和偶发型贫困。由农村贫困为主转变为农村贫困和城镇贫困并存之后的政策所得，也是对于经济新常态要求扶贫资源配置效率进一步提高的政策回应。

注重区域发展战略关联，创新全域扶贫模式，区域发展是扶贫富民工作的基础，是扶贫开发的重要组成部分。城乡扶贫开发绝不是局部性工作，而是全局性任务；脱贫攻坚绝不是单项性事务，而是统揽性工作；作为旨在解决贫困区域发展问题和提升贫困人口生计水平的单项政策，不能仅仅着眼于“孤立体系自循环”，只有在更高更全面、更宽领域内与区域发展均衡性战略（如乡村振兴、新型城镇化、城乡一体化、新农村建设等）、经济发展战略（如区域协调发展、投资拉动、创新驱动、产业转型升级等）、社会治理战略（如公共服务均等化、社区治理、城乡社会保障一体化等）、资源环境战略（如可持续发展、绿色生态、低碳社会等）以及共享经济发展战略等进行交流融通，只有开创各方协调的和谐局面，汇全社会之力，集全民之智，创新“全域扶贫”模式，连片推进、精准实施，扶贫富民工作才能在更广范围内整合发展资源、拓宽扶贫开发工作领域、创新扶贫开发工作模式。这也将有助于提高扶贫开发工作的灵活性、有效性，顺利推进连片特困区城乡扶贫富民工作。

2. 开展生产力布局空间重构，完善资源跨域空间传导机制，注重要素流动增益

强化空间贫困治理，注重要素流动增益。中国贫困的地域空间分布

规律是：贫困多集中于连片特困区——自然环境脆弱，社会排斥明显，经济发展基础薄弱，公共服务与社会治理水平不高。精准扶贫视角下突破片区发展中面临的空间陷阱，需要结合区域地理资本结构，关注贫困地域空间与贫困社会空间的关联，通过推动欠发达区域与发达区域之间、欠发达区域之间物质资本、社会资本与人力资本的要素流动，形成资源要素的“跨域空间传导机制”，利用要素交流以及交流基础上的增益效应发挥（要素自由流动既可以解决资源要素配置中的价值扭曲问题，又可以通过要素间组合机会的增加实现效益增加）抚平发展“塌陷区域”，推动形成区域产业，发展区域经济，实现民族地区生产力布局空间重构基础上的扶贫富民目标。加大片区县域经济发展，推进片区特色小镇建设，实现片区非均衡基础上的均衡发展。介于城市与农村两种形态之间的“特色小镇”建设也为片区扶贫开发提供了新思路：特色小镇作为一个新的地域生产力结构创新空间，在有限的空间内优化生产力布局，可破解高端要素聚集不充分的结构性局限①。片区推进特色小镇建设能够有效彰显地方文化特色，发挥要素集聚功能，引导资源要素向贫困区域转移，推动农村产业化、农民市民化和发展环境的现代化，最大化消减城乡二元结构弊端，实现普惠型经济增长，带动贫困人口创业增收。以特色小镇联通城乡，促进城乡扶贫开发协同治理，关键是通过城乡劳动力、土地、资本和创新要素高效配置，提升产业发展的社会化水平，发挥产业发展中的就业吸纳与发展成果外溢效应，创新公益岗位扶贫、贫困人口创业扶贫、“企业+贫困户”扶贫、贫困户资产入股扶贫等利益联结机制，保障城乡贫困人口在区域经济分工深化过程中有效嵌入并获得合理、稳定的收益，推动建立健全贫困地区市场机制和脱贫长效机制，实现片区可持续发展和农村贫困人口脱贫双重目标。

一是提高产业端供给质量，强化产业间关联互通。坚持绿色、包容性发展理念，以物流产业发展为基础，将城乡区域优势资源与技术创新、市场需求相结合，发挥资源集聚和扩散效应，提高社会分工程度，实施“强一接二连三”产业协调发展工程，加速传统产业转型升级，

① 张鸿雁：《论特色小镇建设的理论与实践创新》，《中国名城》2017年第1期，第4~10页。

使得贫困群体在较强的包容性环境里各得其所。二是促进要素市场化，提高要素交流质量。逐步提升片区尤其是农村地区的人力、资本、土地等发展要素市场化水平，理顺资源配置中政府与市场作用的协调发挥，矫正城乡要素价值扭曲，提高发展要素交流频率，以期通过区域社会经济持续发展为贫困群体提供更多的就业机会和其他福祉。三是强化城乡社会改革治理，促进公共服务均等化配置。推行“政府 + 社会力量 + 市场 + 贫困群体 + N”的多元组合式扶贫模式创新和机制优化，通过新型城镇化、特色产业发展、美丽乡村建设等社会发展项目，不断促进贫困地区城乡自然地域空间（自然禀赋、生态脆弱性等）和社会空间（经济、文化、制度等）的有效融合与质量提升，将“嵌入式发展”与“内生发展”有机结合，创新社会治理制度，提高基本公共服务水平等。

3. 关注脱贫人口适应期生计风险防范，注重内生动力激发，健全长远生计保障

针对脱贫人口适应期生计发展过程中可能面临的政策性返贫、能力缺失返贫、环境返贫、发展型返贫等风险，片区城乡扶贫开发联动治理应坚持精神扶贫和物质扶贫并重、多元化扶贫方式、多措并举的工作思路，注重贫困人口内生动力激发，健全脱贫人口长远生计保障。

强化思想扶贫，加大内生动力培育力度。扶贫工作中所遇到的最为顽固的阻力及后拖力就是贫困人口积极脱贫精神和主人翁意识的缺乏，持续加大物质扶贫的同时应强化“思想扶贫”，注重城乡贫困人口扶贫开发，重视贫困人口自我发展能力提升的宣传教育，树立发展典型，充分发挥群众主体作用，坚持扶贫与扶智相结合，提高贫困人口就业技能，促进其增收。激发内生动力，不仅要解决动力源的问题，还要解决群众内在诉求和价值追求的问题，由“他扶”转向“自扶”。

加大政策支持力度，促进片区城乡主导产业发展。尽快出台“脱贫人口后期扶持办法”，继续大力扶持片区城乡基础设施建设，着力改善基本公共服务设施，突破制约区域经济社会发展的环境约束；坚持市

场化原则，以坚持“一村一品”产业发展为切入点，构建统筹片区城乡经济、社会和生态资源的扶贫开发机制，强化“生态保护+支撑产业发展”扶贫模式，注重生态环境保护基础上的市场要求对接，采取“普惠+适度竞争”的支持原则，逐步把传统产业打造成加快区域民众增收的优势产业、绿色产业；多途径筹集并建立城乡脱贫人口“产业发展基金”，建立扶贫产业保险机制，进一步强化财政、金融等政策配套，将产业奖补政策向绿色化引领和数字化提升倾斜，增加果蔬茶等高附加值经济作物保险险种；注重加大对村级集体经济发展财政支持，尤其是通过集体经济组织成员权的界定、清产核资、资产量化、股权设置与股权管理，“资金、资产、资源”即“三资”管理的制度化、规范化，并通过资本运营，实现资产增值，促进发展转型；通过“龙头企业+基地+专业合作组织（或企业）+贫困户+N”的合作模式，鼓励贫困人口实施兼业化生计策略，提高扶贫对象的市场意识、竞争能力与风险防范水平。①

健全长远生计保障，注重良好就业行为养成。着力构建一个涵盖教育、医疗、助残等多个维度的城乡社会福利体系，尤其要推进教育扶贫和健康扶贫，探索资产收益扶贫和生态保护脱贫新途径；注重城乡贫困人口的素质培养与提升，开展有条件的现金转移支付（Conditional Cash Transfer，CCT）计划，注重贫困家庭在扶贫富民过程中责任承担与参与意识、就业行为的养成②，相对于无附加条件的福利项目，CCT计划更加强调受益人作为需求方的能动性和参加就业的意愿，有效预防受益人长期停留在计划之中，形成福利依赖性③。

---

① 此部分观点源于课题组成员赴“全国文明村——南昌县向塘镇剑霞村”开展的《推进农村“三变”改革壮大集体经济应重视的几个问题》专题调研，涵盖此内容的后期政策建议稿获省级领导批示并批转职能部门参阅。

② Firpo, Sergio, Renan Pieri, Euclides Pedroso, and André Portela Souza. “Evidence of Eligibility Manipulation for Conditional Cash Transfer Programs.” *Economia*, 2014, 15 (3): 243-260.

③ 房连泉：《国际扶贫中的退出机制——有条件现金转移支付计划在发展中国家的实践》，《国际经济评论》2016年第6期，第86~104页。

4. 城乡扶贫开发梯次并轨，推进城乡扶贫开发统筹，强化流动贫困协同治理

完善城乡贫困人口动态管理系统，建立健全统筹城乡资源的一体化联动治理机制。进行城乡贫困人口扶贫开发动态管理，建立涵盖扶贫信息管理系统、扶贫供需对接平台、信息核对平台及基层社会组织综合服务平台的城乡贫困管理信息系统[①]，全面采集建档立卡户、残疾人、失能半失能家庭、特困供养户、因病因教致贫家庭等城乡困难群众家庭基本数据信息和帮扶需求，通过精准扶贫和救助保障相结合，试点推动，构建统筹城乡资源的一体化扶贫开发机制，探索构建统筹城乡的扶贫富民长效机制。

编制“连片特困区流动贫困人口管理办法”，优化普惠性家庭基础福利制度。改善流动人口扶贫对象的识别与瞄准机制，提高瞄准效率；将农村精准扶贫政策与城镇低收入人口扶助政策有效衔接；适度调整财税支持、公共服务等政策，实现扶贫资金资源、贫困数据信息一站式提供；构建精准扶贫格局，健全政府主导，社会多方参与的扶贫新机制，充分发挥“第三方力量”资源汇聚与专业服务优势，大力发展道德市场、社会企业[②]，适时引入专业社会工作服务，关爱少数民族贫困人口、残疾贫困人口等弱势群体。

5. 健全片区“益贫性社会支持政策”，增进协同，强化“扶贫开发与社会保障衔接并行”

单纯的经济发展并不能自发地消除贫困，益贫性社会支持政策在反贫困中的作用举足轻重。扶贫开发中的益贫性社会支持政策包括社会保障与社会保护（较之于社会保障，具有主体多元化、对象普适化、领域宽泛化、形式多样化等特征）两类。基于风险社会研究视角，片区扶贫开发、社会保障及其他社会保护政策的提供均是为避免“弱势群体在应对市场经济体制下的贫困风险”，由于贫困风险发生的“主体个

① 于洪光、杨瑞雪：《青岛统筹城乡推动全域扶贫》，《农民日报》2017 年 4 月 14 日第 3 版。

② Nikkhah, H. A. and M. B. Redzuan. “The Role of NGOs in Promoting Empowerment for Sustainable Community Development.” *Journal of Human Ecology*, 2010, (30): 85 – 92.

性化特征、阶层分布不均、难以预测和避免”等特征，当个体或家庭不足以抵御贫困风险侵袭时即转而要求国家建立社会保障体系，随着现代社会风险的程度与复杂性逐渐加剧，社会合力建立贫困风险防范的社会支持政策体系成为必需。

未来统筹城乡扶贫开发工作应注重广泛吸纳社会资源和多元力量，梳理服务于农民工、未就业大学生等不同类型贫困主体的政策，明确小额贷款、专业合作、就业培训等减贫机制的合理性及其与其他社会支持政策的关联。从目标导向、内容结构、保障条件和运作方式等层面构建系统化的益贫性社会支持政策体系，减少政策间隙与资源内耗，同时进一步强化扶贫开发与社会保障政策在理念、标准、业务等方面的衔接，对照体系相对完整的城乡社会保障政策进行“城乡扶贫开发业务流程再造”，逐步实现政策间的衔接，使得二者并行不悖，互为支撑，进一步提高扶贫开发资源配置效率和减贫绩效。

6. 坚持改革创新与机制完善，健全绩效考核评估机制，提高城乡扶贫开发联动治理水平

脱贫攻坚既是一场攻坚战，更是一场持久战，要坚持改革创新和机制完善的原则，围绕“精准、落实和可持续”的要求，坚持唯物主义的态度，合理确定区域脱贫攻坚目标；坚持普惠政策和特惠政策、持续输血与稳定造血、能力开发与兜底保障、巩固脱贫和防止返贫相结合，着力改善和创新益贫政策体系①；创新完善扶贫开发管理及绩效考核机制，建立经济绩效、社会绩效、生态绩效多维度的综合扶贫考核机制，进行财政专项扶贫资金绩效评价，加强扶贫政策实施效果的过程监测，推进阶段性扶贫政策效果的评估调研，提前发现并及时调整扶贫开发联动治理过程中存在和出现的问题。

加大片区城乡对口支援政策力度，完善合力帮扶工作机制。持续加大对口支援力度，充分调动各种积极因素，整合各种资源，多形式、多渠道、全方位开展对口支援工作，同时着力于明确各个扶贫主体的

---

① 李海金：《构建中国的益贫性社会保护政策框架》，《国家治理》2016 年第 5 期，第 21 ~ 25 页。

“权—利—责”关系，通过精准考核的方式来检验这些扶贫主体参与扶贫开发的脱贫成效[①]，形成强大工作合力，以提高精准扶贫政策效果，提升片区城乡扶贫开发整体水平。

① 谭贤楚、洪科：《“精准扶贫”的草根实践：现实困境与化解策略》，《湖北民族学院学报》（哲学社会科学版）2017 年第 4 期，第 56 ~ 62 页。

# 第 7 章　精准扶贫政策指导下连片特困区城乡减贫策略创新

凝聚全社会力量，推进扶贫开发“质量革命”，助力打赢脱贫攻坚战是精准扶贫政策要义。精准扶贫工作提质增效实践中强化扶贫开发与区域发展关联，着力推进理念协同、力量协同、空间协同、利益协同和战略协同等“五大协同”，在理念、机制、制度等多个领域开展创新突破，实现扶贫开发工作由“单兵作战，单点突破”向“集体发力，全域扶贫”转变，推进发展空间重构减贫与贫困人口社会关联网络重建，逐步形成多方协同参与的“大扶贫格局”和有机的“脱贫共同体”，取得脱贫攻坚显著成效的同时也蕴含了未来扶贫开发工作的探索方向：关注贫困人口绝对数量（而不是减少贫困发生率）持续减少以及贫困人口结构调整优化，强化扶贫开发价值共创以及推进“社会关联增进式”减贫，切实确保全国贫困地区决战决胜脱贫攻坚、实现脱贫后的高质量可持续发展。

## 7.1　持续推进连片特困区精准扶贫：增进“五大协同”助力扶贫开发提质增效

精准扶贫工作提质增效主要体现为理念协同、力量协同、空间协同、利益协同和创新协同等“五大协同”。

### 7.1.1　理念协同：提高贫困认知水平，增强扶贫开发行为自觉

1. 坚持精准导向，发力多维贫困

全面理解人民向往的“美好生活”内涵，多维贫困认知理念逐步

取代传统片面理解：贫困具有广泛性，不仅仅是经济资源匮乏，更是发展机会缺失、可行能力弱化和权益保障缺位；贫困具有多样性，既有城乡贫困、绝对贫困和相对贫困之分，也有男女（性别贫困）、老少（老年贫困和儿童贫困）之别；贫困具有社会性，表现为健康、受教育水平等个人属性的同时，也源于关系网络下的社会剥夺；贫困具有长期性，决定了反贫困工作中注重培养贫困人口生计可持续发展能力至为重要。

减贫工作中脆弱性因素错综交织，更需要提高扶贫开发工作的精准性。新时期破解贫困问题需要系统思维并坚持精准导向，明确贫困人口致贫原因，坚持扶贫对象、项目安排、资金使用、措施到户、因村派人、脱贫成效“六个精准”，推进发展生产脱贫、易地扶贫搬迁脱贫、生态补偿脱贫、发展教育脱贫、社会保障兜底“五个一批”工程，纲举目张，分类施策。例如，江西按照“核心是精准，关键在落实，实现高质量，确保可持续”的总要求，按照从细识别审查、从全比对核查、从实清退处理和从严整户识别要求，完善建档立卡动态识别机制，精细化落实各项政策举措，切实做到真扶贫、扶真贫、真脱贫，大大提高了贫困群众的幸福感。

2. 强化价值认同，关注行为自觉

全面建成小康社会，补齐农村贫困这一最突出短板是为关键。新时期扶贫开发工作事关全面建成小康社会大局，价值不仅在于贫困人口生计水平提高和可持续发展，更是一场“干部能力再提升，群众思想再教育，社会秩序再优化”的重要活动。党和国家不忘初心，致力于民众社会发展成果共享，在服务型政府建设进程中逐步转变民众“扶贫开发就是利用公众资源救助贫困人口”的狭隘认识，将扶贫开发摆到治国理政的重要位置，将扶贫开发与区域发展有机结合，充分发挥扶贫开发“区域综合型发展方式”作用，协调和最大化实现贫困人口和非贫困人口的利益诉求，切实增强扶贫开发的全社会价值认同。

扶贫开发行为紧密干群关系，全面激活贫困人口内生动力。为全力打赢打好精准脱贫攻坚战，各地兴起调查研究之风，聚焦于扶贫开发而掀起“大学习、大调研、大落实”的全员学习和能力提升活动。这为扶贫干部“思想提神、知识充电、能力加油”，使得各级干部和工作人员在“全员学习、持续学习和作风建设”中不断增强历史使命感和政治责任感，持续提升扶贫工作人员的主观能动性、工作积极性和解决实际问题的能力，强化脱贫攻坚考核和责任意识，逐步在扶贫工作推进过程中实现打赢脱贫攻坚战的理论自觉、政治自觉和实践自觉的统一。脱贫致富终究要靠贫困群众用自己的辛勤劳动来实现，要针对贫困人口坚持“志智双扶”，通过抓典型宣传、重技能培训、树勤劳脱贫导向、治不良习俗、提升村庄治理水平等方式，健全完善深入开展扶贫扶志感恩行动的有效机制，解决贫困人口“不想干、不会干、不愿干和不去干”的问题，如“率先领跑脱贫攻坚”的江西省[①]倡导“一领办三参与”（村干部与能人带头领办、村党员主动参与、村民自愿参与、贫困群众统筹参与）协作模式，进一步调动群众参与脱贫攻坚的积极性，使其内生发展动力在与其他社会主体发展行为互动和比较过程中得到全面激发。

### 7.1.2 力量协同：强化政府与市场协同，重视社会力量参与

1. 优化扶贫政策顶层设计，释放市场配置扶贫资源潜力

有为政府和有效市场的协同配合，是新时代中国特色扶贫开发方式的创新：运用政策设计、规划执行和绩效监管等行政手段，辅之以普惠扶贫理念，政府扶贫通过发挥“社会主义制度可以集中力量办大事的优势”有助于快速和规模化减贫；借助激励和选择机制，市场扶贫的专业性和个性化精准优势明显，代之以适度竞争思维，二者优势互补、协同发力，进一步处理好政府与市场的关系，科学调整利益结构与资源配置方式[②]，有助于提高扶贫资源配置效率和脱贫攻坚工作质量。

要坚持“政府主导和市场在资源配置中起决定性作用”的原则，建构“政府—市场”协同开发机制，深入推进“党建+扶贫开发”，加强基层党建引领基础上充分发挥政府主体动员和资源整合优势，依照市场经济规律要求开展传统扶贫开发工作流程再造，依需定供，供需对

---

① 江西是著名的革命老区，脱贫攻坚任务比较重，打赢脱贫攻坚战意义重大。

② 许军涛、霍黎明：《构建政府与市场协同发力的大扶贫格局》，《学习时报》2017 年 6 月 19 日第 4 版。

接，通过提供资金和优惠政策、公共服务供给、建立扶贫开发公司和健全政府与社会资本合作模式（PPP）等方式，推动贫困区域市场化水平提高、扶贫开发项目制管理和市场要素自由交流基础上的现代产业体系形成，强化扶贫开发工作参与中激发扶贫人口自我发展的主观能动性，推动生产力结构协调、发展动力转换和布局优化，不断提升区域和贫困人口参与市场竞争能力和资源要素增益水平。

2. 重视社会力量参与，深化扶贫开发治理

多元行动主体之间的相互关系影响甚或是在一定程度上决定着系统治理的整体效率。扶贫开发治理走向深入需要多元行动者共同参与形成协作网络，各社会治理主体在需求表达、问题讨论、活动策划、公约制定、产品提供、资源链接等方面扮演着不同的角色、发挥着不同的作用[①]。企业、志愿者、基金会等社会力量参与扶贫开发是社会文明进步和民众友善互助发展的具体体现，如“万企帮万村，千企帮千村”、“社会扶贫网”救助、对口帮扶、“五级书记一起抓扶贫”等活动，贴近基层、行动灵活和注重客户回应的特点明显，有助于整合和增进扶贫开发资源，改善资源结构和提高配置效率，实现主体自我价值，也体现出人类社会发展中“共生共在”的自觉意识。

本源性考虑社会力量参与扶贫开发治理工作，表现在社会力量和扶贫开发行政推进互补、专业素养与专业能力支持、市场力量协同三个领域：社会力量扶贫强调交流、互动基础上的参与式发展，通过与服务对象分析致贫原因、商讨脱贫途径并共同应对发展中遇到的问题，使得贫困群众对于扶贫开发工作行为做到“知其然，更知其所以然”；尤其是对于扶贫调研和诊断、扶贫内容（结合贫困需求开展的经济扶贫、发挥自身优势开展的能力扶贫、整合多方资源开展的文化扶贫）、服务方法（个案工作法、小组工作法、社区工作法）、注意事项（伦理守则、工作者角色、资源整合与资源链接、扶贫工作机制衔接）、监测和评估等能够提供专业支持。政府出台相关引导支持社会组织和社会工作及志

① 吴成峡、张彩云：《社区治理主体的角色认知与功能再造》，《江汉论坛》2018 年第 7 期，第 118 ~ 123 页。

愿服务力量参与脱贫攻坚的实施意见等文件能促进社会力量参与扶贫开发，有助于消弭政府资源、市场力量、贫困群众等发展主体之间的隔阂和失序，发挥“贫困群众发展的加油站、政府与市场关系的润滑剂以及市场与贫困群众利益实现的黏合剂”功能，促进民众道德水平、扶贫开发业务能力提高和脱贫攻坚任务顺利完成。

### 7.1.3 空间协同：兼顾空间生产效率和正义，推进发展空间重构减贫

1. 跨越空间区隔，推进全域脱贫攻坚

实现精准脱贫是全面建成小康社会必须打赢的攻坚战，是促进区域协调发展的重要抓手。经过长期扶贫开发，中国贫困区域分布也由改革开放初期的整体性贫困向区域性贫困转变。推进连片特困区、革命老区、民族地区、深度贫困地区等区域发展空间结构优化和新型工农城乡关系构建，有助于逐步消减社会管理体制、基础设施建设、教科文卫等公共服务的“城乡二元结构”特征，如以安居扶贫、易地搬迁安置、贫困人口教育和健康保障线构筑等为空间重构的典型活动开展，有助于重构贫困区域和贫困人口发展空间，加速城乡一体化进程中贫困人口融入现代社会分工体系的步伐。

扶贫开发关键在于区域发展空间不公正结构和不均衡资源配置诱致区域发展正义和空间生产效率缺失。要实现贫困区域全面发展，需要着力打破传统发展空间束缚，强化区域自然、社会与经济空间协同，跨越行政等空间区隔和消减扶贫资源配置“碎片化”效应，并逐步向空间平等与空间自由结构的空间公正方向发展。要科学理解“拓展发展新空间培育发展新动力，利用发展新动力开拓更广发展新空间”的新时代扶贫开发的全域空间开发思想，兼顾空间正义和空间效率，紧扣新型城镇化、乡村振兴等发展战略影响下的新型城乡关系构建契机，关注新型城镇化和乡村振兴战略推进对城乡居民收入的空间溢出效应（Spatial Spillover Effects），推进贫困区域的区际合作和“大村长制”（由县乡主要领导担任贫困村“大村长”的工作制度），注重基础设施投入和公共服务均等化建设、提供就业机会和提高区域产业市场竞争力，注重区际

联合和资源整合，且又始终立足于空间发展的资源环境禀赋协调，直面市场经济背景下区域空间“中心—边缘”发展的歧视性结构，在全域空间发展视角下优化空间环境、改善空间条件、完善空间功能，在经济持续增长、城乡一体化发展中推进“全域脱贫攻坚”。

2. 耦合区域空间和贫困人口生计空间，实施个性化生计空间再造和优化

区域空间重构通过逐步消弭传统行政区划的空间区隔、以户籍制度为代表的管理分割和以财政投入为标志的公共服务建设分化等影响以解决城乡发展质量对称、结构均衡和协调且整合的问题。但要从根本上消除贫困，尚需通过强化参与，尽可能将贫困人口这一区域发展中的重要元素融入区域发展系统之中，推进贫困人口个性化生计空间与区域发展空间的关联重建，消减区域剥夺的空间结构水平，优化调整区域发展空间结构和贫困人口的个性生计空间，推进个性生计空间与区域发展空间发展同步。

深化认识贫困个体（或家庭）生计资本缺失与区域地理资本耦合关系，充分考虑资源禀赋，明确二者的剥夺和排斥、适应和选择、惯例与路径依赖等关联机制，明晰区域发展空间对于贫困人口生计空间的支持作用以及贫困人口生计空间对于区域发展空间的胁迫效应①，整体性理解贫困人口发展权益的“区域空间发展效率和正义”（发展空间中存在的分配不公、收入差距、贫富差距、服务差距、幸福感差距等），在实践中逐步探索出“积极福利”基础上的区域环境、社会与经济多维空间的理想组合：揭示区域发展空间与贫困人口生计空间的时空分异规律，探寻二者耦合度水平较低和发展趋势不一致的原因，从源头改善区域发展空间环境或者贫困人口生计策略，实施个性化生计空间再造和优化；同时警惕区域发展空间与贫困人口生计空间均衡发展中的冲突风险，以准确制定贫困人口个性化脱贫策略，实现贫困人口可持续生计和区域发展空间高效联通的良性循环，助力贫困人口脱贫致富。

① 伍骏骞、阮建青、徐广彤：《经济集聚、经济距离与农民增收：直接影响与空间溢出效应》，《经济学季刊》2017 年第 1 期，第 297～320 页。

### 7.1.4 利益协同：重建贫困人口社会关联，构建稳定脱贫利益联结机制

1. 强化贫困人口社会关联营造，促进贫困人口发展融入

贫困人口认知差异和社会关联弱化是新时代扶贫开发工作的结构性背景，合作互助关系松散和相互信任式微，原子化的贫困人口因发展机会缺失和资源获取低效逐步游离于社会正常发展轨道；且行政力量干预下的扶贫开发有助于政府与贫困群众的单一关联，却可能在一定程度上对农村社区组织自我发展过程中原有社会关联网络形成损害，使其发展空间趋于狭窄。具备多元化特征的社会关联是个体与社会产生联系的形式，个体与群体间互动与关联方式变化被视作不同规则约束下形成的新混合互动模式①。改变贫困人口与所属社会发展系统不能顺畅开展资源对接的发展困境，使其摆脱贫困并实现生计可持续发展，营造社会关联，助推其驶入社会发展正常轨道至为重要。

精准扶贫通过关联营造方式，将社会关联具象为贫困人口与其他社会主体的行为（活动）联系，将游离于主流社会关系网络的贫困群众重新植入，意味着贫困人口将拥有（或可能拥有）参与主流社会生产、交换的能力以及参与社会竞争和发展成果共享的机会：基于行为主体社会需要，前期注重外界干预，中后期强调贫困人口自我发展，利用“政府帮扶、社会组织支持、关联网络自适应”等综合方式，将特定的社会关系恰当联系到与之对应的物质生活形式，推动贫困人口参与经济活动和社会融入，进而扩张和完善自身社会关联网络，不断提升与包容性发展环境中多元主体开展要素交流和实现价值增益的能力，建立与其所“嵌入”的当地社会的精细关联②，重建贫困人口社会关联网络。

2. 创新多元主体利益联结机制，保障贫困人口长远生计

利益诉求最大化实现是多元主体参与扶贫开发工作的动力，合理的

---

① 李容芳：《不完全逆群体性：“空巢青年”的社会关联》，《当代青年研究》2018 年第 1 期，第 85 ~ 91 页。

② 陈靖：《新型农业经营主体如何“嵌入”乡土社会》，《西北农林科技大学学报》（社会科学版）2018 年第 5 期，第 18 ~ 24 页。

利益分配是精准扶贫工作有效开展的关键。精准扶贫网络是产业网络和社会网络的有机统一体，精准扶贫过程同时也是产业网络与社会网络双重嵌入的过程①。贯彻落实国家扶贫开发尤其是产业扶贫政策，必须始终坚持以贫困农户为核心、以扶贫效益为关键的原则，运用市场经济的思路和办法推动产业化发展，考虑市场经济背景下贫困人口自我发展能力薄弱与市场风险防范能力不足等约束性因素。只有创新并健全多元主体利益联结机制，才能实现既要精准扶贫又能扶贫开发高效的目标。

要构建“以贫困人口为核心、以扶贫效益为关键”的扶贫开发利益联结机制，形成“利益共享、风险共担，既符合市场规律又能实现共同富裕”的发展共同体，建立稳固利益关系，确保贫困人口长远生计：充分识别和发挥党组织、政府、企业、农业专业组织、贫困人口等参与主体比较优势，坚持党建引领、政府主导、社会力量支持和贫困人口积极参与，优化扶贫治理机制；完善“市场 +”“组织 +”“资源 +”多种利益联结模式，延伸产业链条和拓展利润空间，建立多元主体利益共享机制，实现深度融合；加强监管，严格扶贫开发精准施策和效益到户机制，防范扶贫资源“垒大户”和“精英俘获”风险；强化扶贫开发过程中参与主体与贫困农户的利益分享硬约束，运用市场经济手段，初步形成扶贫开发资源凝聚与重复利用的良性循环，适应新时代农村农业产业化、规模化和市场化发展的需要，破除贫困人口“有资源没资产、有权利没利益、有空间无效益”的发展困局，使扶贫开发资源真正惠及贫困农户并且确保其长远的安全生计。

### 7.1.5　创新协同：坚持模式创新和问题导向相结合，统筹衔接益贫政策和发展战略

1. 注重组合式扶贫开发模式创新，持续推进精准扶贫提质增效

综合多维致贫原因和扶贫开发精准施策要求，要在继续实施连片特困区扶贫、东西部扶贫协作、对口支援和定点扶贫等传统扶贫方式的基础上

---

① 许玲燕、吴杨：《精准扶贫过程中的双重网络嵌入机理及其模式研究》，《江苏大学学报》（社会科学版）2018 年第 2 期，第 30 ~ 36 页。

推出以增收为目标的产业扶贫模式、注重生态资源收益回馈的生态扶贫模式、关心无劳动能力的社会保障兜底扶贫模式、斩断代际传递的教育扶贫模式等多样化模式以及以此为基础的多元组合式扶贫模式。如“选准一项主导产业，打造一个龙头，设立一笔扶持资金，建立一套利益联结机制，培育一套服务体系”的“五个一”模式；同时结合市场、技术等环境条件，因地制宜发展电商扶贫、消费扶贫、智慧扶贫、金融扶贫等新型扶贫开发模式，有效对接区域发展和贫困人口脱贫所需，确保扶贫开发行为联动，发挥扶贫资源的规模效应，防范资源漏出和政策异化等风险。

立足扶贫开发工作前沿，巩固提升前期扶贫开发成果。坚持问题导向，着力于扶贫开发阶段性问题的剖析和连续性探索，持续推进精准扶贫工作走向深入：一是主攻深度贫困地区，瞄准制约深度贫困地区精准脱贫的重点难点问题，围绕标准兜牢底线，冲破贫困陷阱和摆脱贫困恶性循环；二是关注脱贫成果巩固提升长效机制建设，强化脱贫高质量达标、可持续发展措施，重点建立健全动态管理、素质提升、产业扶贫、服务管理、投入保障、政策落实等六大长效机制，尽可能避免和减少返贫，确保脱贫攻坚质量；三是重视贫困标准边缘非贫困人口发展扶持，开展贫困标准边缘非贫困人口生计发展调查，调整贫困人口脱贫的帮扶方式，灵活实现“政策‘户瞄准’到项目区域覆盖的转变”，消减贫困人口与非贫困人口之间因为扶贫资源配置带来的隔阂等。

2. 统筹衔接益贫政策，全面协调扶贫开发相关战略

作为治国理政主要内容，精准扶贫、精准脱贫是对传统扶贫开发方式的根本性变革，它离不开其他益贫政策和发展战略的支持与配合。要保持扶贫开发政策的相对稳定，有效衔接社会保障、就业、科技推广和吸纳、农业保险、农村专业组织发展扶持等益贫政策，逐步将扶贫开发相关要求和工作前置并融入支撑社会成员全面发展的社会政策体系，持续推动经济社会发展和群众生活改善。

全面协调脱贫攻坚战略与新型城镇化、乡村振兴、区域协调发展等相关战略，根据国家扶贫开发工作系统和区域可持续发展的思路，强化不同战略之间的相互衔接与借鉴延伸，统筹考虑扶贫开发工作的生态文明建设、人力资本提升、产业结构优化、社会保障健全以及社会环境改

良等工作要求。我们要通过系统思维，创新谋划，重视战略协同推进与资源整合，探寻脱贫攻坚战略与其他发展战略的内容结合点和交互影响，通过调整社会财富和资源分配结构，更有效率地推进经济发展和社会公平实现。

## 7.2　新型城乡关系背景下连片特困区城乡扶贫开发联动治理机制优化：着力“五个新型”开展扶贫开发业务流程再造

新时期片区新型城乡关系构建过程中的片区精准扶贫、精准脱贫工作也要有新作为。结合片区新型城镇化、乡村振兴和区域协调发展等战略与扶贫开发关联及其益贫机理分析，新时期连片特困区扶贫治理机制急需从新型战略定位、新型扶贫模式、新型驱动机制、新型投入方式、新型管理系统等方面开展扶贫开发业务流程再造和机制优化，与时偕行，以更好实现片区全面打赢脱贫攻坚战、如期全面建成小康社会的奋斗目标。

### 7.2.1　新型战略定位：注重城乡贫困关联，强化城乡扶贫开发联动治理

片区新型城乡关系将在经济地理空间上重构“城—镇—村”网络格局，基于要素自由交流的城乡发展关联将更加紧密。农村贫困人口致贫因素与脱贫路径将不仅仅局限于农村范围，加之经济发展攻关和转型期的城镇贫困人口不断增加的现实，片区精准扶贫工作要进一步更新观念，拓宽视野，提高片区贫困人口脱贫攻坚认识站位，从城乡融合和城乡一体化发展的层面上思考应对之策。贫困源于区域或个体主体要素短缺或要素结合疲软，考虑人口流动性特征和城乡区域发展环境、再分配机制等影响，尤其是当前城乡扶贫开发分治制度阻隔，未来片区扶贫开发工作应着眼于城乡公共服务提供、社会管理、市场对接、要素融通等城乡发展关联视域下的城乡贫困关联问题，分类分析贫困主体城乡间的空间流动、生活形态与生计方式，多维梳理不同贫困主体的致贫情境及致贫因素优先顺序，强化城乡扶贫开发联动治理。在城乡功能分区与城

乡融合层面改善贫困区域发展环境和重构贫困人口生计空间，尤其是要以当前已经体系化、规范化的农村扶贫开发体制和机制为基础，完善片区城镇贫困人口信息收集和分析平台，健全城镇扶贫开发体制和机制，使得片区城乡扶贫开发逐步跨越城乡行政区划边界区隔、社会保障与扶贫开发政策差异，朝着全方位、网络化、一体化联动治理方向迈进。

### 7.2.2 新型扶贫模式：聚焦片区扶贫开发新资源，完善区域减贫社会支持体系

针对片区区域性贫困和结构性贫困特征并存现状，要进一步聚焦片区新型城乡关系建设进程中扶贫开发新资源，创新扶贫开发新模式，完善片区减贫社会支持体系。扶贫工作要结合“发展生产脱贫一批、易地扶贫搬迁脱贫一批、生态补偿脱贫一批、发展教育脱贫一批、社会保障兜底一批”五个一批工程推进脱贫攻坚的整体思路，探索能够提高新时期片区扶贫开发效率和脱贫质量的典型模式。一是紧扣新型城乡关系背景下城乡土地市场一体化改革和农村住房“可抵押”试点的契机，优化片区乡村集体“三权分置”中的土地管理权显化、土地承包权退出机制与政策设计，通过专业组织合作、股份合作等方式强化土地利用效率和资源浪费的管控，服务于村级集体经济发展，构建紧密的农业企业与农户利益链接机制，健全农户产业链参与及收益机制，提高片区贫困人口资产性收益水平。二是把握片区“城—镇—村”发展格局重塑机会，大力推进片区贫困区域和贫困人口发展空间重构，建立片区扶贫开发协作平台，均衡空间价值增值受益；建设交通枢纽等基础设施，以工代赈增加就业机会；推进人口、产业适度聚散，推动生态扶贫、移民扶贫，改善贫困人口发展环境；合理规划区域功能，注重贫困区域生态休闲产业开发，提升片区区域发展质量和民众生活品质。三是注重城乡社会保障、扶贫开发等政策接续。区划分割背景下城乡社会保障体系运行相对独立，因缺乏主体、项目单一、资金来源渠道狭窄，社会保障仅限于家庭援助、邻里互助、政府支持等内容。因此，应借鉴比较完善的城镇社会保障网运管经验，逐步健全农村社会保障体系，主抓新型农村养老保险、新型农村合作医疗保险、农村最低生活保障制度城乡对接；

并轨城乡社会救助，适当增加社会保障险种设置，并逐渐将城乡社会保障和扶贫开发等社会支持政策无缝对接，提高片区贫困人口社会保障水平，防范片区致贫、返贫等社会风险。

### 7.2.3　新型驱动机制：融入现代经济体系，挖掘片区发展新动能

新型城乡关系构建需要城乡融合发展机制支撑，而城乡融合发展机制的载体在于要素融通基础上从产业、市场、收入分配、城乡区域、绿色发展、全面开放等六大领域建设现代经济体系。片区作为后发区域，要加快融入现代经济体系步伐，打赢脱贫攻坚战，需要对接现代经济体系发展要求，准确把握国情、区情，深入挖掘片区发展新动能，促进片区精准扶贫、精准脱贫工作顺利开展。一是健全人才驱动机制，不管是乡村振兴战略实施进程中的“一懂二爱”农村人才队伍培养，还是新型城镇化战略背景下的农民市民化工程，核心指向皆是提高城乡居民尤其是农村居民综合素质，提升区域发展和自我致富的责任意识；通过学校教育、弹性学制职业教育、技能培训、社会宣传等手段，不断提高片区民众尤其是贫困人口的发展意识和竞争能力，推动建立以城带乡、整体推进、城乡一体、均衡发展的义务教育发展机制，有效阻隔贫困的代际传递。二是协调城乡产业发展机制，加强一二三产业融合，促进以提升区域协同和区域融合发展为导向的创新和产业融合发展的新格局形成。加强产业融合，旨在打通创新至经济增长的通道，网络经济时代下的创新只有附着于产业并且由此提高产业间的关联和社会化水平，才能保证产业稳定、健康、可持续发展。立足于中国特色的区域间阶梯式发展空间格局优化和区域一体化的发展机会，片区多维立体的产业交错融合发展格局有助于释放片区区域发展动能，提升贫困区域产业发展层次，延伸产业触角，为贫困人口发展提供就业增收机会，助推脱贫攻坚事业弯道跨越。三是城乡共享发展机制，城乡共享发展主要包括城乡公共服务共享、基础设施共享、发展成果共享和发展机会共享[①]。城乡共

---

① 许传红、朱哲：《五大发展理念视角下的中国新型城乡关系构建》，《武汉理工大学学报》（社会科学版）2017 年第 2 期，第 55～59 页。

享发展机制，彰显了城乡发展公平、机会均等精神，打破了传统城乡关系不协调尤其是乡村发展受到歧视、遭受不平等对待的状况，对于增强城乡居民及贫困主体共享发展成果的获得感以及激活区域发展内生动力和激发要素潜力具有重要意义。

### 7.2.4 新型投入方式：适度推进竞争式扶贫，积极构建社会大扶贫格局

兼顾扶贫开发对象精准和政策精准的情况下继续加大财政支持力度，是片区扶贫开发尤其是深度贫困地区和极贫人口脱贫攻坚工作顺利开展的必备条件，同时“逐步健全完善的社会主义市场经济体制”和“跨越关口”的转型发展阶段性特征对于片区精准扶贫工作及扶贫资源利用也提出了效率和质量要求。依据片区扶贫开发阶段性工作目标，国家对于攻坚拔寨期的片区扶贫开发工作的财政支持仍然稳步提高，考虑扶贫资源的公众性和稀缺性，片区扶贫开发应超前谋划。关注片区贫困区域和贫困人口的自我造血、凝血机制，因循市场规律要求。一方面要将能够持续产生经营性收益的产业扶贫、项目扶贫等扶贫资金与社会保障兜底扶贫、生态扶贫等资金区别对待，明确使用主体与获益主体权属，在县（市、区）一级设立扶贫资金管理机构，实施收益分成和资本金回收机制，形成后2020时代的扶贫资金循环利用机制；适度推进竞争式扶贫，精准识别扶贫开发对象，对于摆脱绝对贫困且具有自我发展可行能力的主体逐步取消普惠式扶贫，以提高扶贫资源使用效率和效益，鼓励贫困群众通过自己的辛勤劳动脱贫致富。另一方面，随着城乡扶贫开发联动局面的形成，要广泛动员各种社会力量参与扶贫，多渠道获取开发资源，按照“政府主导、居民主体、部门联动、社会协同、法治保障”的要求，多措并举，整合专项扶贫、行业扶贫、社会扶贫等多方力量和发展资源，辅以贫困地区带头人队伍整体优化提升行动，同时依托国家扶贫开发建档立卡大数据资源，运用互联网新技术和新模式，形成人人皆愿为、人人皆可为、人人皆能为的“互联网+多元组合扶贫”的社会大扶贫格局，推进片区扶贫开发工作顺利实施。

### 7.2.5　新型管理系统：关注精准扶贫流程再造，提高扶贫开发治理水平

新时期片区精准扶贫机制优化的关键在于对传统城乡分治的扶贫开发工作模块化剖析，并择其重点进行重整基础上的业务流程再造：一是信息收集整理模块。城乡融合基础上的片区城乡扶贫开发联动治理情势复杂，未来片区扶贫开发的首要工作应是依据循数管理理念，利用现代信息技术和网络技术建立城乡贫困状况分析平台，分类、动态、精细、及时开展贫困区域与贫困人口信息调查、整合与分析，为扶贫开发工作中的贫困群体致贫原因分析、政策设计夯实基础。二是政策执行模块。充分考虑城镇贫困与农村贫困的各自致贫因素与贫困影响，按照“两步走”阶段设计政策，前期建立城乡扶贫开发的“城市扶贫开发”和“乡村扶贫开发”政策分区，并在城乡扶贫开发统筹安排下逐步打破城乡扶贫开发以及社会保障、教育等政策壁垒，进而将两类区域的发展政策合二为一。三是绩效评估模块。在目前“县摘帽、村出列、户退出”评价标准的基础上，将片区精准扶贫、精准脱贫工作与乡村振兴战略、新型城镇化战略目标连接，并将其视为新时代区域社会经济系统重建的有益冲击和推动力量，拓展精准扶贫绩效评价涉及领域，完善外部“第三方”专业评估体系，提高脱贫攻坚绩效评估水平，防范精准扶贫政策出现异化。四是外部支持模块。片区精准扶贫要坚持因需定供，强调对扶贫对象实施集体认同和自我价值实现的现代发展意识培育的同时，强化扶贫开发多元主体的服务意识、精准意识、全局意识、规则意识和长效意识，关注贫困主体“社会排斥”现象，注重扶贫开发过程中的赋权、合作和参与等非物质因素促动①，保护和调动片区扶贫开发干部的工作积极性，着力构建以社会融入为目标的精准扶贫工作机制，增进公共利益和民众福祉，实现扶贫开发能力提升和扶贫开发治理的现代化。

---

① 刘桂莉、孔柠檬：《中国连片特困区发展的特殊性及减贫路径优化》，《改革与战略》2017 年第 3 期，第 104 ~ 107 页。

## 7.3 未来减贫工作转向与连片特困区城乡扶贫开发“空间重构与价值共创双向协同式”减贫政策走向

贫困是动态、多维、复杂的发展状态，精准扶贫，何为精准？这是一个从政策术语延伸出来的概念问题，基于资源配置视角，精准是因需定供，依据扶贫对象所需提供个性化扶贫服务；基于效果视角，精准是扶贫资源减贫效应最大化实现，分类施策的“差异性”、多措并举的“有效性”成为扶贫开发精准的重要衡量。推进精准扶贫、精准脱贫工作，需要有效解决的问题是：贫困群众的多维致贫原因是什么？如何汇聚资源、采用何种方式适应和满足贫困群众个性化的发展诉求？关注哪些工作才能尽可能保障脱贫群众的生计可持续发展？另外，如何降低成本、提高扶贫开发工作的整体绩效也是值得关注的问题。

立足和回顾“十三五”脱贫攻坚关键期的实践探索，展望“两个一百年”奋斗目标与“十四五”时期扶贫开发新趋势，对于提升民众福祉、推动实现我国经济社会高质量发展以及提升国际影响力都具有重大现实意义[①]。

### 7.3.1 未来减贫工作重心转向，助推民众福利公平实现

按照联合国《变革我们的世界：2030 年可持续发展议程（2016年)》与我国“两个一百年”奋斗目标的要求，依据新型城乡关系构建和现代产业体系建设发展情势，考虑老龄化社会到来以及全面放开二孩的生育政策影响，预估国家经济和居民收入增速放缓的趋势（国家经济整体增速在 6% 左右，居民收入增速接近或低于国家经济整体增速[②]），结合当期扶贫开发“贫困发生率下降和相对贫困上升”的现实，

---

① 金瑞庭：《“十四五”时期国际环境将发生深刻复杂变化》，《中国发展观察》2019 年第 8 期，第 27～29 页。

② 国家发改委：《“十四五”规划前期调研启动》，http：//epaper. 21jingji. com/html/2018－12/11/content_ 98145. htm。

未来一段时期的贫困或将呈现“关系型（或关联性）贫困突出，空间分布向城镇聚集，老年、儿童和残疾人等弱势群体贫困成为焦点”的特征，关注贫困人口绝对数量（而不是减少贫困发生率）持续减少①、性别和年龄等视角下的贫困人口结构调整优化等成为未来减贫工作的重要目标组成，依照区域发展水平合理确定贫困标准（尤其是多维重叠贫困标准）、建立鼓励主要利益相关者对话机制、加速公共服务均等化减少贫困人口社会隔离、改变不公正的社会结构尤其是收入分配与生计资产获得机制、增进弱势群体赋权增能、强化贫困水平监测、推进城乡扶贫开发一体化建设、支持和帮助广大发展中国家特别是最不发达国家消除贫困将成为未来减贫工作的重心。

### 7.3.2　聚焦空间重构和社会关联重建，推进片区“空间重构与价值共创双向协同式”城乡扶贫开发政策创新

空间历史辩证法是马克思主义当代在场的基本路径之一，贫困源于要素短缺或要素组合疲软，区域性贫困的本质在于区域发展空间不公正结构和不均衡资源配置诱致区域发展正义和空间生产效率缺失。要实现片区扶贫开发提质增效，需要着力打破传统发展空间束缚，强化区域自然、社会与经济空间协同，以及区域整体空间和贫困人口个性化生计空间同步发展，并逐步向空间平等与空间自由结构的空间公正方向发展。

一方面，片区扶贫开发过程中逐步形成了“拓展发展新空间培育发展新动力，利用发展新动力开拓更广发展新空间”的新时代扶贫开发的全域空间发展思想，致力于运用生态扶贫、教育扶贫、产业扶贫等“组合式扶贫”的方式不断改善贫困人口生计空间和区域发展空间，辅以公共服务均等化等社会空间治理机制优化，同时紧扣新型城镇化、乡村振兴等发展战略影响下的新型城乡关系构建契机，推进贫困人口个性化生计空间与区域发展空间的关联重建和增强，注重区际联合和资源整合，且又始终立足于空间发展的资源环境禀赋协调，直面市场经济背景

---

① Peter Saunders. “Monitoring and Addressing Global Poverty: A New Approach and Implications for Australia.” *The Economic and Labor Relations Review*, 2018, 29 (1): 9 - 23.

下区域空间“中心—边缘”发展的歧视性结构，在实践中逐步探索出“积极福利”基础上的区域环境、社会与经济多维空间的理想组合。

另一方面，片区时刻把脱贫攻坚摆在了治国理政的突出位置，践行为人民服务的宗旨，打造共建共治共享的社会治理格局，运用治理机制有效协调贫困人口、企业及其他力量参与扶贫开发。这样将逐步形成政府、市场和社会协同推进的大扶贫格局，推动涵盖贫困人口在内的各利益相关者分享资源、强化协同，进而形成内部交互、合作边界模糊、系统多样的网络协作的价值创造系统，并随着多主体参与的社会化共创源源不断创造出更多的价值，逐步推动优化发展空间背景下有效资源整合和各利益相关者有序互动基础上的扶贫开发价值共创局面的实现。

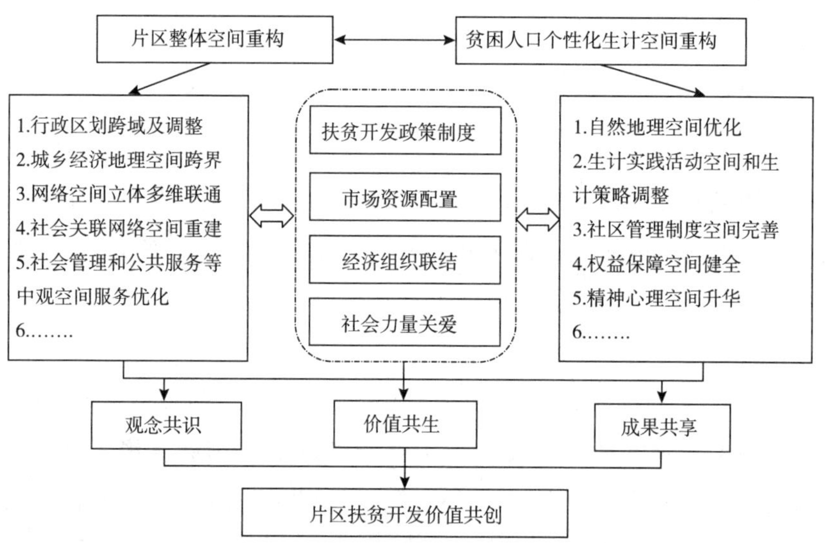


**图7-1 “空间重构与价值共创双向协同式”减贫结构**

1. 兼顾空间正义和空间效率，持续实施“发展空间重构减贫”

要实现贫困片区的全面发展，需要着力打破传统发展空间束缚，强化区域自然、社会与经济空间协同，并逐步向空间平等与空间自由结构的空间公正方向发展，逐步形成“拓展发展新空间培育发展新动力，利用发展新动力开拓更广发展新空间”的新时代扶贫开发的全域空间发展思想。具体举措要紧扣新型城镇化、乡村振兴等发展战略影响下的新型城乡关系构建契机，关注新型城镇化和乡村振兴战略推进对城乡居民收入的空间溢出效应①，注重基础设施投入和公共服务均等化建设、提供就业机会和提高区域产业市场竞争力，并且通过强化参与尽可能将贫困人口这一区域发展中的要素融入区域发展系统之中，推进贫困人口个性化生计空间与区域发展空间的关联重建和增强。同时也要注重区际联合和资源整合，且又始终立足于空间发展的资源环境禀赋协调，直面市场经济背景下区域空间“中心—边缘”发展的歧视结构，在实践中逐步探索出“积极福利”基础上的区域环境、社会与经济多维空间的理想组合：脱贫攻坚需要整体性理解贫困人口发展权益的“区域空间发展剥夺”（发展空间中存在的分配不公、收入差距、贫富差距、服务差距、幸福感差距等），全域空间发展视角下优化空间环境、改善空间条件、完善空间功能，消减区域剥夺的空间结构水平，推进个性生计空间与区域发展空间发展同步，逐步消减城乡贫困。

2. 强化包括贫困人口的多元主体参与，有序推进“价值共创减贫”

连片特困区扶贫开发工作中始终坚持党和政府主导，统筹城乡，注重新型城镇化、乡村振兴战略等城乡协调发展过程中环境改善、产业振兴、文化发展以及权益保障等工作推进，逐步消弭传统行政区划的空间区隔、以户籍制度为代表的管理分割和以财政投入为标志的公共服务建设分化等影响。借此解决城乡发展质量对称、结构均衡和协调且整合的问题，建立利益联络机制将区域中的政府、企业、专业经济组织、个体及贫困人口等行为主体紧密关联，运用协同治理机制有效协调贫困人口、企业及其他力量参与扶贫开发，推动涵盖贫困人口在内的各利益相关者分享资源、强化协同，进而形成内部交互、合作边界模糊、系统多样的网络协作的价值创造系统，并随着多主体参与源源不断创造出更多的价值。这将逐步推动资源整合和各利益相关者有序互动基础上的扶贫开发价值共创局面的实现，促进片区扶贫开发和确保脱贫人口生计可持续发展。总体来看，统筹城乡的新型城乡关系构建有助于从更高层次、更广领域上整合资源，实现连片特困区发展空间重构和扶贫开发价值共

---

① 伍骏骞、阮建青、徐广彤：《经济集聚、经济距离与农民增收：直接影响与空间溢出效应》，《经济学季刊》2017 年第 1 期，第 297 ~ 320 页。

创，促进扶贫开发目标实现。

3. 完善片区城乡扶贫开发共同体建设，创新“社会关联增进式”减贫

伴随着服务经济的发展，价值创造的方式也在发生着变化。传统的商品主导逻辑、服务主导逻辑、消费者主导逻辑趋向三者融合的价值共创方向发展。加之云经济与大数据化信息技术的迅猛发展，传统的价值创造链条逐步演变为价值创造网络体系，以前述“五大协同”为基础，将聚集于价值创造网络体系的政府、企业、贫困人口等利益相关者，跨域组织边界，促进“互补性资产”粘连，进而在多元交互、合作边界模糊、系统多样的网络协作的价值社会化共创基础上形成“社会关联增进式减贫”系统。扶贫开发也将随之被赋予作为“区域综合型发展方式”的特有内涵，源源不断创造出更多的价值，实现扶贫开发利益相关者差异化利益诉求最大化满足，确保脱贫人口生计可持续发展目标的实现。

依据精准扶贫政策指导，在连片特困区扶贫开发实践基础上的“空间重构与价值共创双向协同式”减贫策略，创新性地运用区域城乡经济地理空间、信息网络空间、社会关联空间等系统思维，进行“网络多维协同发展共同体”建设，实现区域空间结构优化基础上的价值共创。进而城乡贫困问题将被融于社会发展系统中并将之“在系统发展过程中解决”，充分体现“用更高水平的发展解决发展过程中的问题和矛盾”的哲学思维，深刻解答了扶贫开发如何在马克思主义旗帜下实现“创造性转化与创新性发展”这一重大命题。这不仅为我国脱贫致富奔小康目标实现打下坚实基础，也为世界反贫困事业贡献了中国智慧和方案。

# 附　录

## 附录一　江西民族地区新阶段脱贫攻坚与区域发展调研报告*

受益于国家民族关爱与民族团结政策，民族地区减贫工作开展顺利与脱贫攻坚任务艰巨、扶贫资源丰裕与减贫边际效应递减、贫困退出人口数量增加与脱贫人口生计可持续风险加剧、精准扶贫系统运行封闭化严重与扶贫开发格局社会化要求增强等特征显著，民族地区脱贫攻坚工作已经进入了“注重贫困退出与强化减贫成效维持与增进”的巩固提升新阶段。

准确把握巩固提升阶段民族地区精准扶贫工作的特征，深刻剖析民族地区扶贫开发进程中的矛盾关系与关键问题，并据此提出巩固提升阶段民族地区精准扶贫治理优化方案，将有助于推进民族地区精准扶贫工作提质增效。借此，调研组对江西 8 个少数民族乡脱贫攻坚情况进行了政策性调研，依据发展资源特征、是不是脱贫攻坚重点村、扶贫模式特色、脱贫攻坚进度等标准科学选点，样本点涉及 5 个设区市 7 个县（市、区）8 个少数民族乡 32 个行政村（社区）。调研期间，调研组与民族乡党政主要领导座（访）谈 8 次，问卷调查涉及 32 个行政村 316 户；共发放并完成调研民族乡党政领导访谈表 8 份，乡镇社会经济信息表 8 份，样本村发展情况表 32 份，样本户基本情况表 316 份（其中建档立卡贫困户 162 户，含脱贫户 63 户；非贫困户 154 户）；以及在民族乡层面收集工作总结、发展规划等资料 30

---

* 此建议获省级领导批示且被政府职能管理部门采纳。

份，为巩固提升阶段民族地区脱贫攻坚与区域发展策略优化和政策建议提出夯实的论证基础。

## 一　调研概况

### （一）民族地区发展思路清晰，多维贫困特征明显

作为民族小省，江西8个民族乡共有人口10.5万人，分布于5市7县（市、区），具有总量小、散杂居的特点。除峡江金坪京族乡源于华侨农场垦殖基础地势较为平坦、交通便利外，其余7个民族乡多分布于山区、江河源头地区、贫困地区，区位偏僻，地理地形复杂，公益林、毛竹等生态资源丰富，二三产业发展滞后，外出务工人员比例较高，8个民族乡外出务工人数占劳动力的比重均值为46%，务工经济成为民族乡区域发展的重要支柱。近年来民族乡利用富有区域特色的民族文化、红色文化等社会资源，依据资源禀赋确立民族立乡、生态富乡、旅游兴乡的发展思路：以发展全域旅游为先导，带动区域毛竹加工、油茶生产、白莲种植、工艺品制造、旅游服务、现代果业等特色产业发展，促进区域整体实力提升，2016年人均可支配收入均值达12210元，略高于江西省2016年农村人均可支配收入的12140元。同时32个样本村基础设施建设和公共服务提供数据显示，当前民族地区在住房、饮水、教育、交通、医疗和垃圾处理等方面基本实现了全面覆盖，除少数村庄在饮水（部分群众反映山泉水缺少净化且干旱时水量受限）、住房（危房改造尚未完成）指标上还有较小差距外，适龄儿童入学率、道路入户率、垃圾规范处理率均达100%。

表1　江西8个民族乡2016年经济社会信息

| 区域 | 人口（万人） | 年人均可支配收入（元） | 外出务工人数（人） | 外出务工人数占劳动力比重（%） | 区域整体发展思路 |
|---|---|---|---|---|---|
| 东固畲族乡 | 1.94 | 13648 | 4670 | 40.20 | 发展毛竹、食用菌产业、旅游产业、特色种植业 |
| 樟坪畲族乡 | 0.43 | 13750 | 1400 | 72.54 | 发展毛竹产业、旅游产业、特色种植产业 |

续表

| 区域 | 人口（万人） | 年人均可支配收入（元） | 外出务工人数（人） | 外出务工人数占劳动力比重（%） | 区域整体发展思路 |
|---|---|---|---|---|---|
| 太源畲族乡 | 0.23 | 12100 | 605 | 52.02 | 发展乡村旅游业，带动地方种养业及民宿的发展 |
| 龙冈畲族乡 | 1.55 | 12389 | 5124 | 63.19 | 打三色牌，创特色业，划升级版，建靓村寨，重民生事，增幸福感 |
| 赤土畲族乡 | 4.41 | 10850 | 7500 | 32.13 | 以产业为基础，招商引资，做大做强主导产业，发展乡村旅游业，发展电商、光伏等新兴产业，开展项目建设 |
| 篁碧畲族乡 | 0.41 | 11000 | 570 | 28.50 | 发展毛竹、茶叶、乡村旅游等产业 |
| 金竹畲族乡 | 1.25 | 9302 | 2774 | 40.79 | 以乡村旅游业为主，促进“企业+基地”产业协同发展 |
| 金坪京族乡 | 0.32 | 14641 | 784 | 39.68 | 发展果业、旅游产业和特色种植产业 |

资料来源：根据调查资料整理。

民族地区的脱贫攻坚需要多重的政策支撑，《江西省少数民族事业发展“十三五”规划》对于民族地区的对口帮扶、资金投入等扶贫开发工作进行了全面部署，突出政策优先，加大扶贫力度，助推少数民族脱贫致富。分析江西8个民族乡建档立卡贫困人口12812人（含已脱贫人口），截至2016年底，仍有近3000人尚未脱贫，且多维贫困特征明显，深度贫困人口仍需加大扶持力度。

**表2 江西民族乡建档立卡贫困人口信息**

| 区域 | 贫困人口（人） | 致贫原因 | | | | | 深度贫困人口所占比例（%） |
|---|---|---|---|---|---|---|---|
| | | 因病（%） | 因学（%） | 因老（%） | 因残（%） | 其他（%） | |
| 东固畲族乡 | 494 | 53.8 | 8.7 | 2.02 | 28.3 | 7.2 | 20 |

续表

| 区域 | 贫困人口（人） | 致贫原因 | | | | | 深度贫困人口所占比例（%） |
|---|---|---|---|---|---|---|---|
| | | 因病（%） | 因学（%） | 因老（%） | 因残（%） | 其他（%） | |
| 樟坪畲族乡 | 188 | 62.9 | 5.9 | 9.3 | 17.6 | 4.4 | 4.8 |
| 太源畲族乡 | 141 | 32.7 | 5.1 | 15.5 | 41.6 | 5.1 | 4.3 |
| 龙冈畲族乡 | 1358 | 44.6 | 1.7 | 2.2 | 15.3 | 36.2 | 13 |
| 赤土畲族乡 | 6927 | 43.5 | 8.2 | 31.6 | 12.4 | 4.3 | 16.3 |
| 篁碧畲族乡 | 178 | 51.7 | 1.2 | 17.6 | 25.3 | 4.2 | 3 |
| 金竹畲族乡 | 3408 | 52.1 | 6.7 | 17.1 | 16.1 | 8 | 2.2 |
| 金坪京族乡 | 118 | 48.9 | 6.4 | 8.51 | 21.3 | 14.9 | 3.7 |

资料来源：根据调查资料整理。

### （二）年度减贫成效显著，扶贫开发工作重心转变

各民族乡围绕“贫困人口脱贫、贫困村摘帽、农民增收”三大目标，认真实施“十大脱贫工程”，整合各方资源，创新发展思维，年度减贫成效显著：赤土畲族乡精心探索出了具有本地特色的“6+1+3”精准扶贫发展模式，增强贫困户参与产业发展和就业的积极性与主动性，变“输血”为“造血”，通过产业扶贫和就业扶贫带动贫困户脱贫致富，顺利完成2016年脱贫752户2773人的减贫目标；樟坪畲族乡在精准扶贫过程中强化组织领导，狠抓项目建设，大力实施产业扶贫、教育扶贫、基础设施扶贫和就业扶贫等，年度脱贫22户73人；龙冈畲族乡健全帮扶工作及管理机制，整合产业扶贫、安居扶贫、保障扶贫、基础设施扶贫等四大关键工程，2016年实现全乡201户863人顺利脱贫；金坪京族乡强化精准识别、产业发展和项目带动，统一规划，整合资源，挖掘多民族文化并使之与产业发展有机融合，促进贫困人口脱贫和区域发展；篁碧畲族乡通过茶叶合作种植、康养小镇建设等方式进行帮扶，将脱贫攻坚与本地实际紧密结合，改“输血”为“造血”，破解脱贫难题；太源畲族乡通过着力发展香菇种植、蟠桃产业，毛竹抚育和乡村旅游，促进贫困人口增收脱贫；金竹畲族乡通过结合金竹飞瀑旅游优势，强化龙头企业带动，鼓励发展专业合作社，按照种养结合的方式，引导贫困户发展本地特色农业产业，顺利完成年度脱贫640人的发展目

标；东固畲族乡以整村推进为载体、以产业开发为重点，以改善贫困村的生产生活条件为基础，多措并举，年度实现脱贫户数 159 户，民族地区减贫脱贫效果明显。

调研数据显示，99% 的受访贫困户对于扶贫政策及实施情况表示满意，但 73.5% 的受访贫困户表示需要强化产业扶贫力度；同时基于样本户户均年收入差距分析，2016 年非贫困户户均年净收入 36122.7 元，建档立卡户户均年净收入 16997.6 元，脱贫户户均年净收入 23315.6 元，未脱贫户户均年净收入 12847.3 元，存在收入差距的主要原因为非农经营收入有差距，具体表现为产业经营性收益差异，这充分反映了民族地区年度减贫成效显著，在对接 2020 年脱贫攻坚目标要求时，要综合考虑贫困地区的基础设施薄弱、产业贫弱、生态脆弱、社会文化积弱等严峻形势以及贫困退出人口返贫风险及生计可持续发展风险，民族地区未来扶贫开发工作重心应从“注重贫困人口退出”向“注重贫困退出与强化减贫成效维持与增进”转变，将贫困人口退出与脱贫人口生计可持续发展保障相结合，运用系统思维，提前谋划，强化发展扶持政策接续，发挥扶贫资源整体效应。

**（三）民族地区精准扶贫形势严峻，扶贫开发亟须创新驱动**

一是民族地区精准扶贫区域空心化、老龄化问题日渐突出。精准扶贫、精准脱贫核心工作在于“区域产业发展基础上促进劳动力就业增收”，区域发展不平衡使得民族地区在人力资源、资本等资源要素交流中处于劣势，青壮年劳动力大多外出务工，要素配置低效与要素价值扭曲现象普遍，产业欠基础、少条件、没项目，扶贫开发的带动作用有限，村级集体经济“空壳化”现象普遍和发展乏力。在 32 个样本村中，外出务工人数占本村劳动力总人数比例均值为 60.3%；谈及“村集体经济及村级资产”问题时，87.5% 的村干部表示“除村部办公楼、集体所有的工程建设项目及财政转移支付资金外，村集体无其他经济来源”，有村集体经济收入的样本村占比 12.5%，其收入来源为“村内流转土地的管理费用”，且村干部表示此项收入“不可持续”。民族地区亟须通过发展空间重构、产业转型升级等方式，进一步实现要素集聚，夯实产业基础，进而推进区域脱贫攻坚。

二是区域贫困发生机制出现调整。贫困问题与历史条件、资源禀赋、区域发展问题相互交织的少数民族地区，其特殊性造成了贫困问题的复杂性，新型发展方式和新经济形态影响下的城乡贫困发生机制出现重大变化，贫困形态也呈现由静态贫困到动态贫困、短期贫困到中长期贫困转变的新特点。民族地区贫困发生率仍高于全国平均水平，脱贫成本持续上升，自然条件差、经济基础弱、贫困程度深的极端贫困人口脱贫问题逐步成为脱贫攻坚难点，城乡贫困流动现象频繁，“城乡二元分治”的扶贫开发模式受到挑战，如进城务工、陪读贫困人口的追踪管理及帮扶政策需要创新；再如场乡合一的金坪京族乡（华侨农场）的侨民虽是农工身份，但多是城镇户口，鉴于精准扶贫对象的前提是农村户口，侨民基本没有被列入精准扶贫名册，部分生活困难的侨民得不到应有的帮助，他们提出列入精准扶贫对象的要求引起有关部门重视，亟待政策回应。

三是民族地区扶贫开发治理机制亟待完善。民族地区贫困区域基础设施和社会事业整体发展滞后、贫困人口减贫边际效应不断递减的现实、扶贫人口的动态跟踪和返贫人口再入机制的缺乏、扶贫规划与当前国家重大区域性战略关联欠缺以及扶贫市场机制缺失等困境，以及民族地区在发展中面临生态保护战略与经济发展战略协同问题，为民族地区市场资源配置机制创新、扶贫开发秩序重构提供了空间，也反映出民族地区精准扶贫开发工作思路与治理机制创新仍需加强。

## 二　调研发现

### （一）精准扶贫开发过程中的“手段目标化”

精准扶贫是国家扶贫开发治理能力提升的关键之举，旨在让扶贫对象脱贫致富与共享社会发展成果。民族地区精准扶贫工作受益于国家民族关爱与民族团结政策，脱贫攻坚工作进展顺利。民族地区精准扶贫基础上的精准脱贫，是区域贫困发生率、贫困人口收入等项目达标，更是贫困退出主体生计可持续发展能力的获取；脱贫攻坚进程中不存在“中场休息”和“歇脚点”，不存在贫困退出标准达标后的“一劳永逸”。正如民族乡党政主要领导在调研访谈中所说，“少数干部认为精准扶贫是阶段性工作的认识是能力素质薄弱的综合表现”，民族地区脱贫致富与经济社会可持续发展永远是“进行时”。

精准扶贫只是一种阶段性扶贫开发模式，不是扶贫事业的终结，不断增强少数民族和民族地区持续健康发展、切实增进各民族群众的获得感和幸福感以及逐步实现少数民族和民族地区对美好生活的向往才是扶贫开发工作的一贯追求与最高目标。不能将目标与手段本末倒置，为“减贫”而“扶贫”，那将无意甚至有意步入“工具主义”之路，将会消减精准扶贫、精准脱贫工作的动力与扭曲努力方向，带来扶贫开发工作中的“近视”与发展资源的“错配”，降低扶贫开发工作绩效，影响民族地区繁荣发展。

**（二）区域发展系统的“局部系统替代”**

解读民族地区脱贫攻坚的政策与行为逻辑，强调“极化、扩展和回程”效应的梯度发展理论与“有为政府”的新结构经济学是为有效支撑：区域有为政府通过区域优势资源分析、主导产业选择和政策引导，通过资源“行政吸纳”打造行政区划内相对独立或者具有一定关联的“增长极”，利用其产生的规模经济和范围经济效应，向周边地区扩展辐射和吸引周边区域发展要素回流，进而为高梯度溢出资源实现均衡发展提供可能，为低梯度要素聚合实现扩散效应创造可能。

当经济发展的正常秩序受到“行政区划分割以及建构在此基础之上的区域政绩评价体系”影响时，民族地区发展过程中的经济系统边界、行政系统边界、社会系统边界与自然环境系统边界“四重边界”交互重叠，加之强势政府对“风险降低、发展可控”状态的偏好，经济发展系统的张力和行政系统的约束使得区域发展产生“局部系统替代”：发展系统相对独立、自成体系，行政区隔抑制要素自由流动致使长远发展后劲不足，如多个民族乡在发展中强调全域旅游带动，且所选择的支撑产业趋同，致使扶持产业同质化严重、市场竞争低层次徘徊与分工深度水平不高，很大程度上影响新型城镇化与新农村良性互动和互促优化的发展格局创建。

**（三）脱贫人口“适应期生计可持续发展”**

作为发展要素欠缺、要素配置低效以及行为主体资源获得手段缺乏

等因素综合形成的复合状态，民族地区多维贫困明显，尤其体现在经济贫困与教育贫困、健康贫困及文化贫困的交织叠加方面，贫困面宽、程度深且贫困主体发展的依赖性强。贫困人口脱离贫困是一项系统工程，是一种从量变到质变的循序渐进过程。政府主导的精准扶贫强调扶贫资源的行政配置、扶贫开发行为的计划开展，这有助于扶贫开发行为有序、高效推进，但在一定程度上也动摇了市场配置资源的决定性作用发挥，延缓了贫困主体对于经济规律及市场行为的适应。实践中各地鼓励贫困户积极发展产业，但都是传统的种、养殖业。受制于产业基础薄弱，产业规模小，缺乏龙头产业和示范带动产业做支撑，民族地区的产业发展效益及带贫、减贫效果有待提升。

经由政策扶持、社会保障、自身经营等多方努力，贫困人口成功实现贫困退出，当前的贫困退出更多的是限于政策要求符合程序规范的“形式退出”：伴随着“贫困人口身份以及连带资源支持”的逐步消减，加之城镇化带来的人口流动加剧、新村建设空心化以及脱贫人口在贫困退出后面临着脱离政策帮扶的市场竞争风险，短期内要进行生计资本恢复基础上的生计策略调整或重构，以及适应新发展环境的生计能力培育与提升，脱贫人口在贫困退出后的3～5年发展适应期内面临着较高的返贫风险。

**（四）民族地区城乡“流动贫困人口管理接续”**

流动的贫困与贫困的流动是分析流动贫困人口管理接续的两个视角，所反映问题的实质是“基于不同发展水平区域空间选择基础上的经济社会流动，及其所引起的行为主体在发展环境与权益保障方面的差距与缺失”。考虑民族地区劳动力流动中发达区域高薪酬“拉动”影响和区域发展优惠政策“吸引”效应等引力交错特征，巩固提升阶段的民族地区脱贫攻坚工作，需要重点考虑两个方面的问题（鉴于劳动力的自由流动是走向区域间平衡发展的关键措施，以及劳动力要素流动的连带作用，此处关注劳动力人口流动）。

一是流动的贫困和贫困的流动。流动的贫困即是民族地区的劳动力人口由乡村转移城市；贫困的流动主要指民族地区农村贫困人口向城市流动。本身贫困的人群进入城市后发展机遇与贫困风险并存，对于农村扶贫开发的跟踪管理也是较大挑战。考虑到制度排斥和社会歧视因素，贫困的流动人口是经济收入低、个人能力差、社会支持网络弱化和权益缺失的综合体，城市流动人口贫困现象的存在对于流动人口生计能力持续提升、享有政治权利、打破贫困的代际传承、缩小城乡差距、民族团结和社会稳定等都将产生影响。

二是城市贫困人口（低保人口）流入农村，亦称“城乡贫困返流”。此种现象尚不多见，但随着城乡一体化进程的加快呈现快速增加的倾向，返流贫困人口在享受着城市的公共福利的同时又在竞争相对缓和的环境里获得较高的经营收益。基于社会福利资源的稀缺性视角分析城乡贫困返流现象，民族地区城乡“流动贫困人口管理接续”将是未来处理城乡贫困关联的重要议题。

**（五）精准扶贫“多元主体协同治理”**

扶贫开发工作事关民众福祉和全面建成小康社会目标的实现，精准扶贫、精准脱贫战略指导下的扶贫开发的更高要求是实现扶贫治理的现代化。扶贫开发是一项系统工程，单靠加强某一方面工作无法从根本上解决脱贫、返贫问题。在扶贫工作中，民族乡在广泛动员全社会力量共同参与扶贫开发、充分利用社会扶贫资源等方面做得还不够，政府、市场、社会协同推进的大扶贫格局还未完全形成，全民扶贫氛围还不浓厚。鉴于贫困问题的社会性、动态性和建构性特征，扶贫开发应当是政府、社会、企业、专业合作组织以及贫困主体等多元利益主体参与的社会问题协同治理行动，基于相互间的利益权衡形成利益共同体是协同治理行动开展的前提。

考虑到基础脆弱、发展不足、相对落后仍然是民族地区面临的主要问题，原有基础设施与公共服务供给水平不高、产业发展遭遇提质增效困境等脱贫攻坚瓶颈仍然存在，民族地区脱贫攻坚工作以国家、省区有关打赢脱贫攻坚战和少数民族“十三五”发展规划等文件精神为引领，形成了自上而下、高度行政化的扶贫开发工作机制，目标管理理念下的脱贫攻坚业绩导向制度将扶贫干部奖惩升迁与扶贫开发工作成效关联；加之民族地区贫困人口受教育水平较低及对国家政策理解的局限性、迟滞性，政府扶贫治理下“要我脱贫”的意味明显。行政排斥致使扶贫开发中的重要组成——社会力量缺位，专业组织在提供政府购买服务、承担外包服务等方面优势难以显现；以及兼具“扶贫治理主体和治理对象”双重身份的部分贫困户在依赖和享受扶贫资源的同时，对于关乎生计可持续发展的自身能力提升与公共事务参与等关心程度较低，影响了扶贫开发成效的提升。

## 三　调研建议

### （一）兼顾扶贫对象精准与扶贫政策精准，避免“政策叠加”

精准识别作为民族地区扶贫开发工作的基础，依照“四严”“七清”“九不准，一必须”等标准，并经公示、审核等程序保障，扶贫开发对象的精准识别结果得到群众普遍认可。服务于国家“十三五”脱贫攻坚规划和2020年全面建成小康社会的发展目标实现，民族地区对于贫困户关爱有加，“高看一眼，厚爱三分”，扶贫开发政策在贫困户层面出现“政策叠加”现象：多项扶贫开发项目与政策高度聚集，如低保、产业扶持、健康保障、电费减免、教育支持、走访慰问等，据调研数据测算，仅政策性直接收益即可达万元以上。政策支持、社会帮扶有助于贫困户脱贫致富，但在一定程度上也引发了贫困户与非贫困户、贫困户与贫困户之间的收益攀比与非均衡发展问题。调研发现，对于失智、失能、重病等深度贫困户的政策叠加，群众反映并不强烈，矛盾重点体现在一般贫困户与非贫困户之间，尤其是二者在经济水平上相差不大，但依据贫困识别标准尤其是收入标准却被归类为贫困或非贫困的群体。

针对“政策叠加”引起的受益群体间心理不平衡与利益获得非均衡现象，强调扶贫对象精准识别基础上的扶贫开发政策精准是为关键。

1. 积极推进精准扶贫户个性化生计可持续发展策略制定工作

深入分析贫困户多维致贫原因，依据其发展资源禀赋，明确其发展思路与发展风险，因户精准施策，杜绝扶贫开发资源简单堆积，分类、分层施策，聚焦靶向扶贫，必要时可以采用政府购买扶贫服务方式，聘请第三方专业扶贫组织开展精准扶贫户发展策略的“个性化定制”，提高资源配置效率和扶贫开发成效。

2. 辩证思考“脱贫不脱政策”，完善并拓展贫困退出群体扶贫资源使用规范

“脱贫不脱政策”是贫困退出机制的重要组成，既是对于贫困户积极退出的正向激励，也是防范贫困户返贫的重要举措。扶贫开发资源作为公众资源，如果贫困户经评估已经退出贫困，辩证思考“脱贫不脱政策”的相关规定，针对贫困户的资源与政策支持应该从个体享有与集体共享两个方向理解，对于个体发展具有直接效用且符合政策要求的资源支持如低保、医疗等允许继续享有，但对于已经具备发展能力或受益条件，不再允许的如产业扶贫等扶贫资源，可由村级统筹，用于集体公益项目建设，适当扩大政策受益群体范围，消减扶贫资源的非均衡分配现象，此举既不与扶贫开发政策主旨相悖，也有助于促进贫困户与非贫困户的和谐。

**（二）创新区域村级集体经济经营模式，避免“空壳乡村”**

村级集体经济问题是区域发展的基础性经济问题，更是关系到党的执政基础和社会稳定的政治问题。综合江西民族乡村级集体经济发展情况调研信息，村级集体经济“空壳化”现象严重，主要原因是权属为集体所有的传统资源缺乏，尤其是“两地”确权后村集体所拥有的土地资源稀缺；民族地区自然资源丰富但资源开发行为受限，“靠山吃山”缺乏思路创新；村“两委”干部职位人才吸引力与干部发展积极性不够，新动能挖掘机制缺失等。

发展壮大民族地区村级集体经济，需要创新资源开发促增收、盘活资产促增收、整合资金促增收、拓展服务促增收等区域集体经济模式和发展新动能挖掘机制。

1. 创新“民族特色 + 全域旅游”的发展模式，赢得金山银山

民族地区拥有丰裕的山林资源和良好的生态环境，可通过有序开发山水风景和民族文化资源，以发展全域乡村旅游为主线，创新“民族特色 + 全域旅游”的发展模式，强化民族风情展示，白莲、果业等观光农业，毛竹、油茶等精深加工以及通过关联产业带动与转型升级，拓展物流、生产、旅游服务等增收领域，将资源优势转化为经济优势，促进村级集体经济发展。

2. 盘活低效利用资源，挖掘集体经济新型增长点

结合新时期农村发展情势变化，大力开展农村集体土地整理、宅基地整治工作，尤其是结合外出务工经济特征推进抛荒土地流转，整合提升农村低效利用资源的利用效率，通过土地、资产要素入股以及规模经营等方式，挖掘村级集体经济新型增长点。

3. 实现全职村干部与兼职村干部分类管理，完善村干部干事创业激励机制

鉴于当前村干部工资水平不高、职位人才吸引力较低现象，建议在政策层面完善村干部干事创业激励机制，依据区域发展水平，实现全职村干部与兼职村干部分类管理，提高村干部工资水平，吸引“致富带头人”“青年企业家”加入村干部队伍，鼓励村干部带领村集体积极探索“合作经济”“乡村旅游”“集体股本”等多元化发展途径，在符合《村民自治法》规定的基础上，实行灵活的收益分成机制，大力推动村级企业等经济实体发展，激活村级集体经济发展动力。

**（三）强化扶贫开发区际协作，避免“孤岛开发”**

区域脱贫攻坚与发展致富的关键是形成高效的要素交流、要素选择和要素增益机制，民族地区因其民族文化特殊性使其在一定程度上具有空间相对独立的特征，区域发展系统“内卷机制”的长期作用对于民族地区发展思路拓宽、资源整合边界延展以及发展要素平等交流形成约束，民族地区发展部分出现单点突破、区际协作乏力、地区间交流机制缺失等问题，影响了民族地区经济社会事业发展水平的整体提升。

突破民族地区空间区隔，实现发展空间重构，需要强化民族地区不同层面的区际协作与纵横协调，将民族地区资源依赖观转变为网络协同发展观。

1. 健全民族地区（联乡、联村）连片开发机制

借鉴连片特困区扶贫开发政策设计，对于资源禀赋相似、发展思路相近、区域特色互补的民族地区实施联乡连片开发，比如可对同属武夷山脉的贵溪市樟坪畲族乡、铅山县太源畲族乡和篁碧畲族乡实施联乡连片旅游开发，既可以解决区域独立打造民族风情生态旅游小镇的资源不足、各自为战、内部竞争问题，又可以联合申报项目以争取相关政策与

资源支持，还可以形成合力以扩大宣传，实现协同体共赢发展。同时考虑民族地区行政村之间空间分布较为分散，耕地、宅基地、资金等发展要素较为稀缺等现实，也可实施联村发展，形成联村支部、联村村委，实现片区共同开发。

2. 创新扶贫开发资源的良性自我循环机制

扶贫开发旨在提高扶贫对象的自我发展与可行能力，但扶贫开发资源的公众资源属性及稀缺特征将会随着贫困人口减少而逐步凸显。要确保扶贫开发资源丰裕与供给可持续，扶贫开发资源的良性自我循环机制成为必要：完善扶贫开发政策，围绕用于支持贫困主体开展经营性项目的资金实施制度化管理，待其脱贫致富后，建立本金回收机制和收益分成机制，并成立扶贫开发公司（或基金会）统一管理，资金及收益在民族乡一级统筹，用于扶贫开发相关事务。

3. 规范民族地区工作交流机制

目标明确、范围适度、严格管理与绩效考核基础上的工作交流有助于各级干部尤其是村干部拓宽视野，转变思想与发展观念，提高管理水平，所谓“百闻不如一见”。为提高民族地区工作交流质量，建议结合国家相关规定，制定民族地区工作交流办法，防范公款消费等风险的同时保障工作交流质量，在相互比较借鉴中得到启发，提升管理效能。

**（四）注重特色小镇发展理念引领，避免“同质竞争”**

伴随特色小镇建设热潮，考虑自身民族特色和生态资源优势，各民族乡相继提出特色小镇发展思路，如篁碧畲族乡康养小镇建设、金坪京族乡结合垦殖场发展历史规划打造的多民族风情小镇等，但均面临着共同的瓶颈：特色小镇持续发展的关键在于特色产业能否持续发展抵抗行业风险，而这又取决于产业链的完整度和成熟度。纵观江西民族乡产业发展状况，除峡江县金坪京族乡“场乡合一”经济、南康赤土畲族乡观光农业发展基础较为厚实外，其他民族乡在产业布局与规模、精深加工水平、关联产业发展等方面处于低端。

特色小镇发展理念引领下的民族乡发展，应坚持民族特色、生态旅游与产业发展并重。

1. 注重挖掘、展示和传承民族特色

结合畲族、京族等少数民族文化特色，加大对其服饰、图腾、舞蹈、习俗、劳作、建筑、歌书等文化的挖掘、整理力度，并与民族学校教育结合，促进民族文化在传承中发展。

2. 以人为本，以我为主，在区域自然发展中打造特色

将民族特色、区域文化与当地产业发展相结合，实现文化与产业的有机结合，增进产业发展的活力和持久发展动力。发展坚持以人为本、长远谋划，避免为了“特色”而“特色”、“捡到篮子就是菜”的想法，特色小镇建设中的所有项目设计，首要的是考虑当地民众的生产、生活及生态所需，不能为了迎合消费者而去发展不为当地民众所接受、支持的旅游和产业项目，正确处理特色小镇发展的“主客关系”，才能逐步形成区域特色，防止出现自身发展的相互割裂，区域间同质化竞争加剧，造成资源浪费。

3. 规划先行，产业高端、功能多元

特色小镇建设要坚持规划先行，多规融合，统筹考虑人口分布、生产力布局、国土空间利用和生态环境保护。产业发展应立足实体经济，聚焦高端产业和产业高端，充分发挥特色小镇建设中的“极化效应与辐射效应”。功能上，要深挖、延伸、融合产业功能、文化功能、旅游功能和社区功能，真正产生叠加效应、推进融合发展。

**（五）关注民族地区文化扶贫与科技扶贫，避免“短视效应”**

贫困问题具有较强的文化属性和遗传属性，且易与基础设施薄弱、经济基础不牢、资源条件有限等因素形成“选择性亲和”并逐步固化；产业扶贫有助于促进贫困人口就业、增收和确保生计可持续，但并不意味着贫困区域可以降低产业发展层次要求，发展“短、平、快”的“低端产业”。民族地区精准扶贫、精准脱贫是一项系统工程，考虑绝对贫困逐步为相对贫困取代的减贫形势，消除贫困根源，提高扶贫资源配置效率，实现民族地区扶贫开发跨越式发展，文化扶贫和科技扶贫成为推进相对闭塞的民族地区脱贫攻坚的重点和难点。

针对贫困退出机制设计的经济优先原则，在相对重视产业扶贫模式的扶贫开发环境中倡导文化扶贫与科技扶贫，既要立足现实，又要兼具

战略考量。

1. 彰显民族地区优秀文化，重建社会治理秩序

旨在促进民族团结、发展繁荣的民族地区文化需要在传承中发展、发展中传承，将社会主义核心价值观与民族地区优秀传统文化有机结合，以礼仪、规范为抓手，重建家庭、组织、市场等社会治理秩序，重塑民族地区忠孝、勤劳、竞争、互助等积极向上的价值观，妥善处理不同发展主体和发展系统间的主要矛盾，以降低区域发展交易成本，提高资源配置效率，可助力脱贫攻坚与可持续发展。

2. 延展科技扶贫领域，强化科技扶贫与产业扶贫衔接

要妥善处理好科技扶贫与精准扶贫、科技扶贫与科技培训、科技扶贫与特色产业发展以及科技扶贫行动与科技扶贫责任的辩证关系，明确科技扶贫投资比例，以市场为导向，遵循科技规律，加大科技培训和实用技术的引进、研发力度，强化农村科普网络建设、开展科普宣传，进一步完善产学研结合过程中的科技扶贫供需对接、扶贫主体责任考核等机制，提高科技扶贫精准程度，注重治贫与治愚相结合。

**（六）健全民族地区帮扶机制与帮扶主体绩效考核指标体系，避免下“表面工夫”**

民族地区帮扶是实现民族团结、共同发展繁荣的重要举措，且逐步形成了结对帮扶、驻村第一书记、帮扶工作组等多种帮扶形式，通过不断创新扶贫工作机制，确保资金投入，重视生态保护，增进民族感情，切实把民族地区的扶贫开发工作放在更加突出的位置，增强民族地区自我发展能力，着力解决民族贫困地区产业不够集中连片、统筹协调不够平衡等问题，对于促进民族地区脱贫攻坚与经济社会发展作用显著。

考虑到民族地区帮扶工作的长期性、帮扶工作双方的主体变动性以及脱贫攻坚形势的阶段性特征，进一步提升民族地区帮扶工作水平，需要转变帮扶思路，关注帮扶实绩。

1. 建立帮扶梯次与帮扶部门轮换机制，凸显专业优势

系统、科学的帮扶规划将有助于保障帮扶行为的全面性、连贯性与可操作性，尤其是省级层面要统筹规划，建立帮扶梯次与帮扶部门轮换

制度，将各支持单位自身优势和帮扶对象的发展需求精准衔接，充分发挥专业优势，不要“千人一面”，进一步强化协调对接，形成发展合力。

2. 建立健全帮扶主体绩效考核指标，反向设计帮扶对象考评机制，强化效果导向

多地党政领导干部在调研访谈中明确了对于帮扶主体考核指标的修订意向：进一步明确帮扶双方责、权、利内容，关注帮扶主体考核指标设计逻辑的过程导向，以及对于帮扶主体时间、经费等要求的形式化倾向，考虑帮扶制度设计宗旨，建议在帮扶主体考核指标体系设计时循“目标—效果”导向，适当增加村级集体经济实力提升、人均可支配收入增加情况、帮扶对象满意度以及对于帮扶主体主要领导的激励与追责等指标，同时反向设计帮扶主体对帮扶对象配合行为的评价机制，实施帮扶对象“落后名单公示”制度，激发帮扶双方协同开展帮扶行为的积极性。

**（七）推进城乡扶贫开发一体化，避免“二元分治”**

流动性是农村人口的重要特征之一，也是精准扶贫工作开展不可忽视的重要现实。精准扶贫政策设计针对农村贫困人口，并不代表政策实施区域和涉及范围局限于农村，加之新型城镇化、城乡一体化迅速发展，新型社区城镇人口与农村人口交汇杂居，以及新形势下城镇贫困问题愈发明显等诸多现实问题为精准扶贫政策提出了调整方向与改进空间。衔接城乡扶贫开发政策，推进城乡扶贫开发工作一体化，着力构建城乡一体的财政兜底制度体系，着力构建多元主体参与的社会关爱援助体系，着力构建就业与产业发展为主的脱贫增收体系，有助于减轻农村脱贫攻坚压力，提高区域扶贫开发水平和消除城乡贫困。

1. 制订完善《民族地区城乡扶贫开发衔接管理条例（试行）》，推进城乡扶贫开发一体化

依据现行农村的扶贫开发政策及工作体系，制订完善《民族地区城乡扶贫开发衔接管理条例（试行）》，明确管理机构（民政部门或新设城镇扶贫开发部门），理顺管理体系，衔接城镇低保、临时救助等发展扶持政策与区域收入水平，统一信息采集平台并实行动态管理，协同

开展城乡扶贫开发工作。

2. 拓展政策，完善城乡贫困风险交流机制，促进城乡扶贫开发政策接续

建立城乡贫困人口流动管理协调部门，完善城乡贫困风险交流机制，促进农村扶贫开发政策在城镇空间的延伸，如考虑扶贫政策的专用性，某贫困户同时享有教育扶贫、危房改造、产业扶贫等政策支持，而孩子又在城镇求学，家长在城镇租房陪读，此时就面临“是利用帮扶资金建设使用频率不高的农村住房还是补贴城镇租房房租”的问题。

**（八）着力扶贫开发多元主体内生动力激发，避免“外热内冷”**

着力扶贫开发多元主体内生动力激发是扶贫开发取得成功的关键，贫困户内生动力激发表现为着力于个人可行能力与市场竞争能力提高，积极利用发展资源甚至主动创造发展条件实现脱贫致富；贫困社区内生动力激发表现为客观分析区域资源禀赋特征，强化组织引领，注重与上级政策导向、市场需求对接，主动探索本社区发展致富道路；贫困县内生动力激发表现为优化政策顶层设计，统筹整合扶贫开发资源，转变发展方式，提升扶贫资源利用效率和减贫效应，带动更多贫困群众脱贫致富。

激发多元主体内生动力，需要多措并举，因需定供。

1. 转变思想，实施竞争性扶贫机制，注重扶贫对象参与

扶贫先扶志，实现贫困户从“要我脱贫”到“我要脱贫”的转变，加大政策宣讲和感恩教育力度，让靠劳动和智慧脱贫光荣、懒惰和无为致贫可耻成为一种社会风气。继续发挥政府投入在扶贫开发兜底、提高国家补助标准的同时，减少其他扶贫资源无偿发放，要采取鼓励式、竞争性的方式，比如扶贫信贷贴息、优惠的小额信贷政策等，提高资源利用率，避免项目重复建设、低效建设与行政干预过度，通过强化扶贫对象参与，增强其获得感，增添脱贫信心，充分调动其脱贫积极性。

2. 整合资源，重视资源配置的市场机制优化，创新 PPP 等社会扶贫方式

资金不足和硬件设施薄弱是贫困区域扶贫开发的短板，可采用 PPP 等方式，先期以财政支持为主、社会参与为辅、以村带户自筹部

分资金为补充，推动贫困区域基础设施改进和产业扶贫规模化发展，此后逐步强调市场在资源配置中的选择和激励效应。如樟坪畲族乡“三月三”民俗节日开发、金坪京族乡民族风情园建设、金竹畲族乡旅游业拓展等，通过政府引导、企业运作和当地居民参与的形式进行“资源撬动式”开发，可有效提高社会扶贫资源利用程度和效率，运用市场经济的理念解决扶贫资源不足问题，以更好实现政府扶贫开发领域公共服务提供与市场机制高效配置资源的协同配合。

**（九）尝试“民族地区发展政策试验区”建设，规划协同发展战略，促进民族地区团结繁荣**

中央民族工作会议和江西省民族工作会议精神内涵丰富，其中突出强调的一点，是对少数民族发展实施差别化支持政策。差别化支持政策的实质，是对少数民族和民族地区的政策补偿，是国家以积极干预的姿态向少数民族提供全面的优惠政策，也要求各级民族工作部门督促落实好差别化支持政策。

要使新时代民族地区发展呈现新气象，建议尝试建立民族地区发展政策试验区。综合考察各民族乡发展环境、发展条件、发展方向，可集中于一乡，亦可分散在多乡进行区域发展政策的“先行先试”，如发展联乡开发、扶贫资源乡级统筹整合、反向扶贫对象评价、城乡扶贫开发一体化试点等，同时完善容错纠错机制，将民族地区发展与创新驱动发展、乡村振兴、区域协调发展及可持续发展等战略规划协同，促进民族地区团结繁荣，做出民族小省的发展大文章。

# 附录二　健全江西产业扶贫利益联结机制的政策建议*

发展产业是实现脱贫的根本之策。发展扶贫产业，要在利益联结机制，重在群众受益，难在持续稳定。近年来，江西脱贫攻坚工作始终注重产业扶贫带贫益贫组织合作和利益联结机制创新，逐步探索出“五个一”产业扶持模式和“一领办三参与”产业扶贫合作形式，取得积极成效。为深入了解江西产业扶贫利益联结机制的情况，课题组赴吉安、上饶、赣州、抚州等地开展“产业扶贫利益联结机制建设”专题调研，实地查看和了解了省级扶贫龙头企业、特色扶贫产业基地等经营主体和扶贫产业项目发展情况，与当地扶贫干部、新型经营主体、受益贫困人口深入访谈，现将推进产业扶贫利益联结机制建设工作的调研与思考报告如下。

## 一　主要做法

截至2019年，全省73.38万户贫困户获得产业发展扶持，发展有扶贫带动作用的新型经营主体4.76万个，产业带动贫困人口323万人次，主要采取了如下措施。

**（一）培育壮大扶贫产业，夯实产业扶贫基础**

一是抓实农业产业固根基。坚持“产业化带动扶贫产业高值化，进而推动产业扶贫高质化”的工作思路，以实施新一轮高标准农田建设、农业结构调整“九大产业工程行动计划”等为抓手，厚植脱贫攻坚产业基础，尤其注重引导农业产业化龙头企业在贫困地区发展农产品精深加工，带动特色产业深度开发，提高农产品附加值，让贫困户更多地分享加工增值收益。截至2019年底，全省在2118个贫困村建设高标准农田206.93万亩，涉及贫困户13.37万户；“九大产业工程行动计划”带动贫困户发展种植业333万亩，养殖家畜72.7万头，养殖家禽

* 此建议获省级领导批示并转职能管理部门研究。

2767.5 万羽，发展水产养殖 35.6 万亩。二是优化扶贫产业管理增活力。秉承“市场拉动，政策驱动”的产业发展理念，出台《江西省产业扶贫运行机制管理办法》等政策文件，强化扶贫小额信贷、光伏扶贫、资产收益扶贫、旅游扶贫、消费扶贫等科学管理，严格推进“免担保免抵押、基准利率放贷、财政贴息、设立风险补偿金”等政策要点落实。截至 2019 年底，全省累计发放扶贫小额信贷贷款逾 145 亿元，获贷贫困户 29.2 万户；资产收益扶贫覆盖贫困村 2877 个，带动贫困户 3.26 万户；乡村旅游覆盖贫困村 662 个，带动贫困户 3.39 万户；销售贫困地区农产品 11.08 亿元，着力通过消费扶贫实现“产销对接”，帮助贫困人口增收脱贫。

**（二）创新益贫机制与联贫带贫模式，强化产业扶贫利益联结**

江西在产业扶贫过程中，积极创新扶贫资金使用方式、推进产业扶贫政策服务转向和突出产业扶贫生计转型引领，积极培育新型经营主体，大力发展特色主导产业，探索出股份合作、“龙头”带动、产业托管、村级组织领办等联结机制，健全资产增益、稳岗增收、能力提升和精神激励多维益贫路径，较好地发挥了产业联贫带贫功能。

**（三）增强新型经营主体引领带动能力，关注创业致富带头人培育**

一是大力培育龙头企业、合作社等新型经营主体，引导龙头企业与贫困地区带贫经营主体如合作社、家庭农场等合作，通过直接建基地等形式，提高贫困户生产组织化水平，带动贫困户发展，促进农业产业链、价值链升级和农村一二三产业融合发展。截至 2019 年底，全省培育有扶贫带动能力的新型经营主体 4.76 万个，其中龙头企业 2401 家、农民合作社 2 万个。二是加强致富带头人培训，让更多爱农业、懂技术、善经营的新型主体依托本地特色资源发展产业带领贫困户增收脱贫。截至 2019 年底，全省共培育贫困村创业致富带头人 9906 人，开展各类培训 775 期，带动 3.16 万户贫困户发展产业，带动 4.92 万贫困劳动力稳定就业。

**（四）拓展服务联结，关注产业扶贫利益联结风险防范**

一是主动对接贫困地区和贫困户产业发展要求，拓展服务内容，创新服务方式。如鄱阳县着力采用“乡土实用人才 + 贫困户”“专业技术人才＋贫困户”等培训方式，按照就近原则从“乡土实用人才库”中选择技术指导老师，解决贫困户发展缺技术、少经验问题。二是各地在产业扶贫工作中，除关注项目选择风险、合作风险外，格外关注市场风险防范。调研中发现，一些种养业主体对产业保险有着强烈需求，但险种所限，可选空间不大。

**（五）重视贫困人口生计响应，全面激发脱贫内生动力**

贫困人口生计响应在产业扶贫中尤为重要，优化完善扶贫产业类型、产业扶贫模式和利益联结机制，需从根源上杜绝“干部当演员、群众做观众”的尴尬局面，通过开展政策学习、目标管理、志智双扶和技能培训等活动，全面激发其脱贫内生动力，实现“群众唱主角”。如万年县裴梅镇裴家村尊重和考虑贫困人口意愿，发展马家柚产业得到贫困户的支持和认可，部分贫困户除了利用政府补贴资金入股外，还拿出自己省吃俭用的“积蓄”入股合作社。

## 二　潜在风险

**（一）扶贫产业缺乏系统规划，产业整体实力有待提高**

一是产业规划引领作用不强。调研发现，多数扶贫产业没有经过系统规划，且未能根据环境变化及时推进扶贫产业转型升级。如按照产业扶贫相关文件要求，每个县都要建立脱贫攻坚项目库，强化项目建设指导，但在实际操作过程中并没有发挥相关部门的专业职能，对于“项目库”建设缺乏指导，缺乏产业发展整体性规划，项目建设单打独斗、各行其是，更没有发挥乡村产业转型升级前瞻指导和方向引领功能，使得扶贫产业低水平徘徊和同质化现象严重。二是产业发展水平仍处低端。受地域环境和经济社会发展水平影响，加之各地帮扶力量不平衡，区域产业发展缺乏统筹规划，难以形成主导产业和知名品牌，“小而散”现象比较突出，普遍存在项目分散、粗放经营、深加工水平低、质量不高的问题。以吉安市为例，全市农产品获“三品一标”认证的仅336个，占全省总量的6%，加工产业链条短，农产品综合加工率仅55%，发展空间较大。

### （二）利益联结机制松散，互促互益关系可持续性欠缺

一是利益联结约束薄弱。调研发现，虽然一些地方的农户和新型经营主体之间建立了利益联结机制和合同契约关系，但由于诚信意识不强，“行情好，各自跑；遇风险，想订单”，实践中缺乏对农户和新型经营主体违约行为的约束和惩处机制，导致农户与企业之间的利益联结松散。二是互促互益关系可持续性缺乏。部分区域把构建与农户之间的利益联结机制作为新型经营主体争取财政支持项目的前置条件，较少关注培育新型经营主体和农户之间长效利益联结关系。当项目实施完毕或者政策扶持影响力减弱时，利益联结往往变得松散。而且，大多数利益联结仍然局限于单纯的产品或要素买卖关系，联农带农机制中“利益联结、价值共创”等实质性内容不多。

### （三）利益联结行为目标偏向，参与主体响应不足

一是重“短期增收”轻“能力提升”现象普遍。促进农民增收，关键是使贫困人口在参与农业、乡村产业发展的过程中培育其持续增收的内生动力。有的产业扶贫“一股了之”“一分了之”，只是通过变相的“施舍”或“赠予”方式，实现农民增收，未完全因地制宜、因户施策，未按经营性、工资性、生产性、政策性和资产性五种收益联结方式，形成“1 + N”利益联结模式，分类推进农业产业精准扶贫到村到户。二是扶贫对象良性互动能力不足。贫困家庭中的青壮年劳动力大都外出务工，老人与妇女成为扶贫产业发展的主要对象，且多数既无技术，又缺劳动能力。部分贫困人口由于长期积贫积弱，思想观念落后，市场意识淡薄，缺乏自强自立、艰苦创业精神，自我发展能力弱，对发展缺乏信心和热情，受“等、靠、要”惰性思想影响不容忽视。

### （四）机制建设“求快轻质”，科技服务管理水平不高

一是机制建设“求快轻质”。江西构建利益联结机制实践中存在“重形式、轻内容”的现象，有的地方在推进利益联结机制建设中只注重了100%这个数字指标，却在一定程度上忽视了利益联结机制形成的程度与成效，导致龙头企业等新型农业经营主体与贫困人口之间的利益联结虽然“形式紧密”，但“行为仍各自独立”，没有或很少出现价值共创行为，益贫水平有限。二是科技服务管理水平不高。机

制建设提质增效，离不开科技助力。当前，农村农业发展尤其是扶贫产业发展的培训内容以科技、就业、电商等为主，依赖的培训机构主要为高等（职）院校，人员主要为科技特派员（含部分领域从业人员）等，管理灵活、主体多元的同时也存在“培训机构分散、培训内容粗浅、培训节奏易断以及考核问责难”等不足，科技服务管理“缺行为规范、轻效果考核”，出现“走过场”“不实在”等不良现象，进而影响科技服务质量。

**（五）村集体经济发展亟待突破，扶贫产业收益分配缺乏规范**

一是村集体经济发展水平不高。截至2019年底，全省79.97%的村级集体经济经营性收入在5万元以上，同比上升31.14%。但仍存在大多数村“统”的功能比较弱，村集体经济普遍存在结构形式粗放、收入渠道单一、经营性收入偏低、村村之间贫富差距较大、综合实力薄弱等问题；大部分村缺乏懂经营、会管理的领头人，作为农村致富带头人的村党组织负责人，绝大多数在政治上是合格的，但经营管理能力不强。二是扶贫产业收益分配缺乏规范。现行的利益联结机制主要是对贫困户实施利益倾斜，有些村未制订产业收益使用或分配计划，也没有向村民发布公示、公告。利用产业收益扶贫项目产生的村集体经济收入对贫困户实施直接补助，存在贫困户平均分配收益、“泛福利化”等现象，收益分配、公益性岗位设置、生产奖补、优先吸纳就业等差异化扶持措施的规范化仍需跟进。

## 三 政策建议

产业联贫带贫益贫，关键是结合，核心是共享，目标是贫困户长远生计可持续。为此，提出如下建议。

**（一）强化扶贫产业规划引领，关注联结主体权益保障**

结合乡村振兴战略，注重市场引领，科学规划扶贫产业，整合用活涉农资金这个工具，结合区域资源禀赋，推进“项目库”提质与产业转型升级，尤其关注农产品加工业这一实现乡村振兴的战略高地。政府在做好基础建设配套的同时，明确责任部门，开通服务电话，加强监督管理和纠纷协调，切实保障贫困户、新型农业经营主体等合法权益。

### （二）健全信用激励机制，推进产业扶贫多元主体价值共创

建立可持续的贫困户和新型经营主体信用激励机制，对于贫困人口、新型农业经营主体信贷、履约等行为进行记录和不良行为分档定期披露，形成诚信档案，发挥产业扶贫的信用赋能作用，可使贫困户通过产业扶贫获得自我建立信用、维护良好信用记录并善于利用良好信用收益的能力。用好信息化平台，促进产销对接，推进“产业扶贫合作共同体”“企农双赢共同体”建设，促进贫困人口发展融入。

### （三）设计新型农业经营主体益贫能力评价指标体系，实施精准奖补

健全新型农业经营主体益贫带贫水平评价与政策奖补挂钩机制，破解片区产业发展低水平循环与发展主体生计响应欠缺问题。借鉴当前扶贫龙头企业认定、合作社清查等工作经验，在粗放核查新型农业经营主体联贫带贫益贫户数、增收水平的基础上，分类分层，科学设计并补充经营主体益贫管理、贫困户受益水平、对象满意度评价、项目可持续性、贫困人口能力提升程度等监测指标，全面测评新型农业经营主体益贫能力，亦可采用第三方评价方式确保评价结果公允，将评定结果与产业扶贫中的奖补政策精准挂钩，实施精准奖补。

### （四）构建“梯次联动”利益联结机制，提高科技服务监管水平

一是创新完善复合型涉农组织的利益联结机制，统筹构建规模性新型经营主体与普通新型经营主体、普通新型经营主体与农户（贫困户）之间“梯次联动”的利益联结机制，鼓励不同类型经营主体“跨区域、跨行业”融合互动。如鼓励建立跨区域跨行业联结、沿产业链上下游联结的农民合作社联合社，发展产加销服一体经济等，让困难群众聚在益贫企业、合作社里，富在产业链上。二是服务于利益联结机制建设，进一步规范农业农村发展培训机构监管，加强培训人员队伍建设，尤其是加强科技扶贫人员绩效管理，并将扶贫开发领域的指导服务、培训效果纳入考核范围，提高新型经营主体整体益贫能力和水平。

### （五）进一步完善产业扶贫保险政策，实现扶贫产业与村集体经济发展良性互动

一是由政府及职能部门协调，依托行业协会、专业合作社等发展主体，对接主体诉求，试点组建农业专业保险公司，创新保险产品和

“基本险 + 商业险 + 补充险”组合式保障模式，在坚持产业扶贫保险“特惠性”基础上以“村”为单位进行投保，力争产业扶贫保险“全覆盖”。二是规范农村“一核两翼”基层治理模式，明确村集体法人、管理人员等在内的收益分配办法。结合实际设立扶持村级集体经济发展基金，着手“村级产业园”规划建设（或先行试点），实现扶贫产业与村集体经济发展互促互益。

# 附录三　推进江西相对贫困标准设定工作的经验借鉴与政策思考

我国脱贫攻坚取得了决定性成就，2019 年末全国农村贫困人口降至 551 万，贫困发生率 0.6%；江西剩余贫困人口 9.6 万人，贫困发生率 0.27%。坚决打赢脱贫攻坚战，巩固脱贫攻坚成果，要逐步建立脱贫攻坚成果巩固提升和解决相对贫困的长效机制。在盯紧脱贫人口和边缘人口持续发力确保贫困人口“两不愁三保障”全面实现和脱贫攻坚任务圆满收官的同时，服务相对贫困治理体系建设，应尽早谋划相对贫困标准设定工作，接续推进减贫、实现稳定脱贫和助力高质量发展。

## 一　正确理解相对贫困治理的政策蕴涵

打赢脱贫攻坚战，不仅要基本消除现行贫困标准下的绝对贫困问题，还要逐步解决相对贫困问题，实现高质量扶贫，这既是巩固脱贫成果的现实需要，也是解决“人民日益增长的美好生活需要和不平衡不充分的发展之间的矛盾”的现实举措。较之于不能满足基本生存所需的绝对贫困，相对贫困是指个人或家庭的温饱问题得到解决，但与社会其他成员相比，无法满足其在当地条件下被认为是最基本的其他生活需求的状态。相对贫困治理在帮扶对象、帮扶标准、帮扶主体和扶贫资源方面均与现在正在进行的精准扶贫工作有较大不同，减贫机制和政策体系将发生重大转向。

重视相对贫困治理问题，要突破传统以收入为核心的单维贫困标准并转向社会比较视域下的多维贫困标准，着力实现“有良好的自然环境，有和谐的发展氛围，有稳定的收入，有尊严的生活，有充实的闲暇，有完善的社会保障”的“人的全面发展”；不仅考虑个人或家庭最基本的生活需要满足、区域整体社会经济水平提高，还要考虑到社会平均生活水平差距缩小；这是对传统社会经济发展系统尤其是收入分配系统的重构，有助于弥合城乡发展差距，旨在实现稳定脱贫和高质量发展的协同。

## 二 相对贫困治理标准设定的经验借鉴

建立健全相对贫困治理体系，开展“多维标准综合、多类型贫困兼容和财政实力兼顾”的相对贫困标准科学设计是为前提和基础。

### （一）综合协调多项规划标准

相对贫困的标准设定主要考虑三个因素：一是突破国家现行贫困标准，巩固提升脱贫攻坚成果和实现稳定脱贫；二是兼顾区域性发展规划标准，尤其是有效衔接党的十九大对于乡村振兴和国家 2020～2035 年发展规划预期；三是参照国际相对贫困标准设定办法。

结合国际和国内广东、江苏、浙江等地开展的相对贫困治理实践，当前相对贫困群体识别的主要标准仍是收入，如国际通行做法是将相对贫困标准设定为社会中位收入或平均收入的某个比率，世界银行将低于平均收入 1/3 的社会成员视为相对贫困人口。欧盟在测度其成员国的相对贫困水平时采用的是中位收入标准，它将收入水平位于中位收入 60% 之下的人口归入相对贫困人口。浙江、江苏、广东等省份也根据区域经济社会发展情况和相对贫困人口规模确定扶贫标准。

**表 1 广东、浙江和江苏的相对贫困认定标准**

| 省份 | 浙江 | 广东 | 江苏 |
| --- | --- | --- | --- |
| 年份 | 2017 年 | 2012 年 | 2015 年 |
| 标准与目标群体 | 将“相对贫困”扶贫对象确定为低保对象、低保边缘对象和“4600 元”[①]（为当年农村居民可支配收入的 18.4%，城乡居民可支配收入的 10.9%）低收入农户巩固扶持对象三类，并明确以前两类对象为主体 | 确定了 6000 元的扶贫标准（为当年农村居民可支配收入的 36.9%，城乡居民可支配收入的 20.3%） | 按 2012 年全省农民人均年纯收入的 33% 确定 2013～2015 年农村扶贫标准，而 2016～2020 年则以 2015 年为基期，根据当年经济社会发展情况和相对贫困人口规模确定扶贫标准 |

注：①指如无巩固帮扶措施，年均收入极易滑入 4600 元以下的农户。

城乡居民可支配收入差距也是相对贫困标准设定的重要考虑因素之一。据国家统计局数据，我国城乡居民可支配收入差距已由 2009 年的 3644 元增加至 2019 年的 26518 元，作为城乡流动人口重要组成的农民工群体 2018 年的平均月收入为 3721 元，比上年增长 6.8%，但在住房、教育等公共服务供给领域处于弱势地位，如期实现“中等收入群体比例明显提高，城乡区域发展差距和居民生活水平差距显著缩小”的发展目标需要在收入分配、相对贫困人口发展扶持等领域持续发力。

### （二）适度接受多维贫困认定标准

贫困具有多维性和复合性，相对贫困户认定应考虑多维致贫现象，采取收入为主要标准基础上的多维确认或以多项加权综合等方式进行核定。有研究表明，收入贫困和多维贫困的重合度仅为30.62%，这意味着仅关注收入这一指标，将遗漏69.38%的多维度贫困户。关注相对贫困收入标准识别的同时，应逐步接受多维贫困理念，将因病致贫、因学致贫等年度突现大额支出家庭也及时纳入帮扶群体。如浙江省《低收入农户认定标准、认定机制及动态管理办法》将因病、因灾、因突发性重大变故或因学造成生活、生产严重困难，实际生活水平已低于最低生活保障边缘对象收入认定标准的，当年度予以纳入“4600”低收入农户巩固扶持对象；农村居民家庭原有宅基地住房废弃不用，以商品房为唯一居住用房的不作为最低生活保障否决性条件，但非自住的商品房仍然作为否决性条件。

### （三）相对贫困标准兼容低保户标准

浙江等地在推进相对贫困治理进程中，综合考虑工资性收入、财产性收入、经营性收入和转移性收入，有效衔接“扶贫开发”与“社会救助”，将低保、贫困等城乡低收入人口逐步纳入相对贫困群体，由职能部门按照统一标准认定，避免多头认定、标准差异等问题。

### （四）精算财政支付能力

基于相对贫困人口基数大、贫困维度广、致贫风险高等特点，在相对贫困工作开展之前，各先行省份均在整合扶贫开发、社会保障等领域资源基础上，针对相对贫困扶贫资源进行供需平衡分析，衡量可能的财政压力与困难，做好风险防范与应对预案，为相对贫困治理夯实资源基础。

## 三　五个方面的政策思考

### （一）科学认知相对贫困标准设定的五个目标指向

相对贫困标准设定涉及领域广泛，设定时应科学认知五个目标指向，进行靶向瞄准：一是巩固提升脱贫成果，实现稳定脱贫；二是促进城乡融合，缩小区域居民收入差距；三是改善收入分配格局，破解经济增长困境；四是统筹解决低收入群众帮扶问题，提高资源配置效率；五是发展成果共享，增进普通民众尤其是相对贫困户获得感和幸福感，实现稳定脱贫基础上的高质量发展。

**（二）精准监测摸清目标群体规模与贫困程度**

加强重点群体生计水平监测。基于建档立卡 80.7 万户 282.7 万人的基础数据，结合下半年脱贫攻坚复查工作，持续跟踪分类精准监测稳定脱贫户、巩固脱贫户、社会保障兜底户和贫困边缘户生计发展水平，关注其他原因收入骤减或支出骤增户；适度提高城乡普通家庭发展水平监测比例，重点梳理收入中位数以下家庭分布的结构性特征。

紧密协同“十四五发展规划”编制。紧密结合江西脱贫人口后续发展巩固提升方案和扶贫开发“十四五”方案编制，合理估测 2020～2025 年发展增速、城乡居民人均可支配收入和可支配支出变化情况。

合理比选和试算目标群体规模与贫困程度。考虑相对贫困的社会比较特性，按照区域居民人均可支配收入中位数 30%、40% 和 50% 分别测算（已有研究初步论证居民收入平均水平的 30%～40% 之间覆盖的低收入群体数量最多），前期可初步考虑将大约 5%～10% 的人群纳入帮扶范围（基于财富分配的基尼系数分析视角，应充分考虑极其贫困人口群体）；也可根据年度社会经济发展情况，实施年度动态扶贫标准。初期因城乡发展水平差距，可能遇到帮扶对象“农村多、城镇少”的结构化问题，需要长时间协调解决，如逐步提高城乡低保补差水平等。

**（三）统筹资源并开展供需平衡分析**

梳理省扶贫开发领导小组各组成机构职责分工及功能发挥，科学研判“民生福利管理一体化”趋势，整合现行“多样化帮扶资源和政策”，测算当前可用扶贫资源，尤其是明确财政扶贫资金总量，对比相对贫困标准下相对贫困人口规模和所需资源匡算，充分考虑各类相对贫困群体的增收路径和增收空间，开展扶贫资源的供需平衡分析。

鉴于当前城乡差距绝对值较大的现实，建议城乡相对贫困人口的认定标准“多层次、先分列、后并轨”，设定一个缓冲期（或者5~10年的动态调整期），也可先部分项目统一（如已经实现统一城乡残疾人“两项补贴”标准），梯次推进，直至逐步实现城乡扶贫开发联动，为未来的城乡扶贫开发一体化和公共服务均等化建设打下先期基础。

**（四）推进“收入型贫困和支出型贫困多维标准综合”基础上的多类型相对贫困人口统一认定**

建议相对贫困人口识别标准认定以收入标准为主，借鉴精准扶贫识别经验，同时考虑住房、教育、疾病、灾害等引起阶段性大额支出的特定情况，将因病、因灾、因学等致贫的家庭和人口纳入相对贫困帮扶群体之列，必要时考虑不同家庭类型。2019年江西农村低保标准达到月人均385元，特困人员集中和分散供养标准分别达到月人均505元和400元，已高于现行贫困标准。建议在未来的相对贫困治理中放宽相对贫困人口“收入型贫困和支出型贫困多维综合”认定标准，实施多类型低收入群体统一认定，以期根治扶贫开发与社会救助等工作中的“政策叠加”“资源低配错配”等问题。同时注重区域社会居民的满意度评价，促进相对贫困治理水平不断提高。

**（五）设计城乡居民“年度主要收入大类—当期大额支出登记系统”并完善收入申报机制**

对接未来大扶贫格局建设，建议整合低保、社保、扶贫等多端口数据，尤其是联通社会救助管理信息系统和扶贫信息系统，配套设计城乡居民“年度主要收入大类—当期大额支出登记系统”，建立健全涵盖常规性收入和大额支出的居民收入申报制度，在信息征询录入过程中可采用普通居民“依申请制”与责任机构“首次信息录入负责制”等制度，把紧把严相对贫困人口识别入口关和出口关，并在此基础上对相对贫困对象实施“进入—退出”精准动态管理。

服务相对贫困治理体系建设，建议选择一定的县（市、区）尽快启动城乡扶贫开发一体化试点工作，为后期城乡扶贫开发联动治理积累经验。

# 附录四 协调推进江西深度贫困地区乡村振兴与精准扶贫工作的政策建议*

《中共江西省委省人民政府关于实施乡村振兴战略的意见》强调：摆脱贫困是乡村振兴的前提，要深入推进精准施策，聚焦深度贫困。近年来，省委省政府按照“核心是精准，关键在落实，实现高质量，确保可持续”的目标和要求，始终把提高脱贫质量放在首位，强化责任和监督，全省专项扶贫、行业扶贫和社会扶贫“三位一体”的大扶贫格局逐步形成，农民的获得感和幸福感明显增强，扶贫攻坚取得了实质性进展和成效。

## 一 决战三年，江西脱贫实效和质量进入历史最好时期

### （一）领导重视，政策引领

省委省政府始终坚持把脱贫攻坚作为实现全面小康社会的重中之重，列为头等大事和第一民生工程，相继出台了《关于大力支持深度贫困村脱贫攻坚实施方案》《关于深入推进脱贫攻坚工作的意见》，建立了由省委书记、省长任组长的扶贫开发领导小组“双组长”制，强化“省负总责、市县抓落实、乡镇推进和实施”的工作机制，形成省市县乡村五级书记直接抓、部门行业合力扶、扶贫单位倾心帮、驻村干部和基层党员干部结对包的攻坚格局。

### （二）实践探索，创新机制

在脱贫攻坚的实践中，江西从实际出发，积极探索脱贫攻坚的新模式、新平台、新机制，走出了经济欠发达地区脱贫攻坚补短板、促长效同步推进的新路子。井冈山市突出精准为先，牢牢把握产业、安居、保障、基础设施四大关键，创造性地提出了“五个起来”的扶贫模式，在全国率先实现脱贫摘帽，受到党中央、国务院通报表扬。太平洋财险在赣南老区推行的“造血式”精准扶贫、新余市实施的“光伏”扶贫、

---

* 此建议获省级领导批示并转职能管理部门研究。

信州区采用的网络管理“三双”措施、宜春市选派优秀干部进驻深贫村等，探索了一批可借鉴、可推广、可复制的经验做法。

**（三）聚焦深贫，政策倾斜**

聚焦深度贫困地区，坚持政策、资金、项目、举措优先倾斜支持，截至2018年底，全省269个深贫村总投入22.32亿元，并在每个深贫村均已安排定点帮扶单位的基础上，再从省直单位、国有企业中组织52个单位挂点帮扶贫困程度深、脱贫难度大的52个深贫村；其间深贫村共实施各类扶贫项目5495个，完成项目5437个，完成率98.94%。根据江西省扶贫办最新统计资料，江西省建档立卡贫困人口从2013年末的346万人减至目前的50.9万人，贫困发生率从9.7%下降至1.38%，8个贫困县脱贫摘帽，10个贫困县达到脱贫摘帽条件，2671个贫困村退出，全省脱贫实效和质量进入历史最好时期。

## 二　时程过半，打赢脱贫攻坚战刻不容缓

据江西省统计局2018年统计资料显示：全省尚有269个深贫村为贫中之贫，涉及7个设区市的19个县（区）146个乡（镇），深度贫困人口达16.79万人，占江西未脱贫人口87.54万人的19.2%。课题组通过综合整理分析赣南等原中央苏区、罗霄山片区和滨湖、深山区的11个典型深贫村实地调研信息，认为江西深贫区主要表现为三个方面的特征和问题。

**（一）因“困”致“贫”现象突出**

江西的深贫村主要分布于“三区叠加”（贫困县、原中央苏区、罗霄山）区域，由于战争年代的创伤，这里的水电路基础设施落后，教育医疗文化缺失，物流和信息服务滞后，市场可及性差，生产经营、生活消费观念落后，因病、学、老、残致贫依然成为普遍现象，积重难返，成为脱贫攻坚难点。

**（二）集体经济发展举步维艰**

带领全村群众致富，尤其是贫困户脱贫致富，村集体经济的发展至关重要。从贫困户个体层面而言，他们普遍缺少发展资金、致富技能和市场信息，客观上存在一定程度的“等、靠、要”思想，仅靠“输血

式”常规扶贫难以在短期内见效。从深贫村级层面而言，它们缺乏资源转化、资产保值增值意识，村集体经济结构粗放，收入渠道单一，经营性收入普遍偏低，多数村仍然依靠公益林补助、光伏发电分红，村村之间贫富差距较大，综合实力薄弱等，这些都成为制约集体经济发展的短板。

**（三）评估监管机制尚待完善**

根据中央开展脱贫攻坚专项巡视工作的要求，结合江西实际，巡视组发现和干部群众反映了一些问题，主要集中在以下几个方面：一是有的地方学习领会习近平总书记关于扶贫工作重要论述不够深入或存在差距，有的地方主体责任不够到位；二是落实中央、江西省委脱贫攻坚方针政策不够精准或存在偏差；三是绩效评估缺乏规范标准，一些地方出现“突击行动”“典型示范”“一刀切”的形式主义倾向；四是监督检查机制不完善，标本兼治长效机制不健全。

## 三　深贫区脱贫攻坚与乡村振兴协调发展的政策建议

结合乡村振兴战略总要求、脱贫攻坚“两不愁、三保障”目标，协调推进江西省深贫区脱贫攻坚与乡村振兴战略实施，应在发展规划、产业发展、公共服务和社会治理体系完善、激发贫困主体脱贫内生动力等领域加强有机衔接，协调推进脱贫攻坚和乡村振兴。

**（一）牢记嘱托，正确处理深贫区乡村振兴与脱贫攻坚的关系**

习近平总书记强调，打好脱贫攻坚战是实施乡村振兴战略的优先任务。贫困村和所在县乡当前的工作重点就是脱贫攻坚，要保持目标不变、靶心不散、频道不换。要将乡村振兴与脱贫攻坚统筹谋划、一体推进，以乡村振兴战略的实施带动脱贫攻坚，以脱贫攻坚的实效助力乡村振兴。要科学把握乡村的差异性，明确具有全局特征的“乡村振兴规划”在乡村各规划中的统领地位，以统筹整合资源，保持政策、措施的延续性。

**（二）深化农村产权制度改革，大力发展村集体经济**

要带领全村群众致富，尤其是贫困户脱贫致富，村集体经济的发展至关重要。针对当前村集体经济普遍存在的结构形式粗放、收入渠道单

一、经营性收入普遍偏低、村村之间贫富分化较大、综合实力薄弱等问题，需要进一步完善农村集体产权制度，清查“三资”存量，明确“三资”产权边界，建立完善的收益分配和监管制度，激发农村集体经济活力和动力；创新探索“扶贫撬动”“产业带动”“资产经营”“资源开发”“服务创收”“合作共赢”等多种村集体经济发展的有效形式。

**（三）发展扶贫产业，强化贫困群众利益实现**

发展产业是实现脱贫的根本之策。要因地制宜，把培育产业作为推动脱贫攻坚的根本出路。贫困地区地理位置有不同、资源禀赋有区别、发展水平有差异，唯有选准选好产业，施行“一村一策、一户一法”，注重机制创新，推进“公司+”“优势产业+”“旅游+”“公益岗位+”和“互联网+”等产业扶贫模式，带动贫困户参与产业发展，引导贫困户融入市场，与合作社、龙头企业等进行紧密利益联结，找准“脱贫靠山”，延伸产业链条找准“脱贫抓手”，让贫困户在新的产业链条发展中找到自己的位置，才能让脱贫成果持续稳定地惠及贫困群众。

**（四）完善公共服务，优化乡村治理**

要抓实抓细深贫区基层党建，把党组织建在扶贫产业链、移民安置区、专业合作社和龙头企业中，切实把党的政治优势、组织优势转化为致富优势、发展优势；强化乡村组织建设，实施乡村“骨干培育”工程，推进“村两委成员知识更新计划”，改善部分地区村干部低学历、老龄化现状，创新乡村人才周期培训制度；进一步改善广大农村人居环境，交通、水电暖等基础设施条件，发挥环境红利，留人育人，培育内生动力，让美丽乡村带来美丽经济，在城乡融合的过程中实现城乡一体化发展；支持乡村互联网建设，为完善精准扶贫、智慧扶贫、扶志扶智机制提供现代化服务平台；增收又“易俗”，重点解决陋俗困扰之忧，对于天价彩礼、滥办酒席、铺张浪费、跟风攀比等劣习陋俗要下大力气完善乡村治理体系，重点促进乡村良俗公序的持续完善。

**（五）激发贫困群众脱贫内生动力，让脱贫致富成为自觉行为**

扶贫先扶志，扶贫必扶智。扶贫不是慈善救济，而是要引导和支持所有有劳动能力的人，依靠自己的双手开创美好明天。推进志智双扶，解决贫困群众脱贫信心不足和能力不够问题。通过“乡村大讲堂”“致富带头人、脱贫典型巡回宣讲”等形式，从思想切入，从精神上唤醒群众，帮助贫困群众树立主体意识，激发他们树立自己与贫困做决断的信心和决心，让脱贫致富成为自觉行为；根据贫困劳动力的致富意愿、劳动能力的实际，开展“菜单式”技能培训，让他们“一技在手，脱贫有望”，帮助贫困群众提高工作技能和就业能力。

**（六）健全脱贫致富长效机制，努力形成深贫区高质量发展**

越是贫困的地区越需要高质量发展，实现稳定脱贫是深贫区乡村振兴和高质量发展的基础。除健全脱贫人口的产业增收、返困不返贫兜底保障、进退动态管理、党建引领等稳定脱贫机制外，还应结合区域资源禀赋、网络技术、科技创新等因素，逐步融入区域现代经济体系，加快“传统产业新型化”进程，转变资源开发方式，走科学开发、合理利用和产业多元化之路 ，努力形成深贫区高质量发展。

**（七）健全全过程绩效管理体系，创设“政策试验区”**

建议委托省级智库、科研院所等相关部门，合理设计“多维发展绩效评价体系”，重视全过程、多主体、动态性和综合性的系统绩效评价，尤其是关注乡村振兴与精准扶贫协调推进过程中的工作记录与行为辅导，切实发挥绩效管理“指挥棒”的作用，保障乡村发展质量。建议选择贫困程度较深、发展环境恶劣等典型深贫村，成立“政策试验区”，给予“先行先试”的政策优惠，充分挖掘深贫村发展潜能和探索潜在的发展路径。

# 附录五　创新探索新时代“红色讲习所”助力脱贫攻坚与乡村振兴思想宣传的经验借鉴与政策思考

习近平总书记在党的十九大报告中指出：“思想建设是党的基础性建设”。井冈山市借鉴新民主主义革命时期“农民运动讲习所”和井冈山斗争时期“军官教导队”等有益经验，探索创建新时代“红色讲习所”，教育党员、培训干部、发动群众，学习宣传贯彻习近平新时代中国特色社会主义思想，传承红色基因，弘扬井冈山精神，为打赢脱贫攻坚战提供强大精神动力支撑。认真总结井冈山“红色讲习所”的经验做法，对于试点建设新时代文明实践中心，切实做好乡村宣传思想工作，协同推进打好脱贫攻坚战与实施乡村振兴战略，具有重要意义。

## 一　主要成效

### （一）提升了党员干部群众脱贫攻坚的精气神

从 2017 年 7 月开始，截至 2018 年 12 月，共开讲培训 1000 余次。培训学员 1.5 万余人，共计 3 万余人次。其中：培训群众 1.2 万余人，共计 2.7 万余人次。其中，扶贫对象 8900 余人，占贫困群众的 53.4%；脱贫 8700 余人，占参加培训扶贫对象的 98%，占总脱贫人口的 52.5%。培训农村党员 1800 余人，培训村“两委”干部 350 余人，培训机关单位党员干部 1500 余人，共计 7300 余人次，培训的党员领导干部占井冈山市党员领导干部的 41.7%，以上参加培训的党员领导干部获得脱贫攻坚荣誉 200 余人、晋升提拔 62 人。培训入党积极分子 300 余人，195 人成为党员。

### （二）建设了一支红色精神宣讲的师资队伍

共有教员 350 余人。其中：金牌教员 80 余人，银牌教员 270 余人。结合人才工作室引进 80 余名行业专家组成金牌教员队伍；充分挖掘本土革命后代、乡土人才、行业能人、业务能手以及博物馆金牌讲解员等 270 余名，组成银牌教员队伍，构建了一支以专家学者为引领，革命后代、乡土人才为特色，讲解员、接待员、导游员为主体的红色师资队伍。

**（三）探索了一套乡村宣传思想的工作制度**

制定并成功实施了“红色讲习所委员会工作职责”“红色讲习所管理制度”“红色讲习所参训制度”“红色讲习所教员守则”“红色讲习所学员制度”“红色讲习所图书、设备和档案管理制度”等管理制度。设计并成功实施了“红色讲习所室内培训及户外体验课程体系”“红色讲习所讲习模式”“红色讲习所培训模块”。

## 二 经验做法

**（一）志智双扶**

扶贫先扶志，扶贫必扶智。志是源泉动力，智是手段能力。脱贫攻坚实践，智志双扶，有机结合，才能激发贫困群众志气、提升贫困群众内生动力、增强贫困群众发展能力。井冈山“红色讲习所”注重志智双扶，一方面通过讲授习近平新时代中国特色社会主义思想、井冈山精神、红色故事等，帮助贫困群众树立自力更生、勤劳致富的正确观念，铆足精气神，立志拔穷根；另一方面通过讲授党和国家政策、法律法规、实用技术等，帮助贫困群众掌握脱贫攻坚的方法手段，提升脱贫攻坚的能力素质。井冈山市茅坪乡茅坪村村民朱秋芳，曾经是贫困红卡户，2014 年患上尿毒症，丧失劳动能力，对生活一度失去信心。2017年，他参加“红色讲习所”培训，不仅学会了种植黄桃的技术，还经历了一次思想上的大“震荡”：“以前没有技术，盲目地干，没有产量没有产值，现在学到了技术，更有信心，收入好了，现在我们有信心奔小康。”茅坪红色讲习所组织的群众技能培训班学员彭夏英，通过培训彻底摆脱“等靠要”思想，树立了幸福生活是干出来的意识，不但自己转换观念努力干事创业，还常常帮助乡亲，引导乡亲们：“政府只能扶持我们，不能抚养我们，幸福生活是干出来的！”

**（二）的矢对标**

扶贫开发贵在精准，重在精准，成败之举在于精准。井冈山“红色讲习所”贯彻精准扶贫、精准施策、精准扶志、精准扶智，紧密联系思想和工作实际，增强教育的针对性、层次性和实效性，做到有的放矢、的矢对标、精准滴灌、靶向宣导。其一，讲习队伍多样化：师资队伍中有党史专家、理论研究者、专业技术骨干、党员干部、革命后代、乡土人才等，结合讲习内容，精准安排培训教员。其二，讲习内容菜单化：本着需要什么、培训什么，缺什么、补什么的原则，根据贫困群众的实际需求量身定制、量体裁衣，按需配菜。其三，讲习方式灵活化：红色讲习所实行每月 7 日定期开讲制度，遇特殊时段，可随时开讲，内容及形式因人、因时、因需制宜，力求可参与性、主动性、实践性和可操作性。其四，讲习教材通俗化：坚持从群众中来，到群众中去，用身边事引导教育身边人，及时做好党员干部群众新风尚、新道德、新事物的典型案例采撷提炼，注重鲜活性和实用性。其五，讲习效果实用化：做实做精，注重实效，把志气和信心、知识和能力送到贫困群众的脑海中、心坎上，帮助他们树立自力更生观念、厚植勤劳致富能力。

### （三）讲习融合

知者行之始，行者知之成。井冈山“红色讲习所”注重实践、讲习融合，实现理论与实践的辩证统一。在“讲”方面，安排现场教学：组织人员到革命旧居遗址前，讲述井冈山斗争史，讲述革命先辈的感人事迹，深挖井冈山精神的新时代内涵；专题讲座：邀请教授专家专题解读习近平新时代中国特色社会主义思想的深刻内涵、精神要义、基本方略，邀请“土专家”“田教授”用通俗的话语讲述身边好案例，引导党员干部用实际行动践行新时代中国特色社会主义思想；音像教学：以电影、录像、多媒体等为载体，让学员在生动、形象、直观中了解习近平新时代中国特色社会主义思想、了解党的政策、学习科普知识；课程培训：分领域、分行业、分类别开展订单式、点菜式等个性化培训，使不同培训对象接受自己想学的内容，改变填压式、灌输式教育，实现培训精准化、成效最大化。在“习”方面，安排互动交流：采取访谈等形式，让红军后代、“草根明星”与学员互动交流，实现“以史育人、以情动人、以文化人”；实践调研：组织学员到新农村建设点、产业基地、农户家中等地进行实地观察、学习、分析，让学员在学中思、思中践、践中悟；体验训练：设计特定的场景、人物、事件，再现事件或事物发生的真实情景，由老师引导学员进入相关的角色并亲身体验、实践和感悟，不断提高学员动脑、动手能力。

**（四）干群共学**

党员领导干部，要坚持学以致用、用以促学，用理论武装头脑、指导实践、推动工作，做到学、思、用贯通，知、信、行统一。井冈山“红色讲习所”既为贫困群众量身定做培训学习，也特别注重党员领导干部的培训学习。针对党员领导干部，主要培训十九大精神、习近平新时代中国特色社会主义思想、井冈山精神、惠农政策、党建知识、实用技术等内容，不断提升党员干部发动群众、宣传群众、带领群众的本领，并提倡党员干部上讲台讲课，使之成为群众可信赖、可依靠的贴心人和“领路员”。针对普通群众，在理论上主要培训十九大精神、习近平新时代中国特色社会主义思想、井冈山精神等，在实践上有针对性地讲授党的惠农政策、农村实用技术、先进管理知识等，鼓励有技术的乡土人才担当技术指导员，发挥作用，成为群众致富的榜样、助推发展的能手，帮助群众不断增强致富本领。实际上，为了充分利用课程资源，指导贫困群众脱贫攻坚，有很多课程是党员干部和普通群众共同参与学习。根据“红色讲习所”的参训制度，基层党委负责人要到红色讲习所授课，并掌握学员的思想状况；培训农村党员每年不少于两期，一期不少于2天。培训村“两委”干部每年不少于4期，每期培训时间不少于3天。机关单位党员干部每年轮训5天，对入党积极分子培训时间每期不少于5天。党员领导干部和贫困群众同为“红色讲习所”的学员，展现了新时代党员领导干部的形象和内涵：一是身份认同和目标认同，体现了领导干部和人民群众风雨同舟、血脉相通、心意相融；二是党员领导干部既作为组织者和管理者，也作为体验者和感受者，能够切身体悟讲习的质量，也能亲身感受群众的心声；三是党员领导干部拜人民为师、向人民学习，放下架子、扑下身子，接地气、通下情，充分体现了尊重人民的主体地位。体验过培训的机关干部认为，红色讲习所的培训是激发工作激情、励志向上的人生“加油站”。市行政服务中心的干部曾凡欢参加培训后总结：“在红色讲习所这两天的学习收获颇多，自己的人生观有了进一步的树立，对自己工作的这片红色热土有了更深的了解，对自己的使命担当也有了更深的领悟……”

## 三 时代价值

### （一）宗旨意识的深度践行

牢固树立党员和干部时刻与人民群众同呼吸、共命运的意识，任何时候都要把群众利益放在第一位，党就能获得取之不尽的力量源泉，就能够永远立于不败之地。井冈山“红色讲习所”的时代实践深度体现了全心全意为人民服务的宗旨。一是全心全意对应民心民意。人民对美好生活的向往包括物质、精神两个层面，扶贫扶志，志智双扶，超越物质脱贫，落实精神脱贫，深入群众精神智力发展，深入群众内心幸福获得。二是全心全意聚焦精心精意。全心全意的旨归是最广大人民的根本利益，实现好、维护好、发展好最广大人民根本利益的关键是精准施策、精心服务。井冈山“红色讲习所”有的放矢、的矢对标、精准滴灌、靶向宣导，深度践行了习近平同志精准扶贫、精准脱贫方略，真正落实以民为本、以人为本的执政理念，真正体现以人民为中心的政治立场。三是全心全意融通民情民意。党员干部作为老师授课、作为学员听课，与百姓群众心与心对话、情与情交流，学员身份的认同，攻坚目标的相同，不断深化党员干部与百姓群众心意相通、情谊相融。

### （二）唯物辩证法的综合运用

唯物辩证法指出：一切存在的事物都由既相互对立、又相互统一的一对矛盾组合而成。矛盾是事物存在的深刻基础，也是事物发展的内在根据。矛盾着的双方既对立又统一，从而推动着事物的发展。井冈山“红色讲习所”的经验做法是唯物辩证法的综合运用和生动实践。学习目标的确定，坚持扶贫和扶志、扶智和扶志相结合；学习方法的创新，坚持有的放矢、的矢对标，特别强调目标与方法的精准对应、无缝对接；学习方式的设置，坚持理论与实践的辩证统一，注重讲授和实习的深度融合；学习内容的安排，坚持历史与现实相融、传统与时代相融、精神与政策相融；师资队伍的配备，注重专业性与多样化的统一，既有理论研究者也有技术骨干，既有领导干部也有人民群众；学习对象的遴选，既有党员干部也有贫困群众，既提升党员干部的政治站位和管理水平，又激发贫困群众的脱贫斗志和发展能力。

**（三）井冈山精神的百年承启**

习近平总书记在2018年2月2日视察井冈山时指出："井冈山是中国革命的摇篮。井冈山时期留给我们最为宝贵的财富，就是跨越时空的井冈山精神。今天，我们要结合新的时代条件，坚持坚定执着追理想、实事求是闯新路、艰苦奋斗攻难关、依靠群众求胜利，让井冈山精神放射出新的时代光芒。"井冈山"红色讲习所"创办是井冈山精神传承发展的生动实践和探索。一是"红色讲习所"的重要学习内容，就是要讲好红色故事和新时代的井冈故事，不断实现历史与现实、实践与理论的有机结合，让更多的党员干部群众了解井冈山、了解井冈山精神，使弘扬跨越时空的井冈山精神走前列，不仅落实在思想上，更落实在行动中，汇聚起广大党员干部群众的强大力量，让井冈山精神绽放出新的时代光芒。二是"红色讲习所"的创办实践，本身深刻体现了井冈山精神的时代内涵：坚定执著追理想、实事求是闯新路、艰苦奋斗攻难关、依靠群众求胜利。三是"红色讲习所"志智双扶，为井冈山率先脱贫摘帽提供了强大精神动力和发展能力，最根本的是紧密结合时代条件、深入贯彻时代思想，充分焕发了井冈山精神的时代光芒，并转化为实践伟力。四是站在"两个一百年"的历史交汇和机遇叠加期，牢固树立习近平新时代中国特色社会主义思想，弘扬井冈山精神，绽放井冈山精神的时代光芒，对于实现两个百年奋斗目标意义非常重大，也是井冈山"红色讲习所"的时代价值所在。

**（四）乡村宣传思想工作的样板创新**

井冈山"红色讲习所"作为乡村宣传思想工作的创新模式具有鲜明特色。一是组织建构严密系统，成立了红色讲习所委员会，下设办公室、教务部、通联部、后勤部，负责红色讲习所的运行管理；专门组建相对固定的师资队伍，分为金牌教员、银牌教员，承担红色讲习所定期的教学任务。二是运行管理规范有序，通过设计课程体系，确立培训运行模式，以及建立一整套管理制度，确保了教学运行的规范、有序、高效。三是目标任务规划明确。根据红色讲习所的目标定位，按照基层党委和上级业务部门的部署与规划，统筹安排讲习所的培训任务，制订实施教学计划，配备培训教材，安排讲授教员，设置室内培训课程和户外体验课程。四是红色精神实践转化。充分挖掘井冈山精神的时代价值，通过党员干部带头，引导广大群众的思想意识，汇聚广大群众的行动力量，激发广大群众的创业热情，使井冈山精神转化成推动“红色引领、绿色崛起”的力量。

## 四　实践启示

### （一）贯彻时代思想

乡村宣传思想工作必须坚持以习近平新时代中国特色社会主义思想为指导。其一，学习贯彻习近平新时代中国特色社会主义思想，是全体党员的重大政治责任。其二，学习贯彻习近平新时代中国特色社会主义思想，是乡村思想宣传教育的根本任务和主要内容。其三，习近平新时代中国特色社会主义思想是马克思主义中国化的最新成果，它引领最广大人民走在正确的思想大道，凝聚形成最强大的精神主流，转化产生最伟大的实践力量。

### （二）结合时代条件

乡村宣传思想工作必须紧密结合时代条件，回应人民物质文化需求。其一，认真把握时代机遇，为乡村宣传思想教育提供坚实基础和广阔空间。其二，充分挖掘文化资源，传承发展红色文化，创新转化传统文化，因地制宜立足区域文化，赋予文化的新时代内涵。其三，切实回应民众需求，通过具体政策宣讲、专门知识传播、具体技能教授、具体方法指导等，阐释先进思想和时代精神。

### （三）创新时代方法

乡村宣传思想工作必须根据时代特点、受众心理、社会环境、学习内容，创新方法，精准施策。其一，创设心境。结合民众内心的矛盾、纠结、疑惑，科学疏导，创设乡村宣传思想教育受众的健康心境。其二，提升素质。结合理解思想理论、精神政策的需要，完善群众知识结构，提升认知水平。其三，理论联系实际。在学习方式上，注重理论与实践相结合；在教育效果上，注重理论与实际相统一。其四，因“材”施“教”。“材”指的是不同受众、不同内容；“教”指的是不同教员、不同方法。

**（四）融入时代实践**

乡村宣传思想工作必须融入脱贫攻坚和乡村振兴的伟大实践之中。其一，实践是目的。伟大实践孕育伟大事业，伟大事业凝聚广大民心。其二，实践是内容。乡村宣传思想教育，指向实践，融入实践，针对性强，富有实效，才能真正展现先进思想理论的生机和活力。其三，实践是标准。以实践为标尺，既可以检验乡村宣传思想教育的组织化水平，也可以检验人民群众的接受转化能力，从而改进工作。

# 附录六　“十四五”时期推进江西脱贫攻坚与乡村振兴有机衔接的政策建议*

值此“十三五”收官和“十四五”谋划、“两个百年目标”交接、全面建成小康社会目标实现等重要历史节点，脱贫攻坚进入了最后的决战决胜期，乡村振兴战略实施业已开篇，基于推进农业农村现代化发展目标引领，立足于脱贫攻坚高质量收官、着眼于乡村振兴发展要求以及促进两大战略的有机衔接，2020 年 5 ~6 月，江西农业大学课题组围绕“促进脱贫攻坚与乡村振兴有机衔接，推进农业农村现代化策略研究”进行了专题调研，现将课题组就“‘十四五’时期推进脱贫攻坚与乡村振兴有机衔接”的调研思考与政策建议作简要报告。

## 一　明确二者关系

“两个百年目标”的重点和难点是农业农村现代化目标的顺利实现，推进农业农村现代化需要在补齐短板弱项的基础上实现高质量发展。脱贫攻坚工作是乡村振兴战略的基础组成，是乡村振兴战略推进进程中的“前哨”，打赢脱贫攻坚战，即可为乡村振兴战略顺利实施补齐短板，亦可为乡村全面振兴积累经验和夯实基础。乡村振兴战略的适时提出和推进不仅可以服务于脱贫攻坚成果巩固提升，亦可促进农业全面升级、农村全面进步和农民全面发展，推动乡村全面振兴，实现乡村高质量发展。

## 二　坚持精准原则

扶贫开发，贵在精准。脱贫攻坚的显著成效表明了“精准”工作思想的科学性，在衔接过程中，应将“精准”原则贯穿脱贫攻坚与乡村振兴工作始终，以习近平总书记关于扶贫工作和实施乡村振兴战略的重要论述为指导，以“有良好的自然环境（良好生态），有友好的发展氛围（社会有序），有稳定的收入（持续增收），有尊严的生活（价值

* 此建议获省级领导批示并转职能管理部门研究。

实现），有充实的闲暇（精神生活充实），有完善的社会保障”的“六有”为发展目标，坚持精准衔接、分类施策、精准发力与注重长效，进一步巩固脱贫攻坚成果，推动乡村全面振兴。推进脱贫攻坚与乡村振兴衔接过程中，应充分考虑脱贫攻坚特殊性、局部性、紧迫性的特点，以及乡村振兴综合性、整体性和持久性的特征，尤其是逐步实现“对象上从个体精准到整体精准，方式上从分配资源到开发利用资源”：脱贫攻坚强调的是针对贫困人口进行“特惠帮扶”，乡村振兴关注的是“盘活乡村资源”实现竞争式发展；建立健全乡村振兴大数据平台，精准施策，提高资源配置效率和效益。

## 三　关注三个问题

### （一）阶段推进，明确预期

按照2018年中央农村工作会议和《乡村振兴战略规划（2018—2022年）》要求，2018～2022年这5年间，既要在农村实现全面小康，又要为基本实现农业农村现代化开好局、起好步、打好基础，初步健全乡村振兴的制度框架和政策体系，乡村振兴取得阶段性成果，故而确定2020～2022年乡村振兴的衔接期较为合理。

第一阶段：2020年6月至2021年6月，完成脱贫攻坚和乡村振兴相关政策清单梳理，并对各项政策进行政策效力和存续性评估。

第二阶段：2021年7月至2022年6月，完成体制机制对接和政策衔接。

第三阶段：2022年7月至2023年12月，持续跟踪二者衔接进展，巩固提升衔接工作。

### （二）政策转向，把握重心

把临时性帮扶政策转成常态化支持政策，强化脱贫攻坚政策与农村社会保障政策的衔接，实现由“帮贫”向“扶弱助强”转变，夯实产业基础，注重村庄人居环境治理，完善促进特惠性政策向常规性、普惠性政策转变，均衡发展农村基础设施和教育、医疗等公共服务，避免“政策悬崖”“政策异化”问题的出现。

### （三）治贫防贫，守住底线

确保贫困县如期摘帽、贫困村退出、贫困人口清零，在严格落实贫困县摘帽“四个不摘”和非贫困县“四个不减”要求的基础上，尽快制定“2020～2022年三年衔接期帮扶规划”，以现行贫困标准的1.5～2倍水平为基准强化贫困边缘户识别和脱贫监测户动态监测，关注残疾人等特殊困难群体发展，及时启动社会救助和保障标准与物价上涨挂钩联动机制，在制度化管理过程中实现精准脱贫、相对贫困治理和区域发展政策接续，实现高质量脱贫和脱贫人口生计可持续。

## 四　抓住四大任务

### （一）健全衔接工作体制机制

1. 落实“五级书记”抓乡村振兴机制。借鉴精准扶贫工作经验，坚持农业农村发展优先、干部配备优先、要素配置优先和资金投入优先“四个优先”，压实责任，依据“集聚提升类、特色保护类、城郊融合类、搬迁撤并类、探索待定类”五类村庄发展特点，建立健全“差异化”乡村振兴战略实绩考核制度，防止乡村振兴工作“一刀切”。

2. 建立健全乡村振兴战略协调推进工作机制。建立乡村振兴战略工作领导工作小组（前期可称为“衔接工作领导小组”），按照产业振兴、生态振兴、组织振兴、人才振兴、乡村治理和脱贫提升等乡村振兴涉及领域设立专项推进小组。

3. 重视现有帮扶力量衔接。延续并加强驻村帮扶和结对帮扶，加大单位帮扶联系村、工作队驻村帮扶、干部结对帮扶力度。衔接期内保持现有帮扶力量相对稳定，“方案转变，人心不乱”，并将重心工作转向乡村振兴，将“乡镇扶贫工作站”和“村精准扶贫工作室”就地转为“乡村振兴工作站”“乡村振兴工作室”。

### （二）促进村集体经济发展

1. 持续推进乡村产业发展。结合乡村振兴战略推进，深入推进农村集体产权制度改革，盘活村集体资源，畅通城乡资金、人才、要素的自由交流通道。注重市场引领，坚持以现代农业为统领，科学规划扶贫产业，整合用活涉农资金这个工具，结合区域资源禀赋推进“项目库”

提质与产业转型升级，尤其关注农产品加工业这一实现乡村振兴的战略高地。

2. 创新村集体经济发展思路。加快农村产权改革进程，规范农村“一核两翼”基层治理模式，省级层面明确村集体法人、管理人员等在内的收益分配办法。结合实际设立扶持村级集体经济发展基金，着手“村级产业园”规划建设（或先行试点）。

3. 完善产业扶贫保险政策。由政府及职能部门协调，依托行业协会、专业合作社等发展主体，对接主体诉求，试点组建农业专业保险公司，创新保险产品和“基本险 + 商业险 + 补充险”组合式保障模式，在坚持产业扶贫保险“特惠性”基础上以“村”为单位进行投保，力争产业扶贫保险“全覆盖”，使用市场手段解决产业发展中出现的问题，促进产业间合理竞争。

**（三）高品质整治农村人居环境**

1. 全域推进农村人居环境整治。切实解决农村环境脏、乱、差问题，坚持连线成片推进原则，大体量、片区化推进村庄整治工作，着力改善村庄面貌，全力优化农村环境。统筹安排贫困村和非贫困村项目建设，工作进程中要在抓好“普惠”推进的同时，将秀美乡村建设与产业发展紧密结合起来，注重质量提升，突出主体，特色发展。

2. 积极探索长效管护机制。着力破解农村环境长效管护难题，探索“农民自治 + 企业履约 + 政府监管”的“三位一体”长效管护机制，由注重建设向建管并重转变，“激励农民自己管、引进企业专业管、政府履责严格管”，确保农村由“阶段美”转变为“持久美”。

3. 提升基础设施和公共服务水平。优化调整基础设施投入政策，在农村公路建设中进一步重视与乡村振兴有关的道路建设，积极推进以双车道以上公路为主的旅游路、资源路、产业路建设，为地方旅游、特色加工、商贸物流等产业落地、发展创造条件；在饮水安全上进一步推进城乡供水同质同服务的农村供水服务体系建设；拓展健康扶贫政策，探索实行兜底保障人群、贫困边缘（低收入）人群、一般人群的“差异化”医保政策；优化教育补助政策，将资助对象逐步扩大到相对贫困群体，将幼儿园、高中纳入教育资助范畴；应用现代网络技术，大力开展“智慧医疗”“在线教育”等辅助服务体系，提高公共服务水平，提高城乡服务一体化。

**（四）提升乡村治理水平**

1. 引导工商资本进入农业农村。既要在要素交流中实现城市资源有序注入农村，又要保持乡村发展相对独立和系统完整，实现城乡协调发展。要遵循乡村发展规律，严格审批，科学筛选，强化监管，在项目建设、技术选择、经营管理中坚持与周边自然环境相协调、与当地文明乡风相契合，在提高乡村居民生活质量的基础上保持乡村气息，传承乡村文化。

2. 关注乡贤回归和当地人才培养。立足当地实际，实施“乡村振兴人才强基工程”，加大乡村振兴所需的经营性人才、技术性人才、管理型人才和综合性人才等教育和培训力度，重视培养新型经营主体、致富带头人，尤其注重教培机构能力评估和业务监管。完善人才回乡的居留以及社保、教育等政策，打破政策壁垒，畅通青年回乡、乡贤返乡渠道。创新人才引进、留用举措，坚持“依托引进企业、引进项目的方式引进人才”，使得人才有所依、有所用。

3. 聚力乡风文明建设。设立“村级文明建设办公室”，集中解决“因婚、因不孝、因懒、因赌”等致贫问题，志智双扶，紧抓《民法典》宣传契机，大力开展尊老爱幼、家庭和睦、亲仁善邻、社会和谐的文明乡风建设，实施“一村一警（非辅警）一律师”制度，实现德治法治自治的互促互益。

## 五　健全五重保障

**（一）完善区域发展规划**

结合新时期乡村振兴战略要求，按照推动形成优势互补高质量发展的区域经济布局，着力修订和完善区域层面国土空间总体规划、专项规划和详细规划，用足用好土地“增减挂”政策，多规合一，并在此基础上科学制定区域乡村振兴规划，绘好乡村振兴蓝图。

**（二）加大涉农投入力度**

设立乡村振兴专项资金，集中用于乡村振兴重点领域、重点环节，县域地方土地出让收益主要用于乡村振兴和解决相对贫困问题；调整优化涉农资金投入，重点用于推动农业产业发展、农村基础设施建设、基本公共服务提升、农民就业创业等；创新金融支持农业农村中小微企业政策，给予更多信贷资金支持；探索建立农村撂荒耕地经营权回收制度，对撂荒两年及以上的农村耕地，允许将经营权回收至村集体，由村集体统一流转或经营，并从流转费用或经营收益中提取一定比例发展村级集体经济，并返还一定比例给承包农户。

**（三）紧密企农利益联结机制**

将脱贫攻坚中“五个一”产业扶贫模式和“一领办三参与”产业合作形式植入乡村产业振兴，健全益贫性新型经营主体益贫带贫水平评价与政策奖补挂钩机制，破解片区产业发展低水平循环与发展主体生计响应欠缺问题；适当放宽产业奖补补贴政策条件和品种范围。发行“乡村振兴信贷通”（如赣州）促进农业产业发展，带动贫困户、贫困边缘户、非贫困农户、农业产业化龙头企业和新型农业经营主体发展农业产业。

**（四）发挥农业科技引领和支撑作用**

坚持“产业化带动乡村产业高值化，进而推动产业扶贫高质化”的工作思路，加快转变农业生产方式，延伸产业链条，强化科技创新、科研成果转化，让“多的好起来”“大的强起来”“土的靓起来”，大力发展“高质”“高值”产业，促进农民增收。

**（五）力促国家层面出台生态补偿政策和“产区—销区”利益补偿政策**

结合江西粮食、生猪等农副产品外调大省以及生态资源富集特点，建议在国家层面根据农副产品调出量研究出台规范、科学的程序和标准，并由国家补偿在农副产品生产、环境保护中的污染治理、质量安全监管和生产补贴等投入，用于支持江西乡村振兴工作开展。

# 参考文献

## 1. 著作类

《马克思恩格斯全集》（第1卷），人民出版社，1995。

中共中央文献编辑委员会：《邓小平文选》（第三卷），人民出版社，1993。

习近平：《在决战决胜脱贫攻坚座谈会上的讲话》，人民出版社，2020。

国务院扶贫办政策法规司、国务院扶贫办全国扶贫宣教中心：《脱贫攻坚前沿研究》，中国出版集团，2018。

国家统计局住户调查办公室：2012－2019年《中国农村贫困监测报告》，中国统计出版社，2012～2019。

陆汉文、黄承伟、刘晓山等：《中国精准扶贫发展报告（2018）》，社会科学文献出版社，2019。

王志章、王静、熊正贤：《西部地区精准脱贫与乡村振兴融合的路径设计与政策协同研究》，人民出版社，2020。

丁元竹、郑瑞涛、王鹏：《志愿服务指标体系研究》，清华大学出版社，2018。

温铁军、张孝德：《乡村振兴十人谈——乡村振兴战略深度解读》，江西教育出版社，2018。

游俊、冷志明、丁建军：《中国连片特困区发展报告（2018－2019）》，社会科学文献出版社，2019。

汪三贵、杨龙、张伟宾：《扶贫开发与区域发展——我国特困地区的贫困与扶贫策略研究》，经济科学出版社，2018。

王春光、孙兆霞：《脱贫攻坚的可持续性探索：贵州的实践与经验》，社会科学文献出版社，2019。

国家发展改革委宏观经济研究院国土开发与地区经济研究所：《新型城

镇化：中国经济增长和社会变革的动力》，人民出版社，2019。
郑长德：《减贫与发展（2018）：精准扶贫地方实践》，社会科学文献出版社，2019。
中国国际扶贫中心：《中国反贫困发展报告（2016）》，华中科技大学出版社，2016。
胡家勇：《中国经济改革和发展的政治经济学分析》，中国社会科学出版社，2016。
贺雪峰：《大国之基：中国乡村振兴诸问题》，东方出版社，2019。
孙久文、林万龙：《中国扶贫开发的战略与政策研究》，科学出版社，2018。
马双、王永贵：《价值共创研究的理论探讨——基于服务业的实证研究》，清华大学出版社，2017。
蒋永穆等：《新中国“三农”十大理论问题研究：70 年发展与变迁》，社会科学文献出版社，2019。
韩绵绵：《农户的风险冲击、脆弱性及其反贫困策略研究——以我国连片特困区为例》，中国经济出版社，2020。
王三秀：《中国扶贫精细化：理念、策略、保障》，中国社会科学出版社，2019。
魏延安：《农村电商：互联网 + 三农案例与模式》，电子工业出版社，2015。
洪名勇：《扶贫开发战略、政策演变及实施研究》，中国社会科学出版社，2019。
魏礼群：《社会治理：40 年回顾与展望》，中国言实出版社，2019。
郭湛：《主体性哲学——人的存在及其意义》，中国人民大学出版社，2011。
杨秋宝：《2020：中国消除农村贫困——全面建成小康社会的精准扶贫、脱贫攻坚研究》，北京人民出版社，2018。
吴大华、刘杜若、黄景贤：《东西部扶贫协作问题研究：以贵州省为例》，经济管理出版社，2019。
罗必良：《农业家庭经营：走向分工经济》，中国农业出版社，2017。

李新安:《中国区域经济协调发展的利益机制与路径》,电子科技大学出版社,2014。

中国志愿服务联合会:《中国志愿服务发展报告》,社会科学文献出版社,2017。

孙海法:《绩效管理》,高等教育出版社,2017。

杨道喜:《新时期我国精准扶贫机制创新路径》,经济管理出版社,2017。

向德平、张大维:《连片特困地区贫困特征减贫需求分析——基于武陵山片区8县149个村的调查》,经济日报出版社,2016。

李娟、韩永江:《连片特困地区就业扶贫问题研究》,中国劳动社会保障出版社,2018。

〔美〕曼纽尔·卡斯特:《网络社会——跨文化的视角》,周凯译,社会科学文献出版社,2009。

〔德〕斐迪南·滕尼斯:《共同体与社会》,林荣远译,商务印书馆,1999。

〔英〕安东尼·吉登斯:《现代性的后果》,田禾译,译林出版社,2011。

〔美〕丹尼尔·贝尔:《资本主义文化矛盾》,严蓓雯译,江苏人民出版社,2012。

〔法〕列斐伏尔:《空间:社会产物与使用价值》,转引自包亚明《现代性与空间的生产》,上海教育出版社,2003。

〔印度〕阿马蒂亚·森:《以自由看待发展》,任赜等译,中国人民大学出版社,2013。

〔美〕罗尔斯:《正义论》,何怀宏等译,中国社会科学出版社,2015。

〔印度〕阿马蒂亚·森:《正义的理念》,王磊等译,中国人民大学出版社,2012。

〔美〕巴泽雷:《突破官僚制:政府管理的新愿景》,孔宪遂等译,中国人民大学出版社,2002。

〔美〕曼瑟尔·奥尔森:《集体行动的逻辑》,陈郁、郭宇峰、李崇新译,格致出版社/上海人民出版社,1995。

〔英〕克里斯托弗·胡德：《国家的艺术：文化、修辞与公共管理》，彭勃、邵春霞译，上海人民出版社，2009。

A. Sen. Poverty and Famines: An Essay on Entitlement and Deprivation. Oxford University Press, 1982.

World Bank. The World Bank Annual Report 2008. United States by Professional Graphics, 2008.

Wellman B. " Studying Personal Communities. " In Marsden P., Lin N. ed. *Social Structure and Network Analysis.* Beverley Hills, CA: Sage, 1982.

Thomas Malthus. An Essay on the Principle of Population. St. Paul' s Church - Yard, 1978.

Burt R. S. *Structural Holes: The Social Structure of Competition.* Harvard University Press, 1992.

Peter F. Drucker. The Effective Executive in Action. Harper Collins US, 2006.

Bentley A. *The Process of Government.* Evanston: Principia Press, 1949.

Anthony Giddens. *A Contemporary Critique of Historical Materialism.* Stanford University Press, 1995.

G. Simmel. *The Philosophy of Money.* London: Routledge, 1978.

Myrdal G. The Challenge of World Poverty. In A World Anti - poverty Programme in Outline. Allen Lane Penguin Press, 1970.

Collier P. *The Bottom Billion: Why the Poorest Countries are Failing and What Can be Done about It.* Oxford University Press, 2007.

**2. 期刊、报刊与学位论文类**

白俊红、蒋伏心：《协同创新、空间关联与区域创新绩效》，《经济研究》2015 年第 7 期，第 174 ~ 187 页。

包国宪、杨瑚：《我国返贫问题及其预警机制研究》，《兰州大学学报》（社会科学版）2018 年第 6 期，第 123 ~ 130 页。

包先康：《区域内生发展下连片贫困区精准扶贫的质量提升》，《湖南科技大学学报》（社会科学版）2018 年第 1 期，第 105 ~ 111 页。

鲍亮亮：《集聚电商要素创新扶贫模式》，《安徽日报》2016 年 12 月 13 日第 9 版。

蔡昉：《新中国 70 年经济发展成就、经验与展望》，《中国党政干部论坛》2019 年第 8 期，第 6～10 页。

蔡玉胜：《构建新型城乡关系的问题和途径及改革要点》，《农业现代化研究》2014 年第 2 期，第 129～133 页。

陈成文、陈建平、陶纪坤：《产业扶贫：国外经验及其政策启示》，《经济地理》2018 年第 1 期，第 127～134 页。

陈桂生、张跃蠙：《精准扶贫跨域协同研究：城镇化与乡村振兴的融合》，《中国行政管理》2019 年第 4 期，第 79、85 页。

陈金龙：《〈寻乌调查〉的当代价值》，《学习时报》2018 年 1 月 10 日第 4 版。

陈靖：《新型农业经营主体如何“嵌入”乡土社会》，《西北农林科技大学学报》（社会科学版）2018 年第 5 期，第 18～24 页。

陈全功、程蹊：《空间贫困及其政策含义》，《贵州社会科学》2010 年第 8 期，第 87～92 页。

陈志钢等：《中国扶贫现状与演进以及 2020 年后的扶贫愿景和战略重点》，《中国农村经济》2019 年第 1 期，第 2～16 页。

慈勤英、张芳：《城市贫困空间固化的社会治理研究》，《西南民族大学学报》（人文社会科学版）2017 年第 3 期，第 1～5 页。

党国英：《城乡一体化是脱贫的治本之策》，《农村工作通讯》2017 年第 14 期，第 20～23 页。

董祚继：《以空间治理转型提质促农村社会转型发展》，《中国土地》2019 年第 1 期，第 16～20 页。

杜飞进：《解决人类问题的“中国方案”》，《哈尔滨工业大学学报》（社会科学版）2017 年第 1 期，第 4～23 页。

范和生、武政宇：《相对贫困治理长效机制构建研究》，《中国特色社会主义研究》2020 年第 1 期，第 63～69 页。

方堃、杨欣：《民族地区农村电商扶贫的困境及对策研究》，《黔南民族师范学院学报》2017 年第 3 期，第 85～88 页。

方学梅：《不平等归因、社会比较对社会公平感的影响》，《华东理工大学学报》（社会科学版）2017年第2期，第72~78页。

房连泉：《国际扶贫中的退出机制——有条件现金转移支付计划在发展中国家的实践》，《国际经济评论》2016年第6期，第86~104页。

付少平、赵晓峰：《精准扶贫视角下的移民生计空间再塑造研究》，《南京农业大学学报》（社会科学版）2015年第6期，第8~16页。

高帅、史婵、唐建军：《基于增能赋权视角的农户贫困脆弱性缓解研究——以太行山连片特困地区为例》，《西北人口》2020年第1期，第61~75页。

龚万达：《新时代主体功能区视域中的供给侧结构性改革》，《深圳大学学报》（人文社会科学版）2017年第6期，第9~14页。

苟天来、唐丽霞、王军强：《国外社会组织参与扶贫的经验和启示》，《经济社会体制比较》2016年第4期，第204~211页。

谷树忠：《贫困形势研判与减贫策略调整》，《改革》2016年第8期，第65~67页。

郭峘、曹莹：《空间社会学视角下农民工"嵌入-融入"度多元回归分析》，《湖北大学学报》（哲学社会科学版）2017年第2期，第150~157页。

郭永田：《澳大利亚现代农业发展的特点与启示》，《世界农业》2016年第1期，第162~166页。

国家统计局：《2018年全国农村贫困人口减少1386万人》，《人民日报》2019年3月8日第7版。

韩华为：《农村低保户瞄准中的偏误和精英俘获——基于社区瞄准机制的分析》，《经济学动态》2018年第2期，第49~64页。

韩嘉玲、张妍：《流动人口的贫困问题：一个多维的研究视角》，《贵州社会科学》2011年第12期，第58~63页。

韩莹莹、范世民：《结构化理论视角下城市贫困的致贫因素及作用机理》，《求索》2015年第7期，第49~54页。

何仁伟：《中国农村贫困形成机理研究进展及贫困问题研究框架构建》，《广西社会科学》2018年第7期，第166~176页。

洪银兴：《以创新的经济发展理论阐释中国经济发展》，《中国社会科学》2016 年第 11 期，

胡潇：《论中国特色社会主义政治经济学的起点范畴与总体结构》，《武汉大学学报》（哲学社会科学版）2018 年第 5 期，第 32～40 页。

胡炎平、姜庆志、谭海波：《治理现代化视野下的农村多元精英合作治理》，《中国行政管理》2017 年第 8 期，第 73～77 页。

黄江泉、张国庆、谢艳华：《成长导向下中小微企业网络化协同发展机制创新及路径研究》，《科技进步与对策》2017 年第 23 期，第 106～113 页。

黄文宇：《产业扶贫项目主体行为及其运行机制的优化》，《湖南农业大学学报》（社会科学版）2017 年第 1 期，第 56～61 页。

黄祖辉：《准确把握中国乡村振兴战略》，《中国农村经济》2018 年第 4 期，第 2～12 页。

季相林：《人的全面自由发展与闲暇时间》，《当代世界与社会主义》2003 年第 6 期，第 98～102 页。

蒋辉：《连片特困地区跨界治理多维机制研究》，《福建论坛》（人文社会科学版）2016 年第 4 期，第 181～186 页。

金瑞庭：《"十四五"时期国际环境将发生深刻复杂变化》，《中国发展观察》2019 年第 8 期，第 27～29 页。

孔繁金：《改革开放以来扶贫政策的历史演进及其创新——以中央一号文件为中心的考察》，《当代中国史研究》2018 年第 2 期，第 111～120 页。

李春根、邹佳盈：《农村低保政策与贫困对象需求的契合度研究》，《社会保障研究》2019 年第 2 期，第 59～68 页。

李丹、裴育：《城乡公共服务差距对城乡收入差距的影响研究》，《财经研究》2019 年第 4 期，第 111～123、139 页。

李钒、侯远志、张燕君：《产业链构建与统筹城乡发展研究》，《山东社会科学》2013 年第 8 期，第 169～173 页。

李海金：《构建中国的益贫性社会支持政策框架》，《国家治理》2016 年第 5 期，第 21～25 页。

李容芳：《不完全逆群体性："空巢青年"的社会关联》，《当代青年研究》2018年第1期，第85～91页。

李晓嘉、蒋承：《农村减贫：应该更关注人力资本还是社会资本?》，《经济科学》2018年第5期，第68～80页。

李晓园、钟伟：《大数据驱动中国农村精准脱贫的现实困境与路径选择》，《求实》2019年第5期，第78～87、111页。

李雪萍、王蒙：《多维贫困"行动—结构"分析框架下的生计脆弱》，《华中师范大学学报》（人文社会科学版）2014年第5期，第1～9页。

李志萌、张宜红：《革命老区产业扶贫模式、存在问题及破解路径》，《江西社会科学》2016年第7期，第61～67页。

李周：《农民流动：70年历史变迁与未来30年展望》，《中国农村观察》2019年第5期，第2～16页。

梁本凡：《基于"精准"的脱贫攻坚宏观策略研究》，《河北学刊》2016年第5期，第114～119页。

梁汉媚、方创琳：《中国城市贫困人口动态变化与空间分异特征探讨》，《经济地理》2011年第10期，第1610～1617页。

廖文梅、乔金笛、高雪萍等：《劳动力转移对农户脱贫路径的影响研究：基于收入中介效应模型分析》，《中国农业大学学报》2019年第4期，第202～210页。

凌经球：《推进滇桂黔石漠化片区扶贫开发的路径研究》，《广西民族研究》2015年第2期，第143～151页。

刘桂莉、孔柠檬：《中国连片特困区发展的特殊性及减贫路径优化》，《改革与战略》2017年第3期，第104～107页。

刘建民、欧阳玲、毛军：《财政分权、经济增长与政府减贫行为》，《江苏社会科学》2018年第6期，第139～150页。

刘婧娇：《脱贫、发展、关联——中国农村贫困治理的反思与展望》，《云南社会科学》2018年第4期，第25～31页。

刘卫平：《论统筹城乡发展中社会管理的协同治理》，《江西社会科学》2013年第7期，第218～222页。

刘新波、文静、刘轶芳：《贫困代际传递研究进展》，《经济学动态》2019年第8期，第130~147页。

刘彦随、周扬、李玉恒：《中国乡村地域系统与乡村振兴战略》，《地理学报》2019年第12期，第2511~2528页。

刘耀彬、彭峰：《中国特色社会主义区域协调发展战略的形成逻辑与时代特征》，《安徽大学学报》（哲学社会科学版）2019年第2期，第141~147页。

龙花楼、屠爽爽、戈大专：《新型城镇化对扶贫开发的影响与应对研究》，《中国科学院院刊》2016年第3期，第309~319页。

陆益龙：《乡村振兴中精准扶贫的长效机制》，《甘肃社会科学》2018年第4期，第28~35页。

罗珉、李亮宇：《互联网时代的商业模式创新：价值创造视角》，《中国工业经济》2015年第1期，第95~107页。

莫光辉、张菁：《基于“人本主义”视角的贫困人口扶志扶智路径创新》，《中共中央党校学报》2018年第3期，第102~110页。

宁虹超、刘雪松：《市场经济维度下政府公权力法治化研究》，《黑龙江社会科学》2016年第5期，第55~59页。

牛春堡：《推动要素在城乡之间双向流动和平等交换》，《河南日报》2019年5月25日第7版。

钱力、张陈、宋俊秀：《安徽省大别山连片特困地区扶贫绩效评价——基于三阶段DEA模型和超效率DEA模型》，《江汉大学学报》（社会科学版）2018年第5期，第55~64页。

申田、马强文、严汉平：《经济发展方式转变的基本逻辑探讨》，《西北大学学报》（哲学社会科学版）2018年第1期，第105~112页。

斯丽娟、尹苗：《新中国70年西北地区扶贫开发模式的演进与创新——基于LDA主题模型的分析》，《兰州大学学报》（社会科学版）2019年第6期，第94~105页。

宋士云：《1949~1978年中国农村社会保障制度透视》，《中国经济史研究》2003年第3期，第25~34页。

谭昶、吴海涛：《新型城镇化、空间溢出与农民收入增长》，《经济问题探索》2019 年第 4 期，第 66～76 页。

谭贤楚、洪科：《“精准扶贫”的草根实践：现实困境与化解策略》，《湖北民族学院学报》（哲学社会科学版）2017 年第 4 期，第 56～62 页。

檀学文：《中国移民扶贫 70 年变迁研究》，《中国农村经济》2019 年第 8 期，第 2～19 页。

唐大鹏、常语萱：《政府内部控制、政府财务信息与政府公信力》，《财政研究》2018 年第 1 期，第 112～123 页。

万江红、苏运勋：《精准扶贫基层实践困境及其解释》，《贵州社会科学》2016 年第 8 期，第 149～154 页。

万文海、王新新：《共创价值的两种范式及消费领域共创价值研究前沿述评》，《管理学动态》2011 年第 1 期，第 186～198 页。

汪磊、许鹿、汪霞：《大数据驱动下精准扶贫运行机制的耦合性分析及其机制创新》，《公共管理学报》2017 年第 3 期，第 139～143 页。

汪向东、王昕天：《电子商务与信息扶贫：互联网时代扶贫工作的新特点》，《西北农林科技大学学报》（社会科学版）2015 年第 4 期，第 98～104 页。

王丰龙、刘云刚：《空间生产再考：从哈维到福柯》，《地理科学》2013 年第 11 期，第 1293～1301 页。

王锋：《行动者：治理转型中的行政主体》，《行政论坛》2018 年第 1 期，第 66～72 页。

王国勇、邢溦：《我国精准扶贫工作机制问题探析》，《农村经济》2015 年第 9 期，第 46～50 页。

王汉杰、温涛、韩佳丽：《贫困地区政府主导的农贷资源注入能够有效减贫吗？——基于连片特困地区微观农户调查》，《经济科学》2019 年第 1 期，第 108～119 页。

王俊文、俞思念：《论“打赢脱贫攻坚战”的理论与实践意义》，《科学社会主义》2019 年第 1 期，第 51～56 页。

王曙光、王琼慧：《论社会网络扶贫：内涵、理论基础与实践模式》，《农村经济》2018 年第 1 期，第 1～10 页。

王维才、崔航：《我国分享经济的发展现状、问题与对策》，《宏观经济管理》2017 年第 4 期，第 51 ~ 54 页。

王晓毅：《贫困治理机制转型》，《南京农业大学学报》（社会科学版）2020 年第 4 期，第 144 ~ 151 页。

王兴中、常芳：《空间公正思潮下的区域同步发展观》，《地域研究与开发》2013 年第 6 期，第 1 ~ 7、13 页。

王悦、马树才：《城镇化、产业结构升级对城乡收入差距的影响效应研究》，《西南民族大学学报》（人文社会科学版）2017 年第 4 期，第 143 ~ 148 页。

魏后凯：《“十四五”时期中国农村发展若干重大问题》，《中国农村经济》2020 年第 1 期，第 2 ~ 16 页。

吴成峡、张彩云：《社区治理主体的角色认知与功能再造》，《江汉论坛》2018 年第 7 期，第 118 ~ 123 页。

伍骏骞、阮建青、徐广彤：《经济集聚、经济距离与农民增收：直接影响与空间溢出效应》，《经济学季刊》2017 年第 1 期，第 297 ~ 320 页。

伍玉振：《城市社区网格化治理的逻辑生成与多维路径推进》，《山东行政学院学报》2017 年第 6 期，第 64 ~ 69 页。

伍玉振：《城市社区网格化治理的逻辑生成与多维路径推进》，《山东行政学院学报》2017 年第 6 期，第 64 ~ 69 页。

武靖州：《公共财政支持精准扶贫的机制优化研究》，《理论月刊》2018 年第 1 期，第 135 ~ 140 页。

武廷海：《建立新型城乡关系走新型城镇化道路》，《城市规划》2013 年第 11 期，第 9 ~ 19 页。

谢方、徐志文：《乡村复合生态系统良性循环机制与管理方法探讨》，《中南林业科技大学学报》（社会科学版）2017 年第 1 期，第 47 ~ 51 页。

谢琳、钟文晶：《规模经营、社会化分工与深化逻辑》，《学术研究》2016 年第 8 期，第 101 ~ 106 页。

邢成举：《政策衔接、扶贫转型与相对贫困长效治理机制的政策方向》，

《南京农业大学学报》（社会科学版）2020年第4期，第133～143页。

许传红、朱哲：《五大发展理念视角下的中国新型城乡关系构建》，《武汉理工大学学报》（社会科学版）2017年第2期，第55～59页。

许汉泽、李小云：《精准扶贫背景下农村产业扶贫的实践困境——对华北李村产业扶贫项目的考察》，《西北农林科技大学学报》（社会科学版）2017年第1期，第9～16页。

许军涛、霍黎明：《构建政府与市场协同发力的大扶贫格局》，《学习时报》2017年6月19日第4版。

薛刚：《精准扶贫中贫困群众内生动力的作用及其激发对策》，《中共中央党校学报》2018年第7期，第51～55页。

颜昌武：《公共行政学的大问题：回顾与展望》，《中国行政管理》2018年第11期，第102～107页。

颜明杰、彭迪云：《农村金融精准扶贫成效的评价——基于江西农户的调查》，《江西社会科学》2018年第5期，第74～83页。

颜培霞：《产业融合推动城乡融合发展研究》，《改革与战略》2018年第11期，第110～115页。

杨充霖：《资源空间配置与中国新型城镇化的基础理论构架》，《经济学动态》2014年第9期，第98～105页。

杨帆、庄天慧：《精准扶贫的理论框架与实践逻辑解析——基于社会发展模型》，《四川师范大学学报》（社会科学版）2017年第2期，第37～43页。

杨赛赛、潘建伟：《城镇化对城乡收入差距影响研究——以河南省为例》，《商业经济研究》2018年第18期，第186～189页。

杨学成、杨阳：《共享经济背景下的社会化共创》，《内蒙古社会科学》（汉文版）2017年第1期，第107～113页。

杨艳琳、袁安：《精准扶贫中的产业精准选择机制》，《华南农业大学学报》（社会科学版）2019年第2期，第1～14页。

叶兴庆、殷浩栋：《从消除绝对贫困到缓解相对贫困：中国减贫历程与2020年后的减贫战略》，《改革》2019年第12期，第5～15页。

叶秀敏：《平台经济促进中小企业创新的作用和机理研究》，《科技管理研究》2018年第2期，第62~66页。

叶远涛：《关于我国精准扶贫法治保障体系构建的思考》，《行政管理改革》2020年第6期，第20~25页。

易迎霞：《我国城市老年人口的贫困发生机制研究》，《云南民族大学学报》（哲学社会科学版）2018年第6期，第99~105页。

尹君、谭清美、武小龙：《江苏省城乡统筹效率评价及其空间溢出效应研究》，《中国农业资源与区划》2018年第1期，第176~182页。

于德：《习近平精准扶贫思想研究》，中共中央党校博士论文，2019，第114~126页。

于洪光、杨瑞雪：《青岛统筹城乡推动全域扶贫》，《农民日报》2017年4月14日第3版。

余江、叶林：《中国新型城镇化发展水平的综合评价：构建、测度与比较》，《武汉大学学报》（哲学社会科学版）2018年第2期，第145~156页。

余义勇、杨忠：《价值共创的内涵及其内在作用机理研究述评》，《学海》2019年第2期，第165~172页。

虞崇胜、余扬：《提升可行能力：精准扶贫的政治哲学基础分析》，《行政论坛》2016年第1期，第22~25页。

张春玲：《资本逻辑与现代性批判》，《南昌大学学报》（人文社会科学版）2018年第3期，第66~71页。

张翠娟、徐虹：《参展商和专业观众参与展览会价值共创机理研究》，《旅游学刊》2019年第3期，第57~70页。

张鸿雁：《论特色小镇建设的理论与实践创新》，《中国名城》2017年第1期，第4~10页。

张佳：《大卫·哈维的空间正义思想探析》，《北京大学学报》（哲学社会科学版）2015年第1期，第82~89页。

张康之：《论作为社会治理主体的志愿者》，《中共浙江省委党校学报》2014年第4期，第26~34页。

张敏敏、傅新红：《精准扶贫与乡村振兴的联动机制建构》，《农村经济》2019 年第 12 期，第 33 ~ 39 页。

张琦、孔梅：《“十四五”时期我国的减贫目标及战略重点》，《改革》2019 年第 11 期，第 117 ~ 125 页。

张晓山：《实施乡村振兴战略的几个抓手》，《人民论坛》2017 年第 11 期，第 72 ~ 74 页。

张秀艳、潘云：《贫困理论与反贫困政策研究进展》，《经济问题》2017 年第 3 期，第 1 ~ 5 页。

张秀艳、潘云：《贫困理论与反贫困政策研究进展》，《经济问题》2017 年第 8 期，第 1 ~ 5 页。

张岩、王小志：《农村贫困地区实施电商扶贫的模式及对策研究》，《农业经济》2016 年第 10 期，第 58 ~ 59 页。

张跃、黄帅金：《城镇化减贫的空间溢出效应及门槛特征——基于贫困乡城转移背景》，《云南财经大学学报》2019 年第 12 期，第 36 ~ 48 页。

张子珍、刘园园：《城乡产业联动发展研究》，《西安财经学院学报》2019 年第 1 期，第 69 ~ 75 页。

赵曦、赵朋飞：《我国农村精准扶贫机制构建研究》，《经济纵横》2016 年第 7 期，第 58 ~ 63 页。

郑震：《空间：一个社会学的概念》，《社会学研究》2010 年第 5 期，第 188 页。

中央农村工作领导小组办公室河北省委省政府农村工作办公室：《习近平总书记“三农”思想在正定的形成与实践》，《人民日报》2018 年 1 月 18 日第 1 版。

钟裕民：《双层互动决策模型：近十年来中国政策过程的一个解释框架》，《南京师大学报》（社会科学版）2018 年第 4 期，第 53 ~ 61 页。

周君璧、施国庆：《农村家庭贫困脆弱性与扶贫对象精准确定》，《贵州社会科学》2017 年第 9 期，第 145 ~ 151 页。

周立：《新型城乡关系与中国的城镇化道路》，《人民论坛》2016 年第 4 期（下），第 18 ~ 25 页。

周文辉、曹裕、周依芳：《共识、共生与共赢：价值共创的过程模型》，《科研管理》2015 年第 8 期，第 129 ~ 135 页。

朱玲、何伟：《工业化城市化进程中的乡村减贫 40 年》，《劳动经济研究》2018 年第 4 期，第 3 ~ 31 页。

朱喜群：《城乡一体化发展中的政府与市场合力驱动：一个理论分析框架》，《江苏社会科学》2015 年第 4 期，第 143 ~ 148 页。

朱志伟、范斌：《精准扶贫的正义性价值与现实进路——基于罗尔斯正义性的审视》，《西南民族大学学报》（人文社会科学版）2018 年第 3 期，第 181 ~ 186 页。

朱志伟、范斌：《精准扶贫的正义性价值与现实进路——基于罗尔斯正义性的审视》，《西南民族大学学报》（人文社会科学版）2018 年第 3 期，第 181 ~ 186 页。

庄晋财、李丹：《“互联网 +”对农民创业机会开发的影响研究》，《广西大学学报》（哲学社会科学版）2018 年第 5 期，第 104 ~ 110 页。

左停、徐卫周：《改革开放四十年中国反贫困的经验与启示》，《新疆师范大学学报》（哲学社会科学版）2019 年第 3 期，第 92 ~ 99、2 页。

Cochran C. “Political Science and The Public Interest.” *The Journal of Politics*, 1974, 36 (2): 327 – 355.

Firpo, Sergio, Renan Pieri, Euclides Pedroso, and André Portela Souza. “Evidence of Eligibility Manipulation for Conditional Cash Transfer Programs.” *Economia*, 2014, 15 (3): 243 – 260.

Gerry Redmond, Jennifer Skattebol. “Material Deprivation and Capability Deprivation in the Midst of Affluence: The Case of Young People in Australia.” *Children and Youth Services Review*, 2019, (97): 36 – 48.

Hess M. “Spatial Relationships? Towards a Reconceptualization of Embeddedness.” *Progress in Human Geography*, 2004, 28 (2), 165 – 186.

H. Hoynes, D. Miller, D. Simon. “Income, The Earned Income Tax Credit, and Infant Health.” *American Economic Journal: Economic Policy*, 2015, 7 (1): 172 – 211.

Ian Scoones. "Livelihoods Perspectives and Rural Development." *Journal of Peasant Studies*, 2009, 36 (1): 171 - 196.

Karen Soldatic. "Disability Poverty and Ageing in Regional Australia: The Impact of Disability Income Reforms for Indigenous Australians." *Australian Social Policy Association*, 2018, (53): 223 - 238.

K. Baicker, S. L. Taubman, H. L. Allen, et al. "The Oregon Experiment — Effects of Medicaid on Clinical Outcomes." *The New Englang Journal of Medicine*, 2013, 368 (18): 1713 - 1722.

Lancater K. "Socially Optimal Product Differentiation." *American Economic Review*, 1975, 65 (4): 567 - 585.

Luc Christiaensen, Lionel Demery, Jesper Kuhl. "The (Evolving) Role of Agriculture in Poverty Reduction—An Empirical Perspective." *Journal of Social Policy*, 2011, 96 (2): 239 - 254.

Mani A. "Poverty Impedes Cognitive Function." *Science*, 2013, 341 (6149): 976 - 980.

Morales Martinez, Daniel, Gori Maia, Alexandre. "The Impacts of Cash Transfers on Subjective Wellbeing and Poverty: The Case of Colombia." *Journal of Family and Economic Issues*, 2018, 39 (6): 616 - 633.

Peter Saunders. "Monitoring and Addressing Global Poverty: A New Approach and Implications for Australia." *The Economic and Labour Relations Review*, 2018, 29 (1) : 9 - 23.

Pierre Bourdieu. "Social Space and Symbolic Power." *Sociological Theory*, 1989, (1): 14 - 25.

Robert R. Korstad, James L. Leloudis. "Citizen Soldiers: the North Carolina Volunteers and the War on Poverty." *Law and Contemporary Problems*, 2014, 62 (4): 177 - 197.

Shaohua Chen, Martin Ravallion. "The Developing World is Poorer than We Thought, But No Less Successful in the Fight Against Poverty." *The Quarterly Journal of Economics*, 2010, 125 (4): 137 - 151.

S. Alkire, M. E. Santos. "Measuring Acute Poverty in the Developing World:

Robustness and Scope of the Multidimensional Poverty Index." *World Development*, 2014, 59 (7), 251 – 274.

Theodore W. Schultz. "The Other Correspondence of T. R. Malthus: A Preliminary List and Selected Commentary." *The American Economic Review*, 1961, 51 (1): 1 – 17.

Thomas A. C., Gaspart F. "Does Poverty Trap Rural Malagasy Households?" *World Development*, 2014, (67): 490 – 505.

Wunder, Timothy A. "Fighting Childhood Poverty: How a Universal Child Allowance Would Impact the U. S. Population." *Journal of Economic Issues*, 2019, 53 (2): 537 – 544.

Yeunu H. W., Coe N. "Toward a Dynamic Theory of Global Production Networks." *Economic Geography*, 2015 (1)), 29 – 58.

图书在版编目(CIP)数据

城乡贫困关联与联动治理机制优化 / 郑瑞强，翁贞林，赖运生著. --北京：社会科学文献出版社，2020.12

ISBN 978 -7 -5201 -6175 -6

Ⅰ.①城… Ⅱ.①郑… ②翁… ③赖… Ⅲ.①扶贫 -研究 -中国 Ⅳ.①F126

中国版本图书馆 CIP 数据核字（2020）第 264050 号

中国减贫研究书系 · 专题研究

城乡贫困关联与联动治理机制优化

著　　者 / 郑瑞强　翁贞林　赖运生

出 版 人 / 王利民
责任编辑 / 谢蕊芬
文稿编辑 / 孙　瑜

出　　版 / 社会科学文献出版社 · 群学出版分社（010）59366453
地址：北京市北三环中路甲 29 号院华龙大厦　邮编：100029
网址：www.ssap.com.cn
发　　行 / 市场营销中心（010）59367081　59367083
印　　装 / 三河市尚艺印装有限公司

规　　格 / 开　本：787mm × 1092mm　1/16
印　张：20.75　字　数：319 千字
版　　次 / 2020 年 12 月第 1 版　2020 年 12 月第 1 次印刷
书　　号 / ISBN 978 -7 -5201 -6175 -6
定　　价 / 128.00 元

本书如有印装质量问题，请与读者服务中心（010 -59367028）联系